U0710239

辛亥時期袁世凱秘牘

靜嘉堂文庫藏檔

劉路生 駱寶善 村田雄二郎 編

中華書局

圖書在版編目(CIP)數據

辛亥時期袁世凱秘牘:静嘉堂文庫藏檔/劉路生,駱寶善,村田雄二郎編. —北京:中華書局,2014.9
ISBN 978-7-101-10193-5

Ⅰ.辛… Ⅱ.①劉…②駱…③村… Ⅲ.辛亥革命-檔案資料-研究 Ⅳ.K257.07

中國版本圖書館 CIP 數據核字(2014)第 122006 號

責任編輯:張榮國

辛亥時期袁世凱秘牘

——静嘉堂文庫藏檔

劉路生 駱寶善 村田雄二郎 編

*

中 華 書 局 出 版 發 行

(北京市豐臺區太平橋西里 38 號 100073)

http://www.zhbc.com.cn

E-mail:zhbc@zhbc.com.cn

北京市白帆印務有限公司印刷

*

787×1092 毫米 1/16 · 54¼印張 · 2 插頁 · 1200 千字

2014 年 9 月第 1 版 2014 年 9 月北京第 1 次印刷

印數:1-800 册 定價:580.00 元

ISBN 978-7-101-10193-5

前言

辛亥革命時期乃至民國初年的原始檔案保存甚少，學術界每引以爲憾事。近來，我們從日本静嘉堂文庫的收藏中，查得這一時期北京政府方面，主要以反映袁世凱陣營政治動向爲主的秘檔一批，計有文書原檔六十餘件，袁世凱手批文電一千餘條。對於整個辛亥及民初時期的檔案來説，雖仍只是吉光片羽，但已屬不可多得的大宗，可以幫助人們解讀當時政壇的一些重大問題。

一

終結清王朝，建立共和民國，這是辛亥革命最具標誌意義的歷史功績。它是革命黨人、立憲派人士和北方的袁世凱勢力合力作用的結果。《優待清室條件》、《清帝辭位詔書》等一組人們熟知的歷史文獻，是各派政治力量，包括被迫接受的清室一方，也包括對清王朝行將傾覆進行了無力的挽救而上書袁世凱的錫鈞等三十位翰林清要們（本書刊佈了他們的聯名上袁世凱書）博弈的產物，是他們之間經過妥協的共識。但這些歷史文獻從屬稿到論定的多次修改本所反映的各派政治力量利益和主張的訴求，以及討價還價的過程，亦即他們漸趨共識的過程，則是鮮爲人知的。今存的這些歷史文獻的先後多次修改稿，大爲豐富並深化了人們對這一段歷史進程的認識。

清帝辭位詔書，史籍謂，是經革命黨人敦請立憲黨人張謇屬稿，又經過袁世凱的删改而成。但袁世凱究竟是如何上下其手的，則又語焉不詳。今存之兩篇辭位詔書修改稿，幫助破解了這宗歷史之謎。這兩篇供修改用的辭位詔書稿均爲館閣體小楷謄正本，已無從分辨何篇爲張謇稿本，僅能從内容推斷其先後。其前一稿關於清帝辭位，政權移交最爲關鍵之處的文字，除有長句修改之外，還在稿子右側空白處批註：「略聲出民軍發起之功，袁爲資政院所舉」（《清帝辭位詔書草稿（一）》），其後一稿的文字擬爲「當兹新舊代謝之際，宜有南北统一之方，即由袁世凱以全權與民軍組織臨時共和政府，協商统一辦法」（見《清帝辭位詔書草稿》（二）（袁世凱手批本）），南北雙方平起平坐地接受國家政權。袁世凱則親手改爲「即由袁世凱以全權組織臨時共和政府，與民軍協商統一辦法」(見《清帝辭位詔書草稿(二)》)。「與民軍」三字的位置向下文移動八個字，一個看似細微的改動之間，不僅從根本上改變了原稿的初衷，而且使袁世凱成了清朝政權、國家大統的惟一接受者，革命黨人被排除於平等地接受國家大統資格之外，一變而爲僅僅是「統一辦法」「協商」者的從屬地位。袁世凱親筆修改的這個稿本，即作爲清帝正式辭位詔，於宣統三年十二月二十五日(民國元年二月十二日)「蓋用國寶」，袁世凱以内閣總理率内閣大臣副署，次日，在北京的《臨時公報》上發表。這便是清帝辭位詔書的傳世正式文本了。

儘管袁世凱表示效忠共和民國，但這批文檔顯示，袁的周圍，根本没有建立共和制度的氛圍。在他被推舉爲臨時大總統前後，袁的智囊們即紛紛上書，謀劃新政權的實際内容。這一批文檔中存有此類上書三篇，但没有一篇提及建立共和制度。最接近共和思想的主張是：「以專制無弊之精神，行共和適宜之政體」(見《實菴寄袁世凱條呈》)。這篇上書前無題目，後無款識日期，僅篇前有袁世凱墨書「實菴寄」三字。然實菴究爲何人，則缺乏史料查證。陳獨秀曾號「實菴」，且有著名的《實菴自傳》，但兩個同名的實菴是否爲同一人，更無從查考。而名進士王賡(即王揖唐)更是明白主張「共和成立後，暗中應以開明專制之精神行之」(見《王賡(揖唐)條呈並袁世凱批》)。袁世凱對王賡的上書最爲贊賞，他手批：「多可採。凡可採者擇定，令書手謄記另册，以備參考。」這正可與臨時籌備處設立時，袁親自具名開列的四十餘人的政府各部門人員名單(見《袁世凱具名約請臨時籌備處成員名單》)相表裏。進入這個名單的人士，多爲袁世凱當年的北洋袍澤和幕府要員，當然也還有這個上書言事的王賡。綜觀袁世凱周圍的政治生態，他的政治傾向是不言而喻的。

二

在静嘉堂文庫收藏的關於袁世凱稱帝活動的一組文獻中，與朱爾典密談録，當爲最關重要的一種。這篇文字，坊間已經輾轉流傳甚廣。而静嘉堂文庫收藏本的首頁上端，有袁世凱的手批「密。即抄一分呈送堂存」，隨後又塗去「即抄一分呈送」，僅留「密。堂存」三字，即是作爲密件交政事堂存檔。這説明它是袁世凱批定的最原始、最權威的文本。

學術界公認，袁朱密談，是袁爲了稱帝問計於朱的。當時，在華列强中，英國勢力最爲强大久遠，根深蒂固。朱爾典爲英國駐華公使，且同袁有二十多年的頗深私交。遠在袁使韓時期，二人已建立有密切的交往。袁世凱無論是探詢列强的態度，還是謀求列强的支持，朱爾典當然都是首選。

朱的談話，讓袁世凱心滿意足。不僅明言支持袁稱帝，「英國必大歡迎」，共和國總統可以順利合法地改稱皇帝，朱亦爲他做了「權威性」的解釋。這使袁放手帝制自爲吃了一顆定心丸。

值得注意的是，袁朱對話有一節關於日本態度的問答。袁既表達了對於日本人在東北鬧事的擔心，也通報了大限重信的承諾。朱則表示，「未聞日本有半點反對之意，及乘時取利，或有損害中國之陰謀」。這近於擔保了日本對袁稱帝之態度。

袁朱密談，上距中日「二十一條」交涉，被迫接受日本最後通牒的時間甚近，袁朱密談的內容，似乎不支持一個傳統的定論，即袁世凱是爲换取日本支持其帝制勾當，而拱手賣國，屈辱地接受「二十一條」的。

三

袁世凱民元、民二的手批文電，在這批密檔中佔最大份量，共一千三百餘條（這次選入本書者九百零四條）。其內容主要是袁對各地都督、民政長，以及軍隊將領、邊防官員等致大總統電報而交由各部門經辦的指示性批覆，所以文意往往不甚連貫，而且又完全與本電分離。儘管如此，仍可從中窺見民國建立時期某些政情的大致輪廓。

（一）民國初立，共和肇建，百廢待舉，而首在平穩社會，安定人心。這數百通文電的手批，有一大半內容是反映從各方面安定全國局勢的。袁主張，維持共和在制度上的保障是，國家尊重「立法獨立」（甲二〇號批某人來電），建設法制社會。袁批上海共和促進會的電報説：「無論何項會社，均應以守法律、安地方爲宗旨。」而在各省地方則是實行軍民分治，「軍民分治，自爲當時輿論所趨」（甲二四號批福建宣慰使岑春煊沁電）。

（二）民國元年、二年，新生共和國面臨的最艱巨而實際的困難是財政匱乏。解救燃眉之急的惟一辦法是飲鴆止渴，向西方銀行團借款，於是，產生了長達一年多的善後大借款風波。袁的手批文電頗多直接反映。袁世凱多次無奈地説「財政萬分困難」（甲二一八號），「庫儲如洗，竭蹶萬分」（甲一二九號，參見甲七九號批貴州都督唐繼堯灰電、甲二七一號）。雲南省發展工礦事業，中央無款接濟，只能由「滇自借礦本」（甲二〇〇號）。南方裁兵，以中央無款，不得繼續進行（甲二號）。對付俄國策動外蒙獨立的軍事備邊，對付英國對西藏侵略的向西南用兵，均受制於財政困難（參見甲四一一號批帕勒塔銑電、甲二八二號批雲南都督蔡鍔儉電、甲一一六號批川邊經略使尹昌衡電等）。而且更有積欠的對列強大量賠款，以及借款的還本付息，「賠款借款，急索莫應」（甲五六號批雲南都督蔡鍔馬電）。

財政困難令共和政府舉步維艱，危及到它的存亡。袁在慰留財政總長周學熙的手批中說：「財政爲存亡所關，該長素能不避勞怨，必可認真籌畫，以救危亡」（甲一一五號）。袁世凱一再表示，把渡過難關的希望寄託於善後大借款。善後大借款之久拖未能成交，除西方銀行團的出爾反爾外，在袁看來，其原因乃是，「各借款旋議旋輟，迄無一成，中國信用尚未昭著，借款甚不易也」（甲一〇三號）。爲了避過國會的糾纏，袁世凱儘量不讓國會與聞借款機密，甚至令國務總理趙秉鈞拒赴國會接受諮詢。袁的批示說：「趙姑無到案之理由。借款追認，國會議員知其糾葛愈多，多數不肯贊成。」（甲四八號）袁世凱的手批反映了舉國上下對善後大借款既亟需接受，又痛恨而屈辱的尷尬局面。袁世凱的有關手批，可與民國二年五月善後大借款簽訂後，他對國會的長篇咨文互爲補充。

（三）民國初建，乘國内局勢混亂之機，俄國在北方策動外蒙古獨立，英國在西南挑起對西藏的侵略。舉國輿論，一致對外，南北各省都督共同要求出兵征蒙，討伐分裂。山西都督閻錫山、廣東都督陳炯明、長江巡閱使譚人鳳、阿爾泰辦事長官帕勒塔、安徽都督柏文蔚等，無不主張對外蒙用兵。袁世凱甚表興奮，他批覆陳炯明的來電說：「壯哉所言，果勇堪嘉。」然而筆鋒一轉，又說：「此事俄人多方干涉」（甲八號批陳炯明冬電），「伐蒙即是攻俄」，「征庫即爲戰俄」，「攻蒙即同攻俄」，「事關重大」，「必須通盤籌畫」，「必須審慎，不可先進兵」，「未便張明用兵」（甲七號批山西都督閻錫山元電，甲一一號批長江巡閱使譚人鳳電，甲三八號批阿爾泰辦事長官帕勒塔電）。審時度勢，袁世凱肯定了浙江方面的主張：「甚有見，兵事非通盤籌劃，不可輕動。」（甲七一號批浙江有電）也就是說，打不得，只能在「遣兵防範」（甲四四號批山西都督閻錫山真電），穩定内蒙局勢，「勿爲庫倫所惑」（甲六號批奉天都督趙爾巽篠電）的前提下，「由外交部争執交涉」（甲三八號批阿爾泰辦事長官帕勒塔電）。

對西藏的用兵，首先困於餉源。四川方面，只能「待天暖，餉足，再議進取」（甲一一六號批川邊經略使尹昌衡電）。雲南方面，亦稱「籌款甚難，不能大舉進圖」（甲二八二號批雲南都督蔡鍔儉電）。而更重要的還是受制於英國方面的威脅。袁批馬師周的庚電說：「英使不許進兵，詞甚決裂。即令該員與英官商允，如允進兵，即電知。」（甲二五號）批四川方面的來電亦說：「望相機妥辦，總以不招外釁爲要義。」（甲四二號）己方的軍事行動，決定於對方的允否爲進止，其無意義自然可知，僅可聊備外交談判的陪襯而已，即所謂「現將與英人開議，須有大員駐邊鎮懾，方易進行」（甲一六一號）。

毋庸諱言，這是對外的妥協。但孱弱如此，强横如彼，這就是當國的袁世凱所面對的時局。没有實力作爲後盾的外交騰挪，能有多大的活動空間與效果，可想而知。

四

這批袁世凱政府的機密文檔，大都是袁世凱墨書手批的文本，其真實性毋庸置疑。

這批民初機密文檔是如何入藏静嘉堂文庫的？未見静嘉堂文庫方面的確切記載。據二十世紀二十年代進入静嘉堂文庫工作的日本著名的中國版本學家長澤規矩也的文章介紹説，是静嘉堂文庫長諸橋轍次在一九二八年（昭和三年）從北京的「個人」手中收購的，買價一千銀元，一括十四册，由諸橋親自帶回東京〔一〕。這與今存的册數不符。今存爲《袁氏秘函》甲、乙、丙，《袁氏秘函釋文》一、二、三、四、五、乙，共九册。查今存的釋文與袁氏手批文電内容完全吻合，並無缺損，或許是編目時對購本有所歸併的緣故。另外，在《袁氏秘函》中，還有《葉志超電》一本，八十多頁，不知當時是否也算在那十四册之内。

這批文檔的北京賣主是何人，長澤規矩也的文章未曾提及。曾於一九六〇年在静嘉堂閲讀過這批文檔的臺灣學者吴相湘，在一篇介紹性的文章中説，此「乃袁氏秘書曾叔度掌管之文件散出者」〔二〕。吴氏並没有提供他的信息源。倘係僅靠袁的手批文檔中多次出現過曾叔度的名字，釋文亦未像袁幕中其他秘書那樣注出其本名（例如仲仁爲張一麐的字，東平爲余建僕的字，向之爲吴廷燮的字，等等），從而做出如此推論，雖不無道理，但證據似乎尚嫌不足。還可進一步指出者是，袁的手批文電中有曾姓二人，一爲曾叔度，一爲曾彝進。其實，二曾即是一人，叔度是曾彝進的字。這倒可以成爲支持吴相湘推論之一助。

〔一〕（日）長澤規矩也：《長澤規矩也著作集》第六卷第二五六頁，（東京）汲古書院一九八四年三月版。

〔二〕吴相湘：《三韓扶桑所見袁世凱關係史料》，載《近代史事論叢》第二輯第二八一頁。按，曾彝進，字叔度，四川華陽人。早年留學日本，入讀東京帝國大學。民國時曾任約法會議議員，政事堂參議，國務院參議，在袁世凱當國及以後的十餘年間，一直在大總統府或國務院做秘書。一九二八年任教育部國語統一籌備委員會委員。至遲在九一八事變後，他還寫過一篇《我所經手二十一條的内幕》。

總之，這批文檔的賣主尚無從確查。不過，其入藏静嘉堂的内容與形式則是明白無誤的。即除六十餘件文書是連同袁世凱的手批一起完整保存外，其餘一千餘條袁世凱對文電的手批，則絶大部分是將批文剪下，統一整齊地粘貼於事先已畫定了四個方框的紙本上。通常每條批文佔一個方格，每頁粘貼四條。批文完全脱離本電保存下來，而一千餘通本電則被全部捨棄。袁的手批還逐條按順序用行楷鈔録爲釋文。釋文的行間，又有别一種筆迹寫的簡注，以注釋批文中的官稱、人名、地名等等。釋文亦是整齊裝訂成册。釋文偶有對原手批文字的誤釋或漏釋之處。從釋文的内容、筆迹及形式推斷，當係出售方應買方之要求倩人而做，並一同入藏静嘉堂文庫的。袁世凱對文電的手批以完全脱離本電的方式入藏静嘉堂文庫，不論出於何種原因，對於文獻的保存來説，都是十分令人遺憾的。治史的人們，嘗憾辛亥和民初的歷史缺乏檔案依據，其時的檔案流失，於此可見一斑。

或許是静嘉堂文庫以收購陸氏「皕宋樓」藏書過分有名，人們的目光都集中在它的善本古籍的緣故，儘管這批民初秘檔被命以《袁氏秘函》之名，赫然載入静嘉堂文庫藏書目録，然而，八十多年來，却很少有人發掘利用這塊史料。一九五九年，有臺灣張維翰從静嘉堂文庫的收藏中，拍攝出十二件，取名《民初文獻一束》影印行世。一九六〇年，又有吴相湘循張氏影印的提示，前往尋訪，並曾發表有介紹文字，但半個世紀以來，仍很少引起學術界的關注。

今商得静嘉堂文庫慨允，將這批文檔整理影印出版。

在《袁氏秘函》的目録下，静嘉堂文庫收藏的這批民國初年的秘密檔案，大體可分爲兩個部分，一部分爲完整文書六十餘件，一部分爲袁世凱對文電的手批一千餘件。我們的整理工作如下：

（一）將六十餘件完整文書，大體按時間順序整理排列、編目。

（二）袁世凱對文電的手批，原收藏編爲三組：第一組一千二百條，第二組一百零四條（原文檔爲一百個編號，其中有二七、二八、二九、三〇等四個號重複，故實爲一百零四條），第三組無編號四十八件。第一組八〇〇號以後的四百條，無編號組的四十八條，均爲一個字手批，如「准」、「可」、「獎」、「慰」等等，爲節省篇幅，本次影印時將它們删節，僅保留第一組前八百條，第二組一百零四條，共九百零四條，以《袁世凱手批文電》爲題編入本書。

（三）爲《袁世凱手批文電》做全部釋文，用通行標點符號整理，另立一目，附於手批之後。做釋文時，參閲了原收藏中所附的釋文，同時以徑改和徑補的方式訂正原附釋文之誤讀，補齊原釋文未釋的空缺，以及其他缺失共一百四五十處。例如，甲五四號「有電多與宋無涉」，原釋文誤讀爲「有電多與來無涉」。甲一三一號「特予赦典」，原釋文誤讀爲「特予教典」；甲一三七號「撥隊填紮西陵」，原釋文誤讀爲「撥隊堵擊西陵」；甲二三九號「各省爲此案揀齊」，原釋文讀爲「如有爲此案揀商」； 甲三六七號「徒詰無益」，原釋文誤讀爲「徒法無益」，等等。殘損或無法辨識的文字以「□」代之。錯字，下補正字加〔 〕。文意不明或疑有缺失之處，以校勘形式在頁末註明。

（四）袁世凱手批文電之前後或行間，往往有另一種或多種筆迹的簡單註明性文字，多爲本電的來電人或團體，來電日期或代日韵目，辦事人員奉批經辦的注記，等等。在本電已經不復存在的情況下，這些文字對於解讀袁的手批甚爲關鍵，我們將這些文字，視其内容，按順序排列，每種意思的文字，間隔一字空開，統加一括號置於釋文之末，以幫助讀者解讀批文。凡是注記有來電資料的條目，均據以擬一題目置於本條之前。例如《批奉天都督趙爾巽篠電》（甲六）。

（五）静嘉堂文庫原藏本的袁世凱手批釋文的行間，有一些不同於釋文筆迹的簡注。大都是幫助識讀手批的地名、人名、稱謂等。對於這些簡注，我們汰去其無甚意義的地名、官名注，而將其中的人名及其稱謂等文字略作統一規整，改正其偶然的誤釋，並增補若干原釋文未注的人名，分條注於頁末，以供閲讀原手批的參考。

此次影印出版，是這批民國初年機密文檔入藏静嘉堂文庫八十多年後的首次全面公開問世。將這樣一束直接而全新的史料貢獻於學術界，爲辛亥革命以及民初的歷史研究提供一批可靠的文獻依據，這實在是一件值得慶幸的事。

感謝日本静嘉堂文庫慨然鼎力支持影印出版，感謝中華書局編輯張榮國先生的贊畫與運籌。而這一切成功的基礎，則首在於東京大學村田雄二郎教授的盛意安排與通力合作，村田教授還花費大量時間核實文獻的細節，在浩繁的資料堆中，細心地發掘静嘉堂文庫長諸橋轍次收購這批文檔的準確信息。此外，還有東京大學的中國留學生娜荷芽小姐等的熱誠幫助。在此，均表誠摯的謝意！

限於學識和閲歷，整理不當和錯誤之處，在所難免，敬請批評指正。

劉路生　駱寶善

二〇一三年十一月

目録

奏底

具奏擬具修正內閣官制各部官制通則公式制

制各案請　交議由

內閣法制

奏為照章擬訂議案請
旨交議謹分別繕單恭摺仰祈
聖鑒事竊查現行資政院院章第十五條載前條所
列第一至第四各款議案應由國務大臣擬定
具奏請
旨於開會時交議等語又查憲法重要信條第十三條載官制官
規以法律定之各等語現經臣世　督飭法制院
擬具修正內閣官制案各部官制通則案公式
制案奏事制案各一件呈經臣世　查核復經
提出閣議臣等意見相同查以上各案按照憲
法信條均係應以法律規定之件自應作為議

內閣法制院寫本

案謹分别繕單恭呈
御覽照章請
旨交由資政院會議一俟該院議決再行照章奏請
頒布施行所有請
旨交議緣由理合恭摺具陳伏乞
皇上聖鑒謹
奏

謹將擬訂公式制案繕具清單恭呈

御覽

第一條　帝國憲法之制定及改正以

詔頒布之

前項頒布之

詔應敘明業經國會提案議決請用

御寶後由内閣總理大臣載其所奉之年月日會同

各國務大臣署名

第二條　皇室大典之制定及改正以

詔頒布之

前項頒布之

詔應敘明業經皇族會議議決請用

内閣法制院寫本

御寶後由内閣總理大臣載其所奉之年月日署名

第三條　大典禮之舉行以

詔頒布之

前項頒布之

詔請用

御寶後由内閣總理大臣載其所奉之年月日會同

各國務大臣署名

第四條　法律以

上諭頒布之

前項頒布之

上諭應敘明業經國會議決請用

御寶後由内閣總理大臣載其所奉之年月日會同

各國務大臣或該管大臣署名

第五條　預算案以

上諭頒布之

前項頒布之

上諭應敘明業經國會議決請用

御寶後由內閣總理大臣載其所奉之年月日會同

該管大臣署名

第六條　敕令以

上諭頒布之

前項頒布之

上諭請用

御寶後由內閣總理大臣載其所奉之年月日會同

內閣法制院寫本

該管大臣署名
第七條皇室各典例以
上諭頒布之
前項頒布之
上諭請用
御寶後由內閣總理大臣載其所奉之年月日署名
皇室典例如應經皇族會議者應於
上諭內敍明
第八條國際條約以
上諭頒布之
前項頒布之
上諭應敍明業經國會議決請用

御寶後由内閣總理大臣會同該管大臣署名

第九條 國書及外交

宸翰請用

御寶後由内閣總理大臣會同該管大臣署名

第十條 宣戰媾和以

上諭頒布之

前項頒布之

上諭應敘明業經國會議決請用

御寶後由内閣總理大臣載其所奉之年月日會同

該管大臣署名

宣戰媾和不在國會開會期中者應於

上諭内敘明俟開會時由國會追認

内閣法制院寫本

第十一條　内閣總理大臣之任命以

上諭行之

前項

上諭應敘明業經國會公舉蓋用

御寶並載其年月日

第十二條　各國務大臣之任命以

上諭行之

前項

上諭應敘明係由内閣總理大臣推舉請用

御寶後由内閣總理大臣載其所奉之年月日署名

第十三條　簡任官之進退以

旨行之

前項之
旨由內閣總理大臣載其所奉之年月日署名或會
同該管大臣署名
第十四條　奏任官之進退以
旨行之
前項之
旨由內閣總理大臣載其所奉之年月日署名或會
同該管大臣署名
第十五條　置攝政時凡以上各條所規定之
件均應加鈐
監國攝政王之章
第十六條　閣令由內閣總理大臣載明年月

內閣法制院寫本

日署名

部令由各該管大臣載明年月日署名

第十七條　以上各條所定應行宣示之件均以官報公布之

第十八條　凡以官報公布之件除有特別規定施行期限者外均以公布之日起算滿一箇月施行

附則

第十九條　官規未經國會議決頒布以前卹封廕各項事宜均照向例辦理

第二十條　本制自頒布日施行

本制施行後國會未開以前關於國會之規

定資政院適用之
本制施行後凡現行法令有與本制牴觸者
均廢止之

謹將擬訂奏事制案繕具清單恭呈

御覽

第一條　凡關於國務統由内閣具奏

第二條　國務具奏事件以内閣官制第十二

條所列第一第二第三第四第五第六各款

為限

第三條　國會具奏權限依照國會法辦理

第四條　本制自頒布日施行

附則

第五條　本制施行後凡從前有奏事權之官

署及例得奏事人員除謝

恩請

内閣法制院寫本

安外均不得具奏

第六條　本制施行後各省長官及各藩屬長官遇有關於内閣官制第十二條第五第六款事件均報由内閣總理大臣或主管大臣查核具奏

第七條　本制施行後除關於皇室事務暫照向例辦理外其行政及司法事件依照現行法令辦理者均毋庸具奏

第八條　本制施行後從前專派大臣關於國務均咨由内閣總理大臣或主管大臣查核具奏

第九條　國會法未定以前資政院具奏權限

依照資政院院章辦理

第十條　本制施行後各衙門分班值日之制均廢止之

第十一條　本制施行後凡現行法令有與本制抵觸者均不適用

宫太保總理大人閣下敬啓者竊聞奕者舉棋不定不勝其偶自武漢事起

詔書敦迫起

公於家舉國以聽中外額手相慶以爲禍亂可平

公亦以天下自任主張君主立憲政體必欲達其目的而後已乃漢陽之捷甫

聞而議和之使遽下已不免於縱寇矣然猶曰外人欲之無如何耳至昨日

御前會議竟以君主共和問題付之國會公決而先令罷兵捧讀

懿旨者莫不驚泣以爲如此不啻束手就縛任人攘奪矣在我

皇上以不忍人之心行公天下之事天下臣民咸所共諒所不可解者以

公之才素日之主張已定而猶倒持太阿授人以柄豈有所不得已於中耶抑將虛
與委蛇欲徐俟天下之變姑緩兵爭耶雖然讓步至此亦已甚矣設不幸敵
人不墮吾計仍以兵爭若不早為之所致使洛陽青蓋復見於今則
公雖身有百口何以自解夫事至今日已不暇論理之是非矣但欲謀人民之幸福
自當以利害為前提今試就革軍之所主張者言之其危險之在目前者已
有三端一則恐
皇室之不保也共和既建君位不存今雖承認優待設使持種族主義者一旦勢居
優勝實力擠排則覆巢之下必無完卵青城往事追悔何堪一則恐瓜分

之即見也如上所論雖持種族主義亦不能執滿蒙回藏而悉除之如或滿蒙回藏皆起而自立甚且依賴外人資其保護如越南朝鮮之收為人有列强於此亦將實行其遠東均勢政策舉中國之土地四分而五裂之雖欲不為猶太不可得矣一則恐總統之難定也共和制度各國不同法之總統無關政治與我國今日宣布信條之君主相等惟美之總統為有權力其人民程度在世界為最高然每至選舉年度猶不免有運動競争情事中國做而行之姑不論其是否適用即以今事言之安徽江西業已三易都督何况總統其傾軋暗殺皆意中事夫亦何樂而為總統故就以上各方面觀之而知

今日中國有斷斷不宜共和政體者欲謀人民之幸福不如保全君主於事實
上猶為穩固也今革軍必不承認是有意犧牲生命矣而我反再三遷就不
出於戰者獨何哉豈以戰則外人必將干涉乎今之介紹和議者聲明係持
人道主義雖不主張君主亦不承認共和彼既有意犧牲生命興師北犯
我起而應之則曲不在我外人無可干涉也抑為戰則兵力不敵乎無論我
素練彼新招我統一彼分離不待櫜鞬相見即已强弱顯然況聞彼之內部
近尤主客相忌上下不和安能必操勝算則我之兵力不敵可無慮也所最
可慮者經濟困難糧餉無着耳然此亦非獨為我之患也各國嚴守中

立外債難借彼與我同風聞上海近日因各省革軍北上業已挨戶派

捐倘再支持兩月彼之羅掘計窮其勢必有內變而僅此兩月糧餉我亦

非萬難籌備也我

皇上誠能發憤為雄將內府及兩京無甚實用之寶玩發出變賣以備軍餉兼以

風示親貴臣民豈無激發天良毀家紓難者即前敵之士聞之亦將慷慨力

戰氣增百倍矣錫鈞等智慮粗疏誠不足道特為

君上計居今日之勢不戰而已近於無恥戰則猶可儌幸萬一區區之愚伏惟

詳察倘以其言為可採即乞據情代

奏不勝激切屏營之至肅此敬請

欽安

再者官軍勢力不減革軍復漢口漢陽其明驗也處可以戰之地胡爲不戰戰事之當預備者擬列七條如左

一請旨將熱河所藏寶玩及東三省各庫器物并京師宫中不急需之物品變賣助餉以感人心而作士氣

一勸令王公大臣親貴及從前優差優缺之各大員并内務府之向有上等差務者皆竭力助捐或作爲買公債票以濟眉急其有慳吝者得

任人揭其私以愧辱之或用其他之手段脅迫之

一京師各官紳除買公債票外得捐輸自己不急用之衣物以備犒軍之用

積少爲多以掣簽之法分之最足以感軍心

一請旨明諭天下臣民皆節用節膳以分將士之苦自

皇太后

皇上以身先之

一請旨諭天下臣民凡有自備軍餉軍械勤王者得於其所克復之地爲長官

但須遵

朝旨及法令

一戰事以克復鄂省爲主次則痛剿秦晉及豫之黄河兩岸與皖之皖北各處土匪並於海道各要害戒備以防革軍北上

一戰事遇有姦掠焚殺之處務須痛剿之以儆其餘不可假託文明舉動萬一久戰無功則當易戰而守然非能戰則不能守也惟暫時不求進取耳

其大要有三

一所應守之範圍以京畿及直隸全省爲最要以外曰山東曰河南曰安徽皖北必不可失武才之所出也曰陝西曰山西曰甘肅曰新疆曰東三省

皆須設法肅清切實戒備以防外寇餘則暫不與爭俟有隙而圖之居高

建瓴但使兵力有餘終不難一鼓而下

一籌餉練兵一切豫備與戰同

一在所守境内上下皆須用好官不拘資格不分畛域但有才識膽量平日能

爭人心者均在可用之列所守之土須認真辦理民團以靖内亂然後外侮

不得而入

翰林院

編修張炤琳
編修高毓浵
檢討章梫
編修區大典
編修張濂
檢討馮紹唐
撰文鴻志
侍講程棫林
侍讀陸樞
侍講學士周爰諏
侍讀學士世榮
侍讀學士李士鉁
侍讀學士恩祥
學士錫鈞
學士周克寬
侍讀學士延清
侍讀學士王錫蕃
侍講學士文華
侍讀棠山
侍讀錢駿祥
侍講李經畬
秘書郎王會釐
編修王大鈞
編修江昇遠
檢討高桂馨
編修李德瑩
檢討解學松
編修顧承曾
侍講富爾遜

公啟

錫鈞 聘之 學士 旗

恩祥 讀學 旗 章梫 正編修

李士鉁 嗣香 讀學 天津

王錫蕃 季樵 讀學 山東

周爰諏 詠伯 講學 陝西

楊捷三 小泉 講學 峨眉

高毓彤 松泉 編修 天津 癸卯 黃陂

李德鏊 蔗誠 檢討 安徽 甲辰 主稿

三　阮忠樞代張勳擬覆南京臨時政府陸軍總長黃興電稿

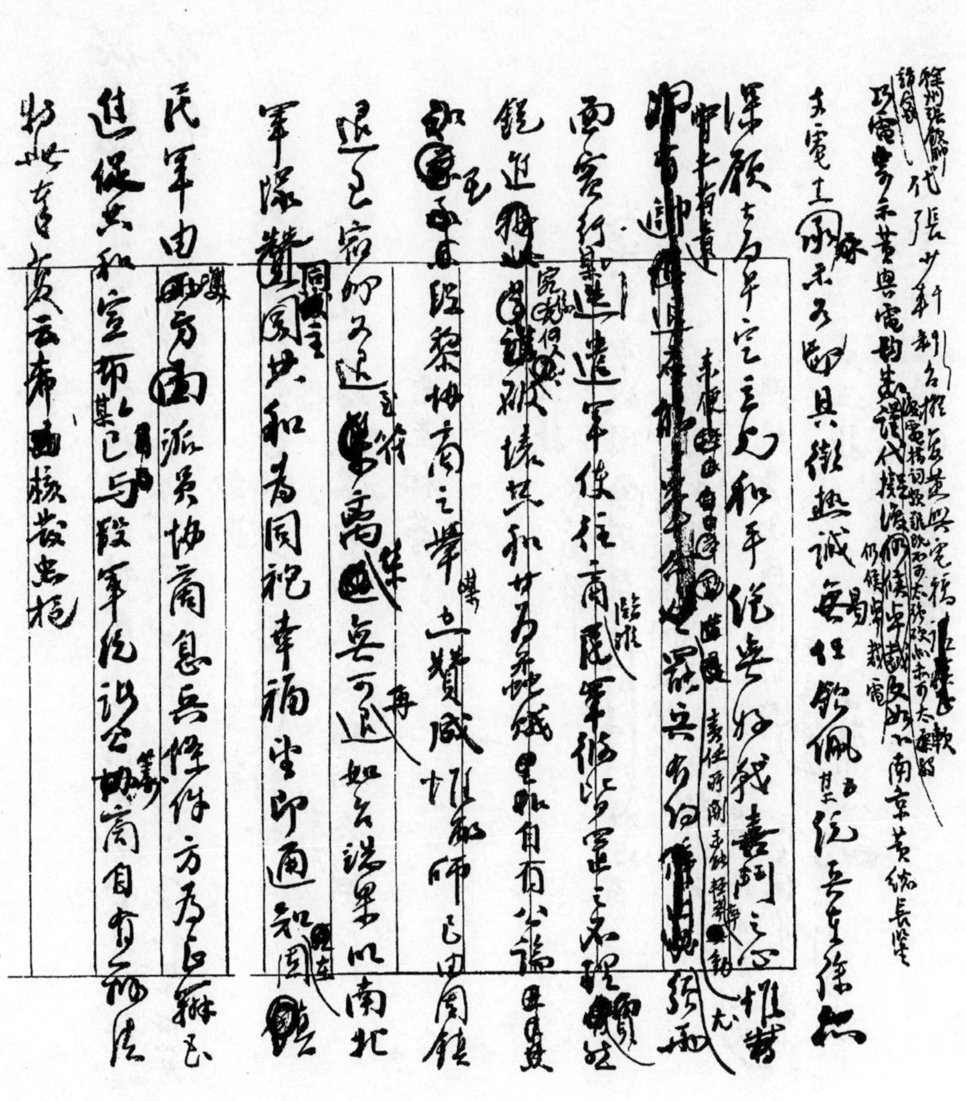

此稿不用

甲　關於

大清皇帝優禮之條件　今因大清皇帝宣布共和國體以讓位公諸天下中華民國記優禮條件如左

第一款

大清皇帝尊號仍自相承不替中華民國國民對於

大清皇帝各致其尊崇之敬禮與對於各國

君主相等

第二款

大清皇帝歲用每歲國幣至少不得短於四百萬兩國由中華民國支撥用永不得減額如有特別大典經費由民國擔任國會議定支撥用

第三款

大清皇帝仍居大內宮殿或頤和園由

大清皇帝隨意居住宮內侍衛護軍官兵

照常留用

第四款

宗廟

陵寢永遠奉祀由民國妥慎保護負其責任

并設守衛官兵如遇

二一

大清皇帝恭謁

陵寢沿途所需費用由民國擔任

第五款

德宗崇陵未完工程如制敬謹妥修其奉

安典禮仍如舊制所有經費均由民國擔任支出

第六款

以前
宮内所用各項執事人員由照常
大清皇帝留用惟以後不得再招閹人

第七款

凡屬

大清皇帝原有之私產由中華民國特別保護

第八款

大清皇帝有大典禮國民得以稱慶

三一

第九款

原有禁衛軍歸中華民國陸軍部編制額數俸餉仍如其舊

乙關於清皇族待遇之條件

一清王公世爵概仍其舊並得傳襲

其襲封時仍用

大清皇帝册寳凡

大清皇帝贈封爵位亦用

大清皇帝册寳

二　清皇族對於中華民國國家之公權及私權與國民同等

三　清皇族私產一體保護

四　清皇族免兵役之義務

四一

丙　關於滿蒙回藏各族待遇之條件　今因滿蒙回藏各民族贊同共和中華民國所以待遇比如左

一　與漢人平等

二　保護其原有之私產

三　王公世爵概仍其舊亦得依次傳襲

四　王公中有生計過艱者應設法代籌生計

一　撥給官產作為世業以資

補助
五先籌八旗生計於未籌定之前
八旗官兵俸餉仍舊支放
六從前營業居住等限制一律蠲
除各州縣聽其自由入籍
七滿蒙回藏原有之宗教聽其信自由
五
一
仰自由
以上條件列於正式公文照會由兩方代表
各國駐北京公使電達駐荷華使知照海
牙萬國和平會存案

五 優待清室條件草稿(二)

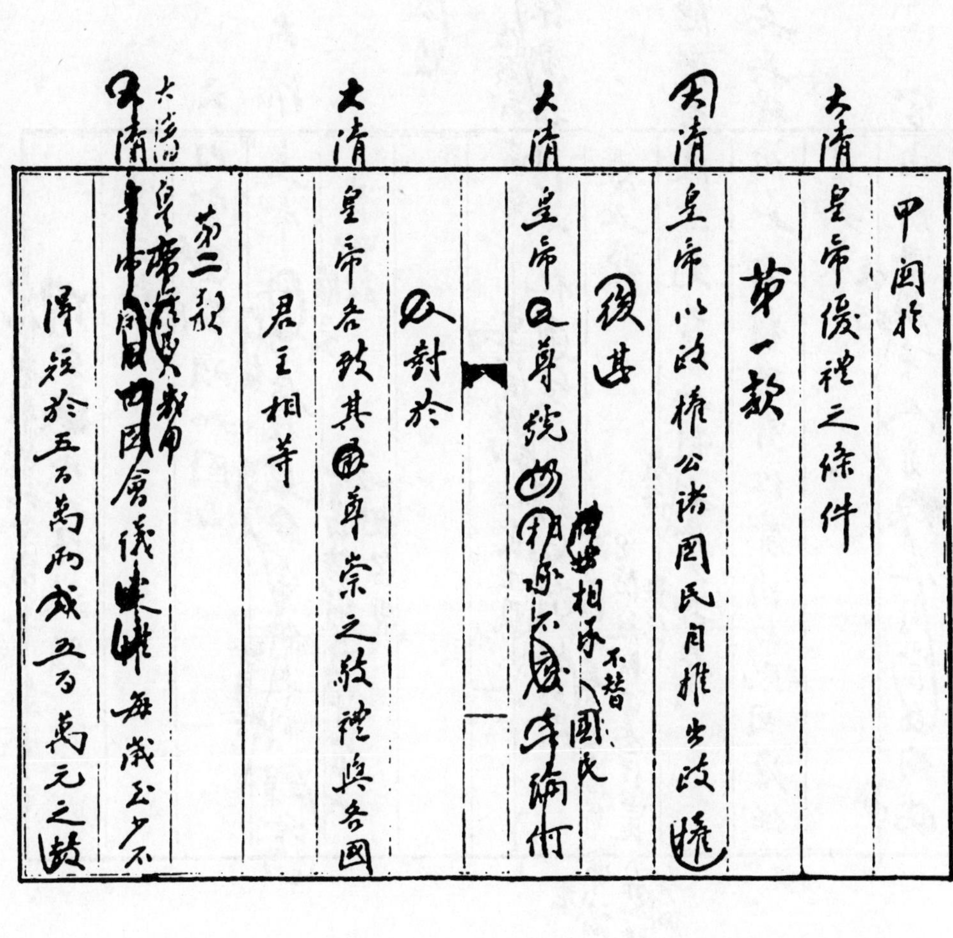
甲國於

大清皇帝優禮之條件

第一款

因清皇帝以政權公諸國民自推出政權

復其

大清皇帝之尊號世世相承不替國民本國付

以對於

大清皇帝各致其尊崇之敬禮與各國

君主相等

第二款

大清皇帝每歲

大清皇帝所用國會議決每歲至少不

得短於五百萬兩或五百萬元之數

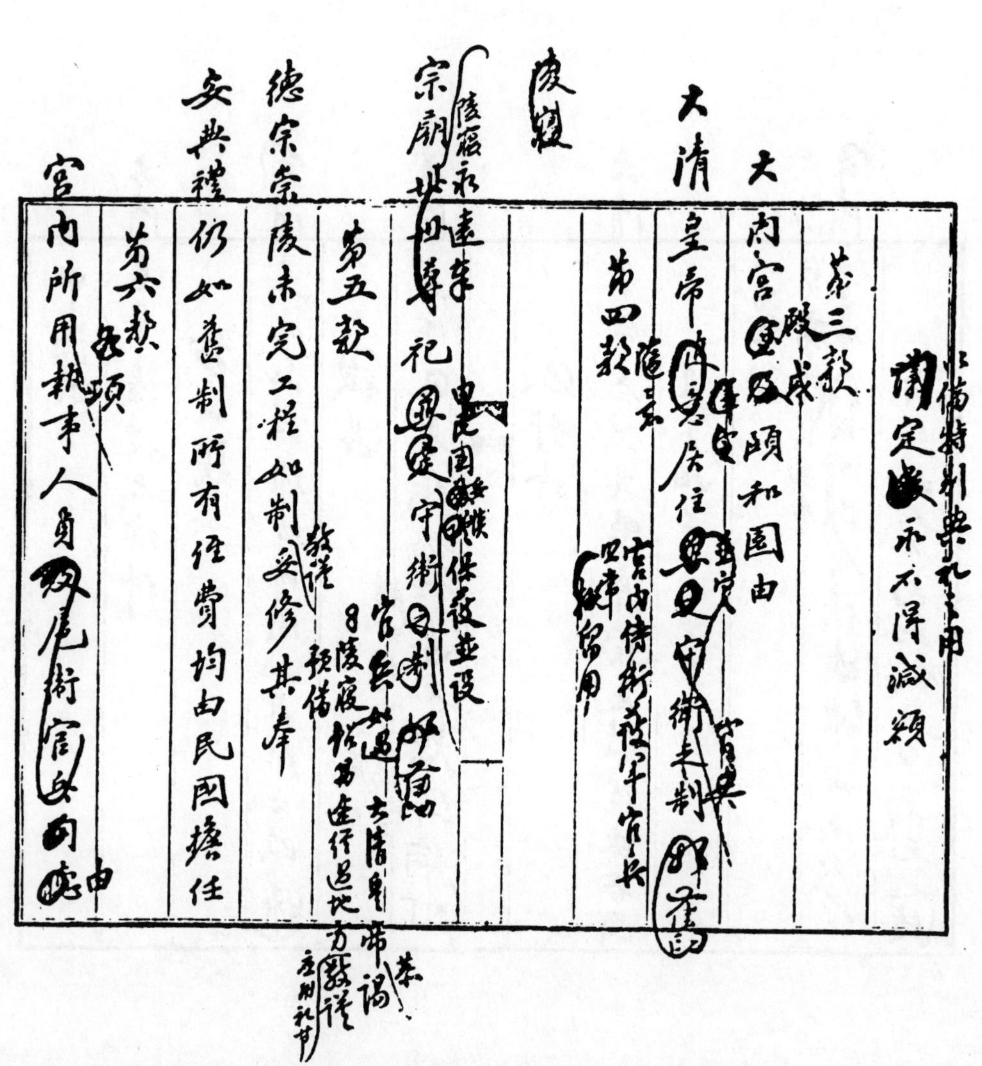
以備特別典禮之用
酌定數永不得減額
第三款 暫居
大內宮禁及頤和園由 皇帝
大清皇帝 居住 並設守衛之制 官兵
第四款 隨意 宮內侍衛設守官兵 照常留用
陵寢
陵寢永遠奉祀
宗廟世世奉祀 由民國妥慎保護並設守衛之制 照舊
第五款 官兵 陵寢 由大清皇帝諭
德宗崇陵未完工程如制妥修其奉 敬謹 預備
安典禮仍如舊制所有經費均由民國擔任
第六款 各項
宮內所用執事人員 照常留用 由

大清皇帝留用

第七款凡屬

大清皇帝原有之私產特別保護如有損害

第八款

大清皇帝有改與禮國民國虔

乙國於大清皇族待遇之條件

一王公世爵概仍其舊並得傳襲

其襲封時仍用

大清皇帝冊寶

二皇族對於國家之公權與國民

同等

三皇族私產一體保護

第九款禁衛軍名數俸餉仍如其舊

四　皇族免兵役之義務

丙　關於滿蒙回藏各族待遇之條件

一　與漢人一律平等

二　保護其原有之私產

三　王公世爵概仍其舊並得依次傳襲

四　王公中有生計過艱者應設法撥給官產作為世業以資扶助

五　先籌八旗生計於未籌定之前八旗官兵俸餉仍舊支放如待未改定官制時亦然

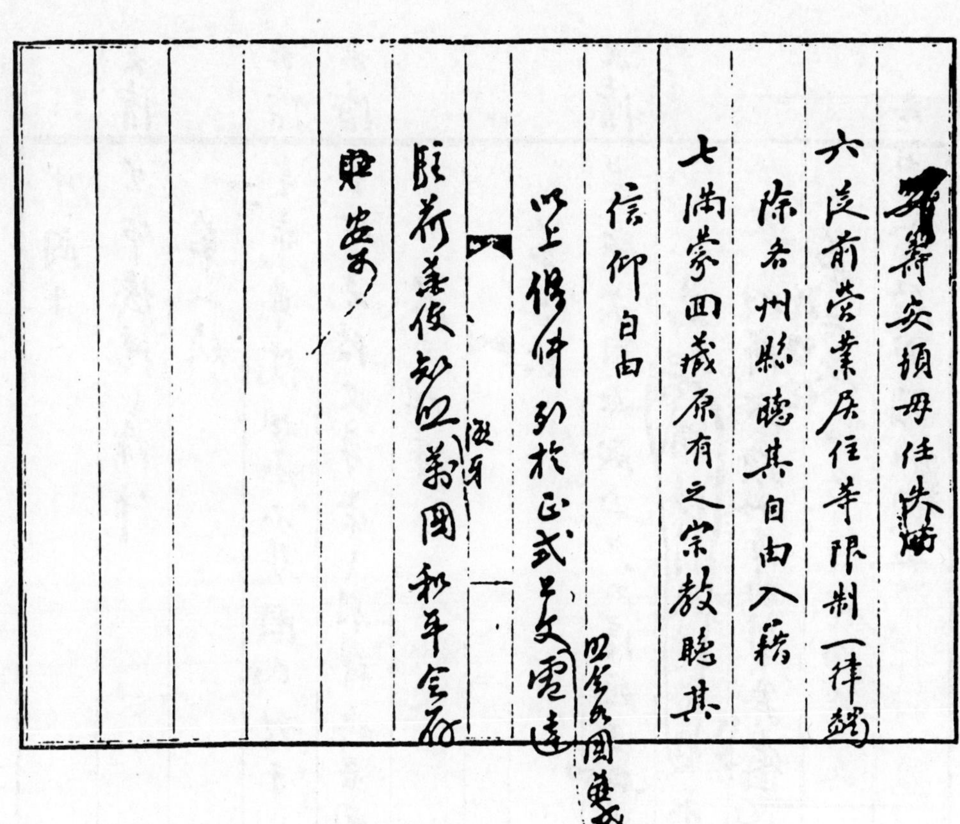

等籌安頓毋任失所
六蠲除前營業居住等限制一律蠲
除各州縣聽其自由入籍
七滿蒙回藏原有之宗教聽其
信仰自由
以上條件列於正式公文照會各國並致電達
駐荷蘭使知照海牙萬國和平會存
案

甲　關于

大清皇帝優禮之條件

第一款

大清皇帝尊號相承不替國民對于

大清皇帝各致其尊崇之敬禮與各國

君主相等

第二款

大清皇帝歲用每歲至少不得短于五（四）百

萬兩（為備特別典禮之用）永

不得減額如有特別大典（經費）由國民

第三款（移住）

大內宮殿或頤和園內

大清皇帝隨意居住宮內侍衛護軍官兵
照常留用
第四款
宗廟
陵寢永遠奉祀由民國妥慎保護并設守
負其責任
衛官兵如舊
四
大清皇帝恭謁
所需費用由民國擔任
陵寢沿途經過地方應用禮節敬謹預備
第五款
德宗崇陵未完工程如制敬謹妥修其奉
安典禮仍如舊制所有經費均由民國擔任
第六款

宫内所用各项执事人员由

大清皇帝留用

第七款

凡属

大清皇帝原有之私产由中华民国特别保护

第八款

大清皇帝有大典礼国民得以称庆

第九款

禁卫军名额俸饷仍如其旧

乙 关于皇族待遇之条件

一 王公世爵概仍其旧并得传袭

其袭封时仍用

大清皇帝用寶民國大總統鈐印作據

大清皇帝册寶

二皇族對于國家之公權與國民同等

三皇族私產一體保護

四皇族免兵役之義務

丙關于滿蒙回藏各族待遇之條件

一與漢人平等

二保護其原有之私產

三王公世爵概仍其舊并得依次傳襲

四王公中有生計過艱者應設法撥給官產作為世業以資

補助

五 先籌八旗生計于未籌定之前八旗官兵俸餉仍舊支放

六 從前營業居住等限制一律蠲除各州縣聽其自由入籍

七 滿蒙回藏原有之宗教聽其信仰自由

以上條件列于正式公文照會各國或電達駐荷華使知照海牙萬國和平會存案

八 蒙古王公世爵均仍其舊制並保護其一切產業

甲關於

大清皇帝優禮之條件

第一款

大清皇帝尊號相承不替國民對於

大清皇帝各致其尊崇之敬禮與各國君

主相等

第二款

大清皇帝歲用每歲至少不得短於四百

萬圓永不得減額如有特别大

典經費由民國擔任

第三款

大内宫殿或頤和園由

大清皇帝隨意居住宮內侍衛護軍官兵
照常留用
第四款
宗廟
陵寢永遠奉祀由民國妥慎保護負其責任
並設守衛官兵如遇

大清皇帝恭謁
陵寢沿途所需費用由民國擔任
第五款
德宗崇陵未完工程如制敬謹妥修其奉
安典禮仍如舊制所有經費均由民國擔任
第六款

宫内所用各項執事人員由
大清皇帝留用
第七款
凡屬
大清皇帝原有之私産特别保護
第八款
禁衛軍名額俸餉仍如其舊
乙關於皇族待遇之條件
一王公世爵概仍其舊
二皇族對於國家之公權與國民同等
三皇族私産一體保護
四皇族免兵役之義務

丙關於滿蒙回藏各族待遇之條件

一與漢人平等

二保護其原有之私產

三王公世爵概仍其舊

四王公中有生計過艱者應設法撥給官產作為世業以資補助

五先籌八旗生計於未籌定之前八旗官兵俸餉仍舊支放

六從前營業居住等限制一律蠲除各州縣聽其自由入籍

七滿蒙回藏原有之宗教聽其信仰自由

以上條件列於正式公文照會各
國或電達駐荷華使知照海牙萬
國和平會存案

甲關於

大清皇帝優禮之條件

第一款

大清皇帝尊號相承不替國民對於

大清皇帝各致其尊崇之敬禮與各國

君主相等

一一

第二款

大清皇帝歲用每歲至少不得短於四百

萬兩永不得減額如有特別大

典經費由民國擔任

第三款

大內宮殿或頤和園由

大清皇帝隨意居住宮內侍衛護軍官兵

照常留用

第四款

宗廟

陵寢永遠奉祀由民國妥慎保護負其責任

并設守衛官兵如過

二一

大清皇帝恭謁

陵寢沿途所需費用由民國擔任

第五款

德宗崇陵未完工程如制敬謹妥修其奉

安典禮仍如舊制所有經費均由民國擔任

第六款

宮內所用各項執事人員由
大清皇帝留用
第七款
凡屬
大清皇帝原有之私產特別保護
第八款

三一

大清皇帝有大典禮國民得以稱慶
第九款
禁衛軍名額俸餉仍如其舊
乙關於皇族待遇之條件
一王公世爵概仍其舊並得傳襲
其襲封時仍用

大清皇帝册寶

二皇族對於國家之公權與私權

同等

三皇族私產一體保護

四皇族免兵役之義務

丙關於滿蒙回藏各族待遇之條件

四一

一與漢人平等

二保護其原有之私產

三王公世爵概仍其舊并得依次

傳襲

四王公中有生計過艱者應設法

撥給官產作爲世業以資

補助
五先籌八旗生計於未籌定之前
八旗官兵俸餉仍舊支放
六從前營業居住等限制一律蠲
除各州縣聽其自由入籍
七滿蒙回藏原有之宗教聽其信

五一

仰自由
以上條件列於正式公文照會
各國或電達駐荷華使知照海
牙萬國和平會存案

九　王公會議勸請退位奏議草稿（一）

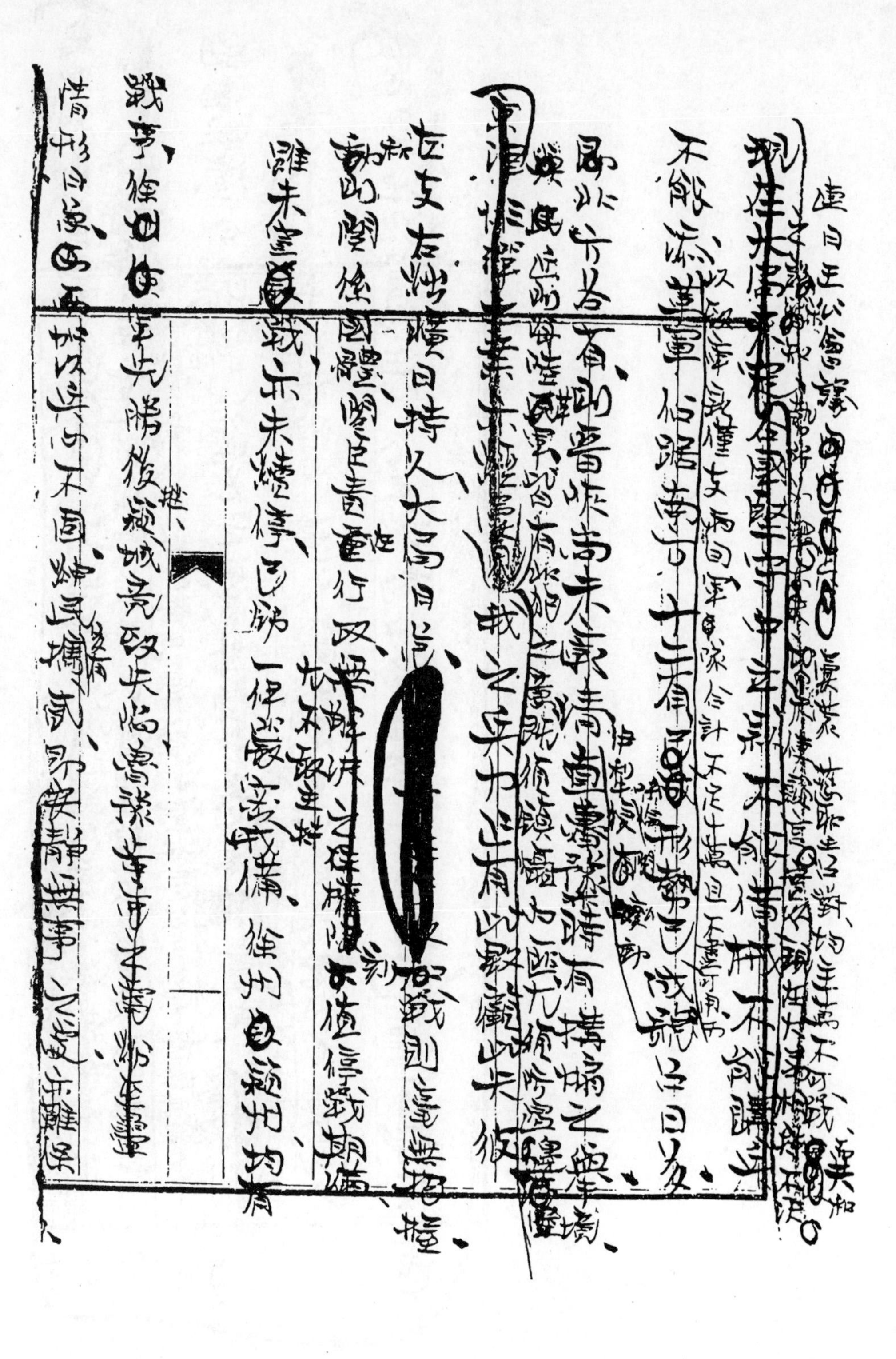

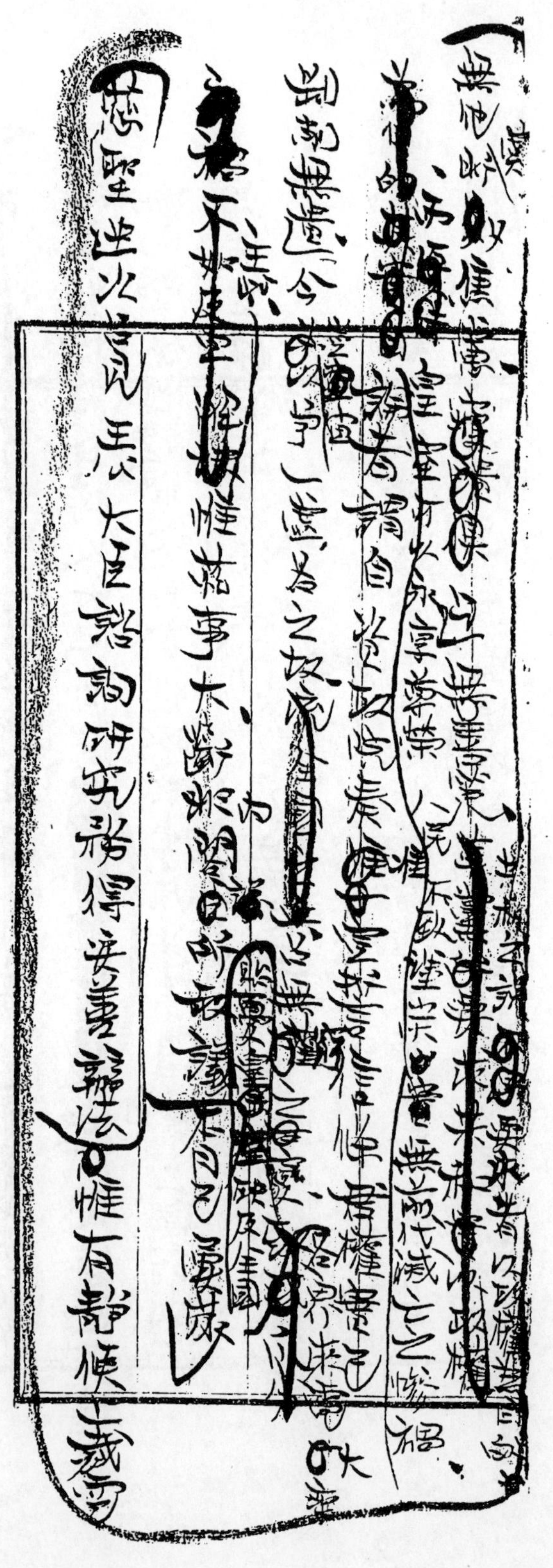

一〇 王公會議勸請退位奏議草稿(二)

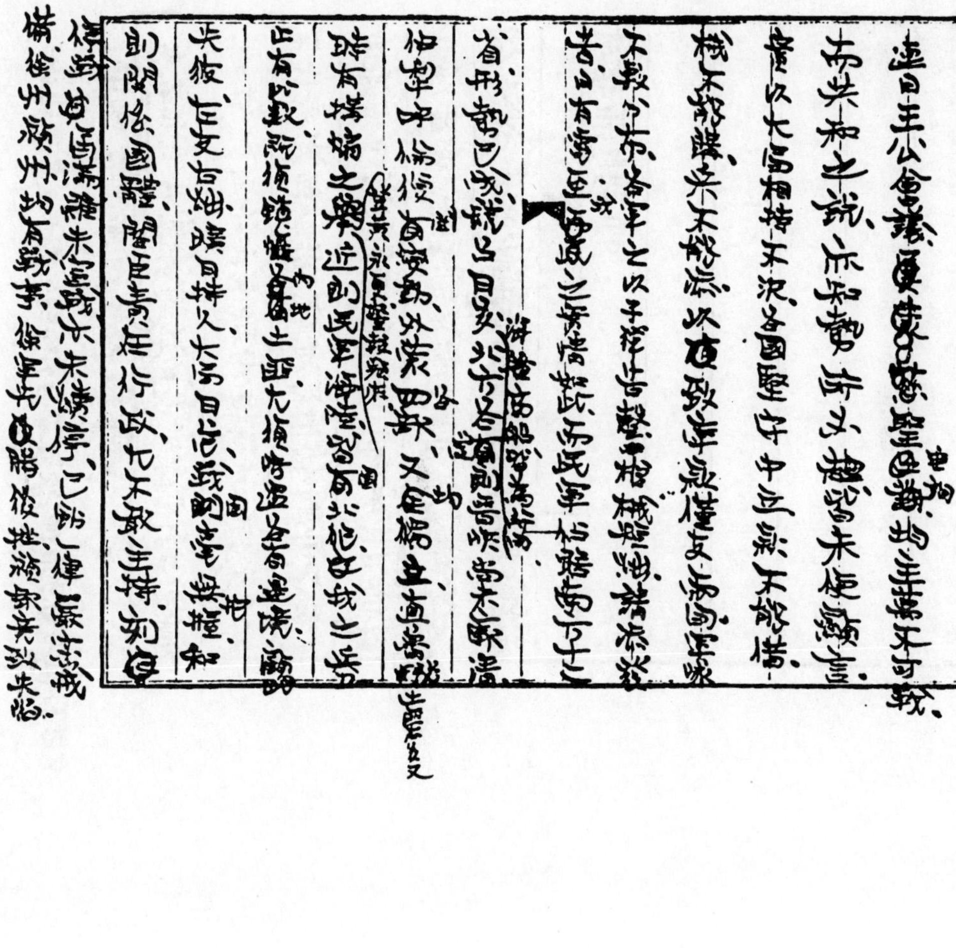

當談情形日急，加以軍費不足，人心動搖，亦無安靜之望，亦難保無變，故又從衆議，並由宗室無異議，

由特共和之議，奏請皇室辭去政權，而可永享尊榮，人民亦先進宗實無漢官(?)深明識之時代之紛擾，且自資政院奏准宣佈憲法信條，

君權業已剝削無餘，若因事一変以立之權，則於皇室既及全國，而兩相損，俟自得有識，

之變，即於皇室既及全國，而兩相損益，

界未定，大半意見無定，斷非可以敷衍，

有靜候之裁奪。

二一　某人勸請早定方針奏議草稿

竊目下大局，伏念人心已去，非月來[illegible]
事措拄勉保一隅，[illegible]今[illegible]業已
智勇俱窮，上下交困，[illegible]就軍
事財政各方面詳加研究，我軍止
有此數，而民軍隨地可擴，既備多
而力分，用在文而在法，兼之[illegible]所從
實
財有[illegible]，[illegible]實衆志動搖，更切倒
戈之慮，而[illegible]將[illegible]多[illegible]
即為國[illegible]，[illegible]月[illegible]
[illegible]共和[illegible]何[illegible]敵財
政，則借款無效，收入日稀，開源既
非其時，節流復[illegible]內帑亦

有窮盡損耗及非常境地以此言戰

再先就進兵一六軍不若敵偪

都城居時混欲言和爭勢已去　民軍祇視爲降伏

則後此情狀恐有非臣下所忍言

聞見等語

國體重大爲此何敢知所不言此萬不能　甘戰之爲害也

開戰實責而伏乞仰

皇太后

聖主明察　無已則就和之利害言之

倘言時以和平解決如論南方革黨

所仰優待

皇室條件于優定

大清皇帝歲俸不得少于三百萬兩之數

堂如故

大清皇帝仍存不廢

陵寢

宗廟永遠奉祀

德宗景皇帝崇陵未完工程與奉

安經費應實支出各節均已定列專款決無

改易移

皇太后

皇上一旦俯從民望宣布共和彼等以為人民感德

遂莫幸之私則矣論其謂

皇室必永享尊榮之奉此次變革

係屬改易政體以天下公諸天下非

以天下付與他人因與昔之易代迥
不相同並非禪讓亦並非退位尤 祇有光榮 著毫無
不能謂之亡國想者未嘗防此也
然因慘乎大事相持並論不知
不和而戰戰而一敗塗地不可收拾
則真悲慘居乎矣

朝廷自行讓出政權此次鼓舞光榮矣
舉何悲慘居乎之有 尤有居於
朝廷協力自不與現在著論且政權雖去
皇族猶存此後絕無危險損傷之加於
恪守十九信條之君主實為遠勝 此利也
朝廷自行宣布共和其愛人民之湖較

朝廷應請 俯察情形
朝廷深權利害速決擇行速早定方針
以期早日解決為國家人民之幸

電伍先發條件

外部閱譯呈

東西電報

上諭朕欽奉

隆裕皇太后懿旨予維建邦之制因歷史而不同立政之方隨世運而遞進中國四千餘年以來雖為君主政治而先聖垂教天下為公往哲微言惟民為貴故自古帝王施政亦無不以民視民聽為歸國體雖殊法理則一必由帝政而變為民主乃由小康而躋於大同實進化之自然非人力所能強比年以來朝廷堅世界之潮流謀國家之發展亦嘗欲良政本皆力實行立憲經宣言不私政權与民更始誠不欲以一人之總

一四　清帝辭位詔書草稿（一）

此稿出北軍建議起之功
袁內閣改定示本

上諭朕欽奉
隆裕皇太后懿旨前經降旨召集國會將國體付諸公決近日東南留寓諸大臣及出使大臣並各埠商團紛紛來電咸稱國會選舉節目繁難非一時能以解釋籲請明降諭旨俯順輿情速定國體弭息戰禍各等語查比年以來各省迭被災祲小民生計維艱轉瞬春耕長此兵連禍結四民失業盜賊蠭起荼毒生靈豈牧民者所忍膜視又何忍爭一姓君位之虛榮貽萬民生以實禍致與古聖民為邦本先賢民貴君輕之訓大相剌謬用是外觀大勢內察輿情自應將權位公諸天下即定為共和

立憲國體以期回復秩序海宇乂安在朝廷無
私天下之心在中國當作新民之始必須慎重
將事以謀幸福而奠初基著授袁世凱以全權
籌辦共和立憲事宜其皇室關繫重大皇
族支派蕃衍即八旗兵丁亦素無恒產生計
均應妥為規畫著袁世凱一併籌商辦理予

與皇帝但得長承天眷歲月優游重覩世界
之昇平獲見民生之熙皞則必妥意愜尚何憾
焉欽此

應即
組織臨時政府與民軍協商統一辦法總期人民安堵疆土保全滿漢蒙回藏五族仍合為一大中國
豈不懿歟
年

一五 清帝辭位詔書草稿(二)(袁世凱手批本)

上諭朕欽奉
隆裕皇太后懿旨前因民軍起事各省響應
九夏沸騰生靈塗炭特命袁世凱遣員
與民軍代表討論大局議開國會公決
政體兩月以來尚無確當辦法南北睽
隔彼此相持商輟於途士露於野徒以
國體一日不決故民生一日不安今全國人
民心理傾向共和南中各省既倡議於前
北方諸將亦主張於後人心所嚮天命可知
予亦何忍因一姓之尊榮拂兆民之好惡
是用外觀大勢內審輿情特率皇帝將
統治權歸完全領以行付畀國民定(旁批:公諸全國)

為共和立憲國體近慰海內厭亂望治
之心遠協古聖天下為公之義袁世凱
前經資政院選舉為總理大臣當茲新
舊代謝之際宜有南北統一之方即由
袁世凱以全權與民軍組織臨時共和
政府協商統一辦法總期人民安堵海
宇乂安仍合滿漢蒙回藏五族完全領土為一大中
華民國予與皇帝得以退處寬閒優游
歲月長受國民之優禮親見郅治之告
成豈不懿歟

一六　清帝辭位詔書印刷本

奉
旨朕欽奉
隆
裕皇太后懿旨前因民軍起事各省響應
九夏沸騰生靈塗炭特命袁世凱遣員與
民軍代表討論大局議開國會公決政體
兩月以來尚無確當辦法南北暌隔彼此
一一
相持商輟於途士露於野徒以國體一日
不決故民生一日不安今全國人民心理
多傾向共和南中各省既倡議於前北方
諸將亦主張於後人心所嚮天命可知予
亦何忍因一姓之尊榮拂兆民之好惡是
用外觀大勢內審輿情特率皇帝將統治

權公諸全國定為共和立憲國體近慰海
內厭亂望治之心遠協古聖天下為公之
義袁世凱前經資政院選舉為總理大臣
當茲新舊代謝之際宜有南北統一之方
即由袁世凱以全權組織臨時共和政府
與民軍協商統一辦法總期人民安堵海

二一

宇乂安仍合滿漢蒙回藏五族完全領土
為一大中華民國予與皇帝得以退處寬
閒優游歲月長受國民之優禮親見郅治
之告成豈不懿歟欽此

宣統三年十二月二十五日 御寶

內閣總理大臣臣袁世凱

署外務大臣臣胡惟德

民政大臣臣趙秉鈞

署度支大臣臣紹英假

學務大臣臣唐景崇假

陸軍大臣臣王士珍假

署海軍大臣臣譚學衡

三一

司法大臣臣沈家本假

署農工商大臣臣熙彥

署郵傳大臣臣梁士詒

理藩大臣臣達壽

國家設官分職以為民極內列內府部院外建
督撫司道州縣凡以康乂億兆維持秩序固非
為一人一家而設也茲值降旨改政並令籌辦
組織臨時政府各事宜深恐各官員狃於舊
見或徑行去職或相率歸田當此時大局阽
危之時必致搖動人心別生枝節殊乖為民設
官之旨爾京外大小官員皆入仕有年深知大
體而將祿入之來何非民力此日艱虞方殷宜
司牧各官恍念時艱靖共爾位修舉職業
保持治安兩於國民之施即在今日盡一分
之責其有馭軍親民之任者尤宜夙夜宣勤
撫馭職務使軍民安業毋生驚疑同維大局各安

官皆國民之望，責任重大，自不致輕於去職。希貴府即責成各長官敦切誡勸，毋瞬時脫職有違，仍均俟臨時政府定有辦法再行[illegible]，庶副予克己安民之意，實有厚望焉。

奉
旨朕欽奉
隆裕皇太后懿旨古之君天下者重在保全
民命不忍以養人者害人現將新定國體
無非欲先弭大乱期保乂安若拂逆多數
之民心重啟無窮之戰禍則大局決裂殘

一一

殺相尋勢必演成種族之慘痛將至
九廟震驚兆民荼毒後禍何忍復言兩害相
形惟取其輕此正朝廷審時觀變痌瘝吾
民之苦衷凡爾京外臣民務當善體此意
為全局熟權利害勿得挾虛憍之意氣逞
偏激之空言致國與民兩受其禍著民政

部步軍統領姜桂題馮國璋等嚴密防範
剴切開導俾皆曉然於朝廷應天順人大
公無私之意至國家分職以爲民極内列
閣府部院外建督撫司道所以康保羣黎
非爲一人一家而設爾京外大小各官詢
宜慨念時艱慎供職守應即責成各長官
敦切誠勸毋曠厥官用副予夙昔愛撫庶
民之至意欽此

宣統三年十二月二十五日　御寶

内閣總理大臣臣袁世凱
署外務大臣臣胡惟德
民政大臣臣趙秉鈞

署度支大臣臣紹英假
學務大臣臣唐景崇假
陸軍大臣臣王士珍假
署海軍大臣臣譚學衡
司法大臣臣沈家本假
署農工商大臣臣熙彥
王一
署郵傳大臣臣梁士詒
理藩大臣臣達壽

一九　宣佈優待條件詔書手寫本

上諭朕欽奉
隆裕皇太后懿旨前以大局阽危兆民困苦特飭
○○內閣與民軍商酌優待皇室各條件
○○以期和平解決茲據覆奏民軍所開
○○優禮條件於
宗廟陵寢永遠奉祀
先皇陵制如舊妥修各節均已一律擔承皇帝
但卸政權不廢尊號並議定優待皇
室八條待遇皇族四條待遇滿蒙回
藏八條覽奏尚為周至特行宣示皇
族暨滿蒙回藏人等此後務當化除畛域
共保治安重覩世界之昇平胥享共

和之幸福予實有厚望焉欽此

奉
旨朕欽奉
隆裕皇太后懿旨前以大局阽危兆民困苦
特飭内閣與民軍商酌優待皇室各條件
以期和平解決茲據覆奏民軍所開優禮
條件於
一
宗廟
陵寢永遠奉祀
先皇陵制如舊妥修各節均已一律擔承
皇帝但卸政權不廢尊號並議定優待皇
室八條待遇皇族四條待遇滿蒙回藏七
條覽奏尚為周至特行宣示皇族暨滿蒙

回藏人等此後務當化除畛域共保治安

重覩世界之昇平胥享和平之幸福予實

有厚望焉欽此

宣統三年十二月二十五日 御寶

内閣總理大臣臣袁世凱

署外務大臣臣胡惟德

二一

民政大臣臣趙秉鈞

署度支大臣臣紹英 假

學務大臣臣唐景崇 假

陸軍大臣臣王士珍 假

署海軍大臣臣譚學衡

司法大臣臣沈家本 假

署農工商大臣臣熙彦

署郵傳大臣臣梁士詒

理藩大臣臣達壽

一宜派人向南方布置（派人分兩三項：一本在北方現到南方者；一向在南方而可臨調度者；一由北方派往者）

一南方二三級人宜陸續羅致量才器使

一表面文明事宜多辦以收天下之望（如嚴葉羅織堂秋之類）

一一切發表後之文章、宜合文明國民之身分、並須畧本自來發主張贊成共和之言、不可作官僚身分之語、及萬不得已方贊成共和等語、蓋此等語既失信用又落下風也

葉局長呈

恭呈
以可採者令揖唐去乎
昧記苟撮以備參考
宮太保鈞展
多可採
王賡緘呈

南北統一行將揭曉建設於破壞之後難建設於和平破壞之後則尤難愚慮所及謹条呈如下

一憲法事件　此事表面必由國會公決宜及時派員暗中組一絕有力之政黨預編草案屆時自能通過

一應羅致海內通人須先斟酌

一應由此美英日各國請著名之法家隨時顧問

美之前大總統羅斯福君可設法聘作顧問裨益匪淺

一、國會事件　委有專員預先研究擬定
新國會之選定方法擬定未定以前應先開臨時國會

一、國名應定　應先斟酌
定名後應譯成英德法三國文字照會
外使先至原邦諮謀

一、國旗式樣應酌定

一、國樂應速譜

一、總統宮宜因陋就簡　師美之白宮遺意
蓋此目下不必另建

原有宮殿宜改為公共遊覽之所法德均有先例 日前電陳已詳及之

一 行政區域應暫仍從前行省之制

一 各省官制應先劃一整頓辦法愈簡愈妙

聯邦制萬不可仿行

又有長官是否仍用都督名稱應酌 各都督不必盡用本省人

三

一　外交、軍事、財政各權，必委諸中央。他如各稅可劃歸地方辦理。但學堂及新需等仍應統於中央。

一　外交團之行動，應特別注意，尤宜注意近隣某國之機心。

一　外藩應派專員研究，宜操縱兩宜[illegible?]。

一　應大借外債，興大工程（如導淮各事），

借以賑撫貧民及將來安置被裁之兵隊

及遊勇私梟等、

四

一應趕緊設立中央銀行

一海外華僑宜派專員設法安撫

一外交使臣多不職者應設法撤換

一舊人有清此等應一律以作優閒以安其心

一宜設備議院　凡有一才一藝者不妨網羅而用

如此等事辦多費若干不惜也

五

一 旗員中少有清此者宜并罷斥之

一 八旗生計宜於漢人代籌 旗員中似無此人才也

一 宜大興工商業多方設法提倡

此事於將來宣布政見時必應加入迺
是順大多數民心亦救時要策也

六

一○舊日官派官習亟應設法蕩除

一○聲名劣惡之員雖有小才智不可大用

一○應多設言論機關急輸入一般國民世界知識

一○應實行强迫教育

○共和成立後，暗中應以開明專制○○○○

之精神行之○而實行法律專制

以學道愛人之心，行循名責實之政

天下何患不太平

亦就所知人才多舉開列

湯壽潛　梁鼎芬　鄭孝胥 應須用　陶葆廉

勞乃宣　趙啟霖　石長信 御史　吳緯炳 御史

秦樹聲　王人文　王乃徵　王式通　董康

陳三立　熊希齡　朱祖謀　許鼎霖

吳廷燮　馬振憲　江春霖　張元奇

劉若曾　朱恩紱　于式枚

以上單舉均爲人才可用者

陸徵祥　擬任外交中第一人才

嚴修　教育　張謇　李煜瀛　以上二人可任實業

新正副部長

王寵惠　蔡元培　梁啟超　汪兆銘

辛向麟　蔣智由　陳錦濤　白逾桓　法政學生　黨人中之宏才

柏文蔚　將才　吳柳隅　法學甚好　現任嶺東　范治煥　法政學生　吳淵　法政學生

熊希齡　汪榮寶　章宗祥　張元濟

程明超　江紹杰 進士出洋學生　龔心釗 翰林前任出使大臣欽差　譚延闓

劉光漢　施愚　張一麐　王廣圻 前任館參贊　邢端 翰林編修

馬君武　黃建六 留學學生兼新聞記者　莊蘊寬　盛先覺 恩賞舉人學生

薛大可 出洋學生　楊度　嚴修　何橘時 日本帝國大學畢業　金邦平

宋教仁　呂均（法政學生）　傅鍾（法政學生）　張瑋（留英何科學）　熊範輿

于右任（本人之去不去似無妨）　饒孟任（留英法科生）　徐謙　舒鴻貽　梅光羲

蔡鍔（最好）　張樹森（法政學生）　韓汝甲（第八鎮佐）　蹇念益

楊廷棟（法政學生）　劉瑩澤（法政學生）　胡瑛　胡漢民

以上均極新而可用者

以上拉雜書不及清繕急呈

鑒閱甚伙面陳餘再續上

再昨兩日以在外有要事接洽

未及到閣辦事請乞附聞

一一三 實菴寄袁世凱條呈

實菴寄

南北合併臨時政府成立臨時總統
為衆望所歸自無疑義惟茲事
關係內外觀聽有必應首先發
表之事意計所及姑條於下
一不可居舊宮舊宮留作國家
博物館以舊內府及奉天珍藏
之物分類分屋陳列舊午門
至大清門外種樹作公園南東

西通行之路而另設總統府守
衛宜嚴房屋不宜侈以合共和
總統之制華盛頓白宫之盛德
可師也
一須派陸軍有名人帶兵料撿
南方軍隊籌備發給汰劣存優
示以限制
一各省限一都督制

一博求直言改革秕政尊重輿論

一賑撫災黎訪問疾苦

一用人宜各路兼收以示公平宜少
用熟人以杜疑謗

一須先借外債以三千万至五千万為
始若能一萬万分三年收入最善
以一千万先立國家中央銀行為
發行紙幣募集公債之母以後

每年由各省分擔增入資本五百万令設各省地方銀行為中央之吐納

以上内政

一舊政府退第一先收外交權電各國駐使換旂〔南方五色旂示合五族是也其以十八省為十八星居中以四星居四角尚嫌有痕迹不如合為

青赤黄白黑
春夏中央秋冬
東南中西北

二十四星中央一大八角星為宜〕

一選派各國駐使須以兩種為準一有學行才辯人一平昔信任人此與借款有至大之關係

一遣使安撫蒙藏訪求善蒙藏言語嫻蒙藏宗教風俗人為使一面籌設蒙藏學校

一遣使安撫南洋華僑

以上外交

一令旂人各就所在地有旂地及閒地者處之宜散宜授以農工商業宜用漢姓或單一字姓

一選用有清望無習氣之旂負暫勿處以內地勿畀以高職以安之

以上處滿人

一政府兼采法制即設法制院徵

有舊學問新知識之賢俊

一設顧問院以容耆宿有聞之士

一設儲英院以處各黨及留學回國

辦事未有经驗之士

一宣明臨時建設各事之理由令各

省代表定選舉法以備開正式國會

以上餘事

一鹽法不改更有何法以安頓無數窮

民何法以消除梟匪何法以合於共

和不可不思改則三五年後收入必

增推下手須先借欵一二千万已有預

算

以上之説願深察之

同意公推南方亦必多數論中國
夙昔之輿論則困於虐政怨歎
愁疾而無可如何者大多數人也知
民之困而痛恨專制務抉去之以
為至死不移之的少數人也介二
者之間欲隨事補救希不大潰
而卒無當於二者之事實心理亦少
數人也今專制既去舍共和無以自

存自立自全自安是必合全國之人以趨之然宰之者須有統攝之精神須有施行之秩序今畧以最要中之最要言之

一以專制無弊之精神行共和適宜之政體

一以光大含容之量包括衆黨以漸消其爭以明白潔淨之思屈伏一

乙以存集其助
一臨時總統發表後須對衆宣
誓政見
甲以人道革除舊時不便於人民
之秕政謀人民憲法内之平等自
由幸福
乙大興農工業籌貧民之生計
丙興修水利

丁拓植邊地

戊設普及教育

己統一軍政簡料軍實

庚統一財政

辛采美法共和憲法以適宜於

中國之民俗

壬博求著有人望之賢能相助為理

癸尊重輿論

共和有内閣乃法制應用何制應

國會議此爲暫行 章太炎即主法

二四　全權組織臨時共和政府袁世凱布告內外大小文武官銜草稿

二三　全權組織臨時共和政府袁世凱布告內外軍警草稿

況今世界趨勢贊成共和，早經發表政[illegible]，尤盼[illegible]第[illegible]維持[illegible]

臨時政府之布告　內外軍警

現在共和政體業經宣布，鄙人承[illegible]

但組織臨時政府之任，地方治安，關係至重，

全賴軍警[illegible]免[illegible]居民驚擾。

現當組織臨時政府，所有[illegible]之

軍警，仍當繼續施行[illegible]統一

政權，保[illegible]秩序。[illegible]有[illegible]之事，

擾亂治安者，定當從嚴懲治，以維大局。

凡為[illegible]長官[illegible]為共和[illegible]此指諭莫[illegible]

來[illegible]共和[illegible]政[illegible]

[illegible]此令

[illegible]有[illegible]政[illegible]干[illegible]

年　月　日

[illegible]

電致北方各督撫

現在政定國體採用共和業經清廷明白宣布凡我國民須知此次改革爲我國從來未有之創局非畢改君而代以新君乃由帝政而變爲民政自茲以往我中國之統治權非復一姓獨擅之私產而爲四百兆人固有之公器我中華國民不論滿漢蒙回藏何種民族均由專制時代之臣僕一躍而爲共和偉大國家之主人豈但與印郵諸國已國歟家者不同抑且與歐美高國以未易姓受命者迥異君民揖讓天下爲公實國民

無上之光榮亦世界罕覯之盛舉惟大局初定隱憂
孔多當新陳代謝之交正禍福倚伏之日始基不慎遺
害何窮吾人同爲國民久有天職艱難締造義不容
辭。以非才謬膺組織臨時政府之任力小荷重其何能
堪所賴我賢士大夫各竭知能共謀匡濟免致中道隕
越重貽國民之羞諸公受自先朝夙膺疆寄外觀世局
內察民情值茲鼎新革故之秋必有扶危定傾之策
幸各同心戮力克奏成功有以慰海內同胞望治之心方不負清

建設政之意其或悪詆無從骨動序言亦宜剴切詳明廣爲勸導務令各安生業不釀事端是爲至要地方有司在新制未定以前所有行政司法一切暫仍舊貫不得自相紛擾致滋驚疑總之共和國家輿論即爲法律國是一定萬難再事動搖無論何人均有服從國法之義務。雖不敏願與諸君共努力行之敢布腹心即希亮察

二七　臨時共和政府印璽清單

中華民國之璽

臨時共和政府之印

大中華民國臨時共和政府之印

大總統印

大清國

前內閣總理大臣全權組織中華民國

臨時共和政府首領袁

全權組織臨時共和政府

一應否設總理

一如不設總理即應特設總統府凡總理應設秘書參事等職即全併於總統府分設各股以核各部之事

一各部擬以教育實業二部併入內務部。一內務　二外務　三財政　四交通　五陸軍　六司法　七藩務

一各部設總長次長其下分設各課曰課長課員

一總統府應專設軍事參議院

一總統府應專設顧問院

臨時籌備處規約

一本處為新舉臨時大總統未就職以前籌備將來建設之計畫直接隸屬於新舉臨時大總統備諮詢籌畫之機關

一本處分股如左

法制股

一

研究新舊法令各種問題預備草案并
調查各國法令以資參改
外交股
研究各國交涉事件及新舊約章預備
將來繼續或修正并辦理直接交涉文件
内政股

現在四民失業滿目瘡痍所有安集人
民暨八旗生計均應急行維持現狀及
永久辦法並研求農工實業發達進行
之策

財政股

籌定臨時歲入歲出並爲統一全國財

二一

政之預備

軍事股

籌備聯合統一全國軍隊辦法並研究

目前分配留遣及將來徵兵練兵之法

邊事股

對於東三省蒙古西藏暨各邊省地方

之特別計畫維持現狀並預備將來辦法

一本處既直接隸屬於新舉臨時大總統其各股辦事員由新舉臨時大總統選派

一以本處各股辦事員組織為聯合討論委員會遇有重大問題由全體辦事員開會討論

一各股及聯合委員會討論事件纂成意見書呈由新舉臨時大總統核定

一此暫時條規如有未盡事宜隨時呈請酌改

一本處辦事細則另行規定

秘書處存[illegible]勿限去

法制

汪君袞甫

施君鶴初

金君伯平

李君伯芝

李君孟魯

一一

長君壽卿
李君梣方
董君小蘭
曾君叔度
外交
曹君潤田

桂君智臣
蔡君耀堂
陳君徵宇
顔君駿人
張君𢿱雲
内政

二一

汪君袞甫

施君鶴初

吳君向之

金君伯平

余君東屏

許君寶蘅

蹇君季常

章君曾泉

財政

周君子沂

葉君譽虎

陸君閏生
范君静生
王君小宋
劉君蒓生
軍事
傅君清節

三一

唐君執甫
王君揖唐
哈君雲裳
曹君粲三
徐君樹錚
靳君雲鵬

四一

吴君光新

陶君雲鶴

章君遹駿

陳君友白

劉君詢

邊事

陸君閏生
曹君潤田
舒君賓如
唐君執甫
梅君擷雲
吳君向之

五一

五一

張君鳳輝
劉君伯綱
梁君士可

袁世凱敬約

新舉臨時大總統袁　布告京師市民

昨夕第三鎮炮輜兩營因事譁亂哨兵附之土匪繼之縱火鳴槍全市震驚損失鉅萬查兵丁原以彈壓地面保衛治安不意有此結果乃與初心相反此雖由該兵丁等誤會謠傳不能恪守紀律實由鄙人鎮

一一

撫無術未能先事防維之所致鄙人甫受國民委託膺此重大仔肩誠欲竭區區之愚為同胞稍謀幸福乃新任未履而愆咎先叢刈國之政典聞病民之事已見撫衷自問負疚良多嗣後益當振刷精神妥為布置一面嚴申軍紀鎮壓亂萌務竭心力

大總統命令

一除巡警照常站崗消防隊更須準備

一切今夜全城梭巡防範盜賊等事

統責成毅軍辦理

二三鎮各營暨洪統領所部今夜均令

休息

三今夜如有意外警告三鎮及洪營聽

候命令遵行不得擅自出入

四如有不法匪徒黨夜擾亂治安即行

格殺

財政　周自齊

教育　孫毓筠

司法　章宗祥

農林　胡瑛

工商　沈秉堃

交通　胡惟德

外交　陸兼

三四　袁世凱手書總長名單（二）

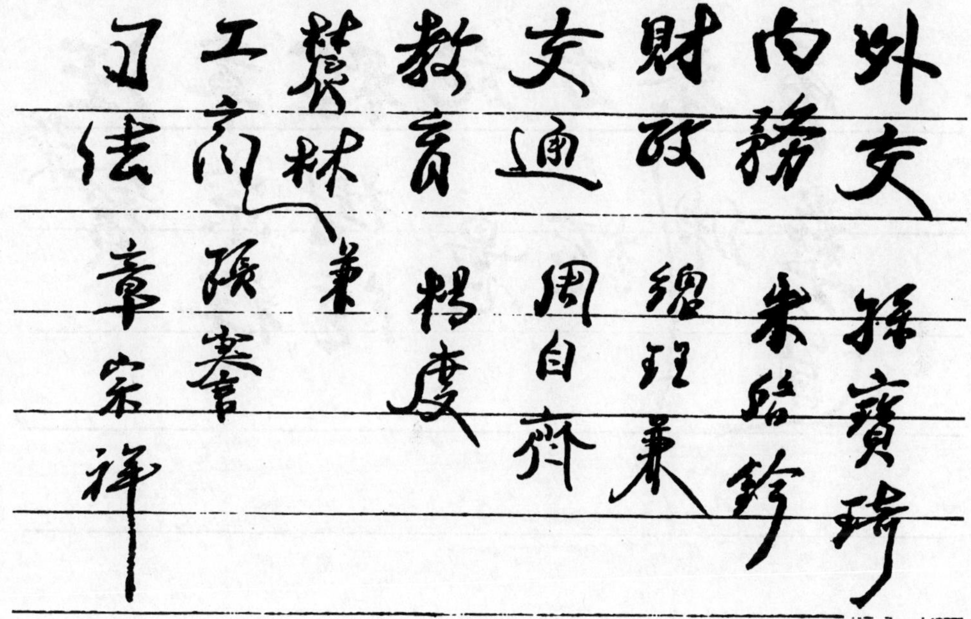
外交　孫寶琦
內務　朱啟鈐
財政　總理兼
交通　周自齊
教育　楊度
農林　兼
工商　張謇
司法　章宗祥

汪寶棠

章宗祥

程樹德

施愚

方樞

黎淵

魯藝道

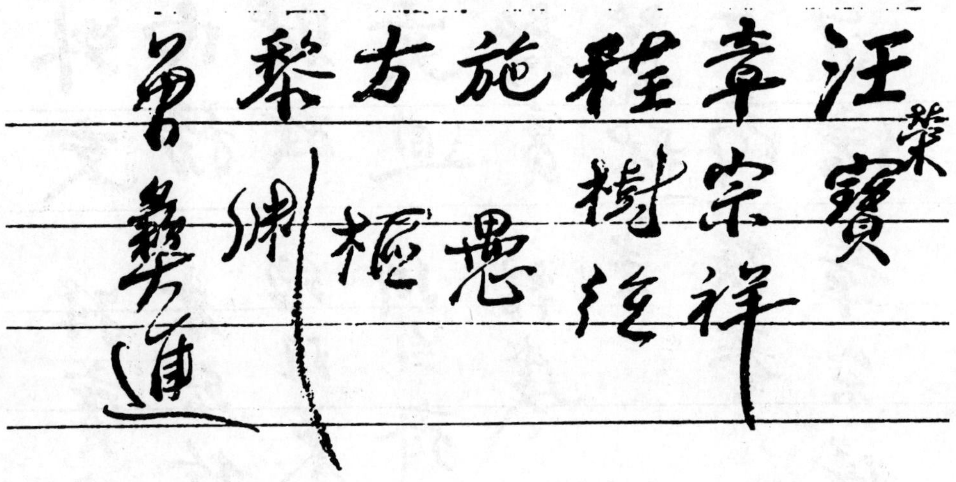

胡鈞

黎淵

張孝移

鶴初　錢

袞甫　汪

仲和　若溪錢　華

稷人　嚴

祖雲　外交　張

潤生　理財　陸

三八　袁世凱手書交待辦事清單

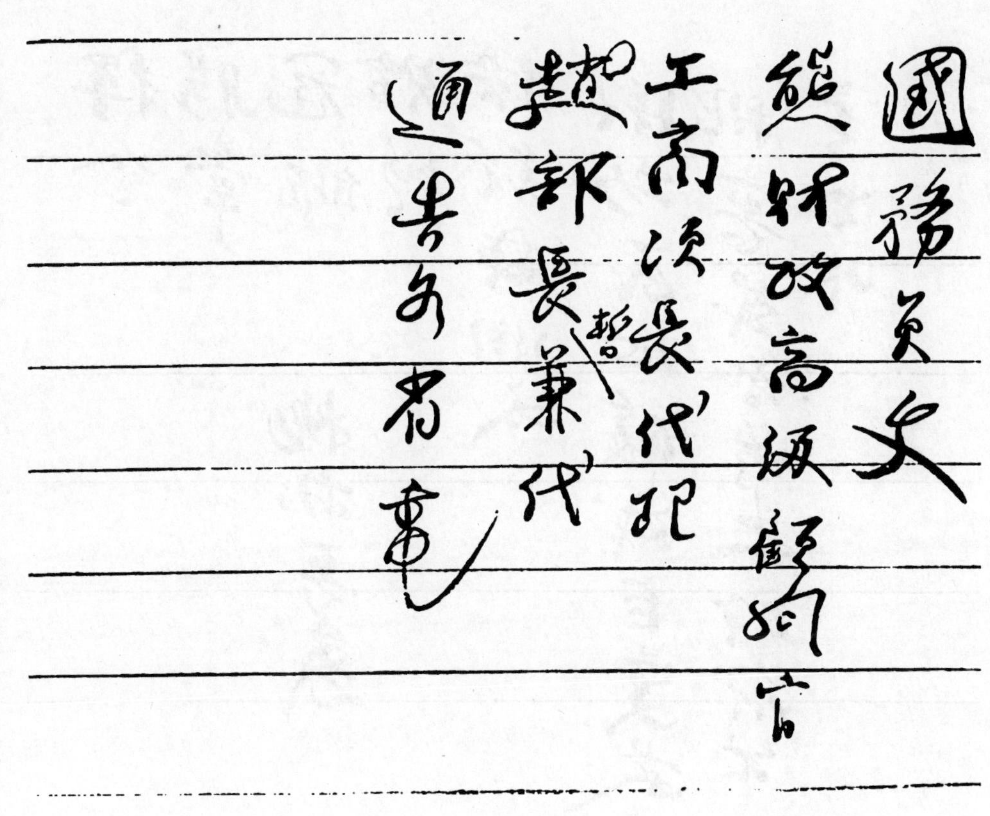

國務員文

總財政高級顧問官

工商次長代理

教部長暫兼代

通告各君事

擇金

胀掌

冠履
觸

貼切

借欸歎閏又

擾動民心釀成百孌裝

桃逑要义者为上改府不
王世民

桃劫要义

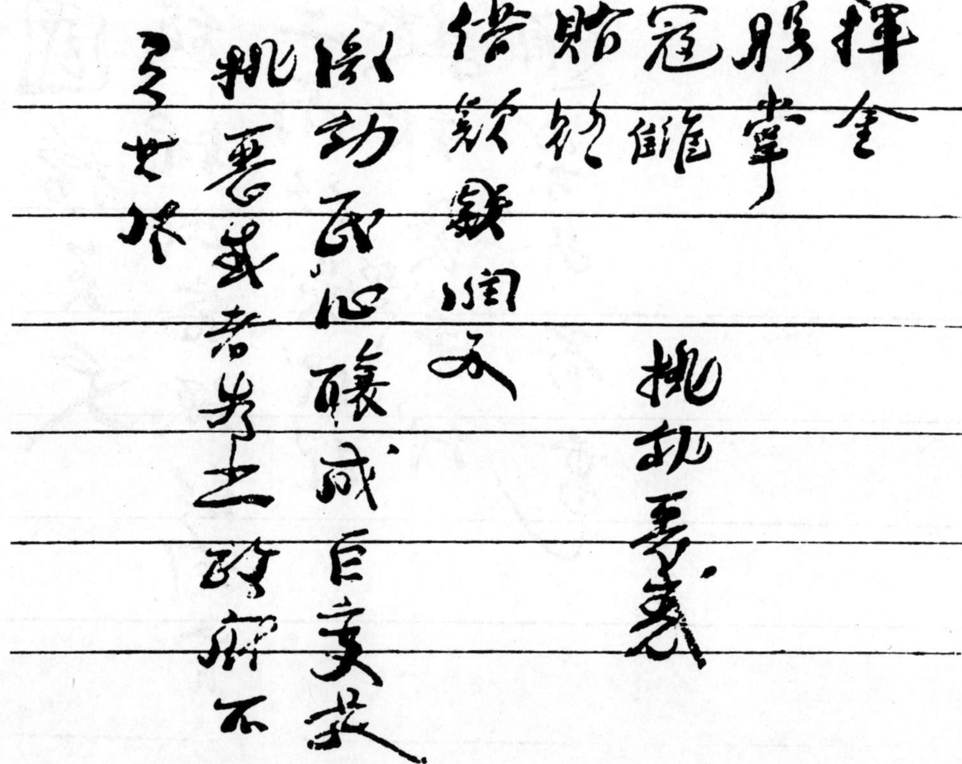

四〇　袁世凱手書交待事項

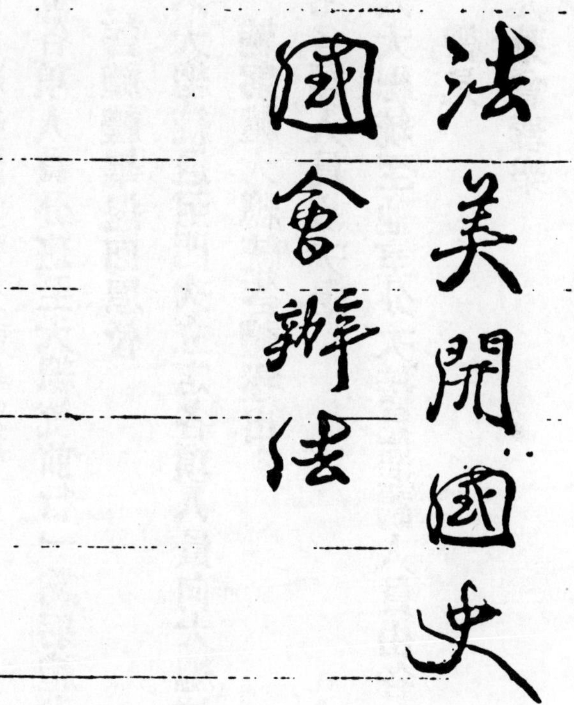
法美開國史
國會辦法

臨時大總統受職禮節次第

一各項人員齊集禮堂依次排列

二引導員請大總統至禮堂中間偏北面南正立

三各項人員就本位向大總統行一鞠躬禮大總統答禮

四大總統誦宣誓文誦畢奏樂

五各項人員分班至大總統前行一鞠躬禮大總統答禮禮畢退回原位

六大總統退至門次立定各項人員向大總統行一鞠躬禮大總統答禮遂出

七各項人員以次退

八大總統至他室分次接見進謁人員由各部首領帶見

九茶會奏樂

四二　臨時大總統受職禮參禮人員單

各項參禮人員單
歡迎專使及歡迎員
黎副總統代表各省總督都督代表
北京各部首領副首領
八旗滿洲蒙古漢軍都統副都統每旗一人
軍統領統協統統領
海軍艦長
步軍統領左右翼總兵
順天府尹大興縣知縣宛平縣知縣各省在京紳士
每省一人
滿洲紳士二人
蒙古紳士二人
回族紳士二人
西藏紳士二人
北京市民代表 商務總會二人 總旅事會二人

民國统一寒暑已更庶政進行亟多濡緩欲為根本之解
决必先有確定之方針
大總统劳心焦思幾廢寢食久欲聯合各政党魁桀
捐棄人我之見商確救濟之方適
孫中山　黄克强兩先生先後蒞京過從驩洽從容討
論殆無虚日因協定内政大綱八條商諸國務院諸

公亦翕然無間乃以武昌電詢黎副總統徵其同異旋

得復電深表贊成其大綱八條如左

一立國取統一制度

二主持是非善惡之真公道以正民俗

三暫時收束武備先儲備海陸軍人才

四開放門戶輸入外資興辦鐵路礦山建置鋼鐵

工廠以厚民生

五提倡資助國民実業先着手於農林工商

六軍事外交財政司法交通皆取中央集權主義其

餘斟酌各省情形兼採地方分權主義

七迅速整理財政

八竭力調和党見維持秩序為承認之根本

此係北方作為國會法制和平選舉首領與總攬政務之大總統之協定政策可也為國元首與政府首領互相提攜商定政見亦當先例從此進行標準如車有轍如舟有舵無旁撓無中阻以專趨於國利民福之一途我中華民國庶有豸乎大總統府秘書廳記

孫文　大勳位
唐紹儀　勳一位
伍廷芳　勳一位
程德全　勳一位
黎元洪　大勳位
黄興　勳一位
段祺瑞　勳一位
馮國璋　勳一位

四五　孫文致袁世凱函

慰亭先生鈞鑒别離以來自魯
返滬輒務宣達我
公愛國之真意經邦之大猷此次游
歷揚子流域歷二星期見人民真
愛共和同謀建設益爲民國前途
慶惟對於省行政長官則有大多

[illegible]所製箋

數人民主張公選謂失志力爭期於必達文前旅京時曾與慈孫談及謂若由民選則無論其人良否人民不怨中央且遇有地方衝突必待中央解決若由簡任則其人勝任人民以為固當如是無所用其感

激中央之心若不勝任則中央實
爲怨府故文意各省行政長官
不若定爲民選使各省人民泯其
猜疑且以示中央政府擁護民
權之真意於統一實大有效力又
據法理言之謀全國之統一在法制

之確定而不關於官吏之任命前清督撫何一非中央任命而卒至分崩者法制不統一也敬陳鄙見以待

鈞裁即頌

勛綏

孫文

元年十一月三日

江西刷印所製箋

北京
上海孫緘

咨憲法會議文

大總統為咨行事本大總統閱
貴会現在制定中華民國憲法案不日
脫稿曷勝欣慰查臨時约法載明大總統
有提議增修约法之權誠以憲法成立
執行之責在大總統故约法特予以此權
俾免窒礙而利推行本大總統前膺臨
时大總統之任一年有餘弊政甘苦知之
較悉現在既居大總統之職將來即負
執行
貴会所擬憲法之責苟見有執行困難
之處勢不能自已於言况共和成立本大

總統自信不無微勞，今既承國民推舉
負此重任，而對於民國根本組織之憲法
大典，有所知而不言，殊非忠於民國之道。
茲本大總統謹以至誠對於民國憲
法有所陳述，特飭國務院派遣委員
某某前往
貴會，代達本大總統之意見，相應咨明
貴會，請煩查照可也。此咨
憲法會議

各省都督護軍使鎮守使師旅四長
容據密探日本朝野各黨決議對於
民國偏用離間政策派遣奸徒偵諜（又利用我亂紀之徒）
內地散播謠言運動軍隊欲使民國
自相分裂變為十數小國內訌不止然（以吞併高麗之術施之於我）
後則徐行侵畧逐漸兼併現在時局粗
安友邦承認乃該國報紙揑稱南京
兵變甘肅回漢衝突又誣詆政府蔑視
國會棄置清室優待條件或挑撥滿
漢或搆煽回蒙種種言論手段無不出
自該國間諜之手其用心可謂狡毒特
此密電通告凡我愛國軍人務當極

力諧和勿墮彼術不為謠詠所動不為誘惑所欺化除畛域抵禦外侮使彼族伎倆無所施用民國乃能漸即治安進漸強盛此外對於管轄各地方各軍隊尚希嚴為防範互相聯絡以絕隱患但宜秘密勿洩是為至要

陸軍部參謀部軍[illegible]聯合令

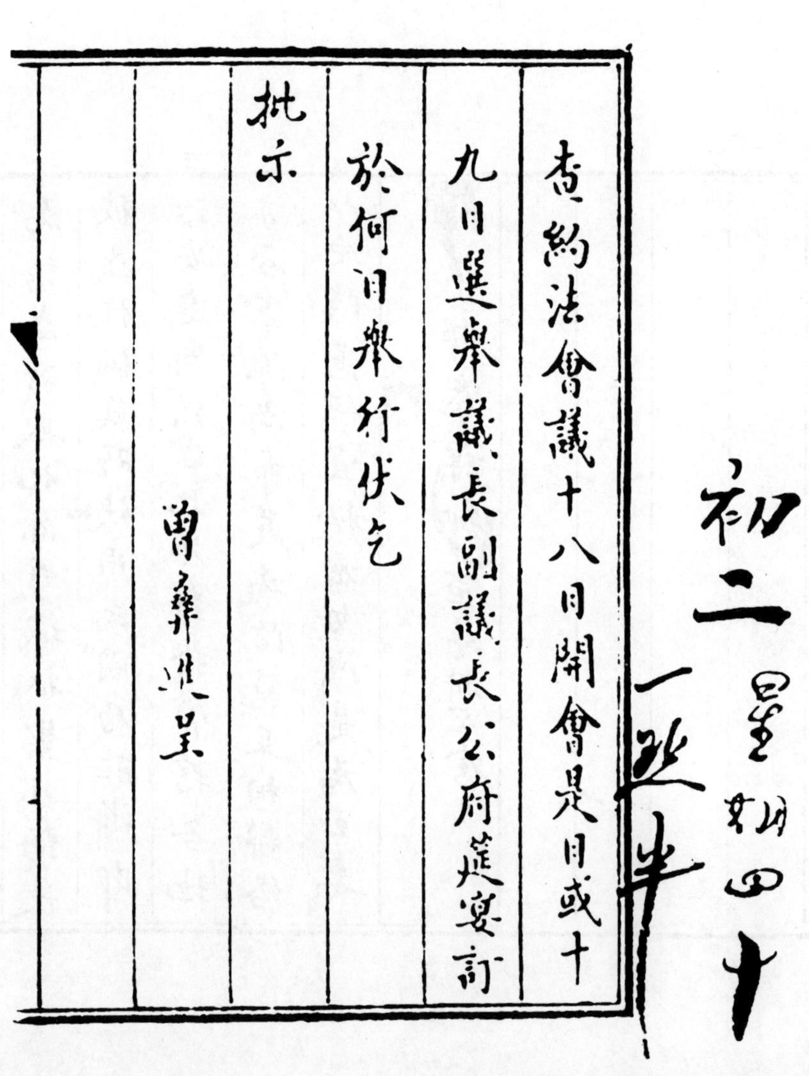

查約法會議十八日開會，是日或十九日選舉議長、副議長，公府筵宴訂於何日，懇祈批示。

曾彝進呈

初二

呈報

一並十

新式國家之三要件議

此次長雄來京蒙

大總統詢以二事一爲對於大總統選舉法有何意見一爲對於建造民國之事業如有應興而未興應罷而未罷者直陳勿隱等因查改正大總統選舉法未定

稿時長雄曾參末議今作文辨護實至易之業惟現在並無人攻擊此法似無庸特爲辨護故長雄不直接爲該法辨護第擬一文叙明長雄拾昔日所著觀奕閒評之議論而贊成該法之理由以明該法之美善而已

欲論民國應興應廢之事業該何容易俟細加研究確有所見再以上聞茲謹就民國政治之現狀聊述所感敢煩

大總統叱責焉

竊惟現今世界之國家組織計分二種

一爲舊式一爲新式如土耳其波斯印
度暹羅等皆古文明國也而用舊式
組織國家故於國際間信用甚鮮中華
民國爲世界最古之文明國世界各國
於其果能組織新式之國家與否不能
無疑謂其有組織新式國家之望者僅

有二事一爲現在採用共和政體二爲
袁大總統曾實行革新主義
凡組織新式國家必須具備以下三事
一有循軌道進行之國會二取審判權獨
立主義確定司法制度三小學教育力
圖發展

日本古文明國也而以其具備以上所舉三事之故國際間深信其能組織新式國家俄羅斯亦爲古文明國直接繼承東羅馬帝國之文明而司法制度久已確定司法權對於行政權完全獨立故國際間之信用亦厚其國會於一千九百七年十一月以來已入軌道現

當大戰之時猶能穩健運用之惟小學教
育僅都會完全發達其餘地方未見普及
俄國信用所以不及德奥法諸國之故實
由於此
近日世界人民大抵皆信用國會制度殆
有以國會有無定其國文野與否之勢

趨勢如此故於一人之政治能力其信用
總不甚厚民國現雖有參政院代行立
法院之職務然其民國之信用終不甚
厚者則以參政院參政皆由
大總統指定
大總統能指使參政院議決各事立法

法行政表面裏面皆由

大總統一人左右之也

民國之司法制度尚未確定治罪之法

頗有違反約法者加以晚近使行政官兼

任司法之制度復活此決非增長民國

信用之道

現在民國都會鄉曲小學教育尚未發達

聞近日又有建議廢止小學教育者故近日

疑民國不能組織新式國家者漸多

就國內之治安言之開設立法院司法權獨

立振興小學教育三事亦應從速實行

其理由如左

國會者使全國對於政治懷抱不平之分子鳴其不平而設者也故國會者國家之安全瓣也按蒸滊機汽度過高滊力過猛鍋爐有炸裂之虞故設活門一於滊過猛時能自行開門放滊以免炸裂故謂之安全瓣中國謂之平安合頁若久閉此安全瓣誠恐有不平爆烈之虞蓋政府小有失策誠所難免若無國會不平分子必

藉口政府失策乘機煽惑冀圖起事故為民國計莫如定一開設立法院期日以為鎮撫不平分子之策日本明治十四年宣示定於明治二十三年開國會即為此也

確定立法制度何以亦為治安之一策蓋

現在民國習法律學者幾近萬人若使此
輩學成而無所用積其不平之氣一旦潰
決亦非得策若確定司法制度使此輩
皆有所歸似亦弭亂之道
振興小學教育其利有二一凡小學教育
其目的在授人民以生業必須之智識之階

梯故小學教育盛興之國無職游民鮮少
有弭亂於無形之益二民國各省皆有師
範學堂現在畢業者亦不下數萬人若振
興小學教育使此輩有餬口之途詎非兩利
之法
故長雄以爲一宜宣示開設立法院之期日

二宜於財政所許之範圍内更使司法權由行政權完全分離並振興小學教育外以使民國之信用重於世界内以使有新智識而懷抱不平若無職業之人皆有所歸謹議

摘費樹蔚呈

所謂二失者何一曰失人心二曰失人材所謂失人心者何約法會議自修正大總統選舉法咨行各省令舉慶祝之典嗤嗤之氓苟未淡其愛戴之初心則且不名自集無待乎有司之督勸而今何如矣臨之以將軍巡按諸之

告顧乃長電文有句斟迫

以道尹暨縣知事乃于于而來謂懇有司之
耳目以威敵姑從其命耳非其所樂許也此
失人心之一証矣進步党近派員四走演說
而滬上報紙曾載我
總統以其為國宣勞如寵以諮議官之名見
者遂疑其為政府來非為党來所到之處相

太平乎

遺有殊落寞者，此在往年，以人心之厭惡革命與其擁護中央之誠意，苟聞有為政府來者，必且萬衆歡呼，爭願一覩顏色為快，而今乃何如也，此又失人心之一証也。樹藩聞諸宋臣蘇軾曰，人心之於人主也，如木之有根，如燈之有膏，如魚之有水，如農夫之有田，如商賈之有財，木無根則槁，燈無膏則滅，魚無水則死，衆無田則饑，商無財則貧，人主失人心則亡。書曰：我不可不監于有夏，亦不可不監于有殷。是亦我總統所當監者矣。雖然，監也云者，非可以空言爲也，必且見諸實事，計今所宜亟行者有

二、其一曰復議會。我總統於癸丑七月以前，嘗為全國人民所歸向，而今人人以避鉤距故，慝蹈罻羅，故相顧蓄憾於中，則自國會者會之消滅始。在當時之進言者，豈不曰循行法治，非徒罔效，且徒掣從政者之肘，故不如其已乎，而不知壬癸之間

家法治之面以實行個人政權之競爭非真
法治也自東南獨立之旗接踵傾覆十數梟
傑出走避方於此之際我
總統苟開誠布公循法治之正軌當世固斷
無有意更為我
總統難者苦瞑眩而遽毅棄則疾勿瘳慮決

齒而遽廢餐、則腹勿充、嫌其能掣從政者之肘、而罷議會、則何以得人心之同歟、抑必有更為之説、以為法治云者、特少少嘗讀書有政治之欲望者、故夢寐以之、未能忘耳、而非國民人人所能與知之者也、雖然、少少嘗讀書有政治之欲望者、皆一國之秀民也、其知其覺必居

老生必行

於人人先故其力往往能入人人之心行其操縱

迎距之術此在古則曰巨室曰世家皆臨民者

所不敢或失其心者也凡今秀民既齊志一

聽規於法治之得喪而又以議會卜法治之廢

興樹蔚所爲願我

總統之復議會者此也其二曰減稅目夫辛亥

非將斂怨招破產乎

革命之初、雖曰七邑無驚、市廛無改、而以南北之相持、佩虎符、腰弓矢者、驛騷於道上、四民皇惑、都輟其業、嗣此歲以多事、元氣消傷、益正休養生息時矣、然而印花稅也、營業稅也、驗契稅也、乃大增於有清未已也、又困之以紙幣、猶未已也、又責之以公債、雖曰國家歲費原為國民所宜負担，而國民負担力之如何，要非可置諸勿問，徒以横征暴斂為也。樹蔚嘗游於鄉閭，則聞鄉民聚而蹙額曰：縣知事之條告可勿觀，惟索我錢也耳。今之日萬不若清之日，猶可優游以治吾事矣。此固何等語乎？殆所謂亡國之音耳，非尋常怨咨比也。陳陳史

編更姓易代之始、蓋莫不由是矣、故由今之
政勿改、樹蔚窃懼瓦解土崩、其禍將不旋踵、
故輒持議、以為執政者苟慮國家歲入之
不足、供則莫若減政以薄賦、省事以節財、
所謂減政者、宜自我
總統始、凡府中顧問諮議等官之徒糜厚

祿者舉可裁也推而至於直省之鎮守使道尹諸官之為人而設者亦可裁也所謂省事者郊天之儀章服之辨平世所宜有者在今舉宜緩也推而至於經界之正為均視之張本而既非一蹴所能有功則在今亦可緩也如第輕於設置急於更張至

以錙銖之所得，用之有若泥沙，即不名亡亦終破産，樹蔚所爲願我

總統之減裞目者此也。所謂失人才者何也？

朝聞我

總統之進一人也，而竊竊有謗其人非能稱職者也，暮聞我

總統之黜、一人也、又竊竊有議其人非宜屏
棄者也、與或猶下民之無知、不能窺我
總統彰癉之用耳、乃有須白之年、顛唐之
精力、萬不堪當以人寄任者、我
總統徒以思舊之情、引諸股肱之列、又有
黷貨營私、敢為有清貪吏所不敢為、國人

皆曰可殺者、我

總統徒喜其小忠小信、親之無改於昔、得於此（何人）

則必失於彼、誠大足為我

總統知人之累、而貽蚩蚩者以藉口之資矣、樹

蔚嘗飫聞而熟計之、則有議以夙存方域之見

者也、有議以偏信北洋之舊僚者也、有議以專

羅故國之遺老者也。夫在封建之世，楚材晉用，尚播為美談，豈有處一道同風之世，乃可以言語氣習之差殊，遂存好惡去取之成見。若夫沛上之故人，晉陽之部曲，腹心夙布，羽翼所資，特假恩知，有殊常數，此誠漢唐之所不免。然非其有絕特之才，亦未嘗概重以事權之寄況今之給事左右者，非便辟以取容，即曲謹以固寵，固不盡利於人口乎！自來一代之興，必有一代之才，以佐之。勝國遺臣之歸命新朝者，甄綜其才行，而量加收録之矣。乃至今日，昔之入參樞密，出膺閫寄者，蓋於人有彈冠之慶，家傳賜紱之榮，此誠亘古所未聞，而宜令人輒慄，然有以亡前清者亡我民國之懼也。在我總統躬攬庶政，耳目弗能兼用，乃姑就所聞見，曲加延納，此誠有

賢如仲深杜門不出情者所知

所不得已者在、然而往古陳、姑無論矣、即有清中興之際、湘鄉益陽兩公、旌節所過、輒采訪其地之豪傑、羅之帷幄、故能戡方張之亂、成再造之功、易世而後、其流風餘韵、猶爲思古者之所稱

道、我
總統之志事良非湘鄉、益陽兩公
所能望、而至用人之際、則兩公宜
若可爲我
總統師矣、苟欲師之而無其涂、則
樹蔚措箸籌之、而得二術、其一曰

存政黨、夫今日所留稍具規模之
政黨、蓋嘗爲我
總統出死力以與其敵黨抗者也、而
所謂一國之秀民又往、皆出其中、
其人雖非無政治之欲望、而決非
皆樂得一官、邀一命、以傲其鄉里、我

至信　甚是

總統若真有意於理國，而不以詭辭曲說淆法制之常，則取人才於其間，固易易也。不取人才於其間，其人亦非遂有觖望也。然而今日以政黨之故，不可終日，致其人皆皇皇不知所歸，一旦翻然悔昔之所決然別有所擇、樹蔚不僅為一時人才惜，且實抱無涯之戚矣。夫在言者固莫不曰凡今所謂秀民，其蓺亦可見耳，收之不足用，棄之無足惡也，則試問辛亥之革命，固成於武夫之僇力乎？抑成於今之亡命之渠魁乎？嘖嘖非也。此曹口舌文字所鼓盪，乃能使舉國之

外人之力乎

人心不期而易其嚮、嚮、、之已熟、熟、、在事者乃藉手以觀其成、又試問癸丑革命之漫亡、將亡於武夫之僇力乎、抑亡於革命渠魁之初無成算乎、皆非也、此實口舌文字所鼓盪、乃能使舉國之人心不期而復易其嚮、嚮、、之已熟、熟、、在事者乃藉手以速其亡、知人論世之士

蓋罔不能言之矣、我
總統倘能不稍稍留意乎、而可聽政黨為我
總統出死力以與其敵黨抗者同被摧殘去
乎、其一日收暴徒夫暴徒之名一毋實則
其中不乏瓌異超傑之才、然既蒙此惡名、
為執政者所猜疑、則亦斷不肯從自肯之

條、冀邀非分之數、凡甘心呈身乞恩者、皆彼中碌碌無足齒數者也、故自首可以待常人而不可以待瓌異超傑之才、願我總統少變計也、更務其大者、毋使其以失志老也、且其人又甯能真以失志老者、絶望於此、必且求得志於彼、况願爲之效奔走共死生之大有其人乎、樹蔚恤私念以我先民選澤之孔長、固不虞有若李完用、宋秉畯之徒徇其私以忘其國、然既擯之不更見收、絕之不更有自獻之路、則袒臂而起、前死而無恤其生、則又我先民特性之未牿亡者、其我總統受國重寄、宜與民親、不宜與民仇、暴

徒亦民也，暴徒中之有瓌異超傑之才者，則
其白眉焉。顧我
總統之終覲之也，樹蔚有屋足以居，有田足
以養，有琴書足以自娱，外覷並世，又都無恩
怨，乃拳拳不能已者，良不忍艱難締造之
新邦，與我

總統、不朽之盛業，僅僅惟有其初而弗有其終、我

總統僅勿呵為逆耳之言、而不惜於虛懷之受、則樹蔚所積感在胸茹之而未盡吐者、繼此願更為我

總統縷陳之、

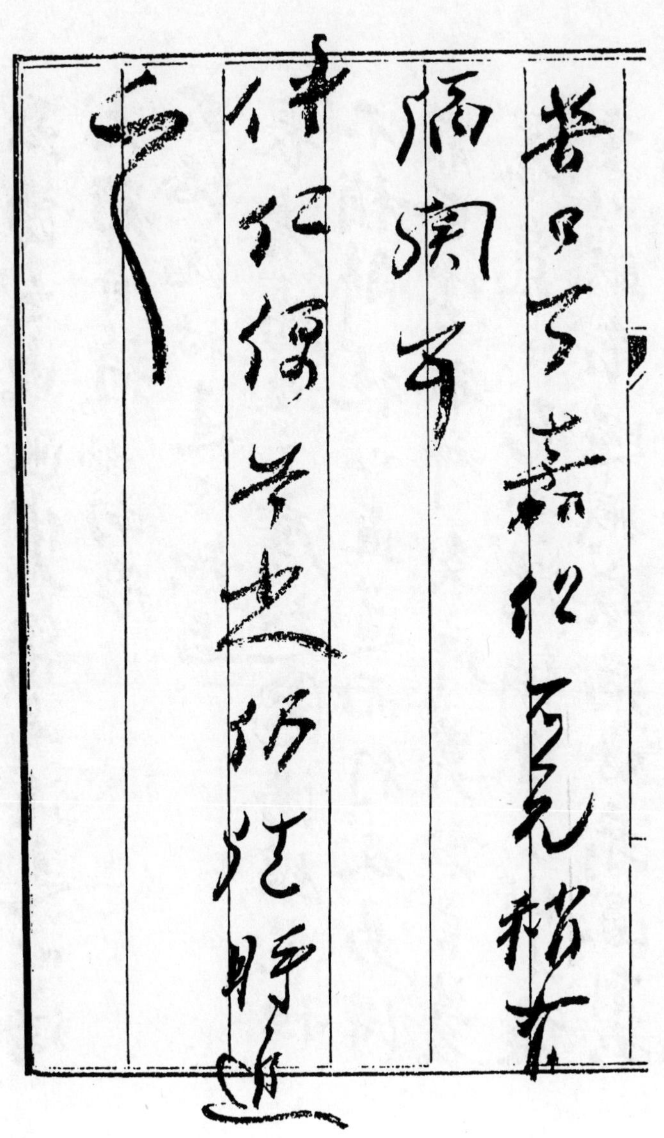

緝之世叔侍右：姪奉職無狀。横被傾陷。中夜思之。愧汗何似。第念致謗之由。匪伊朝夕。循是以往。尤難自持。姪向承
大總統特達之知。与
長者屬望之厚。赴（火）湯蹈火。恒不稍辭。徒以直道而行。反易得罪巨室。形神交瘁。莫敢言勞。養氣之功不深。攝生之術未講。重以眠食過減。疾病紛乘。面削如瓜。骨瘦於柴。而簿書旁午。依然夙夜在公。據醫者言。若不速求靜養。

生命堪虞。現因查辦情形，已將入告。撫躬自省，必無戀棧。衰病之身，亟避賢路。重堂健在，為疾是憂。長者知憂最深，毅已始終垂注，代向

極峯前婉陳下悃。俟查辦案揭曉後，准予解職，休養數月，元氣漸復，舊孔。有生之日，皆圖報之年。指揮驅策，罔不惟命。區區苦衷，不盡欲言。暑末秋初，伏冀

為國珍衛。敬頌

崇綏

世愚姪[illegible]謹肅　八月廿七日

緝之世叔揔長親啓

福建巡按使公署緘

英朱使於十月二號下午四點謁見

大總統

寒暄畢朱使問曰君主立憲問題實行之

日當不遠矣

大總統答曰近二年來各省將軍巡按使暨文

武行政各官或面陳或電陳皆言非君主立

憲不能鞏固國基維持大局近數月以來

各省商會民團亦頻頻來電主張其事

甚至少年軍官革命偉人提倡以強力

解決而所謂老成之政治家因墨國亂事亦以為强行共和非永久之計所以至於今日全國贊成君主立憲且主急速進行余實盡心力對付各方令其不必多事然各人主意甚堅倘以力制之或有别出情形則又不得不將此問題取決於民意乃得正當辦法若全國仍以共和為然則可以安然照舊辦事若決定君主立憲則實行其事現在恐亦非其時也

朱曰若國中無内亂則隨時可以實行此

中國内政他人不能干涉也

大總統曰内亂可決其無至於放炸彈謀暗殺等

事於共和時代既無時無之則君主立憲想

亦勢所不免然無關大局各省將軍巡按使

已早來電不論局面如何皆可擔保治安

之責任故於對内可以放心余之所謂非

其時者乃對外問題也

朱曰英國對於此事極為歡迎蓋中國現

時政府一人之政府僅系於
大總統一身
大總統即時離任無有能繼續其事者中國大
局不堪設想似此局面豈能長久現行之
共和係世界所無之政體既非共和又非專
制又非君主立憲此種特別政體斷難永
久維持若早日議決正當君主立憲政體
則於中國人民思想習慣絲毫不背故三
年前在英之中國研究會有秘密要件呈

英外交部請英國設法罩固中國政體免有不測藉以保護英國旅華人民性命財產此秘密要件文稿曾由英外部發交使館存案隨時研究今日中國討論君主立憲問題正合駐英中國研究會之意所以英國不但歡迎且絕無反對之意又不但英國歡迎凡英國聯盟諸國亦無損害中國之意也

大總統曰不知東鄰有如何舉動中國內地治

安已得各将軍巡按使切實擔任惟於東三省東蒙古實難預料該處日人甚多倘有日人被殺不論華人為首犯日人為首犯即可藉此造出機會此不能不慮者也故余以為對内無問題對外不可不察也

朱曰未聞日本有半點反對之意及乘時取利或有損害中國之陰謀

大總統曰大隈伯對我駐日陸公使言關於君主立憲事請

袁大總統放心去做日本甚願幫助一切由此
觀之即於表面上日本似不再行漁人之
政策
朱曰大隈之言如此想係表示美意也
大總統曰德使於數日前請孫寶琦晚飯時曾
言現在實非實行君主立憲之時以爲東
鄰必又趁此有所要求也故德國頗有反
對之意
朱曰德使之言如此不過行其離間之術

日本反對或藉此取利之說實無所關德國反對亦無能力其水陸交通斷絕豈能反對乎

大總統曰余於受正式大總統時曾發誓維持共和政體若變為君主立憲豈不失信於天下乎

朱曰國民議決共和政體選舉

大總統為大總統則當然發誓維持共和政體若國民又議決君主立憲政體恭舉

大總統為新帝國之
大皇帝則又當本國民之意發誓維持君主立
憲之政體此順民意而為之於信用毫無
損失也
大總統曰如長行共和政體則我將來滿任時
可以休息養老若改為君主則責任太重
非我一人所能為也
朱曰
大總統推辭之故非責任太重或不肯放鬆現

在權利查現在各國不論君主民主無有如
大總統之權之重且大者英皇之權無論矣即
德皇日皇美國大總統之權皆不及也
大總統可放棄現有之責任而就君主立憲之
政以救中國若仍專制共和則將來休息
實無時日倘行君主立憲則現在之政權
可以分於各部行政長官而
大總統即時時可以休息而從容辦事矣
大總統曰貴公使此論頗合情理余處現時地

位百分責任自擔八十分而各部共擔二十分

按理而論余當擔二十分而各部擔八十分乃

為公允

朱曰君他人擔如此重任眠食俱廢矣

大總統曰君行君主立憲須另請宣統為皇帝

乃可

朱曰再選滿人為皇帝各國必不承認君

大總統肯順民意擔此責任英國必大歡迎因

大總統名譽在英國十分滿足也

大總統曰余爲皇帝不過數十年惟於我子孫甚有關係中國歷代以來王子王孫年深日久無有不弱之理是亦不可不慮也

朱曰兒孫自有兒孫福何必慮及數百年後之事君能善立家法令其多得學問閱歷則王子亦興平民子弟亦興君棄家法廢學問則又何從而興乎

大總統曰此次君主立憲問題風從而起竟如拳匪之狂革命之速勢不可禁故此問題必移歸各

省被選人員議決方合正軌若取決於武力則有背民意設使用武余必以力制之

朱曰取決民意乃為正當辦法於各國信用必有加無減稍涉武力是以勢脅奪而於信用有關矣

大總統曰當時提倡共和者不知共和為何物今日主張君主者亦不知君主為何物多數人民不過有漢唐明清之專制君主印於其腦或百中有一祇知日本二千年來之君主人或百

中有一祇知德國聯邦大君主至於特色立憲君主未嘗夢到也

朱曰共和政體性質華人實未研究君主立憲政體或稍知之

大總統曰憲法二字不獨普通華人即華官亦未得其詳凡文明之國有三大機關立法司法行政是也立法行政兩機關必有約略均平之勢彼此切磋討論方得真理若稍偏重是失憲法之精神矣

朱曰此問題何特可以解決

大總統曰須俟各省代表在其本省聚會方能議

決或於十一月間可以行之

朱曰君對內對外無甚難題即可以不動聲

色陸續進行至於各國承認一節可不必另派

專使即以駐京各公使為慶賀專使此單簡

便利辦法無絲毫難處行君主立憲此體是

中國不能逃避之舉且係根本解決之法當時

華民醉於共和非共和不可是推翻滿清之得

加口號是時

大總統以為君主立憲近於中國人民理想習慣適

共與美使嘉樂恒亦曾主張君主立憲前

駐京美使未允義亦屢言之南北討論之時

唐少儀因一時之感動未察國家萬年之計主

持共和不可謂非失策矣適共與

大總統有三十餘年之交誼無日不盼中國富強將來

大總統為新帝國大皇帝雖有私交除召見離三丈

遠行三鞠躬禮外不敢來府談話獨此一端適與

稍失利益也今日直白之詞請

大總統不見責也

大總統曰貴公使直言相告感甚感甚余以爲無論

國體如何解决禮不可太繁凡跪拜與夫限於

下情上達之禮皆可廢

朱曰然恭辭而退

頭風未愈，痛楚不可支持，畏寒未
能出門
偏勞，少武九先生之意，可約仲和
潤田諸君談及地方行政之綱，如國
顧問令謂宜速發表，論次序似
當在內閣揭曉之後，統希

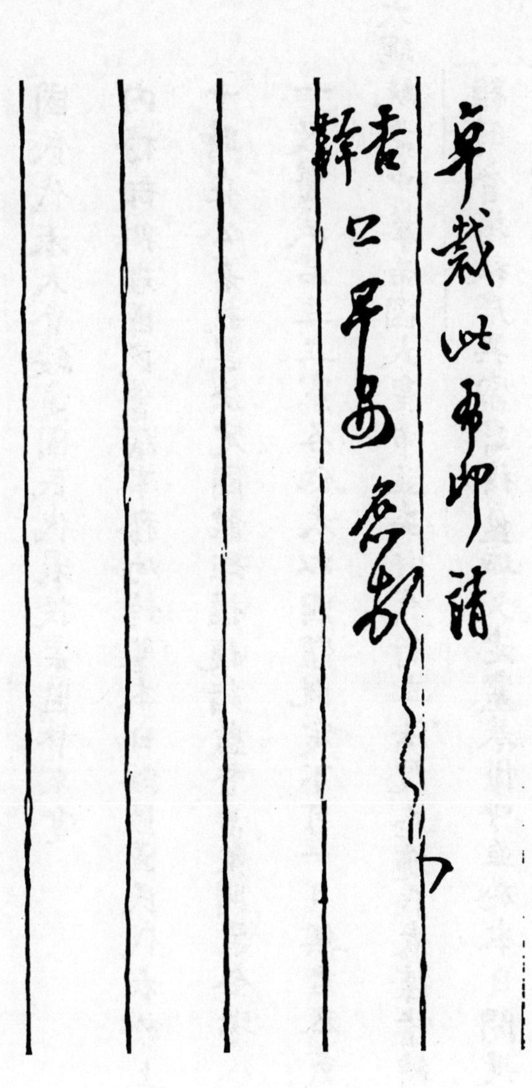
卓裁此事即請
辭香口早安 名心

五四　綏遠都統綏遠國民代表投票監督潘矩楹致内務部魚電

國民代表大會綏遠國民代表投票監督來電

内務部辦理國民會議事務局鈞鑒：本日綏區國民代表於上午十時在公署投票決定國體，矩楹親詣監督，當衆開票，全場八票一致贊成君主立憲。各代表以國體既定，不可一日無君，恭戴今大總統為中華帝國大皇帝，並委託代行立法院為總代表，據情轉呈。維時會場秩序異常肅穆，盈城父老塞巷懽呼，並於本日開提燈

大會以誌賀忱除將詳細情形及書冊影片另文咨達外謹先電

聞矩楹魚

呈

參政院參政李經羲謹

呈為衰病侵尋久曠職守息男同列例應引嫌懇請免職恭

呈仰祈

鈞鑒事竊經羲猥以蒲柳之姿濫與參苓之選祇承

寵命俾參謨猷方期盡心於論思庶幾仰酬乎

知遇乃自伏暑休沐輒苦衰疾侵加肝脾風恙入冬轉劇精

神委頓眠食減損養疴津門久缺議席未效識途之用先懷尸位之慚惟念時局多艱眷顧夙渥雖病軀陳力無由而私衷圖効彌切但冀能扶杖以勉起詎忍告採薪而就閒深維肝膽之誠遂遲骸骨之乞現經義兒子國筠銷假入都就職參政蘇頲登朝蘇瓌荷有子之諭祁午得位祁奚遂請老之情合無仰懇

大總統垂念衰疾
曲予矜全
俯准開去參政俾得安心調攝則以後有生餘年皆出
再造宏賜在經義老去懷報何敢忘狐哭教忠之規在罔筠
繼起承
恩當能師高密奉上之志奕世戴

德銘感無涯所有經義衰疾侵尋久曠職守息男同列例應

引嫌懇請免職緣由臚籲無任屏营待

命之至伏乞

大總統鑒核施行謹

呈

中華民國四年十二月　十二　日

謹呈

參政院參政李經羲謹呈

大總統

内壹件

中華民國四年十二月十二日

五六　孫寶琦致政事堂左丞楊士琦函

杏城仁兄世大人閣下：十九日徐容光來，面述聖主垂眷之恩，與台端勸慰之雅，昌勝感泣。寶琦起居不慎，偶感風寒，觸發舊疾，日來趕緊醫治，雖外感漸清，而兩脇時時作痛，胸胃閉阻隔，大便不通，以致飲食銳減，夜不安枕，兼患耳鳴、心悸等症，氣體虛弱，精神疲茶，本擬假滿銷假，今自揣情形，實非旬日旬月所能痊愈，寬以時日，安心静養，當此

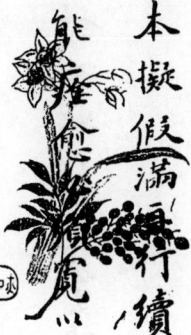

聖人首出勵精圖治若竟久曠職守殊非循名覈實之道且
且寶琦自前清宣統三年即兩次陳請開缺上年三次呈請
辭職久存退志屢與
執事言之今者患病退志愈堅用特繕摺瀝陳下悃咨請
政事堂代為呈遞尚求
執事善為我辭俾得仰邀
俯允感禱實深徐容光傳述
聖主垂念世誼並體恤寶琦家計令人感涕不知所措寶琦

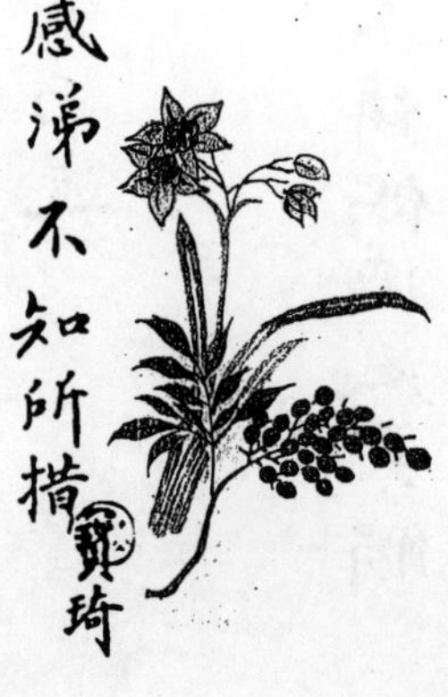

自揣才智短淺寔不足仰贊
高深三年来百無一補尸位素餐所尤不能自釋者屡蒙
褒奬在前清時戇直敢言乃對於我
聖主曾無拾遺補闕之功批鱗折檻之事是何忠於前清
而薄於我
聖主此寶琦所夙夜疚心畢生引罪者也茲者國體初更
羣情共戴
一人有慶兆民賴之寶琦猶有不能已於言者前清以假

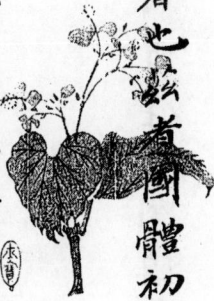

立憲而亡民國以無憲法而邦基不固今舉國以君主

立憲為希望伏望

聖主飭催速定憲法倣英國制度實行責任內閣慎選

賢良則

端拱無為我

國家億萬年有道之長基於此矣惓惓愚忱尚祈

代陳

睿聽以備採擇當民國元年之初 寶琦 謁見

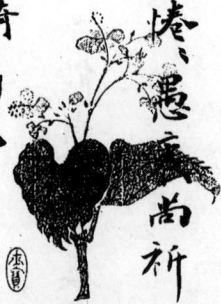

聖主仰蒙

垂詢聞汝不願再做官汝家有飯喫麽寶琦對以家中實無飯

喫但有不能做官之理由曾陳及倘奉

命照料諸位公子出洋讀書願効力盡忠即如嚴範孫所處

地位嗣(率)章再入政界所希望者爲範孫所得日後歐戰

終了諸位公子必仍出洋肄業倘屆時公範孫不能同

去寶琦願承其乏以報

恩遇若此願難償則將來立法院成立寶琦或被選充議員

員亦尚相宜法蘭西国民主國也其議會尚有王黨拿坡侖黨分班列席曾不稍諱政見不合不可使厠政界而不妨備員議會 寶琦 醉心共和不敢欺飾故斷不容再入政界倘猶得選為議員處于出入諷議之地則於願已足矣又長子用時年甫十八姿質中等心地尚佳中文粗通德文亦涉獵有年今年春擬為娶婦令其偕赴瑞士肄業專門他日[illegible]償其力惟學費甚巨寒家未易辦此倘蒙

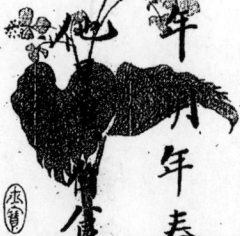

聖主垂念舊誼賞給學費俾使游學有成此則寶琦

衹犢之愛所希望而不敢固請者也瑣瑣下情敢祈

台端代陳

睿聽無任悚惶待

命之至專肅布意敬請

勛安

世愚弟孫寶琦啓

子興相國幹臣右丞均此致意

十二月二十三日

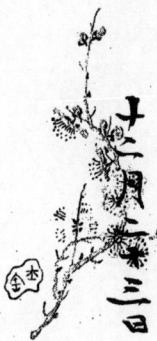

孫寶琦致楊左丞函

天

伏查郊

登極各大典業經恭擬禮案上呈

睿覽現由大典籌備處各員公同商酌

僉以為

登極時刻定在午正則祀

天事竣後必有三小時之準備然後布置
一切乃可臻周協緣樂舞等項祇有
一份尚須由
天壇折回道途較遠頗需晷刻而警備
等事亦須從容調度以期妥慎當
郊

天
禮成之後
聖駕似宜先行回宮稍憩俟屆吉時再行
御殿行登極禮庶事實可免困難典禮
益昭整肅是否有當伏乞
訓示遵行

逕啟者奉

上諭二月十九日上午十二點鐘在新華宮懷仁堂賜

宴年班蒙古王公等因屆時請

閣下蒞陪特

聞順頌

公綏

新華宮禮官處啟

附禮節單入門券臣名柬各一件

文官燕尾服
武官軍用大禮服　得有勲位勲章者一律佩帶

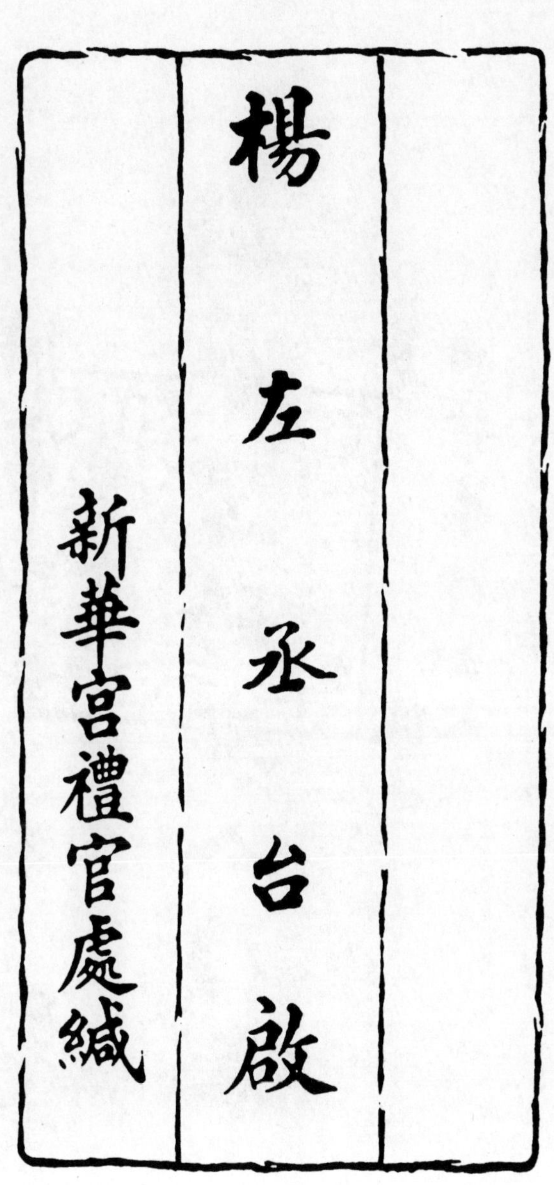
楊左丞台啟
新華宫禮官處緘

洪憲元年二月十九日
新華宫賜宴入門券
第一百二十八號
由新華門出入

新華宮賜宴禮節

二月十九日上午十一點鐘以前蒙古王公呼

圖克圖扎薩克喇嘛等暨陪宴各官由西苑

門遞臣名柬並入門券

伴引官照料員引入乘坐汽車至豐澤園門換

乘人力車至寶光門下車進[illegible][illegible]門收入門

券來薰風門承宣官收臣名柬

翊衛使文武侍從官侍見官班立

國務卿禮官副禮官蒙藏院總裁副總裁帶領

蒙古王公呼圖克圖扎薩克喇嘛等入[illegible]

排班齊立

奏樂

承宣官入奏禮官文武侍從官恭導

皇帝臨禮堂陞寶座

樂止

蒙古王公呼圖克圖扎薩克喇嘛等

齊向

皇帝陛下行三鞠躬禮畢

奏樂

禮官文武侍從官恭導

皇帝入休息室

樂止

國務卿參議院總裁副總裁暨留蒙古王公

圖克圖扎薩克喇嘛等暨陪宴各官被邀人

北向肅立俟

皇帝入宴齋向

皇帝陛下行三鞠躬禮各就座進宴酒數巡

皇帝用膳畢離座各員仍就席次陪客北向肅

齊向

皇帝陛下行三鞠躬禮

禮成

内一件

洪憲元年三月　　日

謹

新授都護副使恰克圖佐理員臣張慶桐謹封

昔楚莊王日討國人而訓以民生之不易禍至之無日故成霸業越王句踐臥薪嘗膽卑禮屈節以事吳遂報大仇方今國勢艱危不能不徵收血税而蚩蚩之民不知亡國之痛每興一税則怨咨隨之自外省來者俱有人心思滿之歎此由愚民狃於二千年來輕徭薄賦之心理祇知有家不知有國更不知此後亡國之禍非如遼金元清入關之情形現已奉

諭編成演說歌謠廣為傳布法良意美足以喚醒愚蒙顧以文字感人似不及假諸形體者尤為共聞共見昔法之敗於普也賠款八千兆法人以所賠金銀之體積若干尺製為模型陳諸通衢使民縱

觀法人發憤償金未及期而已盡還備債以
密飭內務部以國體名義將庚子大賠款金銀
出口之體積以前本利若干此後尚欠若干算成尺寸
若干以木或磚為模型標明國恥尺咎自己不咎他
國則人人能見之即不識字者亦必增長其羞惡之心
而減少其酣嬉之習似於國家前途不無影響一面
將波蘭朝鮮等滅亡記著為圖畫或以影片到
處演為燈戲使知亡國之痛苦決非如有國時之
多出幾文便可了事庶推行新稅無阻力矣是否
有當伏候
采擇　一麐謹呈

謹將本部聘用之外國武官及蒙古軍事顧
問各員開單送陳
台鑒

計開

軍事研究員　坂西利八郎　日本砲兵大佐

軍事顧問　烏泰　郡王

車博克札普　郡王

喇什敏珍爾　鎮國公

海山　鎮國公

那遜阿爾畢吉呼　郡王

色音阿爾畢吉呼　鎮國公

軍事諮議　祺誠武　貝子

大內陸軍部入值辦公處謹啓

送呈

政事堂公啓

大内陸軍部入值辦公處
棫
廿七日

六二　袁世凱名片

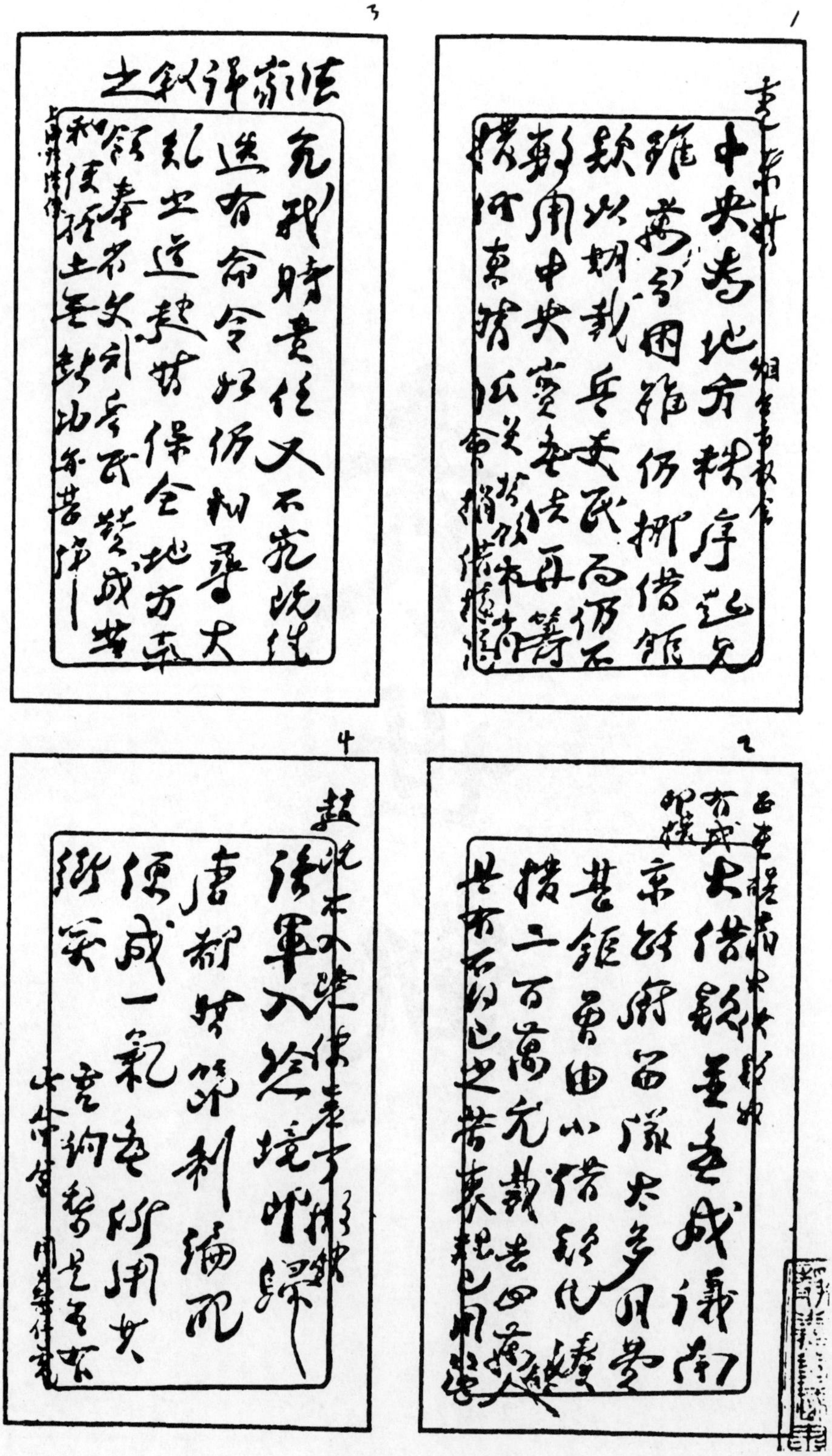

5

中央全解本省協餉向
解各處〻內用兵孫
使迫通百姓丢了的行
妨協新得法籌措
西安陝撫

6

叩長訴忱達遠洮

烏泰棄地奉命主攻辦
駐署後此外各旗會集
不足聯絡感情勸其堅
附共無知勿為庫倫所藏
如有要求不可不現

7

嘉獎此事須係俄
國代蒙此是攻俄事
關之大已飭院部迪熊
籌畫法將呈請調貴

8

伯料殺要至少卅千人

壯氣所亡果為堪嘉
但此事俄人多方干涉
且其居全京防如須議
有頭緒方可用兵然
後經回籌畫

9

省議與聯邦相對待
不免意見衝突一經諍
飭軍界接動必以民
政府對待而聯邦立於
極其傾覆中

10

南京胡宗慶

徐軍長勞苦功高方
期籌之謀以國事靠攘壽
懷切勿稍萌退志聞
與境伏莽甚多必須
早日肅清以安閭閻

11

征庫即為戰俄必須
通盤籌畫非偏師所
可嘗試、長江一帶伏
莽甚多須有偉人鎮
攝仍希裁奪張振武卅

12

巡閱亟須借重長才
君肅謙退京中如
不能解決再定進止
現已與交涉未便張明
周表也 徐止風先

13

調來京以詢民政長一節，並未免去此令，胡兼署係該民政長來京商定再告。

程小文

[illegible]民政長[illegible]

14

外交司或可任命，監督亦以財政統一，如不歸其人，總司必不承認，或由該長先委，暫不便下任命。

[illegible]民政長[illegible]

15

必須撲捕淨盡，勿令再有蠢動擾害。飭詢並查或另籌，令[illegible]誥知。

[illegible]

16

查明原案來歷核辦，此時何不[illegible]，緊援去年可似應詢其實的若干，何須核增，請其先找為抵補為也。

[illegible]

17

此案既在人世相對至
許於通譯勸追乘似
係此案館右丁補令
請黎世得法者之餘責

18

省議為全省人民代
表此又為全省各國紀
與黃等所責兩被害
黃電由印及
凡擬松公
松坡
成都用...

19

程貴書明付十
希論所頒會社以字
法律安地方為宗旨
社會如能守法安分
於政府何能干涉望
為美 世凱十六日 上海共和促進會
十八日十四日 非 松坡

20

未法稱未能議法中外
既經所擬未經全體下
留意等兩經再手續一度
未能切實裁已定以後
會議十如分別查該令
電請查照

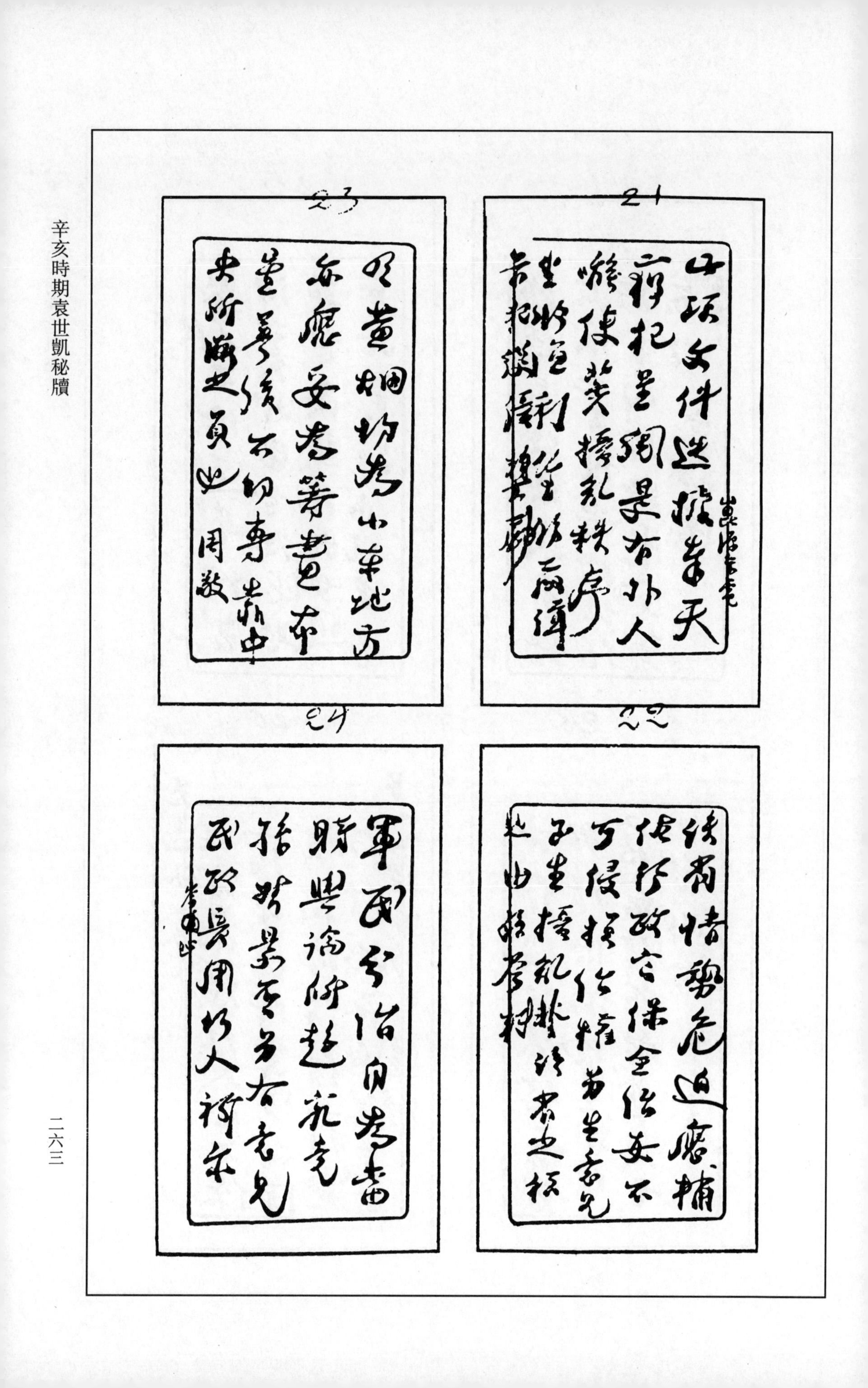

21

此項文件送[illegible]唐天

[illegible]把[illegible]獨是有外人

嗾使黨[illegible]擾亂秩序

[illegible]將[illegible]利[illegible]而[illegible]

[illegible]

23

以黄[illegible]均爲小華地方

亦應妥爲籌畫布

置善後不可專恃中

央所派之員也

[illegible]

22

係屬情勢危迫應補

授行政全權俾保全治安不

可侵損人權[illegible]

致生擾亂[illegible]

此由[illegible]

24

軍民分治自爲當

時輿論所趨[illegible]

[illegible]

民政長用何人請示

25

津

英人不許過兵詢甚
法烈衣北田令諸從[illegible]
英否南明允如無須
兵北電知由洋黃電

照用所

27

淮試昇經請歲京借
應撥地方拒要期給濟
將來前派將來安籌
而起重和隊

周某某

26

先某某

此亭此後外人如不得
前請[illegible]保安所向保
英商抄譯[illegible]極範
而秘[illegible]再迴[illegible]氣[illegible]

[illegible]保[illegible]進[illegible]

26

力疾從公殊堪嘉尚
如請給假兩星期仍
著飭[illegible]保[illegible]議事
以昭[illegible]令

致李某某

29.

30

31

32

33

告桑似不必詳告蔡
生情樣可略去大要
說以周帶兵數事抒
爾今所用其精忘

34

已派
已飭部電覆
鄂因歷來借給撥
則與尚行以此為行
全局計，不專為杞憂
咨行鄂總督

35

告鹿　張姓
亂候以柳或軍旅出征　另件
引進時將為一百二之
於節案務者廿三頂壽意

36

不必再勞勿辭
伊嫌接任可於九女
推崇，祗可示以意旨
亦似不必太露
卓馬

37

此種部令萬不能下
明知不得某指人反對
徒失部令作用
任免亦當委本大臣核辦
交張方濟

39

中央財政困難緩
其財須不得已而發行
籌措可商於財部
核辦

38

俄蒙古約協定助政策
此間對俄必須審慎
由外部爭辦交涉不了
先生近安
帥福上

40

此事不足爾勞今
擬給以勳位因書有
應查之人故未發表
鈔交梁總長評

41

佳家述悉。廣
民政可依行，
都督或分照現案辦
亦已俟何和訂擬或先
照湖北現行新辦理

42

鄂粗擬安西綫以
不扼鄂鄭為要義
轉由湘前進行便
接濟為難

43

諒
李旅長給三等文虎 程錦先
譚團已長給五等嘉禾
所給六等嘉禾者
呈請先查明發

44

遣兵防範甚善 季南銘
張紹曾已帶隊赴 佳
歸化，已派部隊你接
陸韓若續生

47

西由廳電照中俄將士
成而國成更反對不去
阅長請繼以遠情堅
急速電三省
壞免其破

49

到貽信米東號條者
前令宋秉署園林廳
先由宋委代理材料司
令鈕竹筠署廳司
已办

44

趙撫去電到東遊王由
借端追認國會議員
知其仲為意多不[illegible]
程[illegible]成

46

照上將銜去年由係軍
將令所附舉奏例
給一爵尤非寡
多
給壹珍[illegible]為中將

49

此才甚善，似即
行送交各要人，
將原電速照送本部
梁次長

50

電稿兩件送鑒
安生總而爲不得
再將原電速寄還
敬盦
亮倪首

51

請先飭該律師令
先自刊出發閱該報
用一兩條爲速擬稿
到即擲鈔來閱

52

枝法换
並不採棄從權變文
未便發表所以一概全
望切呈核
鄒許
湘拜世一

53

[illegible]

54

[illegible]

55

[illegible]

56

[illegible]

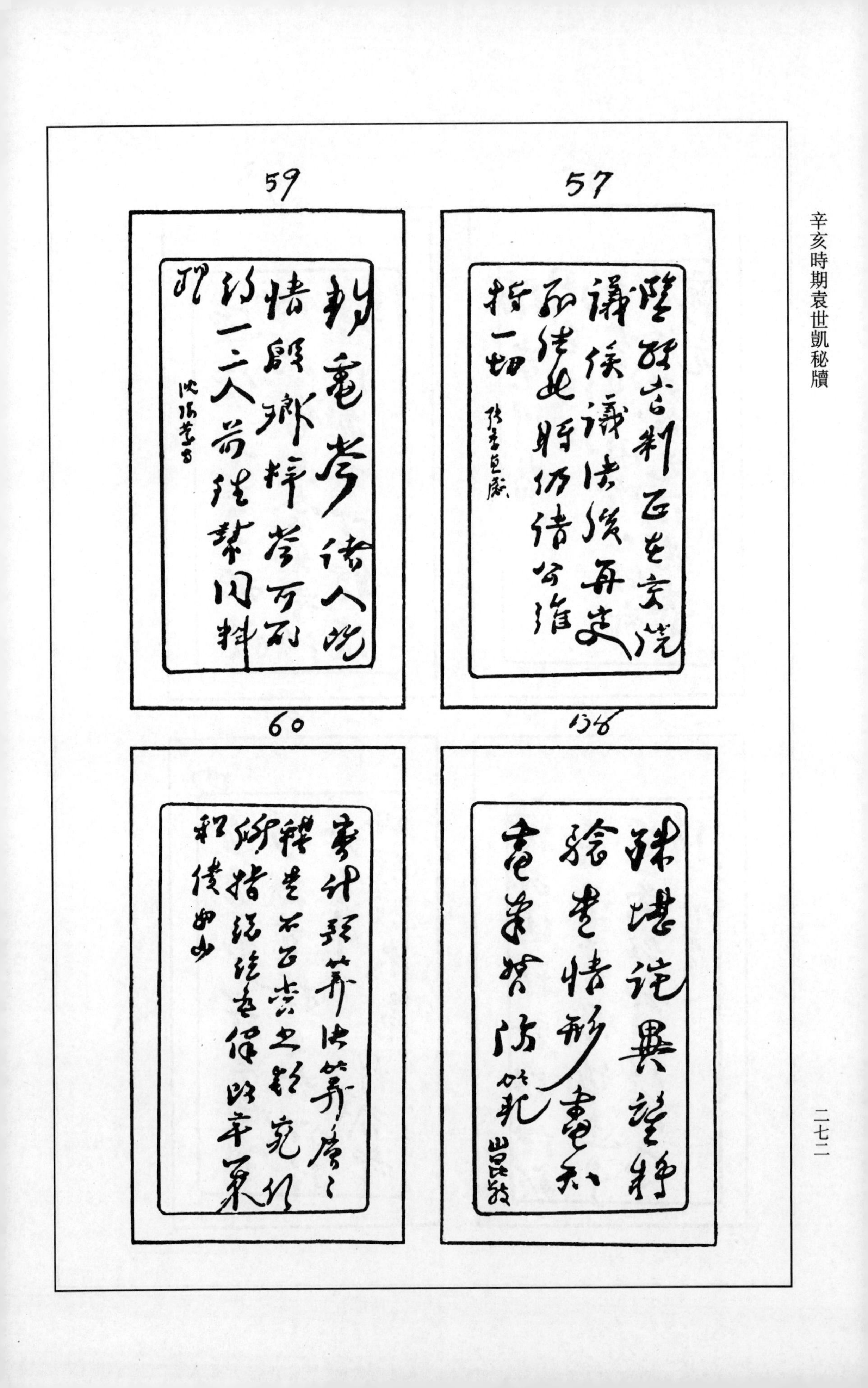

59

57

60

58

61

[illegible]

62

[illegible]

63

[illegible]

64

[illegible]

65

新兵約九至多
可留三千一千五百
人，餘裁。能全裁爲
安。
稿新然

67

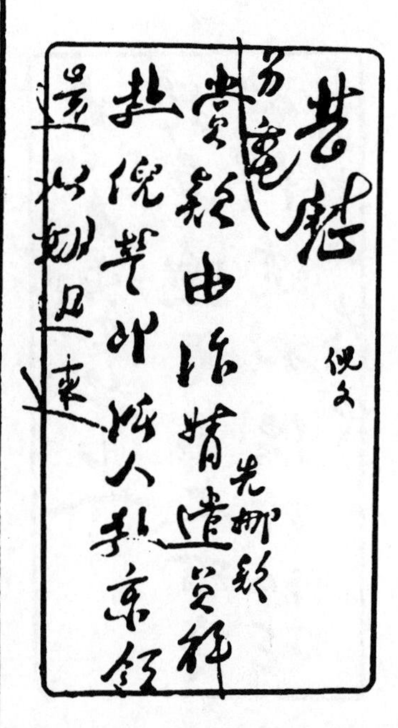
甚慰。
分電
賞款由諭情遣 先卿款毋辭
擬倪某外派人赴京叙
是否照起來
倪文

66

貴州財政困難情
形，已迭飭接濟，
但出款不易籌。
蔡琛

65

共和已成，而此方數
頃如此，此輩具有野心，已
可概見。竟將情面袁
世明 不必全叙
仁卿等未傷能深孫某中

71

69

72

70

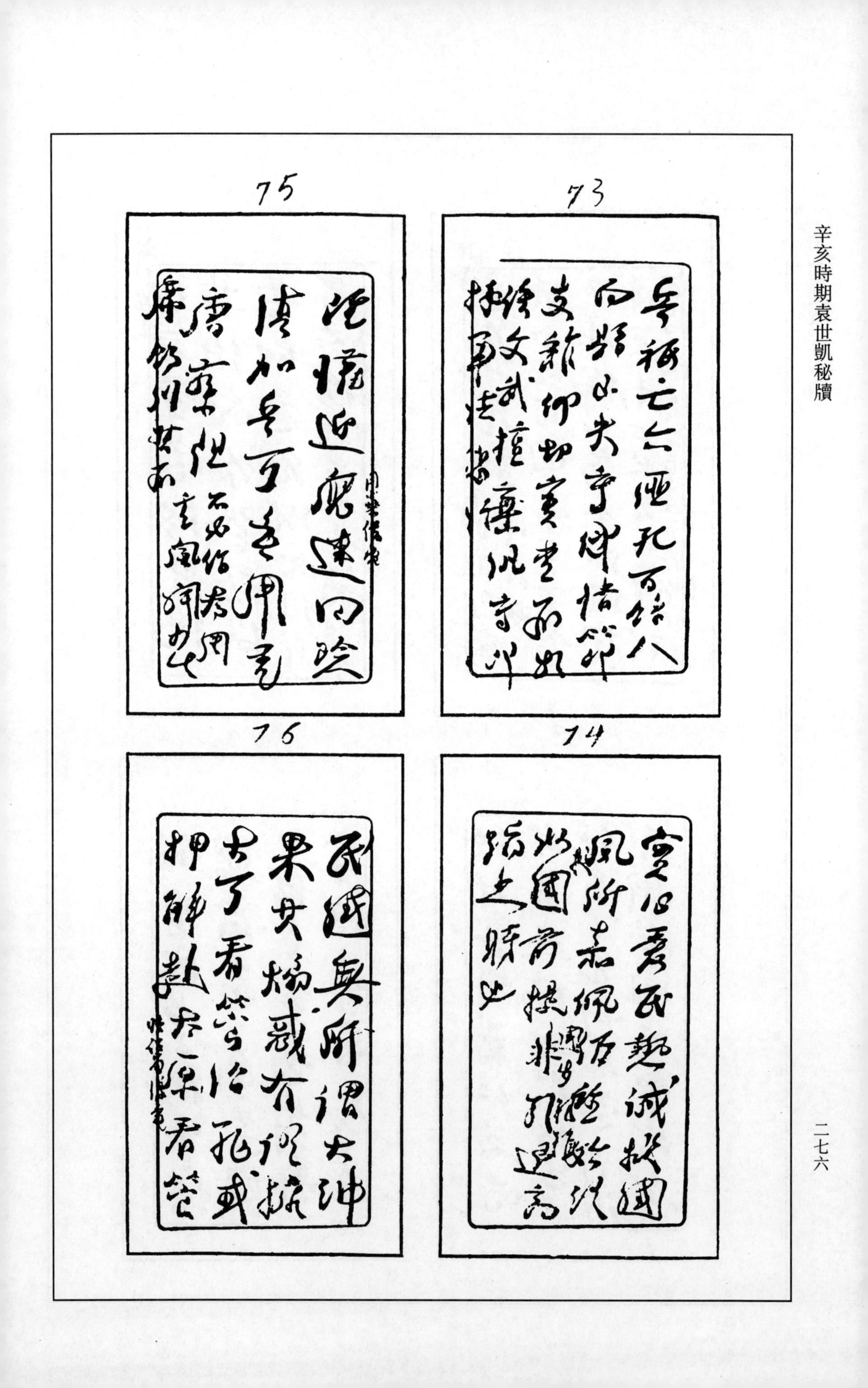

75

73

76

74

77

譯悉以財政困難
情形仍須部籌借
但須能籌得
請查案辦

79

並以近情
外省不解款中央尤
此舍之將而借款請
多核准 鹽虞叩

78

明發撥借洋款易
史及後其書明參議仂
時仍加意借重將來
翊士亦書有望

80

請查各議員應均
追溯到謂信補出決
當不准補另選外要
否仍核行仍能

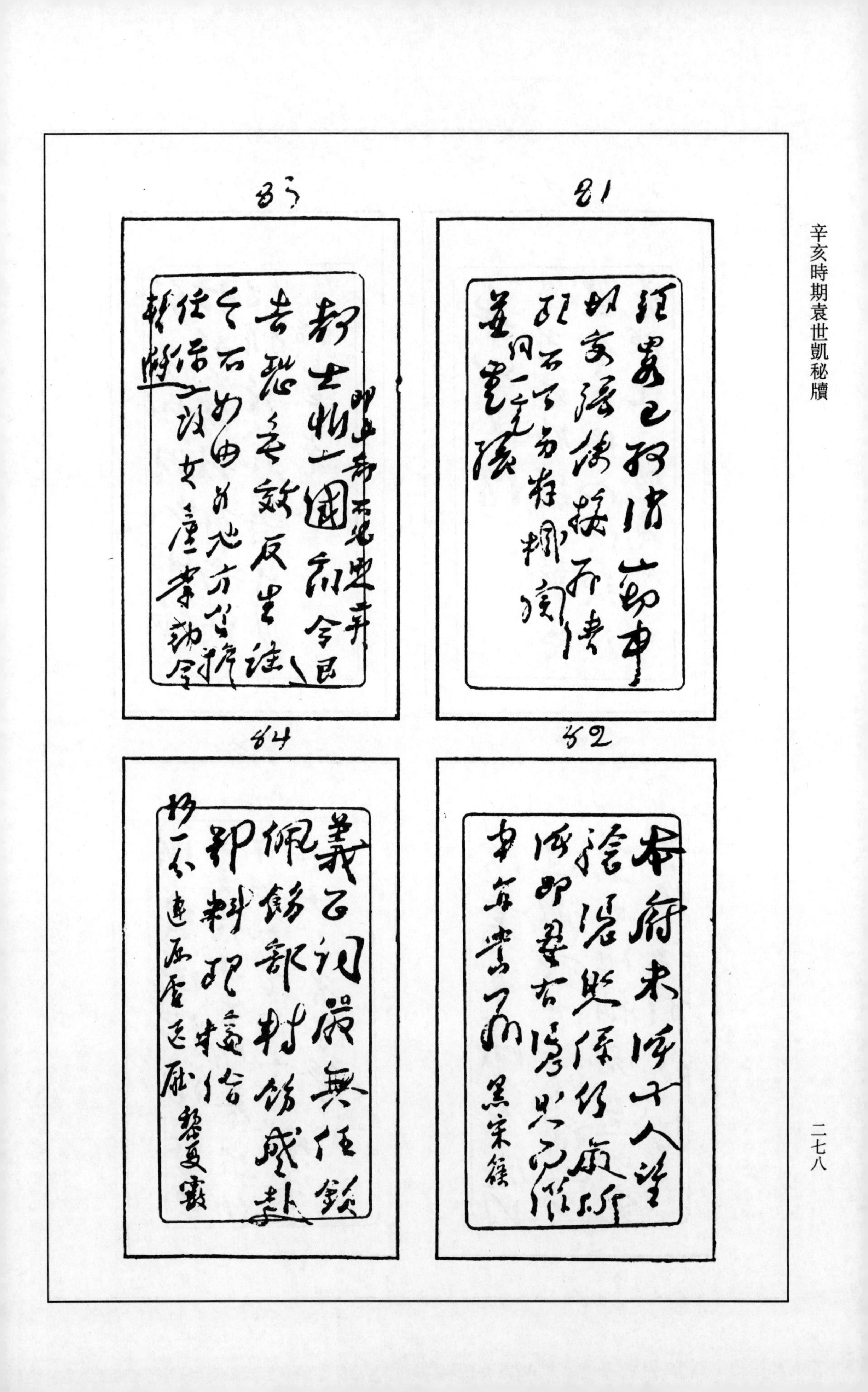

83

81

84

82

65

內

已抄電稿

本任未備日,建築營,欲先辦籌詁,兩湖移緩就急,尚其停人接洽,已飭往和,勝擬

66

庫兩南北,不多不過一二千人,是可抵禦,且聞已停兩旅,於鎮(?)加緊接應,安邦鎮遠

67

張長將韓人答,直行考,且遣來不應手,此用人重於次要

68

此中如照來三條辦,難也。籤字料議院未必通過,又恐閣部長情形,東部(?)

91

89

92

90

83

禁二次革命可辦
通緝黃興[illegible]再緝
是失信也似不妥
若將[illegible][illegible]之
恩[illegible]

85

[illegible]請[illegible][illegible]京[illegible][illegible][illegible]
長[illegible]未熟[illegible]許[illegible]長
[illegible]未回[illegible][illegible][illegible]再[illegible]

94

請肅[illegible]衛[illegible][illegible]
五位病[illegible]念[illegible]處
可[illegible][illegible][illegible][illegible][illegible]
[illegible][illegible][illegible]

96

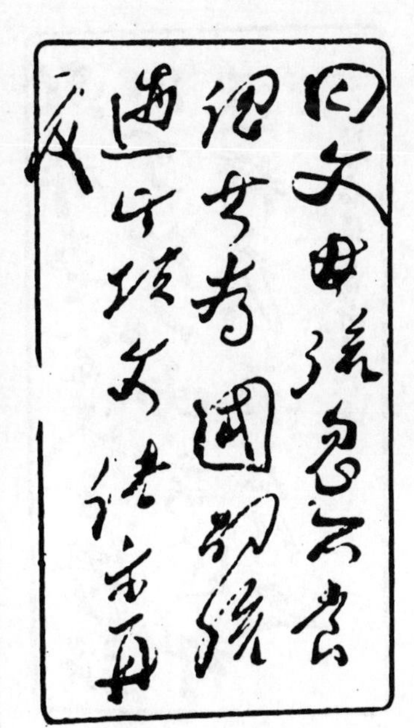

回文由[illegible]急[illegible][illegible]
[illegible][illegible]為國[illegible][illegible]
[illegible][illegible][illegible]文[illegible][illegible][illegible]再
[illegible]

97

已由催請英使退出叔
侄亦贊成催
弟電
詢其張謙退不肯去
趙制如何 究仍

98

既非專公文當另須
似可行也函交由
速揚張再電之部
昔在任上由新法改再

99

擬出辦法一示西急
請指揮接辦明發
命令飭各理論人鎮
部諭
貴簽而

100

財政為各責成我不
便干涉亦不推諉
方好討論全局

101

可期能近情理從
於要求而後會討論
者改以最和平一律
決也

102

孫爲總統異凡者
擔任已屬解決時
總書者竟須到
此手
中山覆電

103

各借款條議擬
速令一成中國行用
者未將寄借款者
不爲也

104

其餘國以後照辦
袁依共和國統制以
最新議定者辦

105

北方原已允許任倪
嗣沖真心保送從
前
將倪名接管豫隊

106

索獎兵民有功者，可
請給獎勵，其要情
該營當告各處，以免
遺誤了
唐寶

107

以重兵勒令將拆安
各處電機一律拆毀
抗者擒捕勒辦
[illegible]
使
陳兵
世凱

108

將於商手困難諒家
極愛其能由後我政長
呈令試取[illegible]任命

109

現在凱意已告揆
向[illegible]翁可來便代說
係因[illegible]到任方可
文郎

110

王純係直隸中州人又
彩可派且在蘇來久
未必熟習應由部
東[illegible]送

111

達稿業已送封可
俾令隨堪布來
京要約識見

112

倪使所擬不佳想
是不照改照前
手使總先格節

113

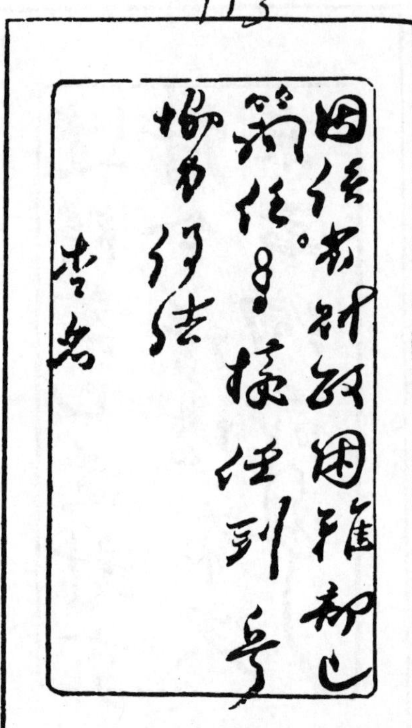

114

115

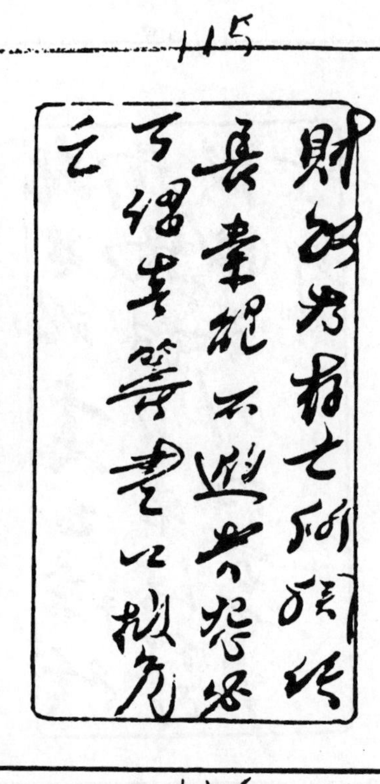

116

117

倪兼軍統先到

開此缺發

另擬令兼軍統

陳姻兄學弟

陸軍部並令先

119

諸將領全大局為國民

職擔負任將熱心愛國

不計權利

某號

加詳改

118

鄂省後僑議

會電派王人文李爾

接一命通原電之處

120

前鈞諭將為力勸

前世鉅諭遲之舉

明前所

重

桂牲霞

121

未發

摘要令法明發

倘多者分屬地方

切望條復

122

並由部發後贊

出示使連界處

每須來一照

十日內京道 否則安用兵

凱 真

123

要之分所辦

侍郎對及紀界外物遞

當能所安須由中央

不致

124

甚是 望照辦

聞山東江蘇連界

仍不安靜 究竟情

形望詳查覆

125

從派為前敵得力之
將不在徐樹守另
為人器

126

主部內法交涉
由庭
審經把[illegible]評議接續
所充該中外綱紀

127

辦不求防本所用力
實此實國思安强為
至會[illegible]錫拆大局

128

甚慰
為國為家必須勉
為其難

131

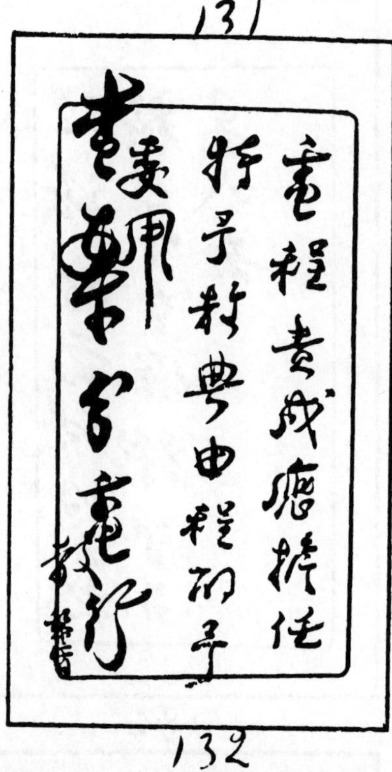

129

132

130

133

電奉悉查究
慶泰已迫告某某
我遂回遠辦政一面
電泰究

承保欽

134

由保定安辛亡餘
舉千二人本未派泥余
都之姑交咨都督砲
標明保存

135

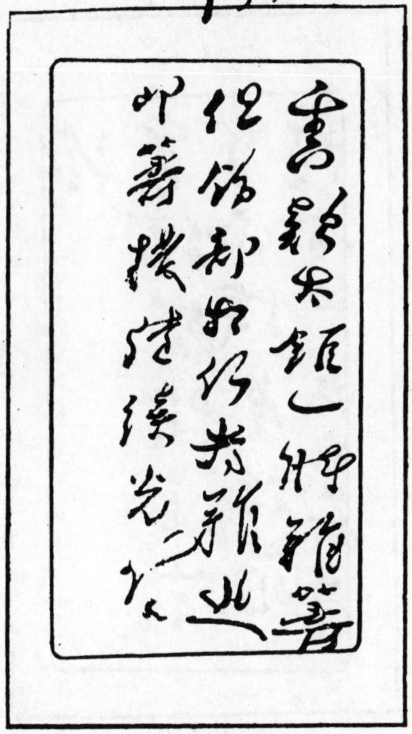

電鈔米鉅一件請簽
但餘剩數好岸覆此
此籌撥清後光以

136

份為風潮洋俄
將情勿多集回兵
處以將領徐已出者
狀

哈某

137

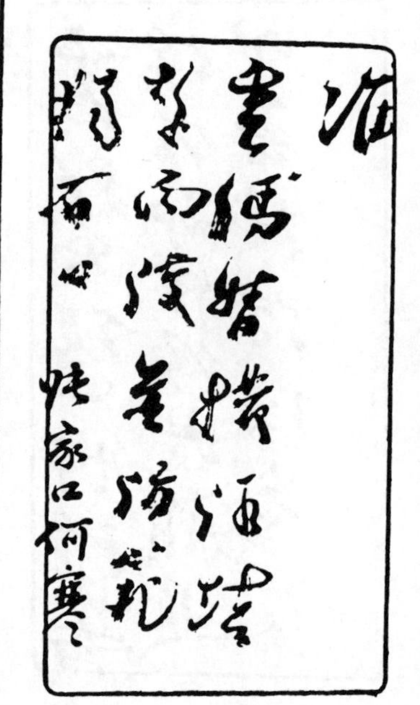

139

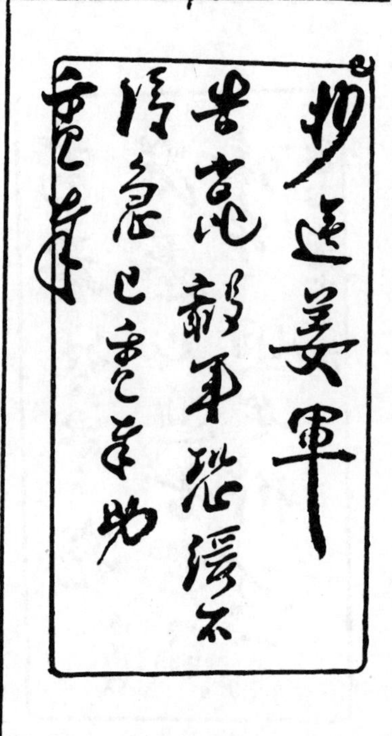

135

140

141

兩申有建屯議者
皆未批准，因生此謠
已分電張仍釋

南皮… 佳

142

仍確探查，如現西
方石老多事，飭此等
似或有之

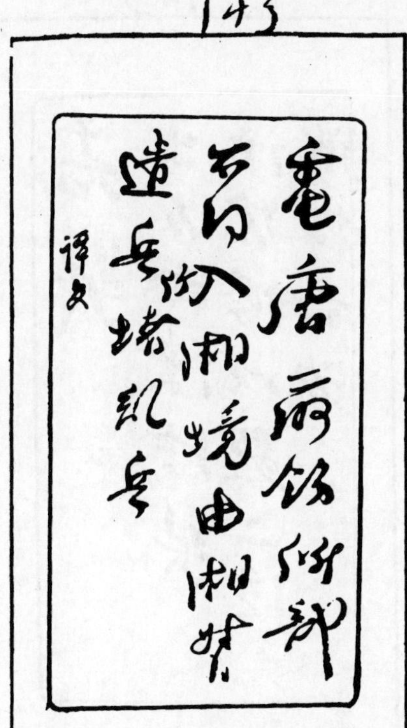

143

電唐二府，飭所部
分扎入湘境，由湘督
遣兵協剿為要

譯文

144

已由部撥五十萬元
外已抵烟，運庫款
無庸撥解

145

嘉獎
出力者皆從獎
請將授以勳二位
照錄前功

146

請之痛心不堪復下
惟望仁人君士共圖
補救
以嘉獎

147

現下多事誰可維
持所有各情不贅
專俟我專人至閘

148

鈞院部位置並光
彈旗賞
詢明其住處先送
二百元
鐸福
唐才厝

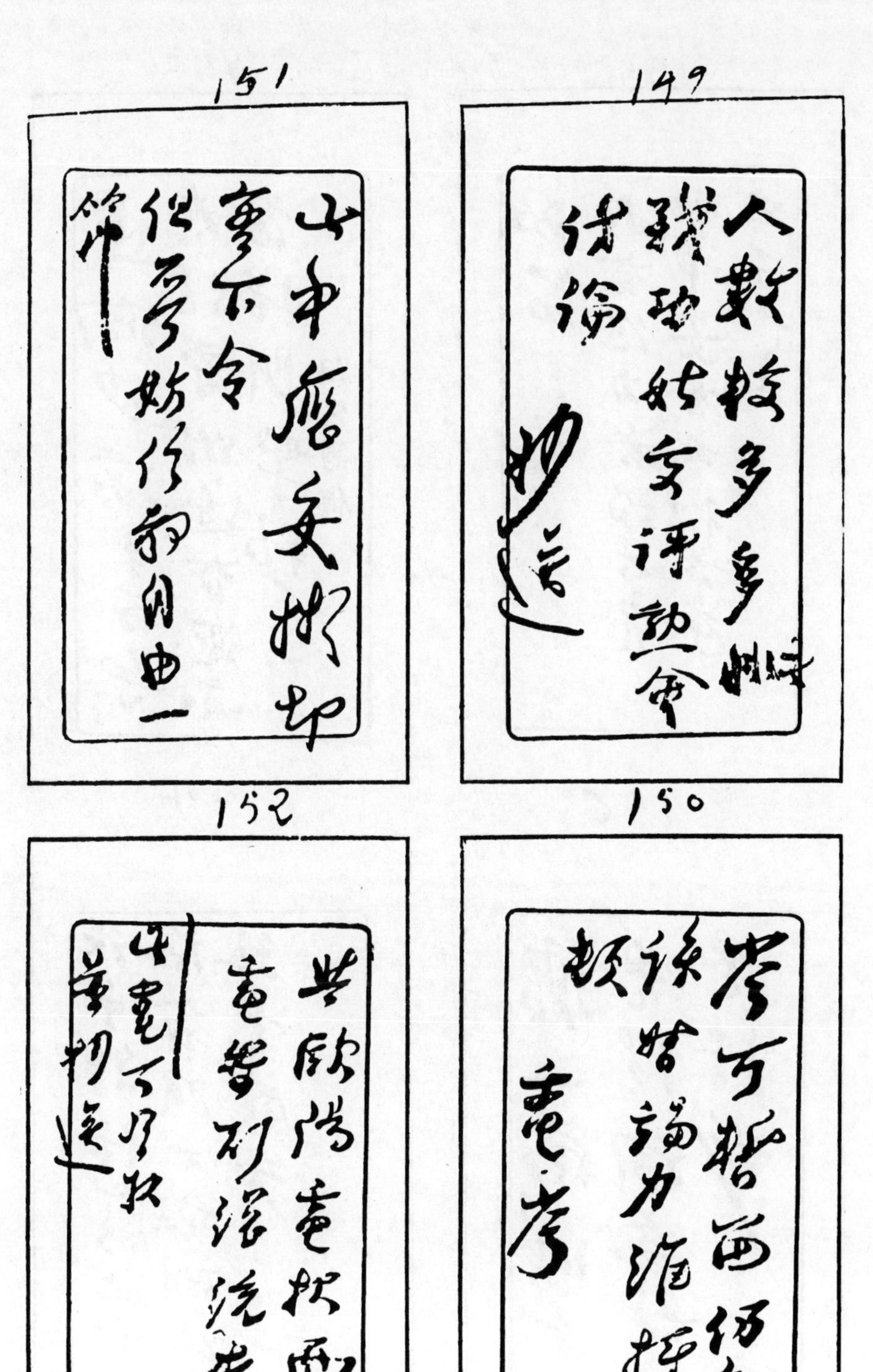
151
149
152
150

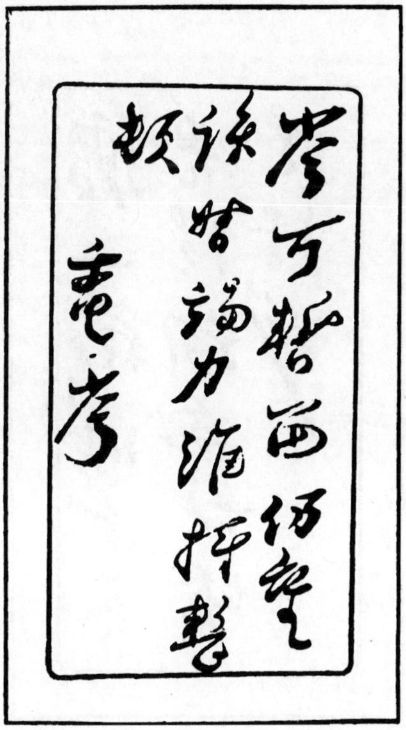

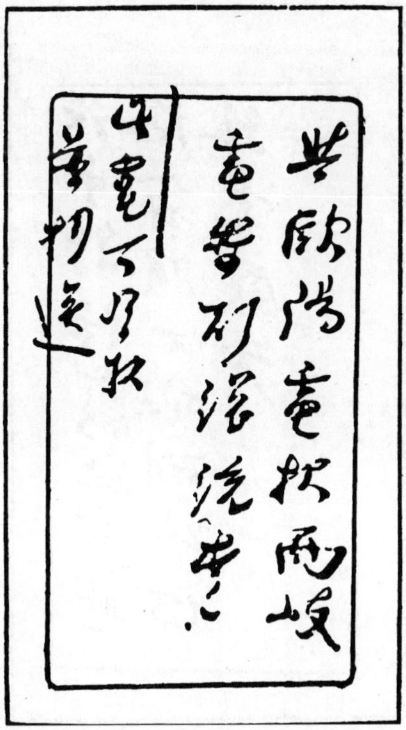

153

遣陶少泉來可專
務注意附近方面亦
當探明擊勦
何宗蓮位

155

切留
如有從力者切不肯
任用安分者利平民
出可之

154

該中將保護地方興
論翕服不敷酬功仍
飭竟厥功

156

聽一兩個文員仿
先往詞弄七續
查情形

157

一調全協較
一營往北聽用
山海希
廣有

158

代表已遣散如派有
人來京僅許約每
可
尹右

159

須石行急且令德一
手仍逃去擬往胎繇
劫其速撤歸

160

叛則誅之服則撫之
吳有古名將級孫權
嘉駹
趙宥

161

鈞鑒
昨將與英人商議經久
大負經述情補方為
荷

162

總有艱難何成議
請就近詢史扎肯任
即下任命

163

飭從始專辦旋郵
其悖措任係節抑
哀痛勿去

164

嘉禁
書業七二天有給趣
卑職加給
李、諸皆不給
湘州文児

163

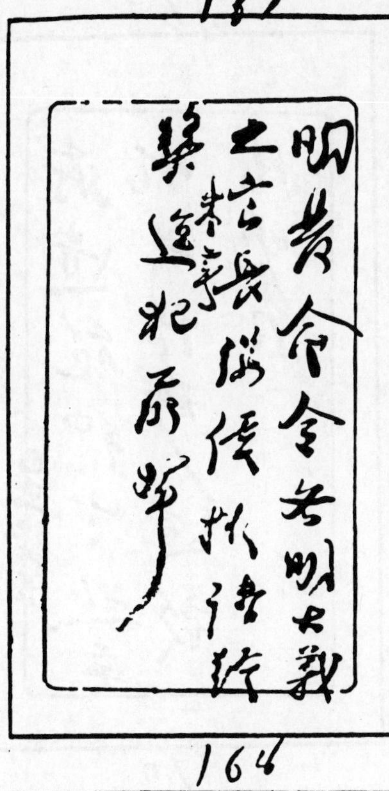
明告令全各明大義
之官長撥傳抄諸語
轉達犯所部

165

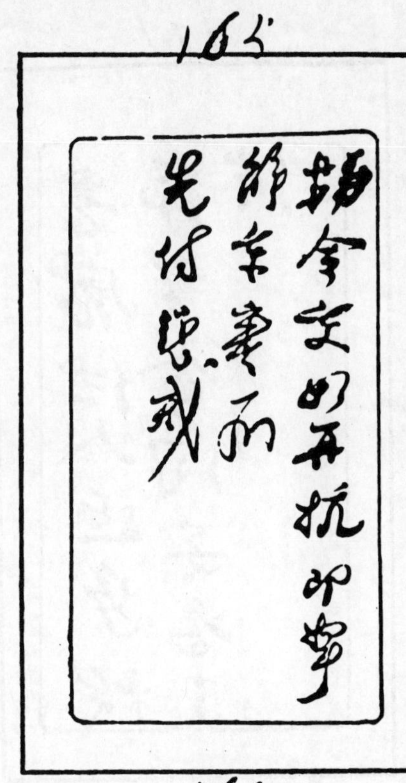
轉令文如再抗即拿
務希審兩
先付懲戒

164

竭力捍衛如能保
全各偏安各城加
優獎其責
撫中稿特達

166

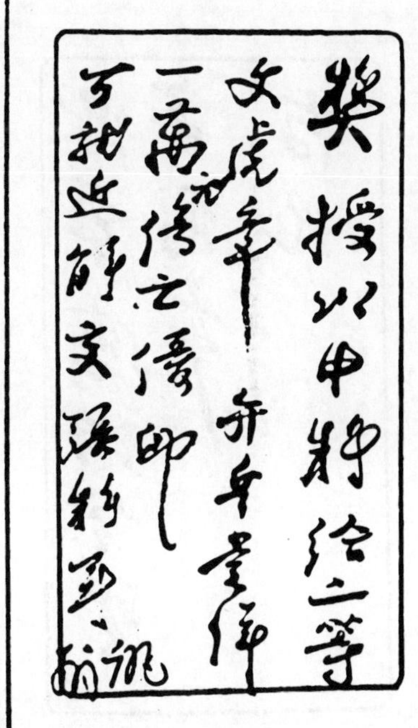
獎
授以中將給二等
文虎章并年俸
一萬元傳之優即
可就近解交孫毓筠謝

169

府遣施禮之言數要
館長情形，近歡
擬明者

已函施禮林

170

舊計成可由孫君低
科長帶營此批閱了
載以節糜費

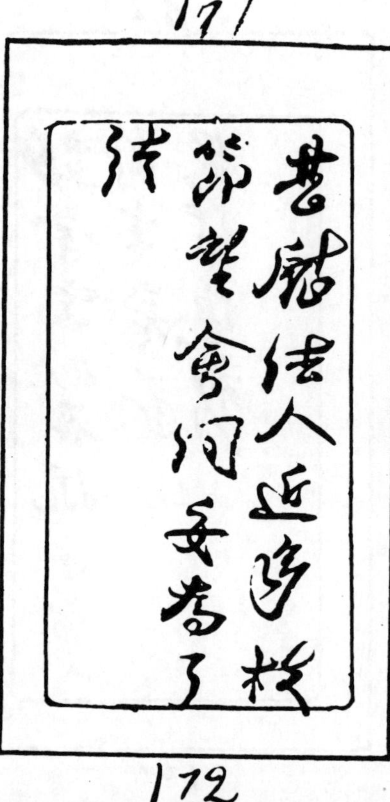

171

甚感法人近後校
部暨會同妥為了
結

172

只要療治全愈
早將年
存記

173

款出來文總部交
到此請經政部長
速撥付

174

如詢貴同給兩候
應由該送者餘更改
王寄虞
世愚兄仁秋扣

175

雪電到
任振姜軍統云林兩
無庸派禁衛軍明
接防

176

俞則給三等文虎章
趙給四等
餘俱令嘉獎

178

已令吾樓謹文

應查究

從信袁傳古村

伊學植館附

177

可暫往何處地

點以待將來規

畫若無可用

運城楚江

160

星樓机宜印出佳差

伍鳥勒咸

催郭查明費仙

176

應商妥擬復樸安

考察畢再行北上

小張民四七東

161

飭陸部查明函意，現尚未開莚，[illegible]

162

陳未詳聞，鼓以病者治標也能函

163

電飭交涉使查明此會何人主持

164

菊帥：

軍事張近日頗得手，收[illegible]縣招撫[illegible]

185

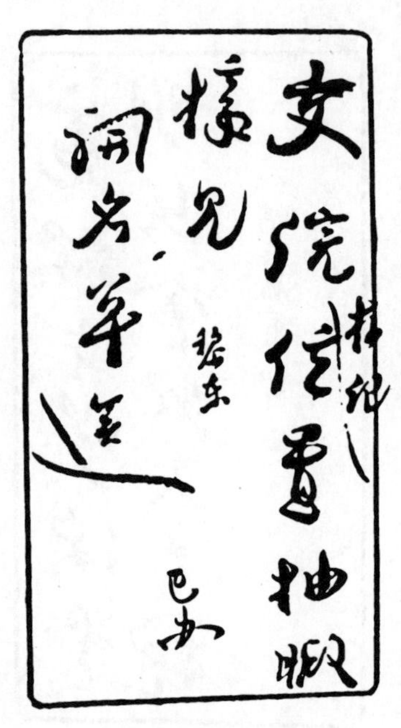

186

187

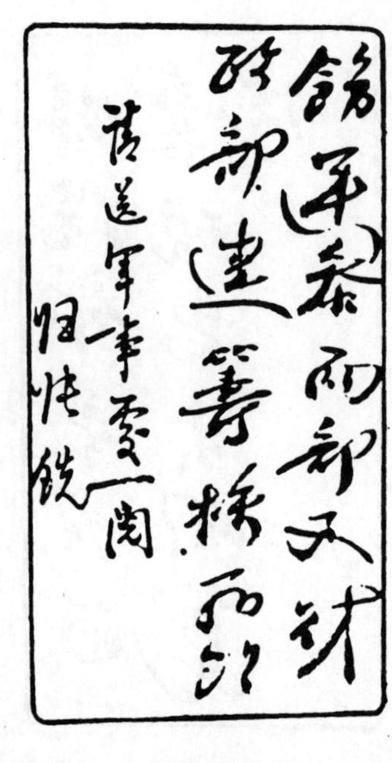

188

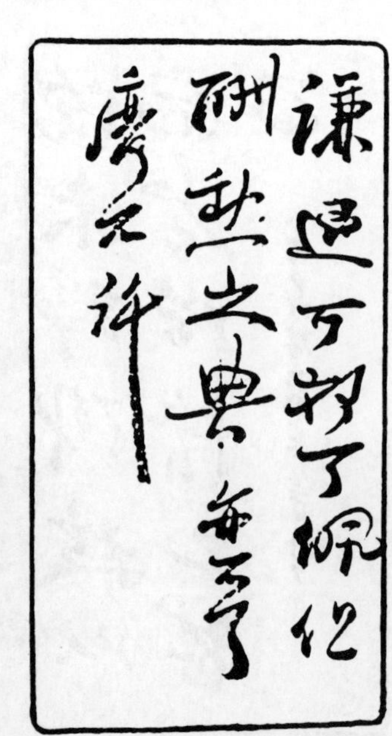

189

非法逮捕拘殺 大本部常
由院設
並重懲辦處長

190

籌畫周密議論切
實姑候籌有的款再
圖進行
慎留

191

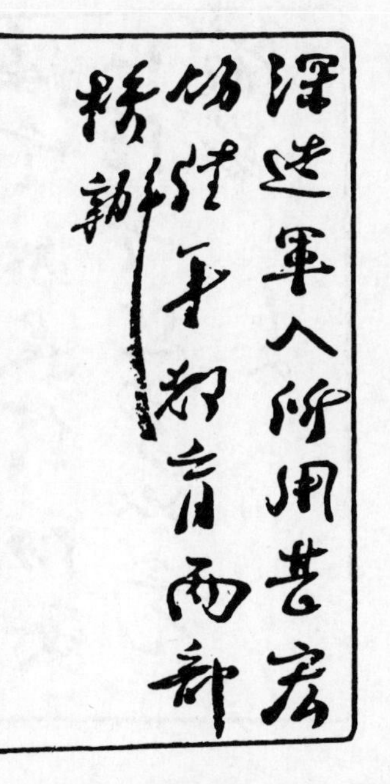

深述軍人所用甚宏
仍候軍教育兩部
核辦

192

先由該司挪款防
範即完
引函財軍兩部

193

讓之不足惜，仍安心任其進步，以竟前功。
早文

194

電程督　抗文
節抄送外部矣
法使館洽辦

195

錫給章
賢督來了任兼
尚電告頓兼

196

度支部擬派
懇廿一發
先任錢守使，宜
差接將裁新獎條例

197

[illegible]曲院長武
曲阜縣廣
此項爭執將來[illegible]
[illegible]

199

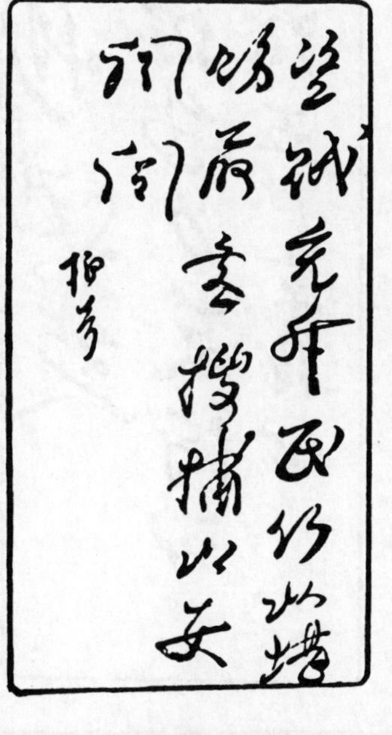

[illegible]

196

極能留[illegible]少將之力
俟西藏就緒再調
北來

200

中央大批借款
未簽定仍由[illegible]
自借[illegible]

201

抄送約（已抄）
仍須勉力支持分
擔五日京北心

203

未獲候接函
尊意約唐紹儀
甚妥敬
是否圈刪

202

譚期遠先墊款
用若干由陸軍部
撥還

204

記近日報有追剿東
平叁葉辦法再核
示
恭普心

207

獎勞給二等文虎章 出力將領擇請給勛一章

尹東

205

告以勞不去原要整道電勸勞

八中間一段抄交陸軍部

倚茗

208

甚慰 請付密電本一冊，此事應電本換通等

張警文

206

勞念

尹名

出業似違節制此電或須度

209

前電悉
該使軍不應無多人給
和平行

210

即飭令禁查懲
並由部帶田嘉元
糧責

211

已送去賊百日給平
令其應
獎勵

212

必須將地方布置
妥協可來
另催張某回京
已函催

213

孫知要卿勿侵大
權
此件知曉諭

214

務妥為布置為要
最近如何

215

載之不能處死者
趕到一年以後交

216

撤銷
已另派往漢陽理
查辦了

217

所有因小誤大作之亦
乞
垂格速換送貝

219

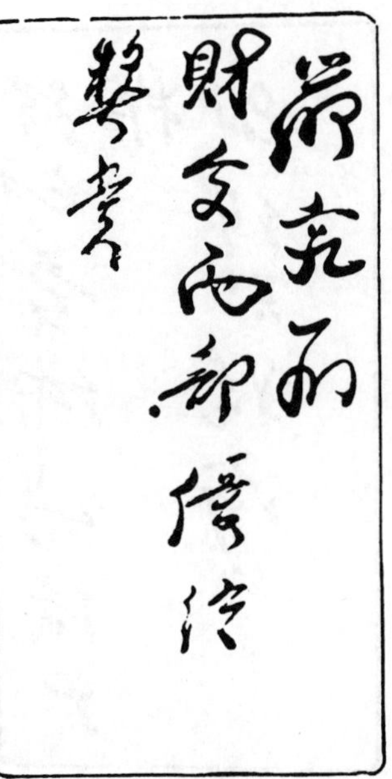
前充兩
財交兩部停付
楚書

218

財政需用國稚仍
應擇緊地用

220

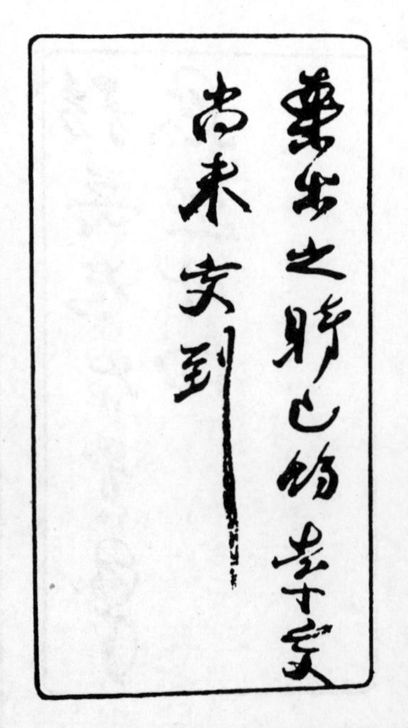
兼出之時已約李宴
尚未來到

221

留
才識品學足以表
率士林挽回國化

222

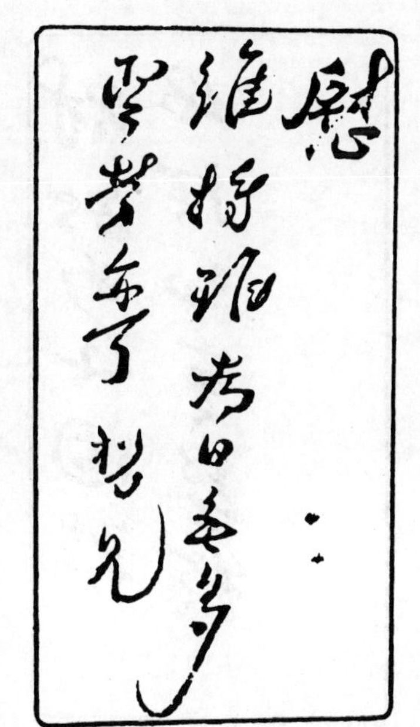

223

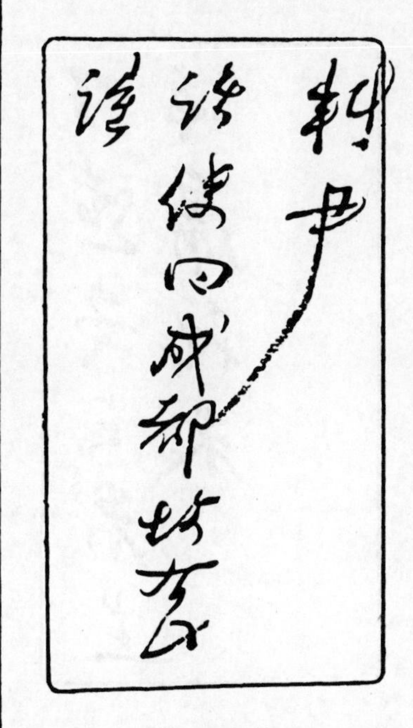

224

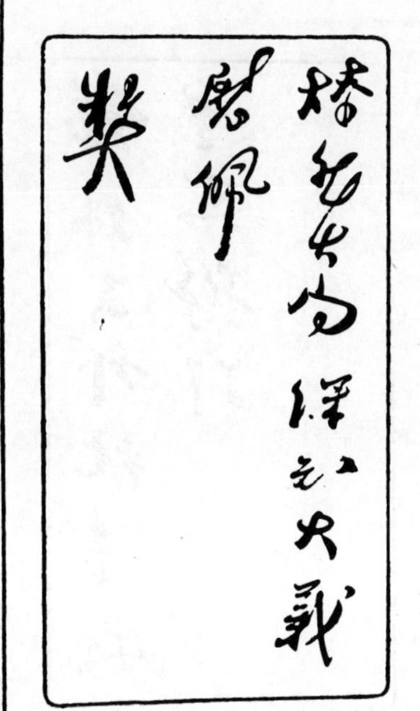

225

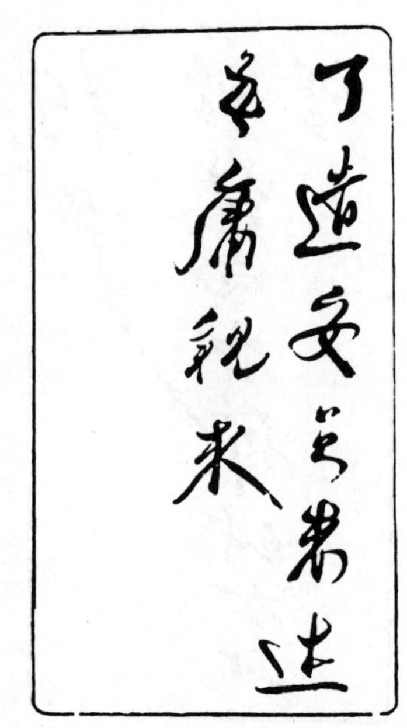

丁道安吳君述

為庸親來

226

飭外交部税務處

查照辦理

227

飭部仍照舊留用

俟長督飭辦

228

財政如此困難

此須切實整頓

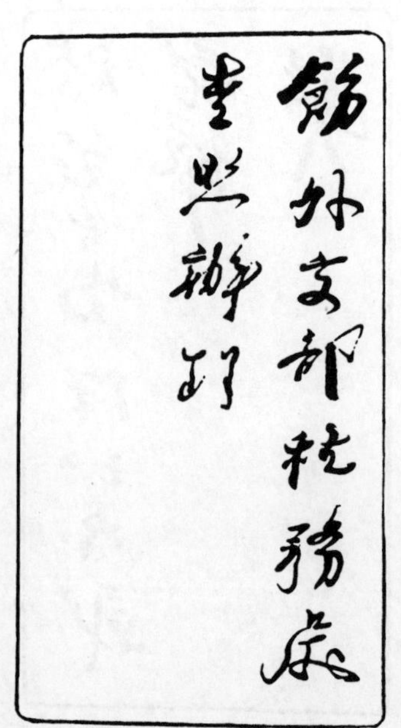

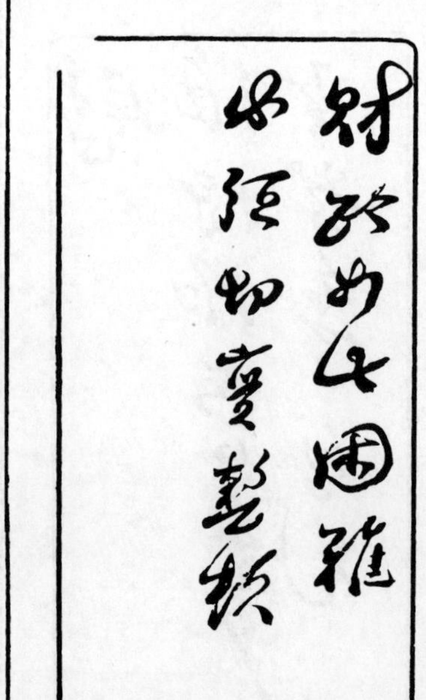

229

粮餉張敷為籌
備春暖陰凋

230

已與部商儀和法似
尚不籍靜決
紐利問廿一

231

232

233

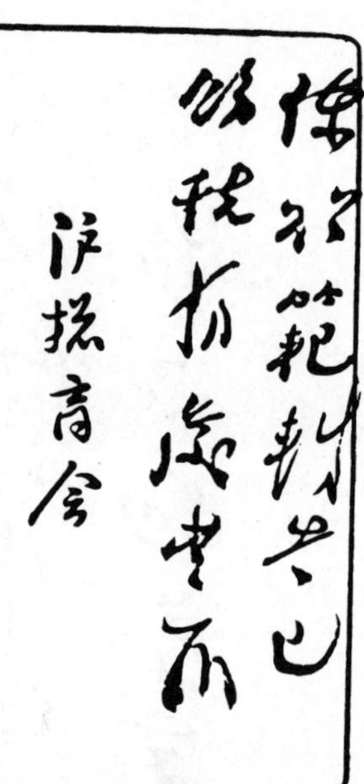

234

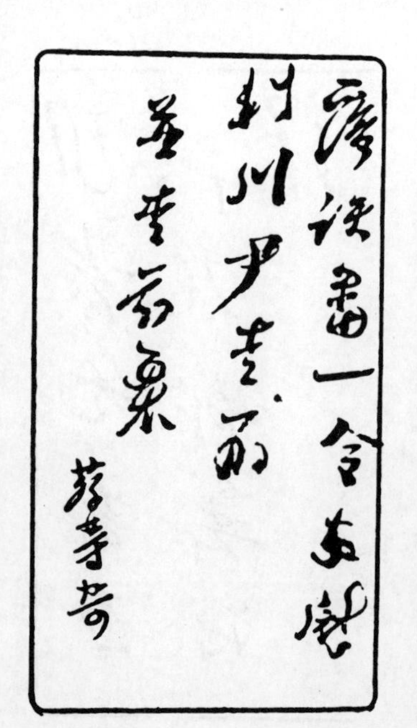

235

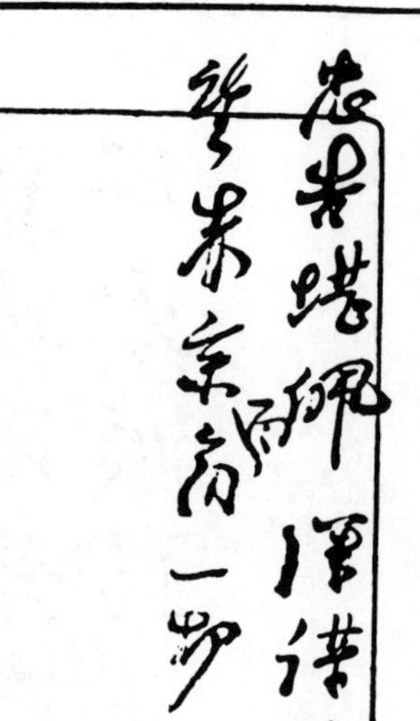

236

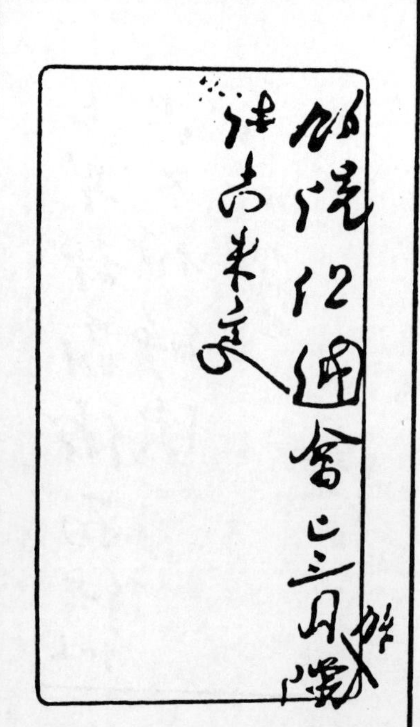

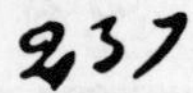

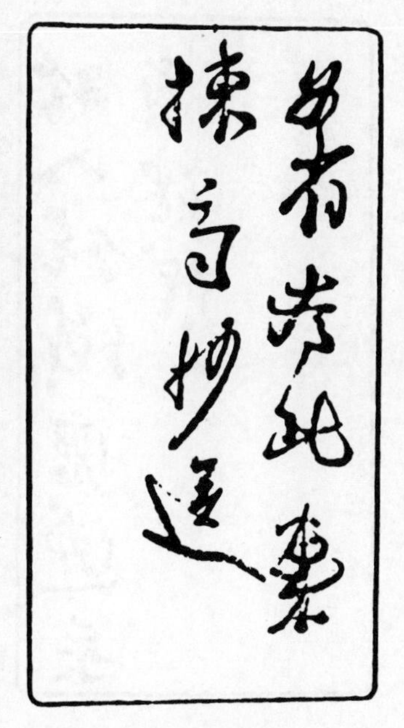

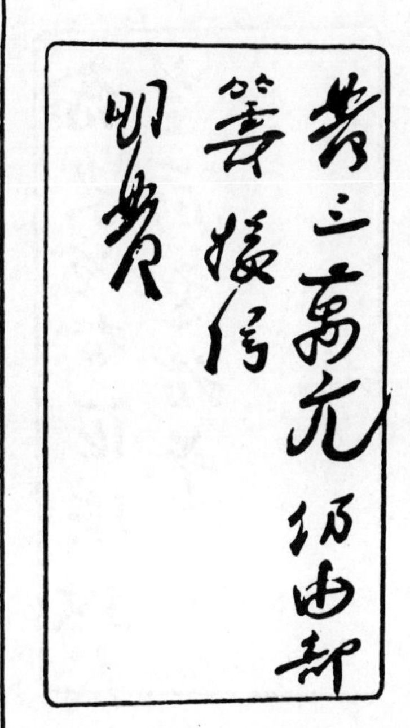

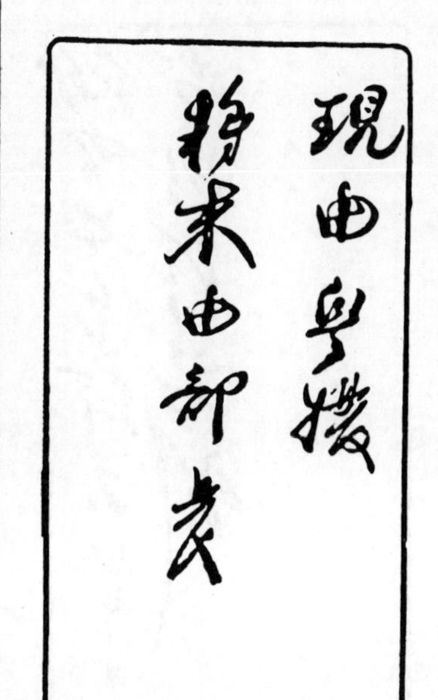

241

煩入錢幣處遞呈
貞健代

243

到函兩部究竟情
形似係拖延交

242

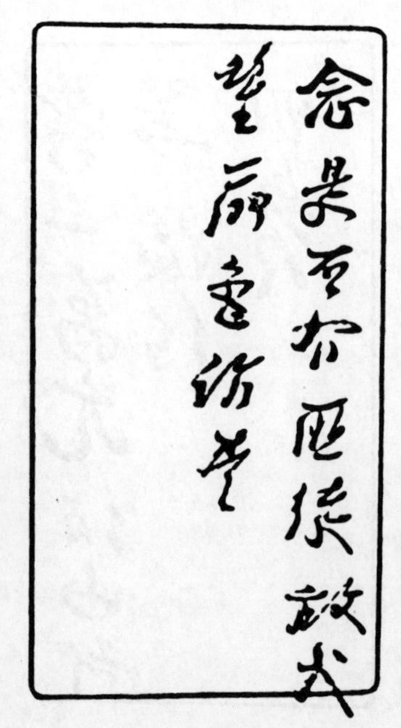

244

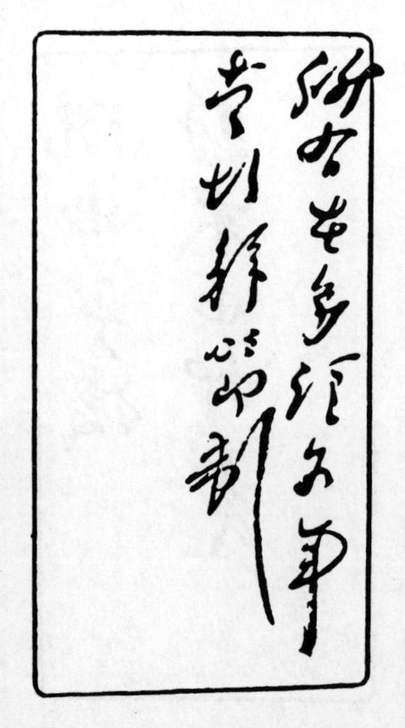

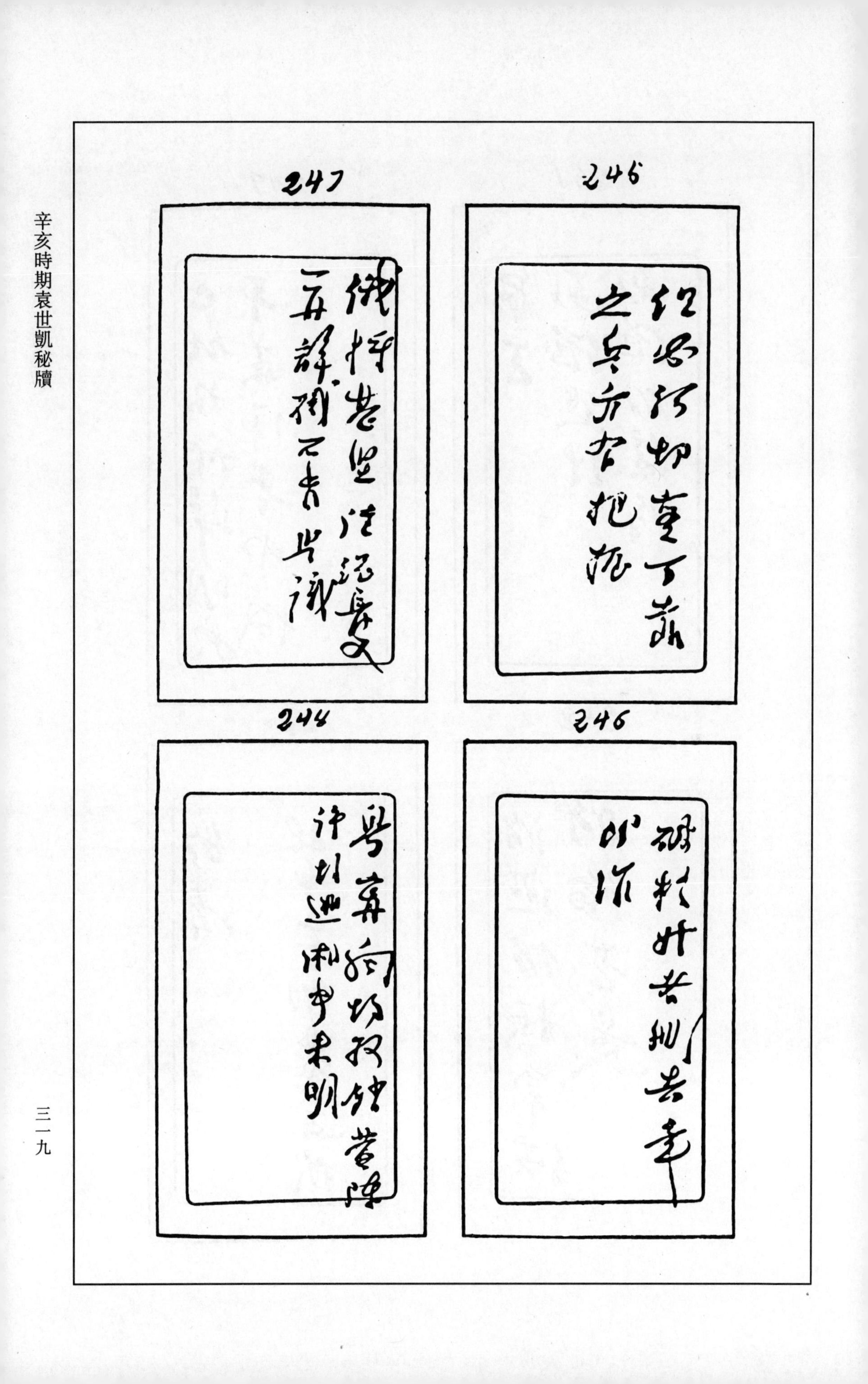

247

[illegible]

245

[illegible]

244

[illegible]

246

[illegible]

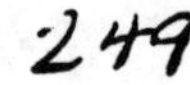

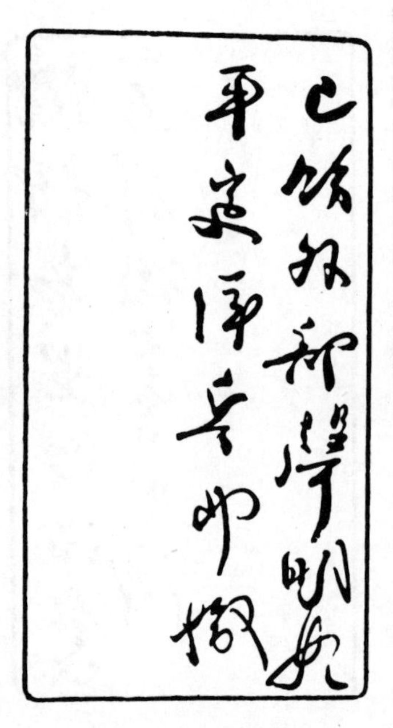

250

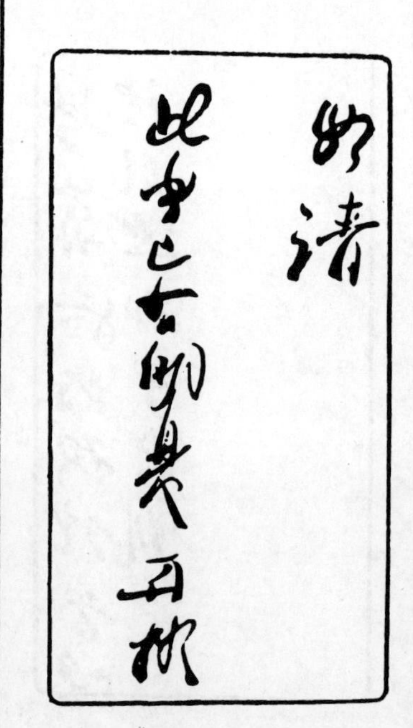

251

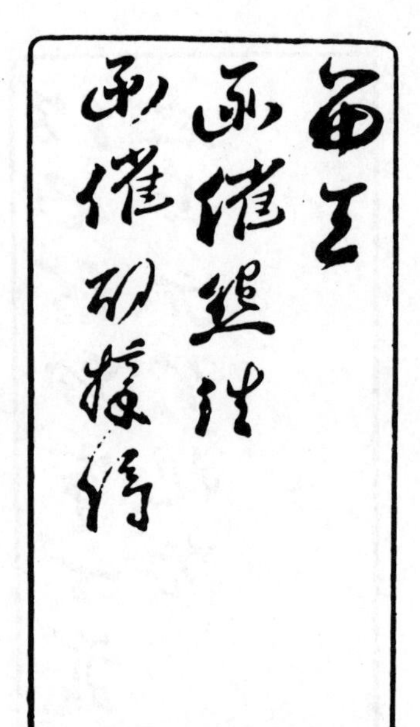

252

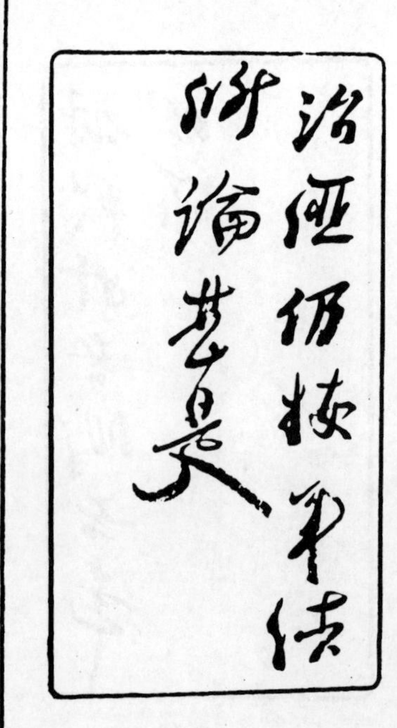

255

253

專而遠用部長
揀擇度
初四日光
兵送

鄙鑑芒之去申
多人由部揀浴藏
並一

丙辰
上任部去而
揀都呈清任命

任命再浴術世上
曾滿綠如出能由

257

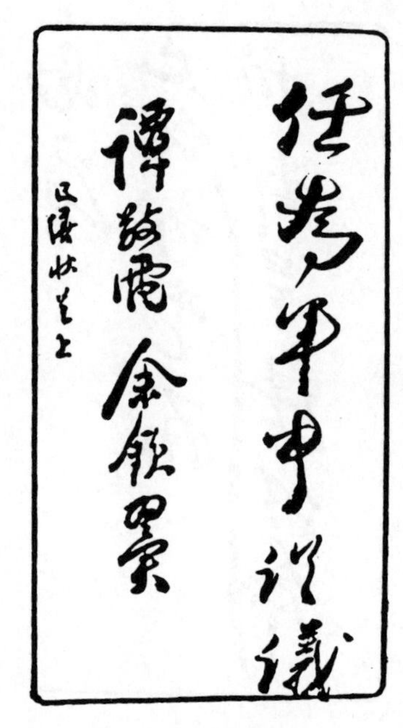

259

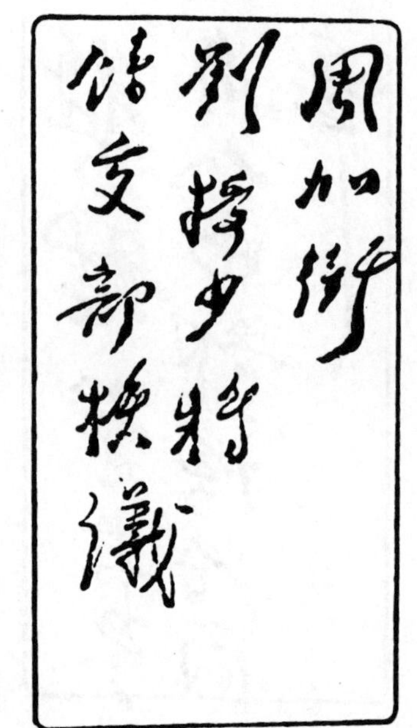

256

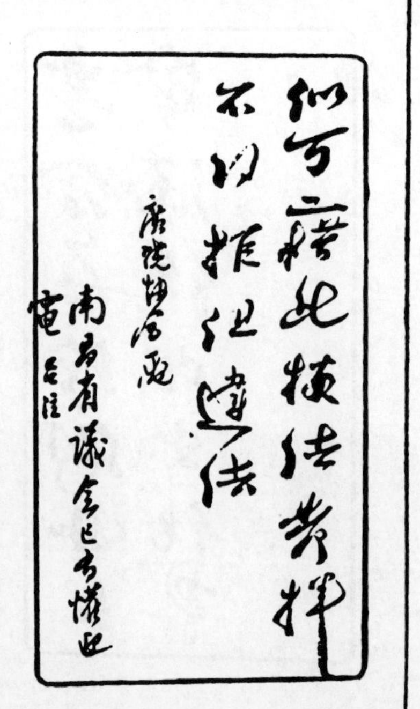

260

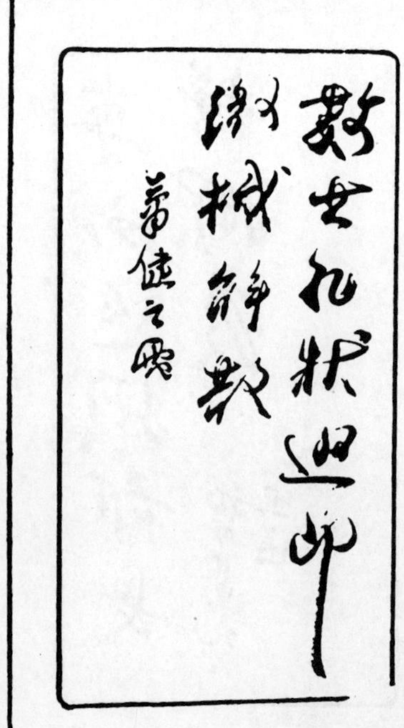

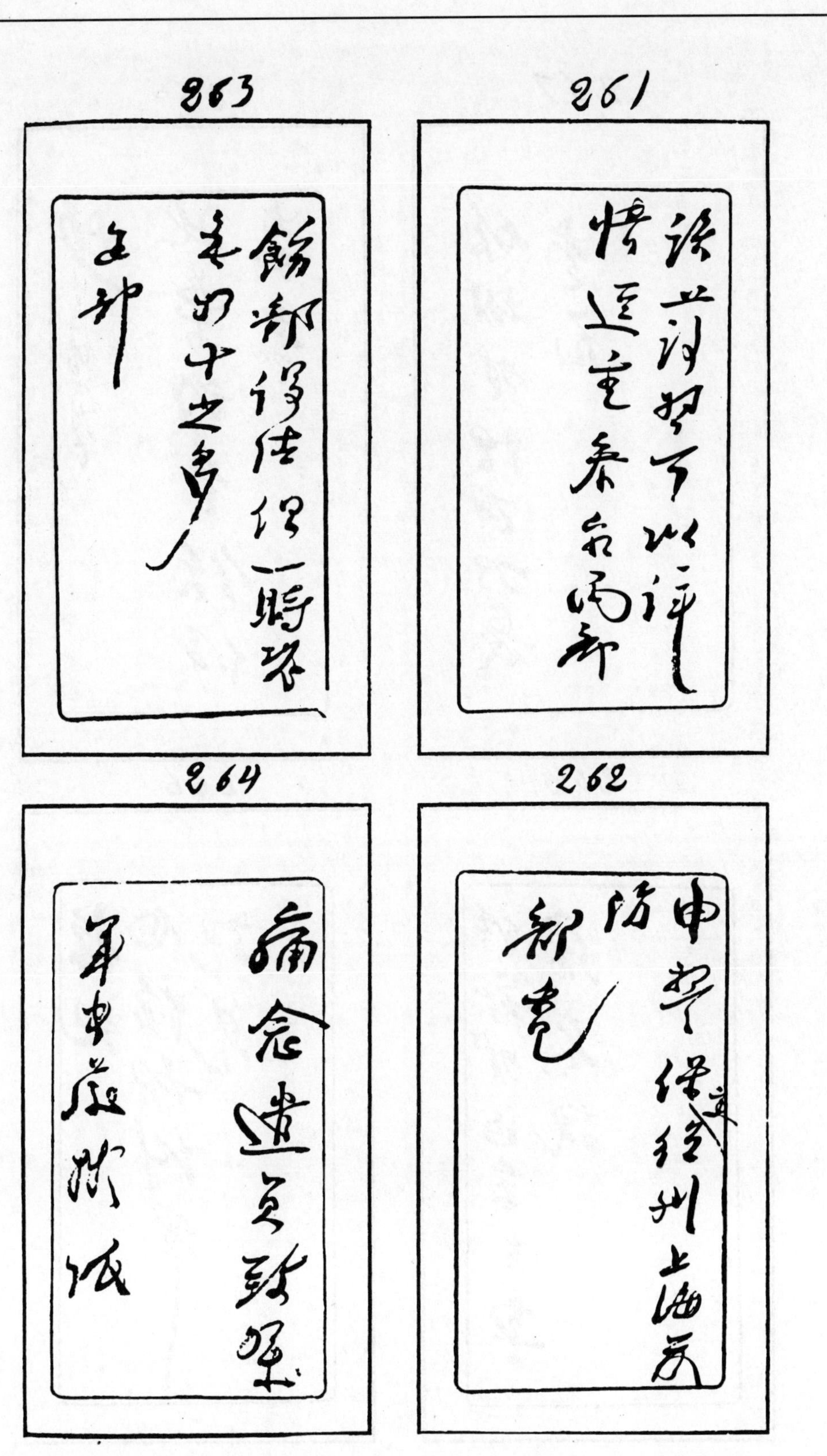
261
262
263
264

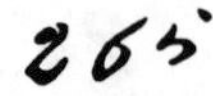

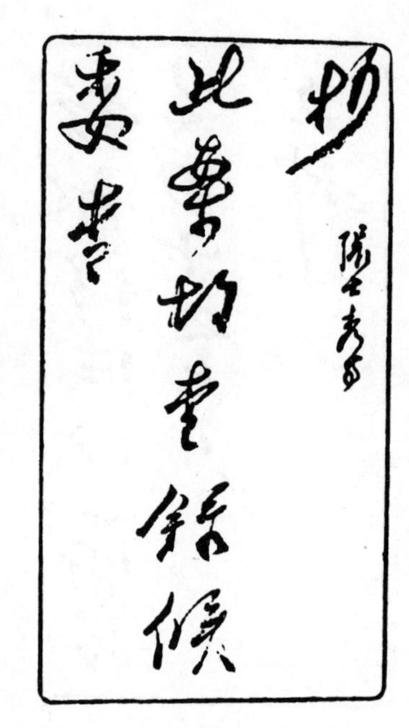

266

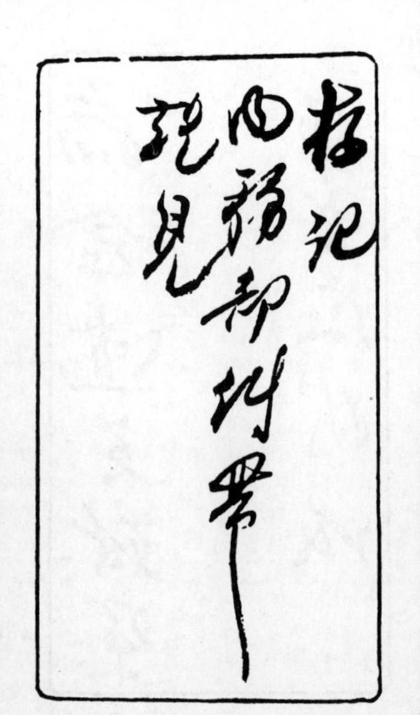

267

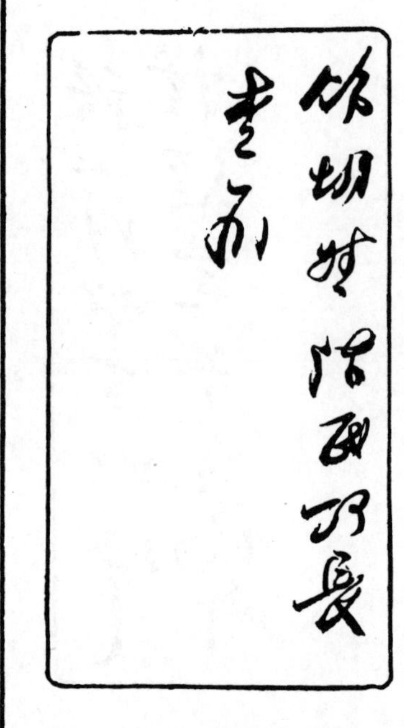

268

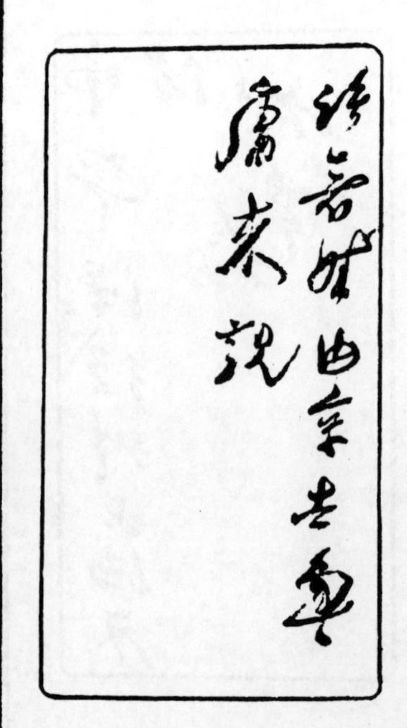

269

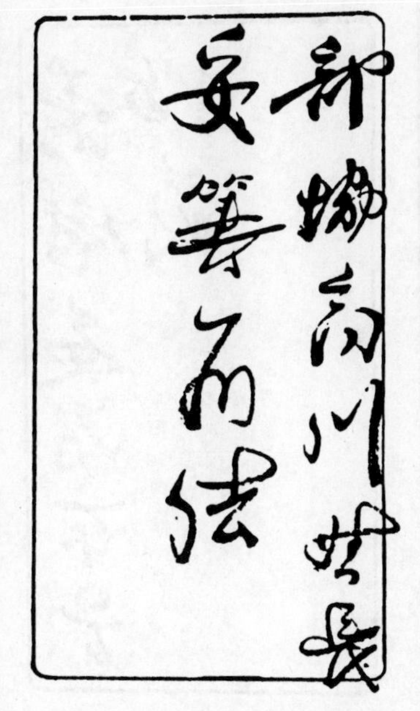

271

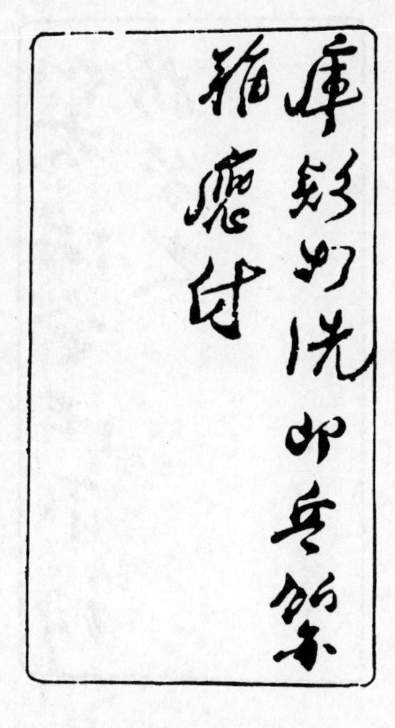

270

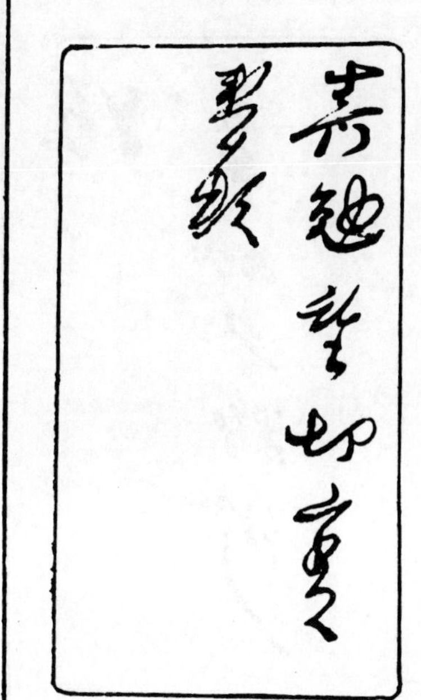

272

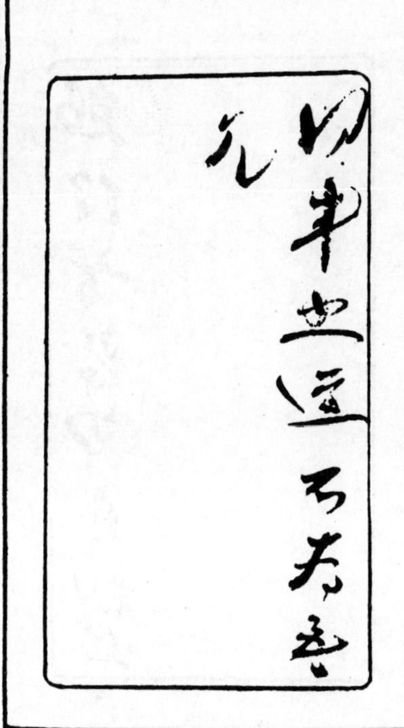

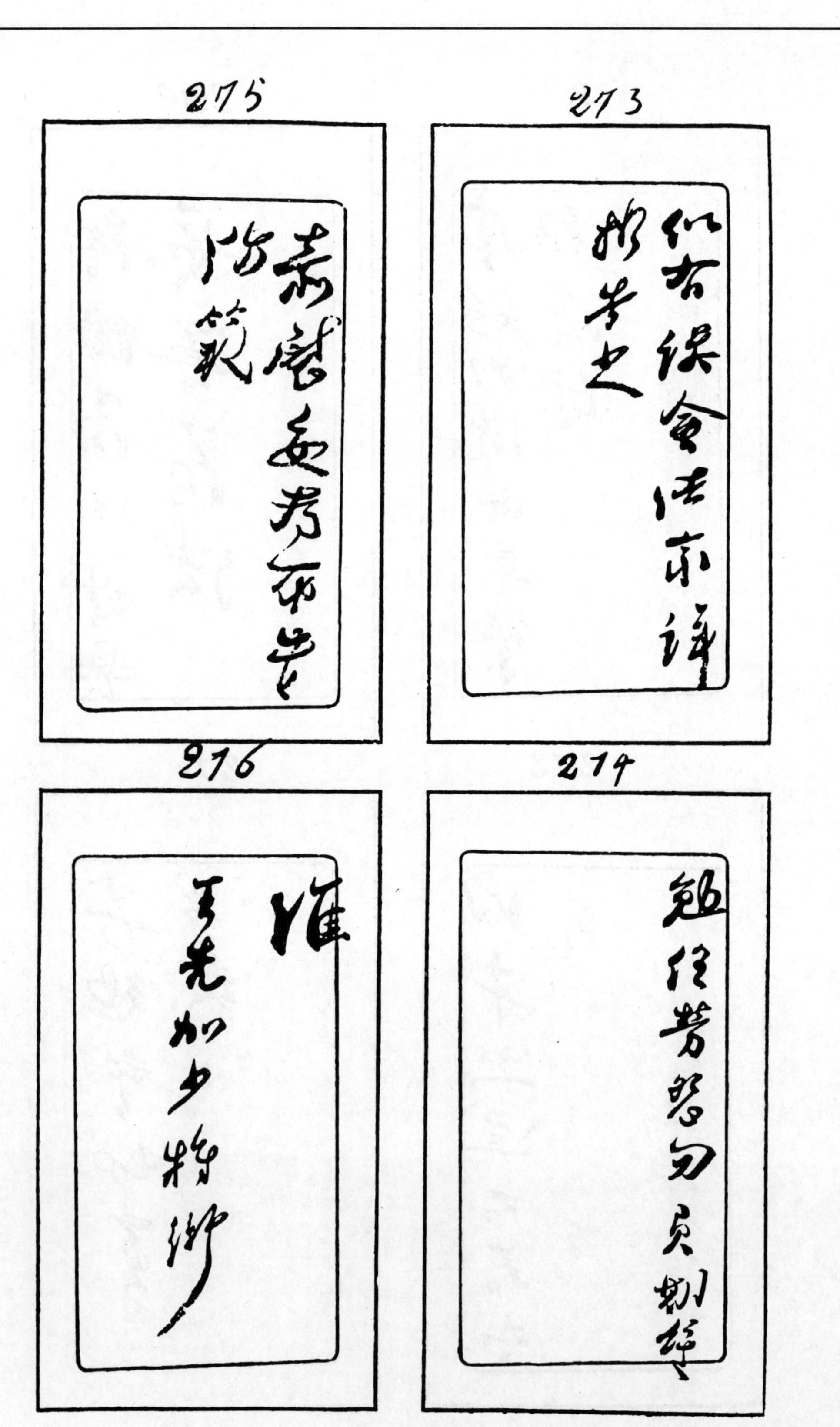
275
273
216
274

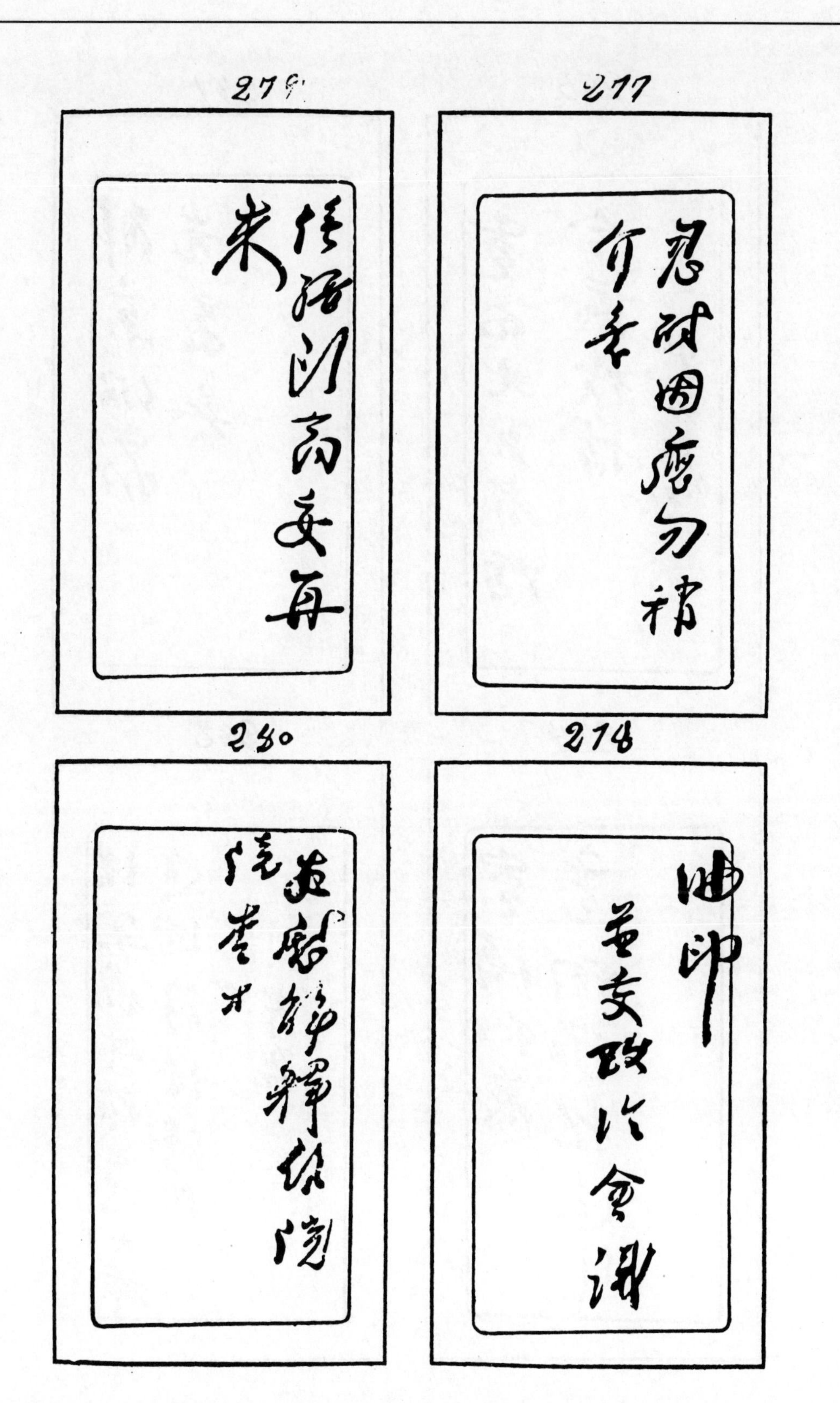

281

解京綢和
光家吾

282

措籌欲其雅石砥大岸
道園評情漢識
孝億

283

電西北各省路
令二府撥情
悵方隱寃

284

電議和衷
電詢偕北遠紀

285

錢字使續裁，以狀
代理終始如請，一切
印

286

切慰組織費三萬
元先由此撥

287

已再函尹傳文正
成都商妥即回黃尹

288

契
先給委事否名另文
世凱

289

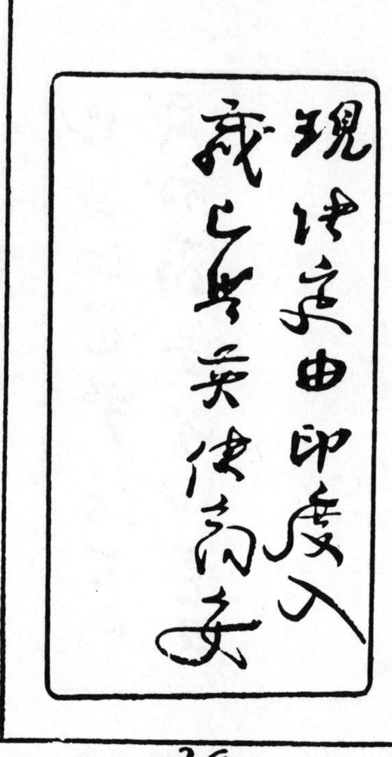

現使臣由印度入
藏已與英使商妥

291

湖[illegible]户部右侍郎綏
總[illegible]
據告速辦

290

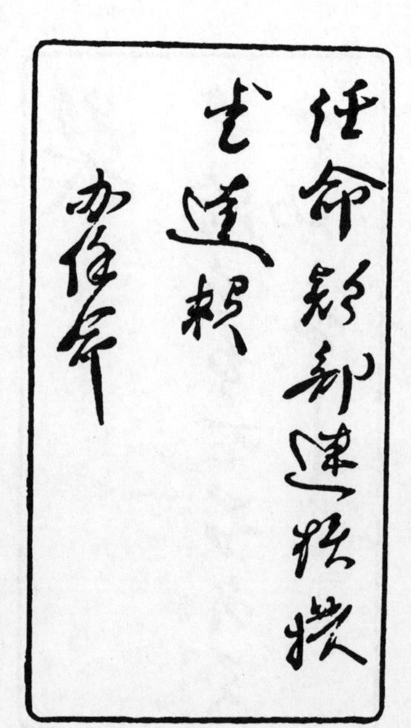

任命郵部速擬撥
告速辦
即任命

292

應在京紀年回籍
莊嚴和報已擬案

擬請
庚晚

293

不必再究宋女士説
將擬飭部照覆照此改發出
已辦

294

將恩田館給三
等文虎章兵丁
賞銀二千兩

295

其念宜同事賞表
如請紀實事須由鐵
路全擇

296

人之數吩咐下全不配
將命令公布棗
要

297

詢紀籌餉若干
新撥須二、萬、點

299

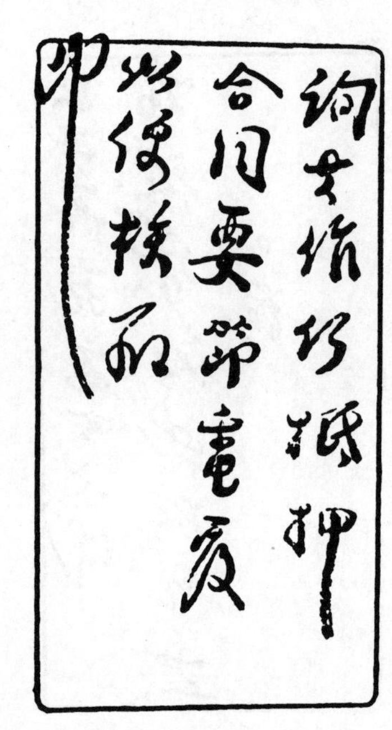

詢士詒何抵押
合同要節電覆
此係撥稿

296

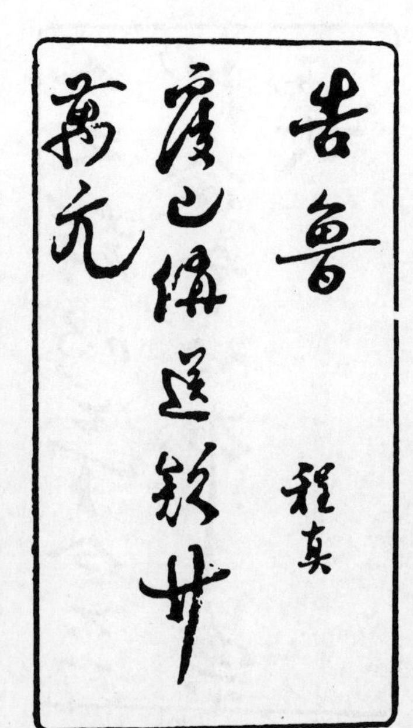

告魯
慶已續送款廿
萬元
程真

300

電湘贛
宜係命令勿擅
招兵貽累地方

303

電飭如孝已去
可由慶司令代
押借款 未付那部
因有報後候[illegible]

301

滬三五日了
電呈於何處
電報矣 西三五日

304

不許辭
前事須挪用及
獨有通融籌畫

302

甚知老民淚久
擔承和解
由胡付紅

305

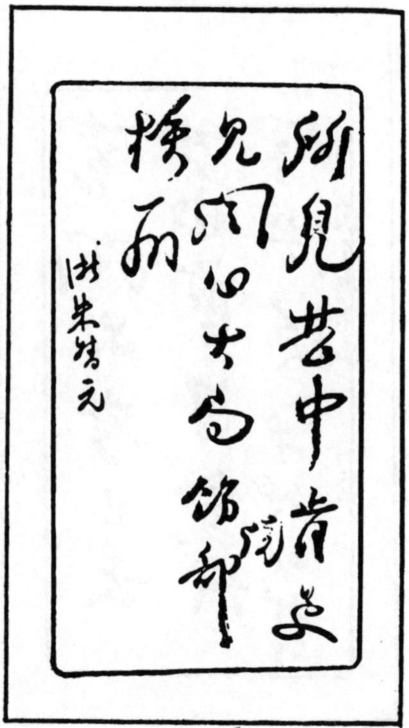

306

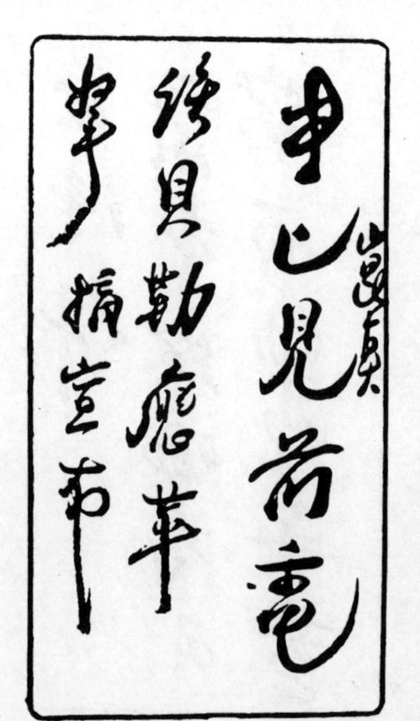

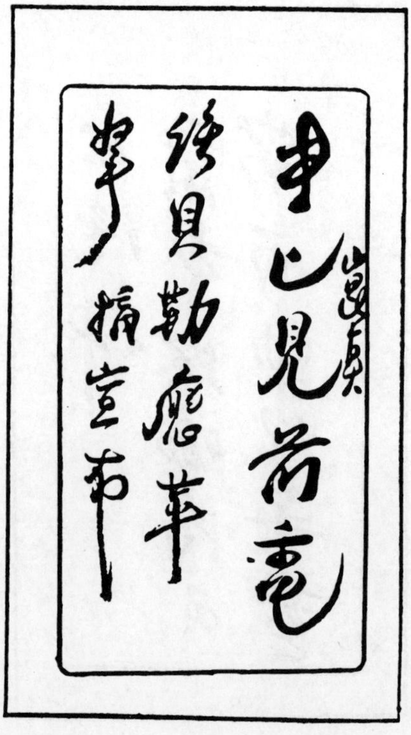

307

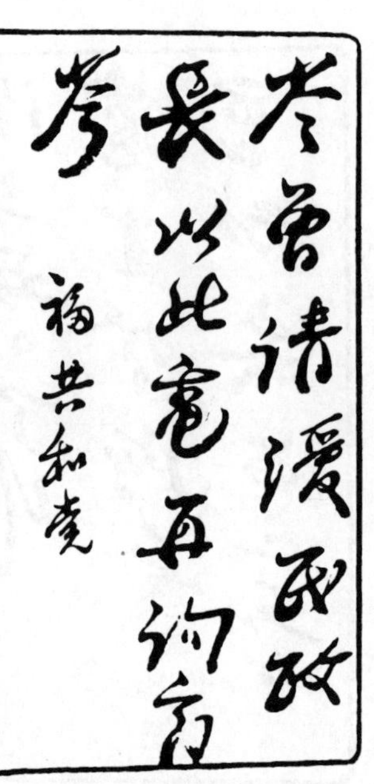

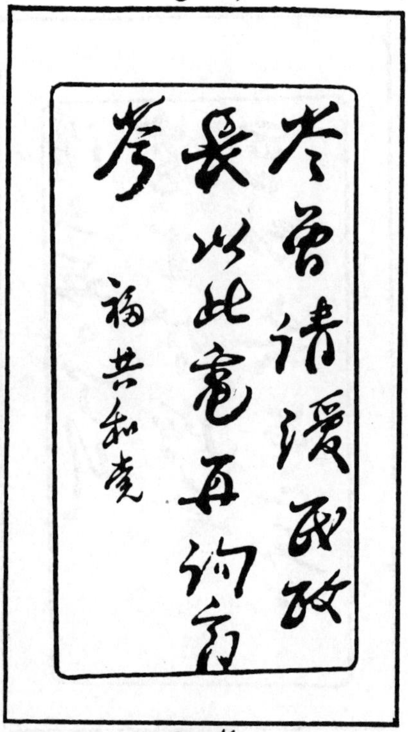

308

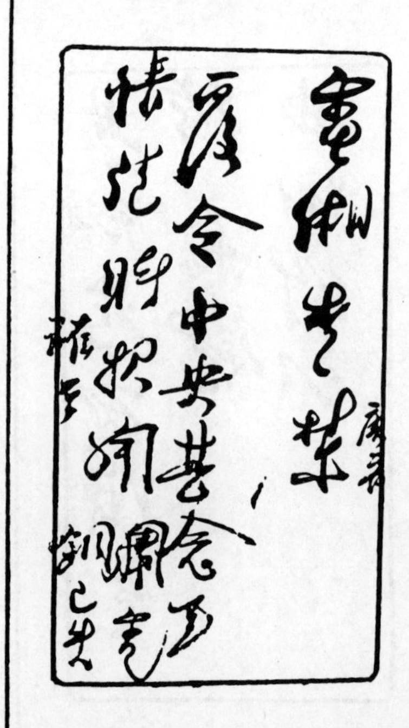

309

現因賠款借洋債
期迫且巨（不敷甚鉅，盼[illegible]）多從吾手
出，望興籌畫維持

310

兵不宜太多
防失招憎
請送軍事處一閱

311

似應由浙督查明保
放，該印請裁奪
唐宗臣[illegible]

312

宮相出缺
可否以沈[illegible][illegible][illegible][illegible]
[illegible]
[illegible]馬

313

建設伊始再諜破
壞俾為公敵
切亍之
黎

314

電江君並交
鍾張偉查取
李毅諧

315

山線紀西迹電切記周
多
短以周章字銜接

316

姓揩號表
但不用四號二四樣

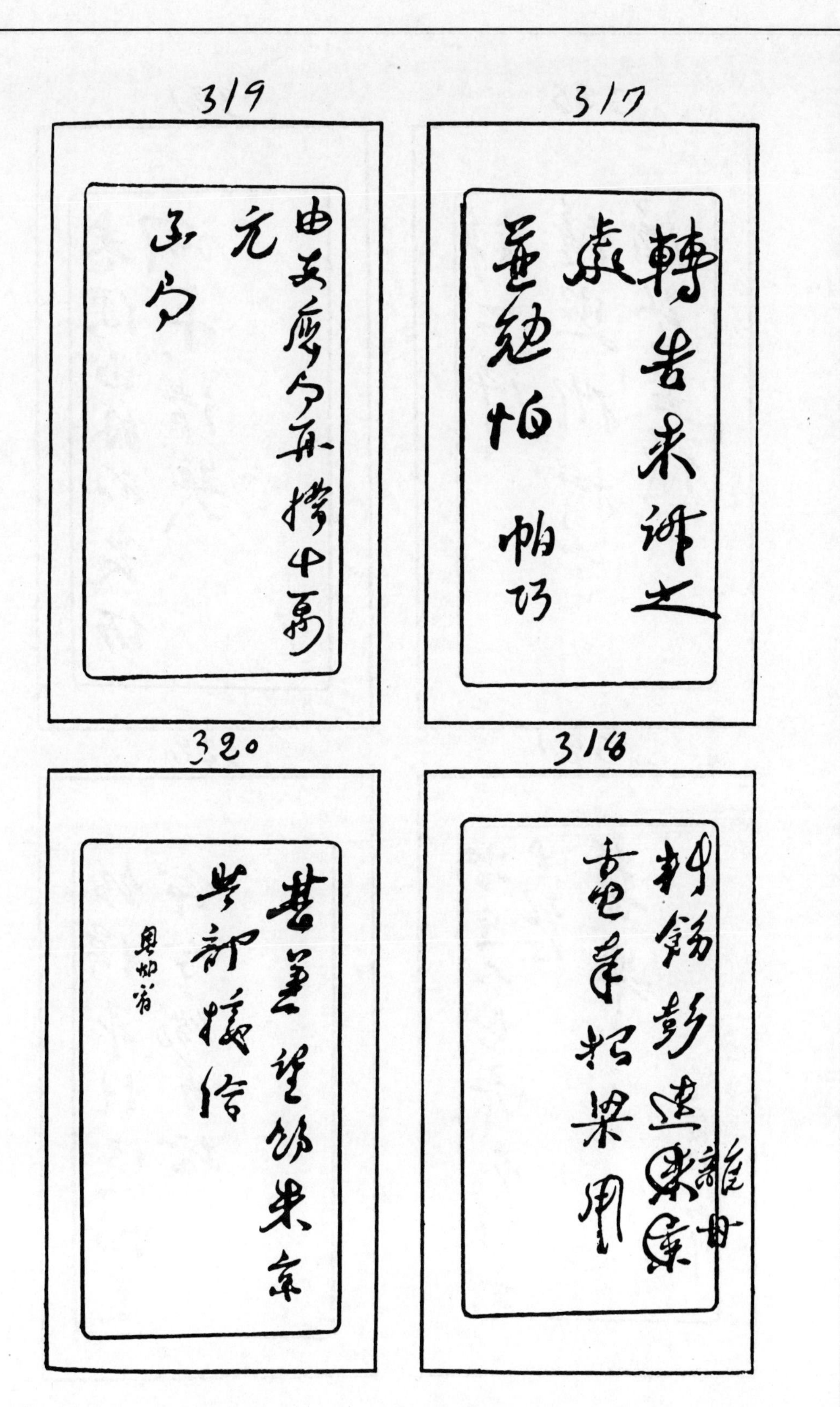
319
317
320
318

321

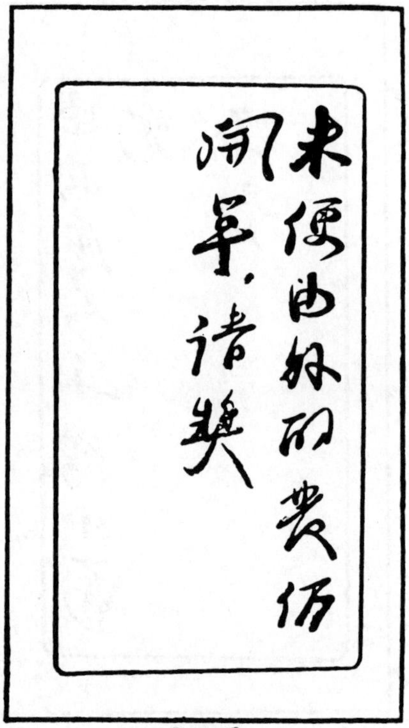

來使由外部發給
閱單，請獎

322

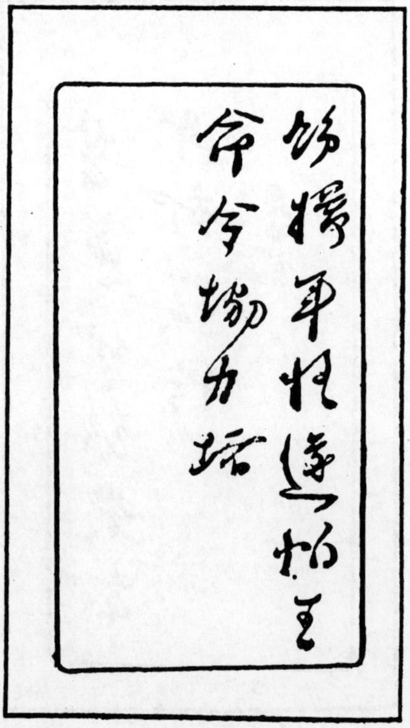

飭撥軍械速將至
命令協力培

323

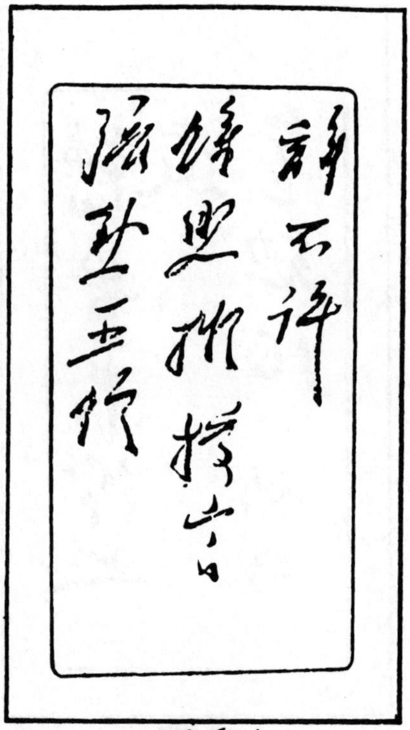

誘云許
綽恩撤換之
孫赴西便

324

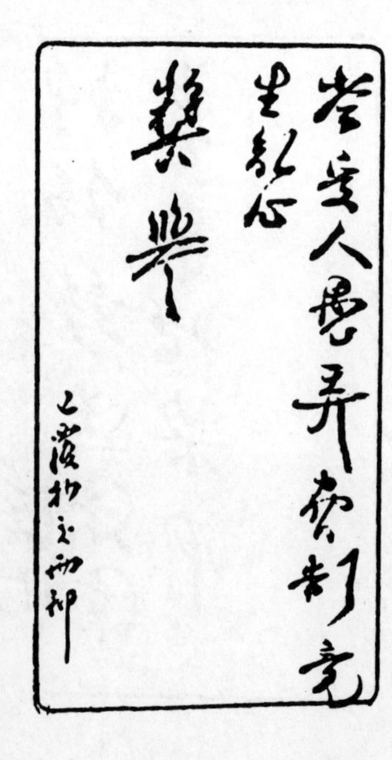

當察人無異議贊成競
生影響
獎舉
已覆押之西卯

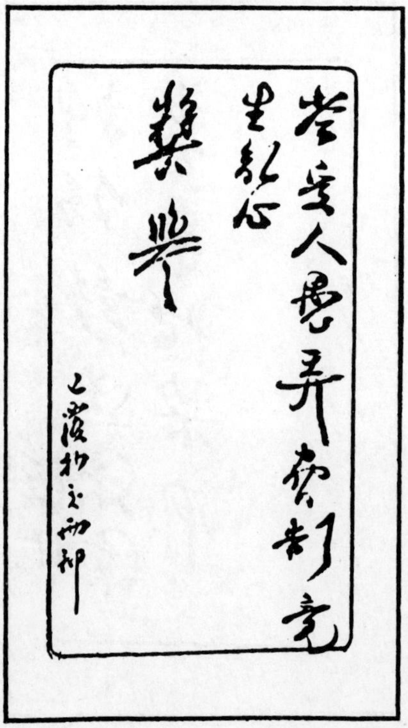

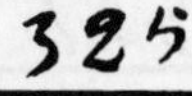

325

查明來由覆之
此已交政務處辦也

326

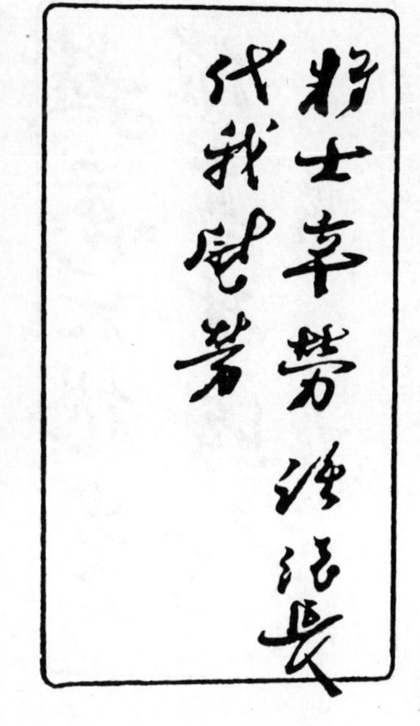

將士辛勞請總長
代我慰勞

327

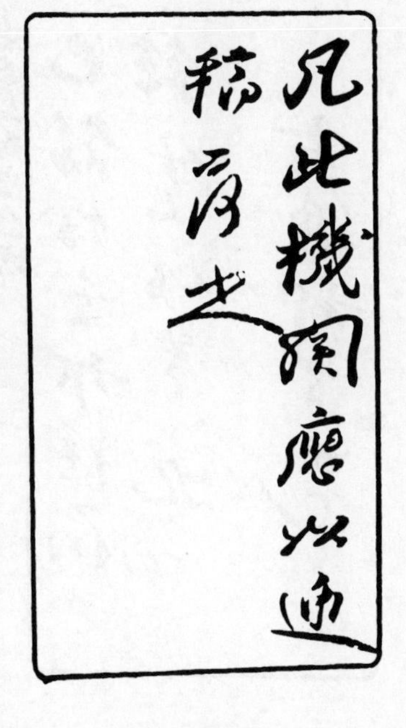

凡此機關應以速
籌商之

328

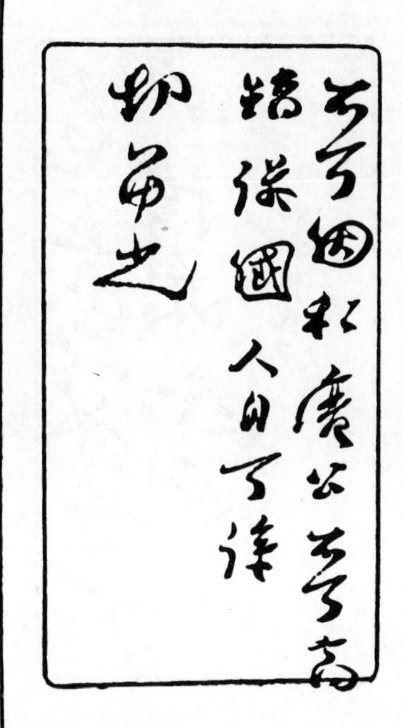

若因私廢公若爲
時保國人自可諒
切商之

329

雲南蔡都督敬電

已飭外交部核辦錄電飭查究交通部查究

330

電悉我兩方不以接兵為戒

松桃紳民電

331

切留該省無人接替

吉林陳宧

332

其勢萬不能去催速替派人

良福

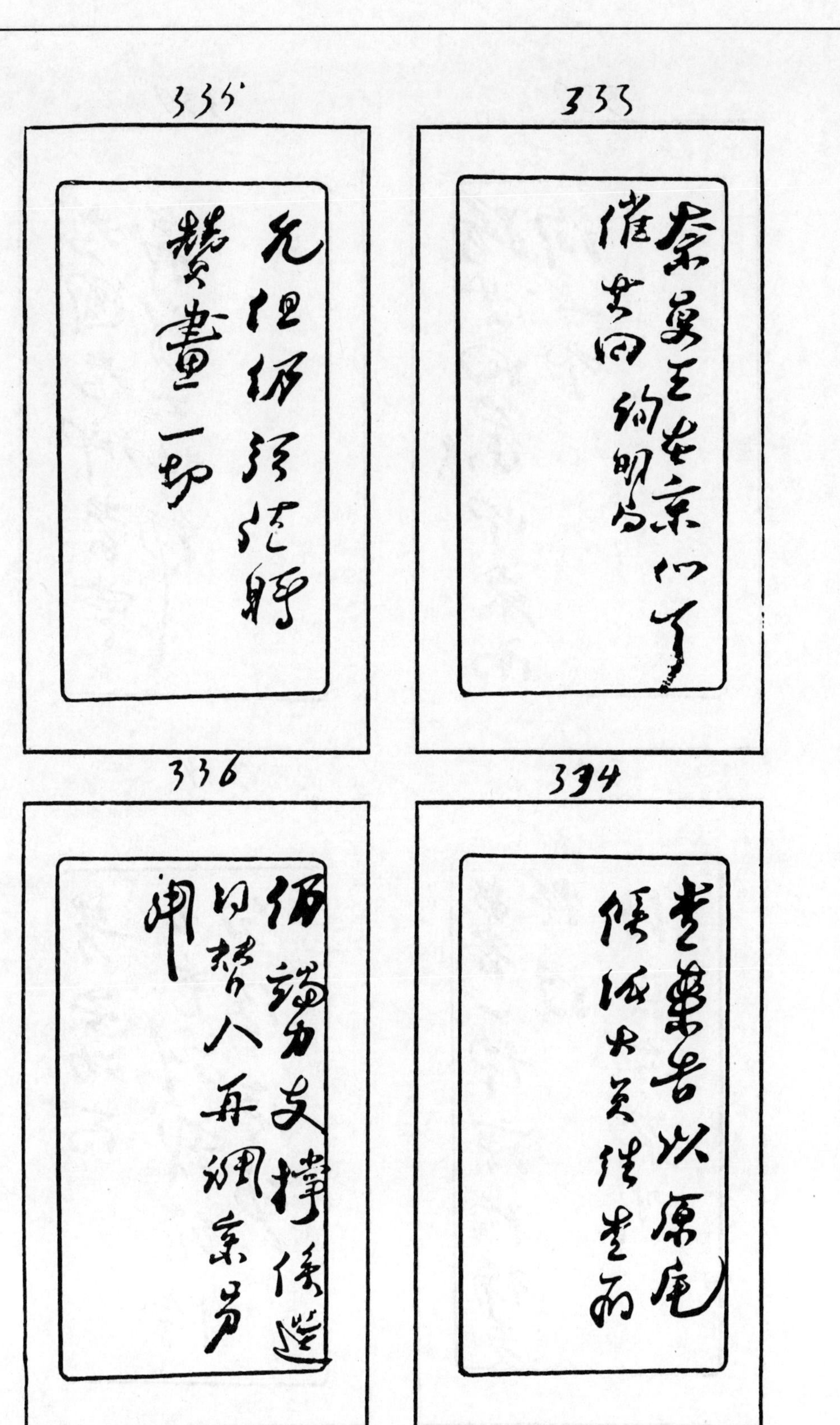

333

奈良王在京似可
催其回約明日

334

貴業者以原電
傳給大員往查所

335

允但須徑轉
贊畫一切

336

仍竭力支撐候選
員替人再細察易
辦

337

為國為鄉當盡義務不許辭

338

勞君功高另電所載條件勿候唐[illegible]

339

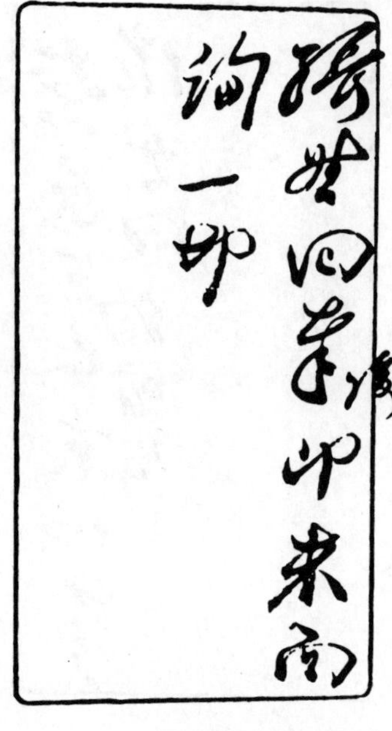

340

[illegible]

343

[illegible]

341

[illegible]

344

[illegible]

342

[illegible]

345

飭念方張
保照衛隊由中央支

346

已下安[illegible]如願了
[illegible][illegible]回來

347

聯芳
唐[illegible]給一等文虎
[illegible][illegible]給二等文虎

348

[illegible]軍已去如電飭
本下前所[illegible][illegible]君
可特[illegible][illegible][illegible]

349

351

350

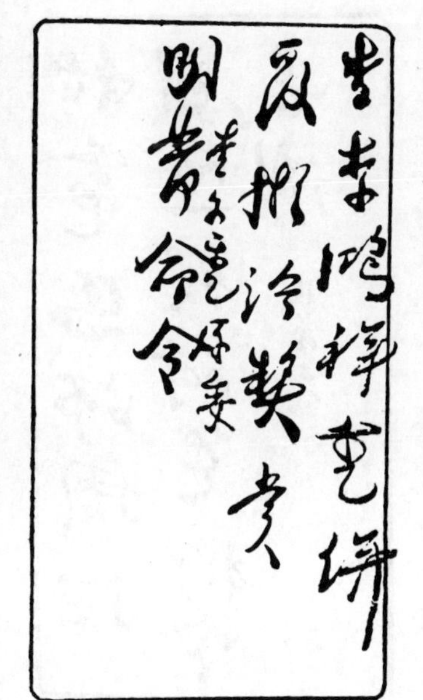

352

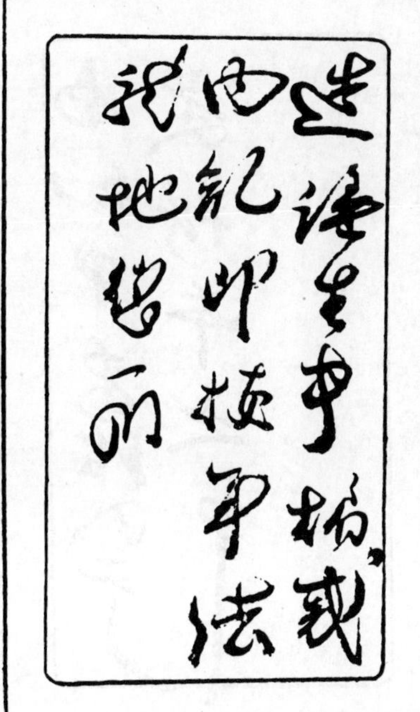

353

龜田文紀書函
明治會解散樂
函

355

本堂周安甚慰
團長紀申樹先生
每應重懷

356

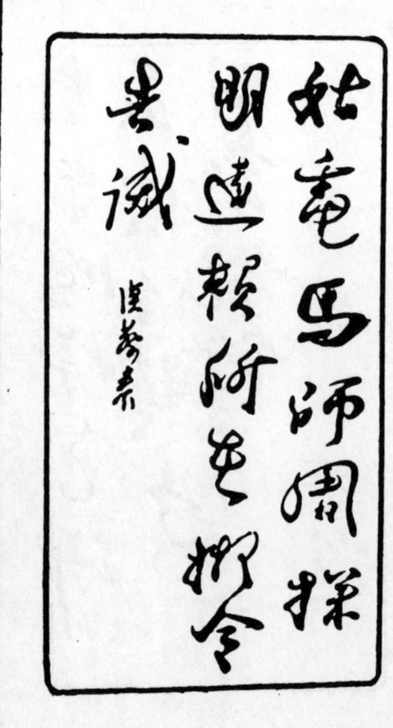

354

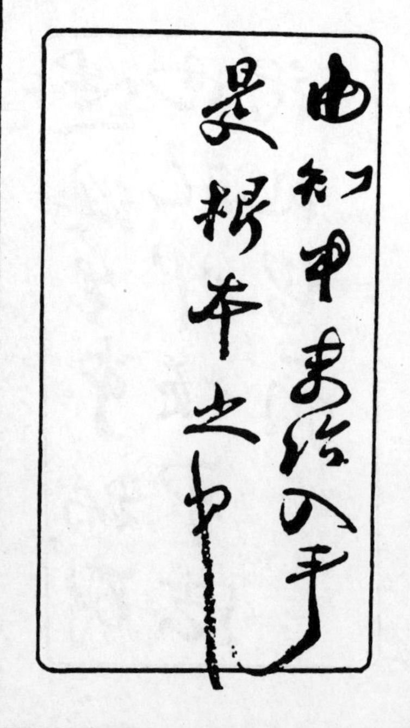

357

尊見甚佩已飭部
籌付盼北來甚
盼
凱電

359

無名因係人所假不必
理他
祇應極須擇
重慶熊師長真

360

由
尊銜甚佩即
院為評奪
世凱寄院

356

二督長是否應
加獎勵望核復

361

此行鑄錯力爲文
飾

362

百色暫留需不
可來

363

速令迴津
並交在京各署

364

貽聲素著期望
遠大想之

365

十[illegible]電來滬，何以尤
停戰之約遽[illegible]
祈當核[illegible] 遵

366

已

油印[illegible]發院
會議閱

367

請法來電須至屆
參酌

368

抄交外部（已抄交）
照中報核辦（已抄）已

已印登報

369

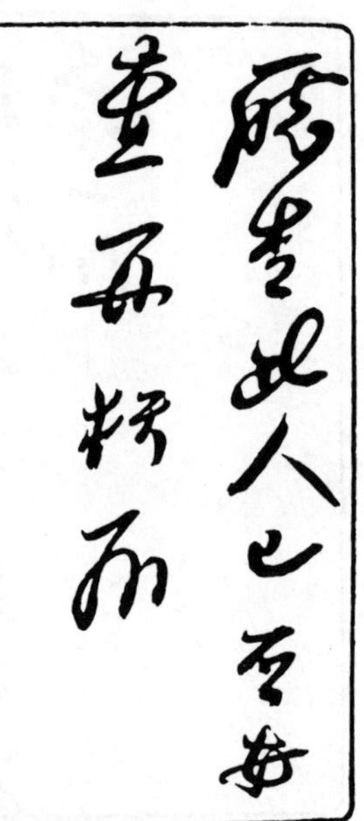

所言此人已否妥
查照核辦

371

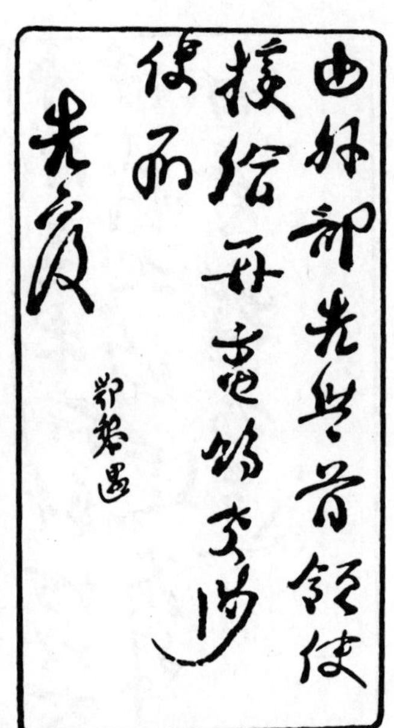

由外部先與荷領使
接洽再電飭交涉
使辦
先復
鄂督遇

370

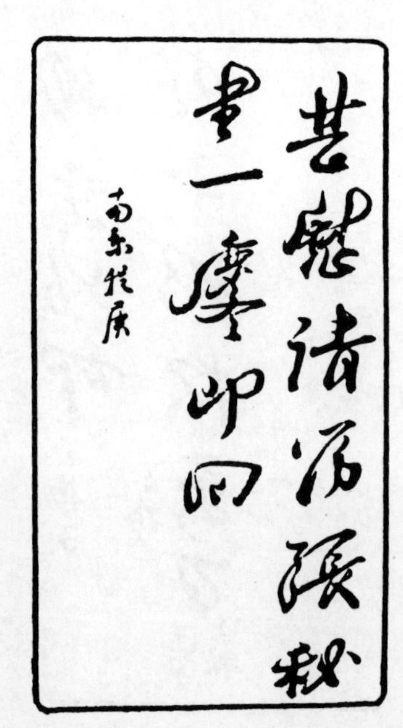

甚慰請將張紱
畫一處即回
南京張勳

372

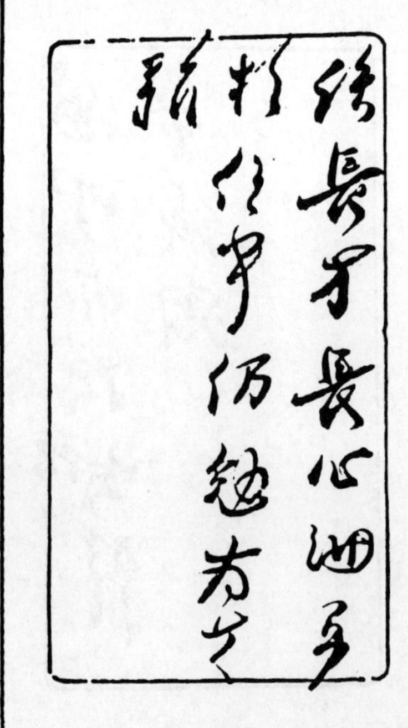

孫長官長沙湖兵
將作軍仍望努力
為荷

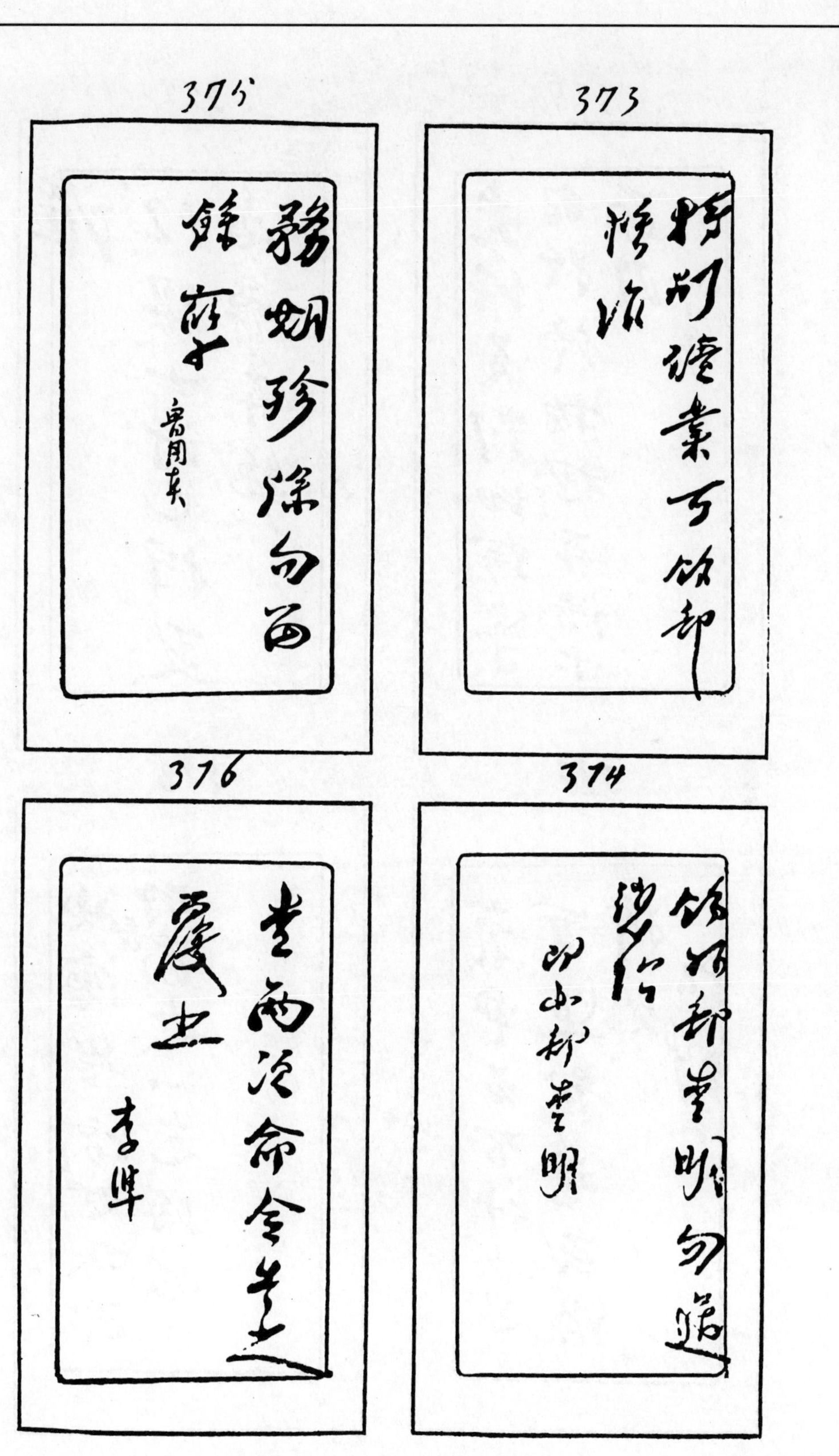
375
373
376
374

379

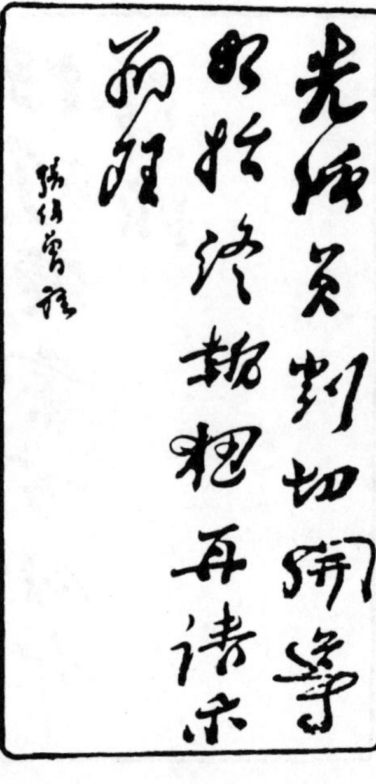

377

准

仍照去年已擇定

毋庸再換

380

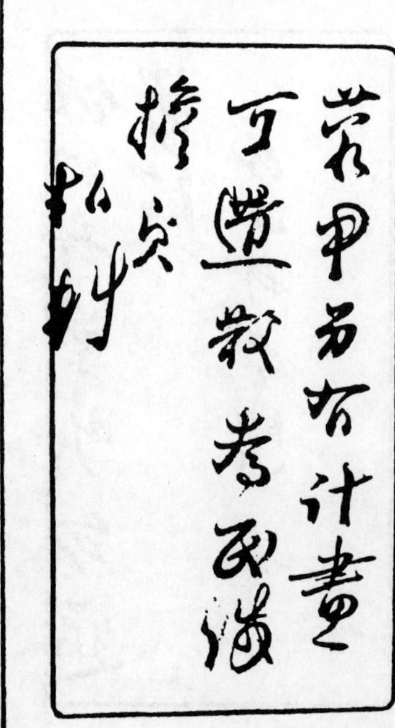

378

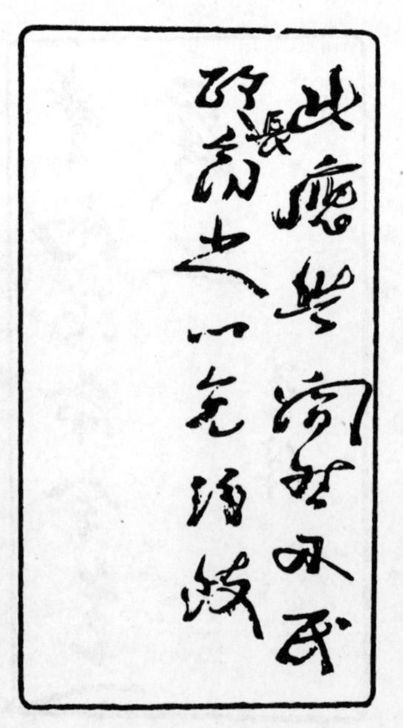

381

先由[illegible][illegible]代打木質
關防字樣再由印
鑄局鑄發

382

已發(?)四萬元可作年(?)費(?)
津(?)貼出先撥(?)給再發
三萬元以補賞(?)錢

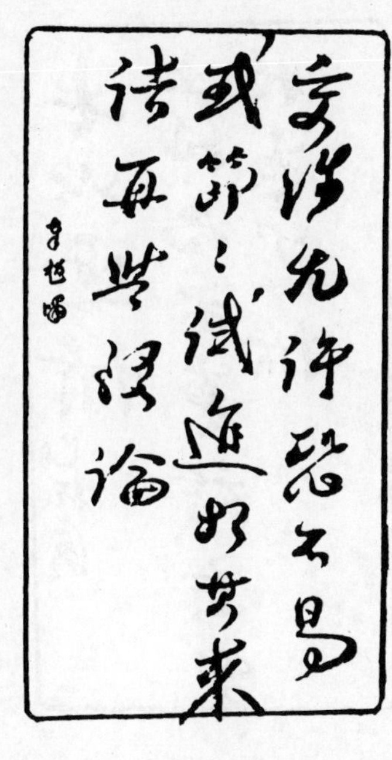

383

交涉先許(?)恐不易
或節節試進(?)好(?)要來
請再與(?)詳(?)論

[illegible]啟

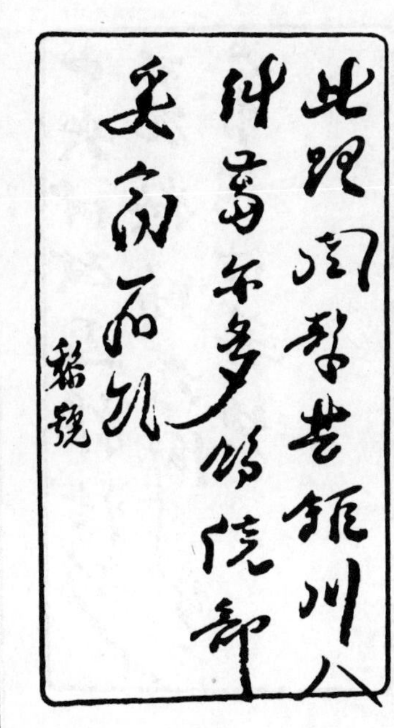

384

此[illegible][illegible][illegible][illegible][illegible]川人
件[illegible][illegible]多的[illegible]部
[illegible][illegible][illegible][illegible]

[illegible][illegible]

385

告以近情（已經覆）

上海尚未妥議，後安集

北京須擬

386

中央財政困難情形

不能接濟協餉，望

各省設法籌辦

387

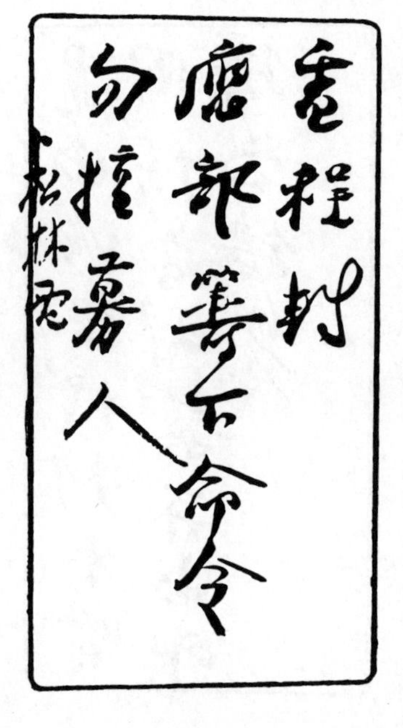

電程督

應部籌辦命令

分撥募人

松林電

388

會同熊世明曾平

並統將各省而往

亮侍電

389

非私人所當理
湘電悉李明緯
期候令
湘陽國民先生

390

匪人不諳政理以姑
務勤補修書
雷世一

391

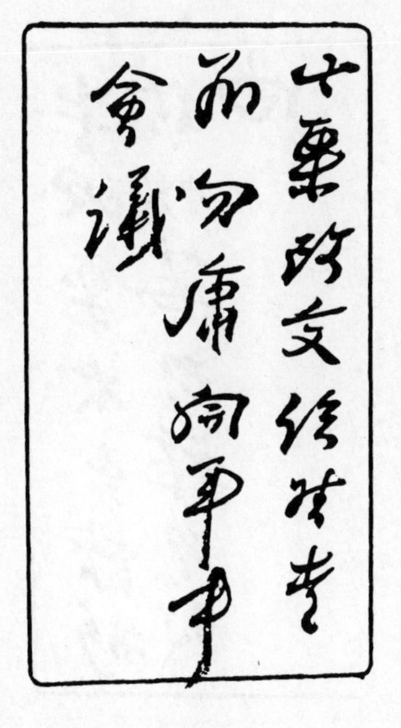

七乘路文經甚者
前向唐詢軍事
會議

392

據議會電飭張
謇贊忠告處
此不可

393

告以粟米貴情形
請飭籌墊糧的款
也

394

告未去乘從山河
務整信詳詳細部
查辰

395

接傳撰
直督亦有電來似宜援
議劃一章程

396

鈕約某石四叩謝了
勿庸再覆張
錫兄兼代也
閣

399

397

400

398

401

402

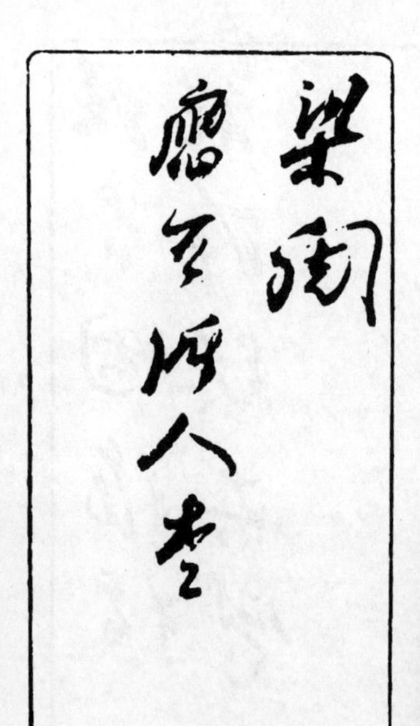

403

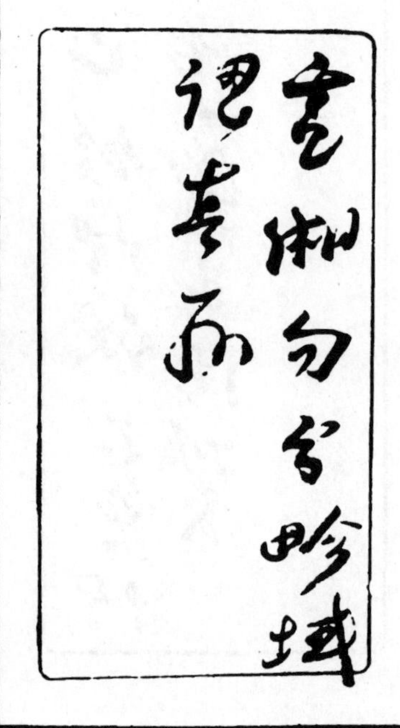

404

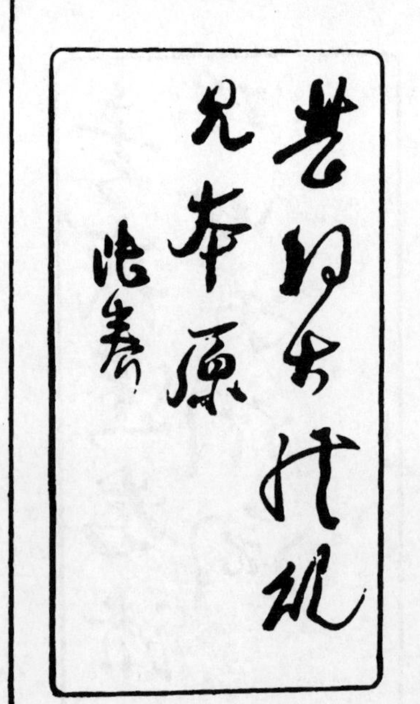

407

405

408

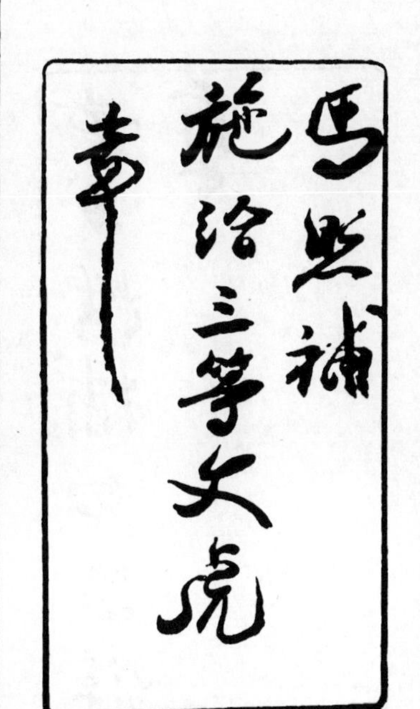

406

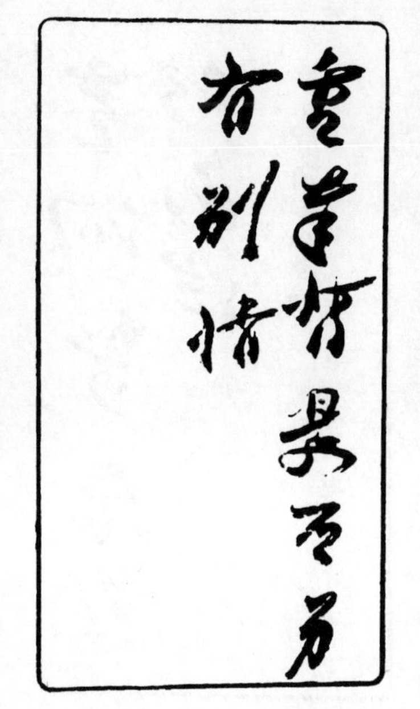

409

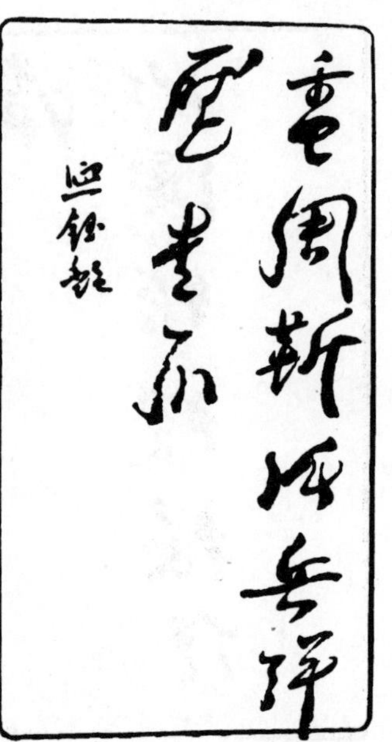

411

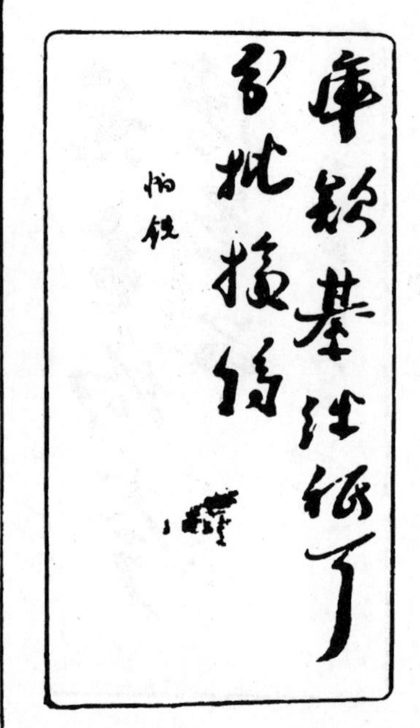

410

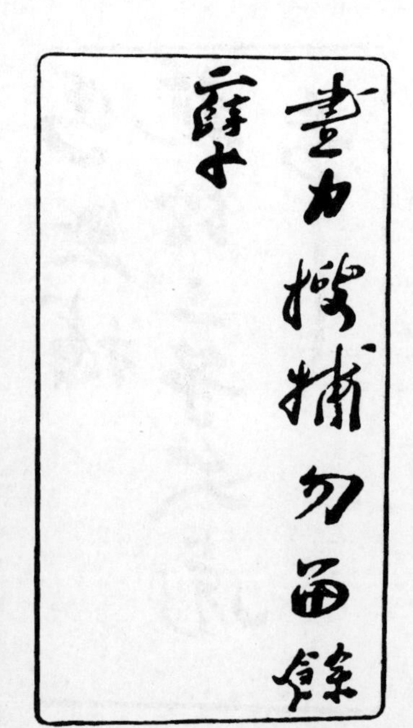

412

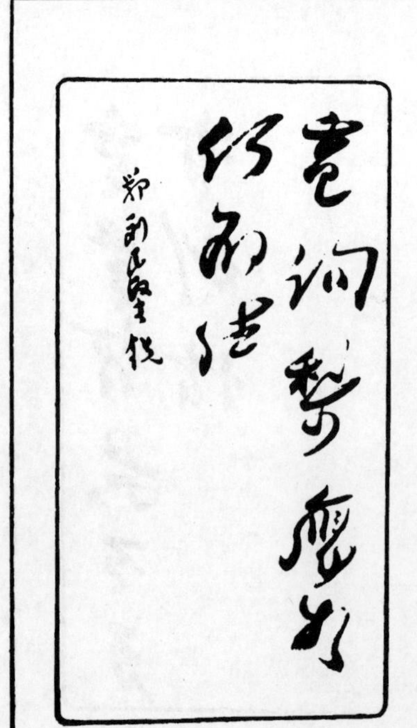

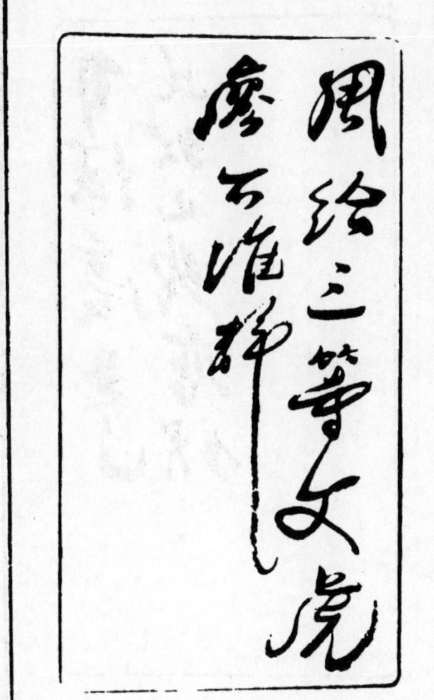

周給三等文虎

廖石准給

速令保忠明大義

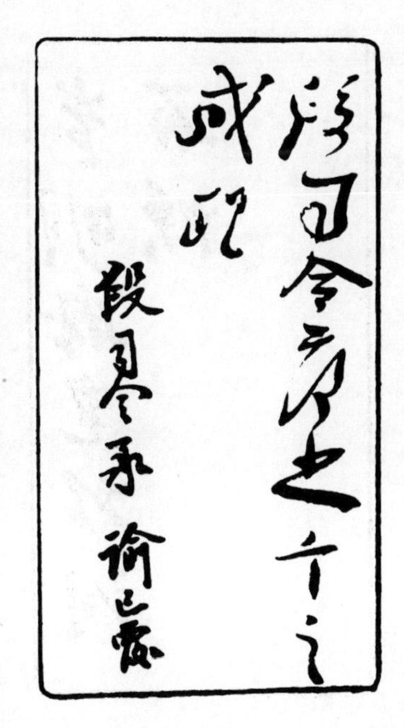

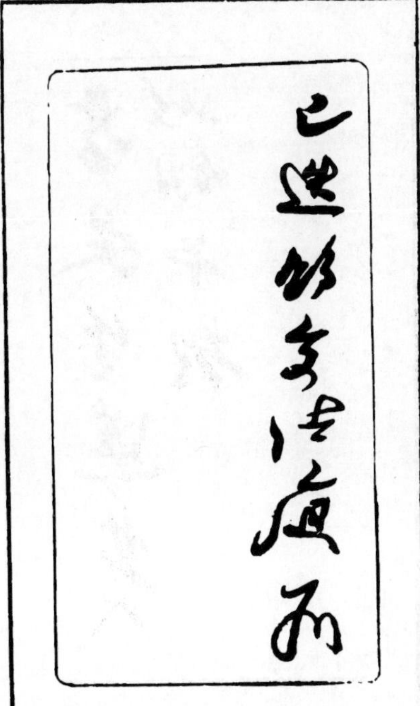

417

責直督速派
電飭何統領
何宗

419

自懷慶兼
此路已裁應銷

418

貴處望速委
以明界勘

420

查明麻電所詞
再核

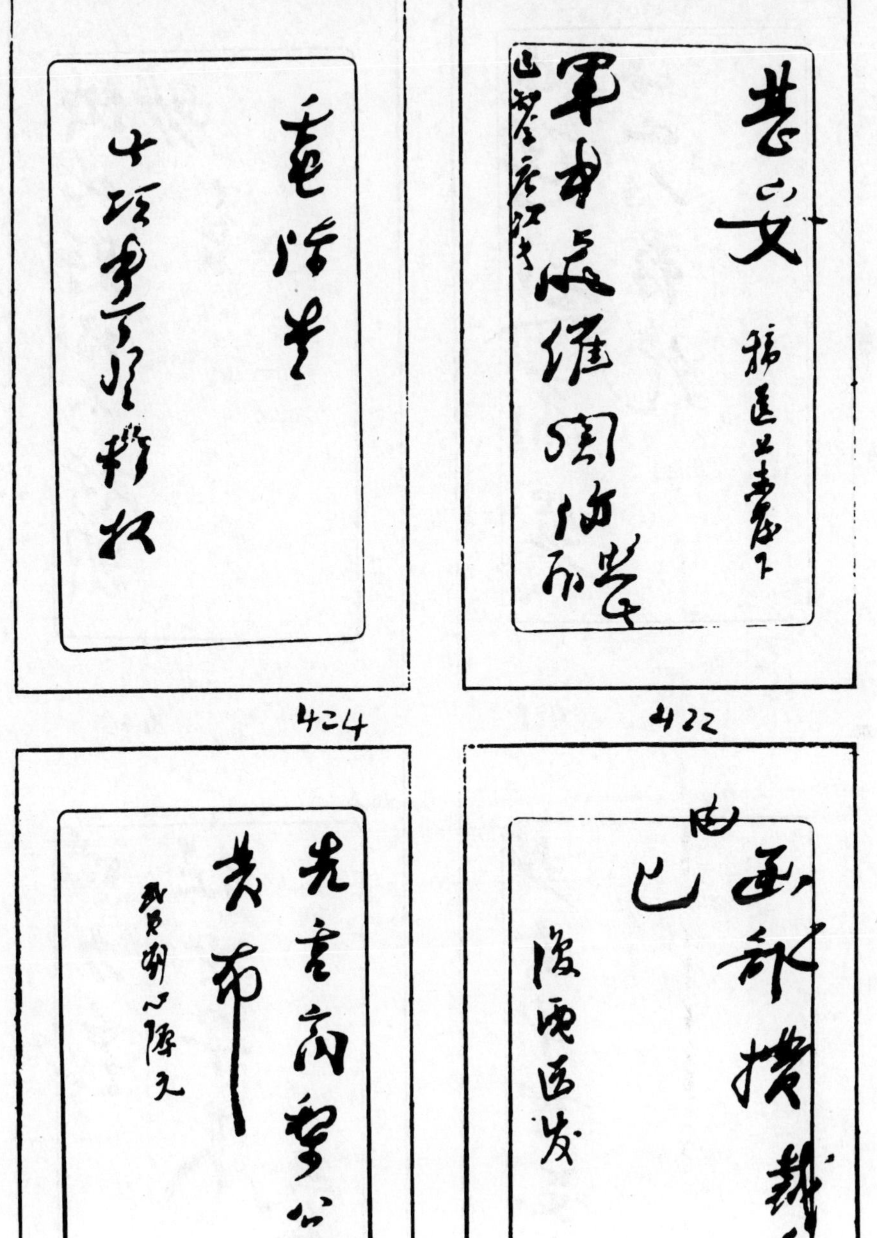
425
421
424
422

425

俄此時必不能明助

李經羲

427

已聘趙爾巽

十二人存化

421

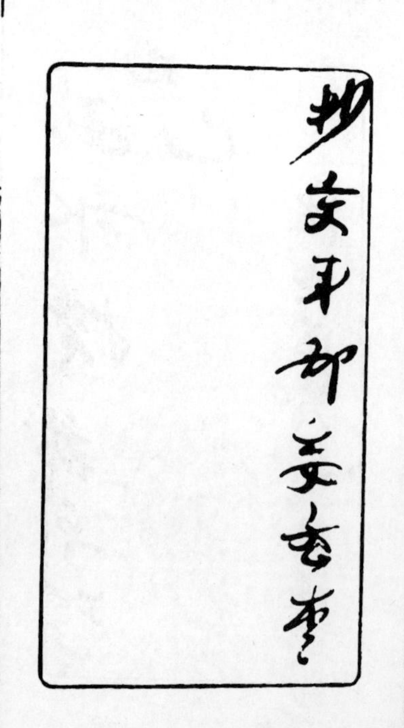

抄交軍部妥委查

426

兩方意

從者早來

熙敬

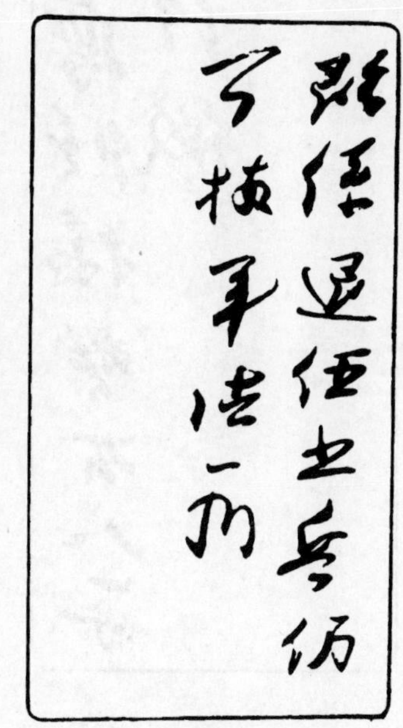

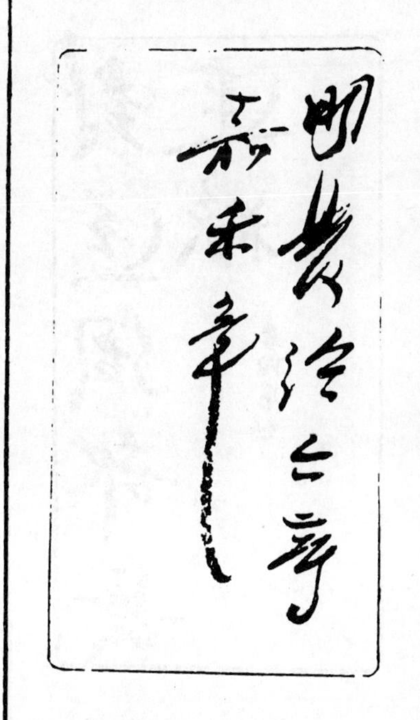

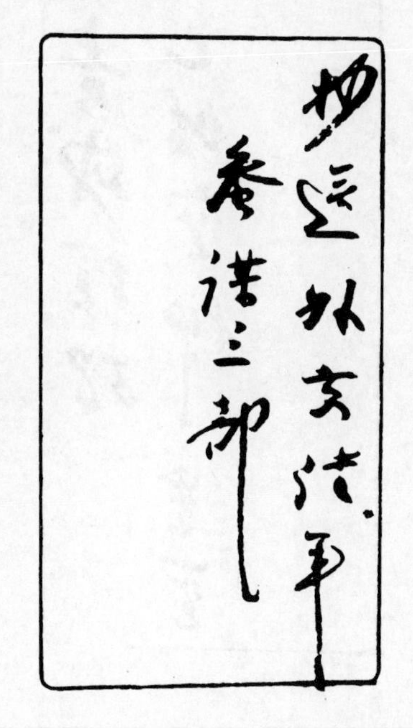

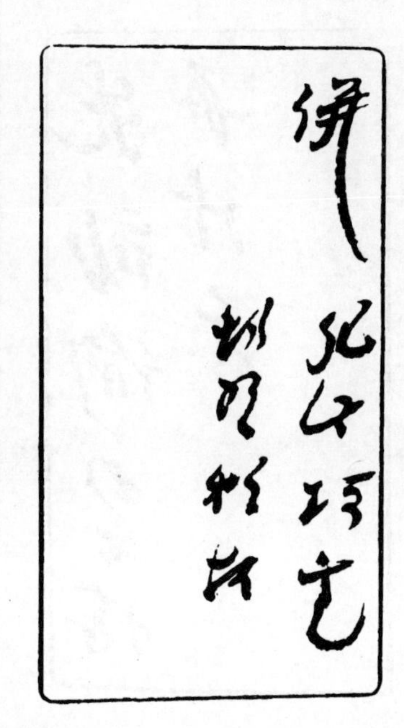

433

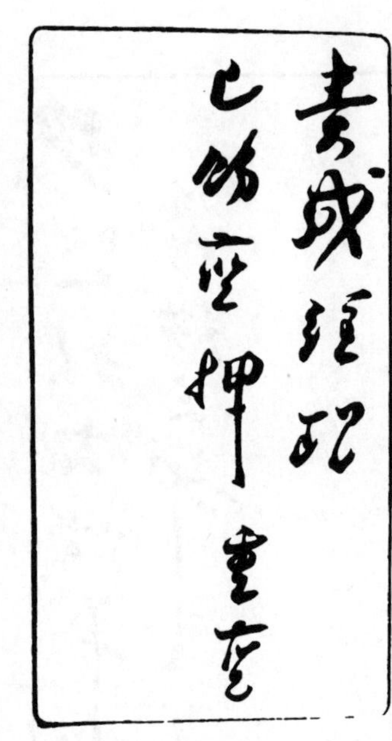

434

435

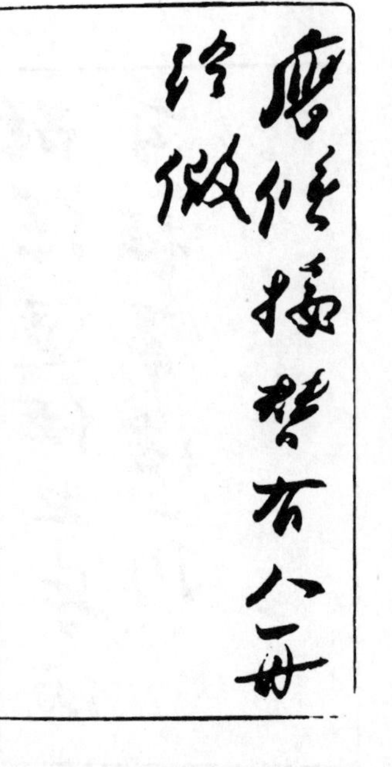

436

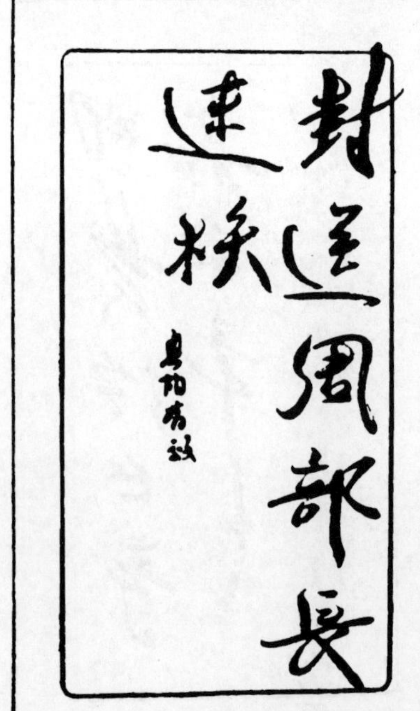

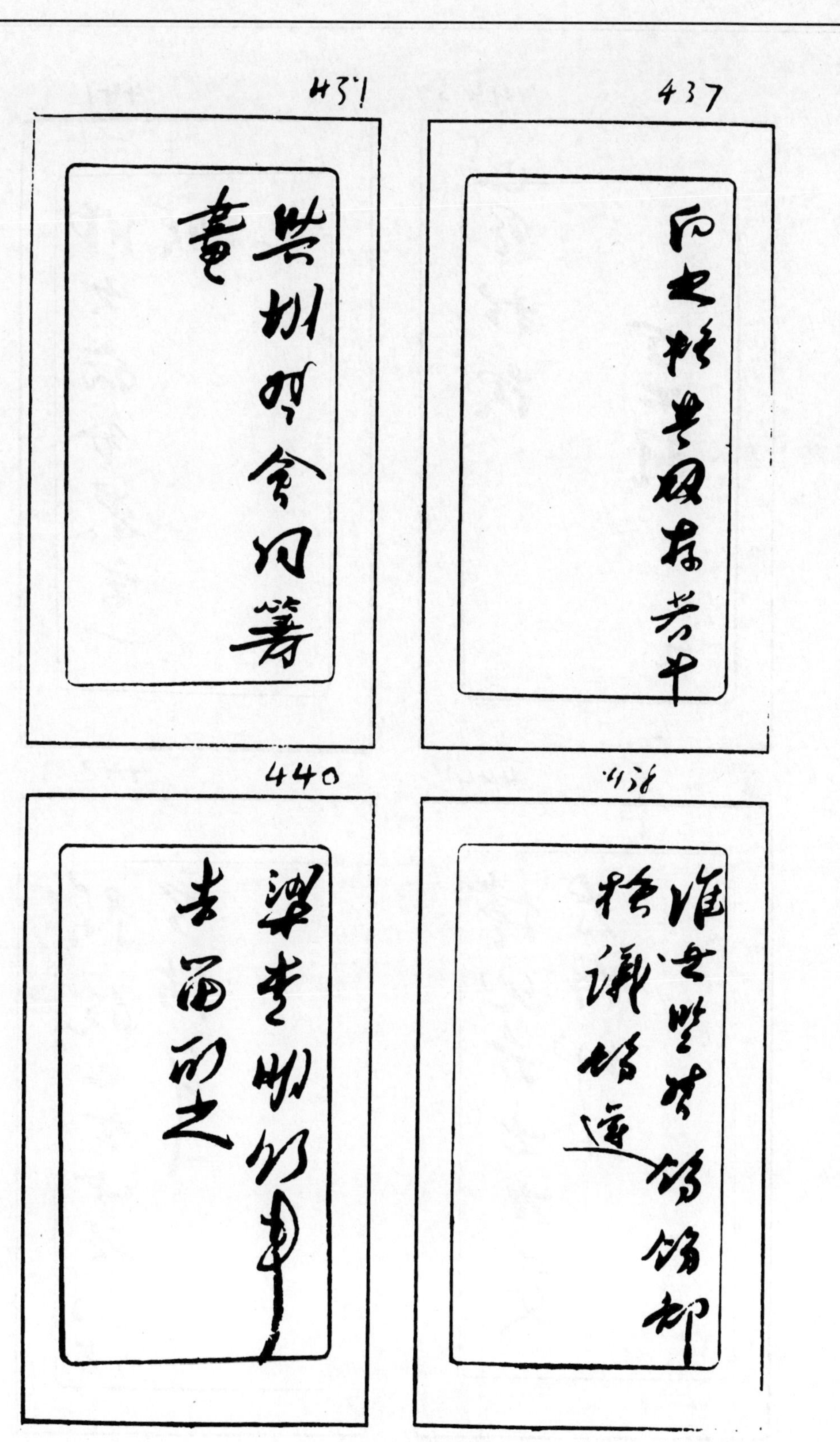
437
440

441

婿世病會衆業一
順

442

務晚已於十點前去
可約往

443

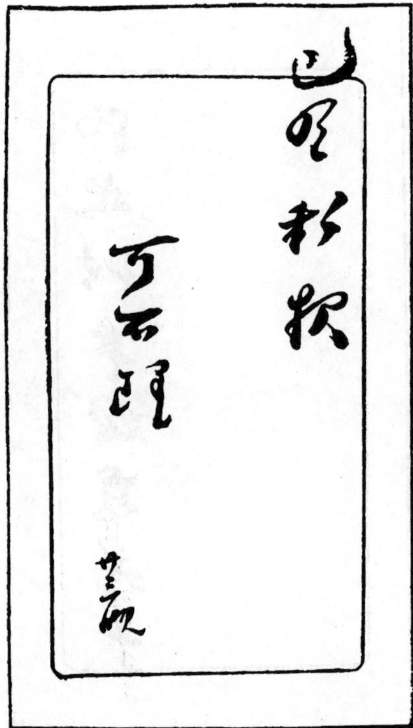

已照批擬
可否理

444

傳他今去看安
君揆郎

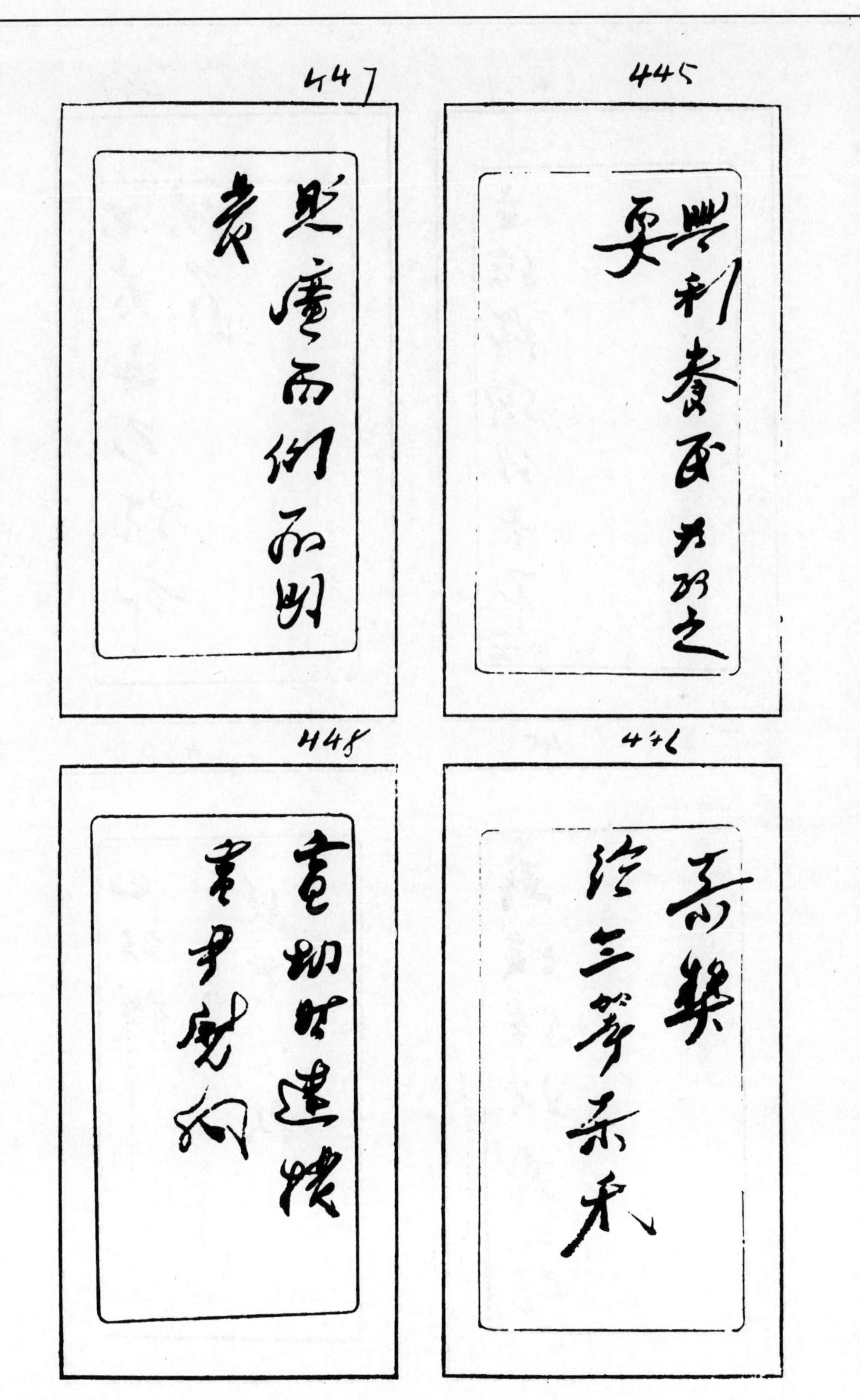
447
445
448
446

449

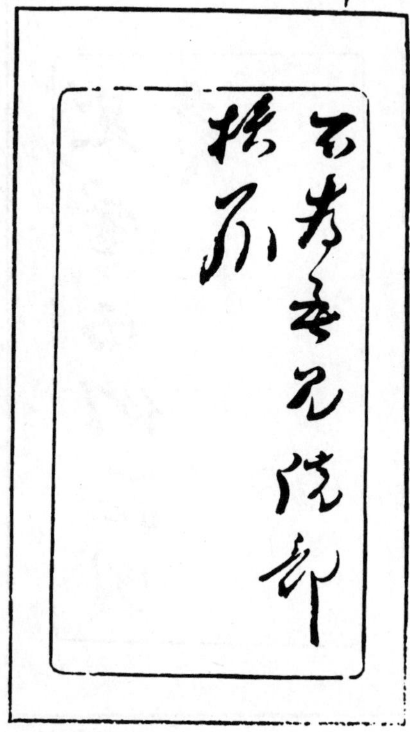

451

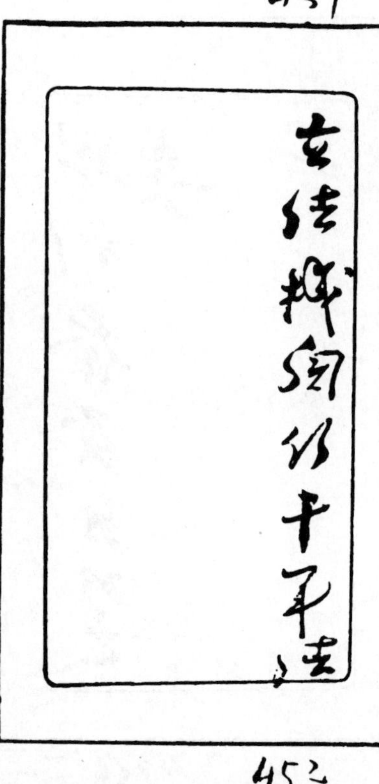

450

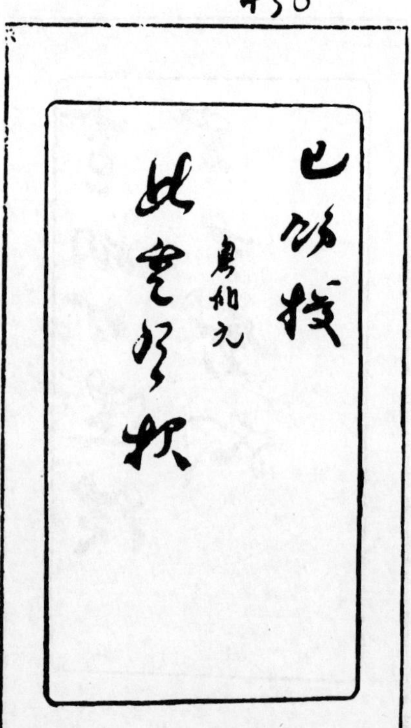

452

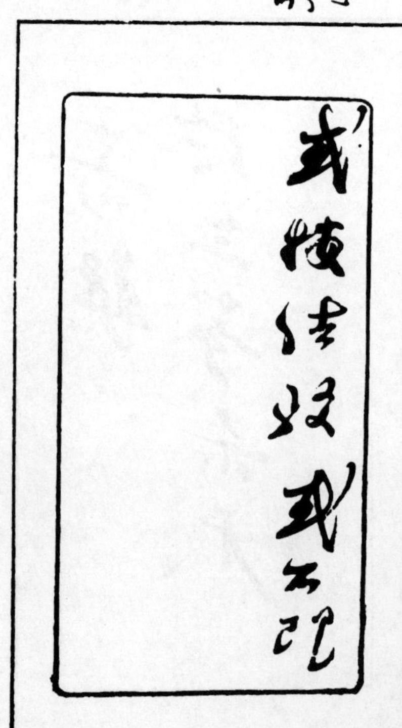

453

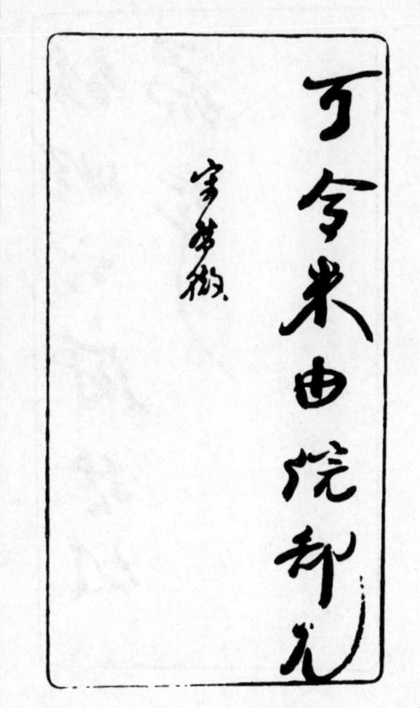

454

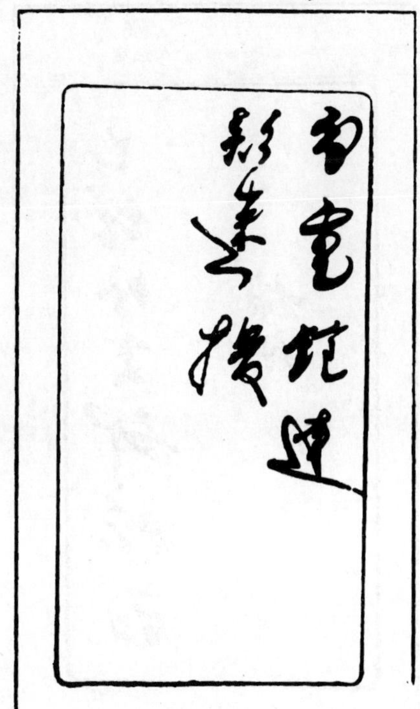

455

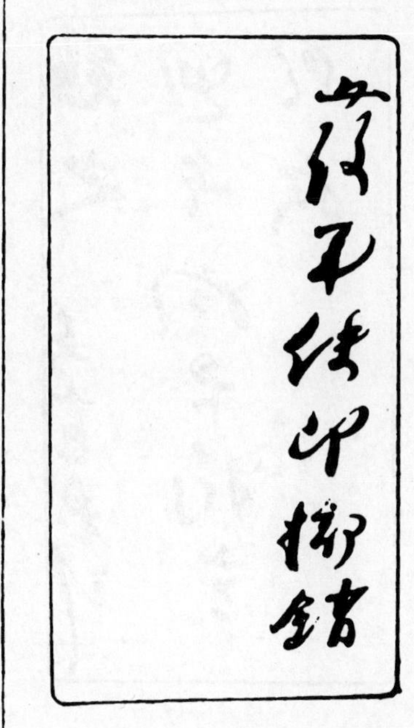

456

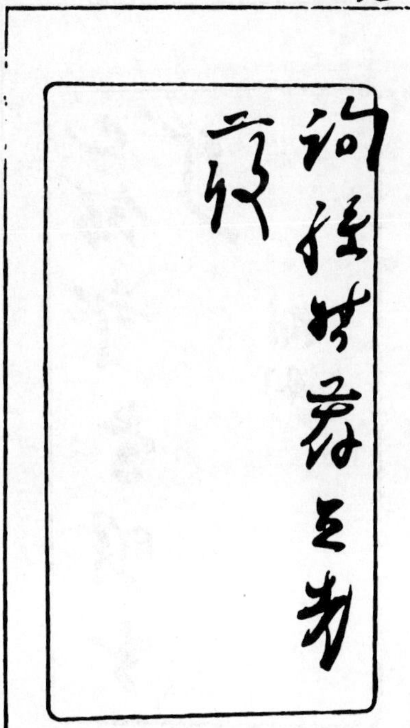

457

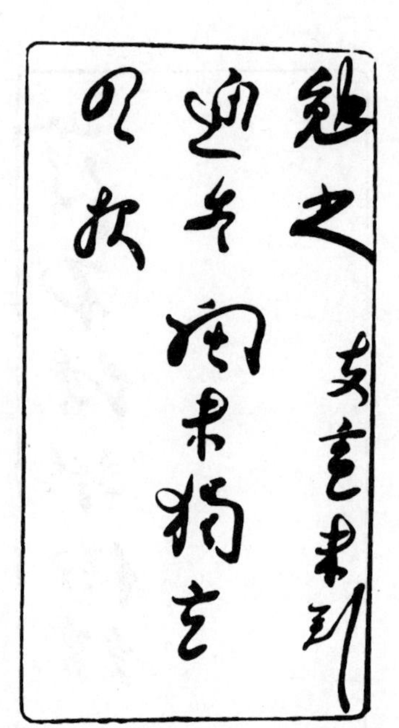

459

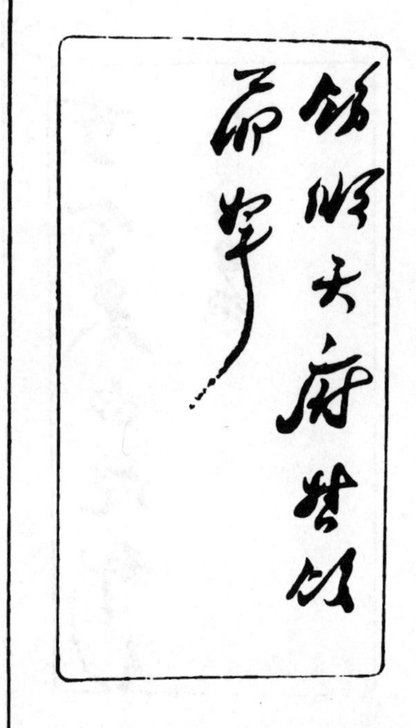

飭順天府暫緩

簽字

458

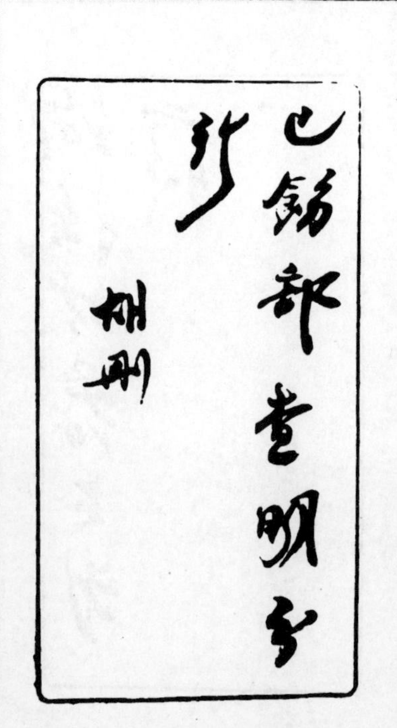

已飭部查明分

行

姍刪

460

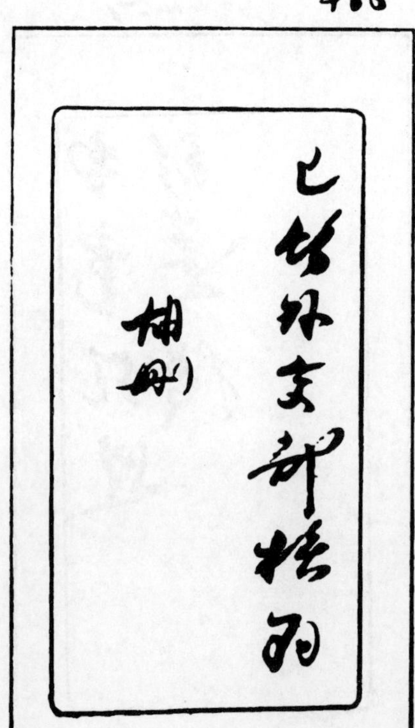

已飭外交部趕辦

姍刪

461

勞念外統部
從結維持

確探前防餘支批

王宗桸

464

462

另精晓再遣送
從速

中項方尾心枌杖

甲瑞

查炯此石硬

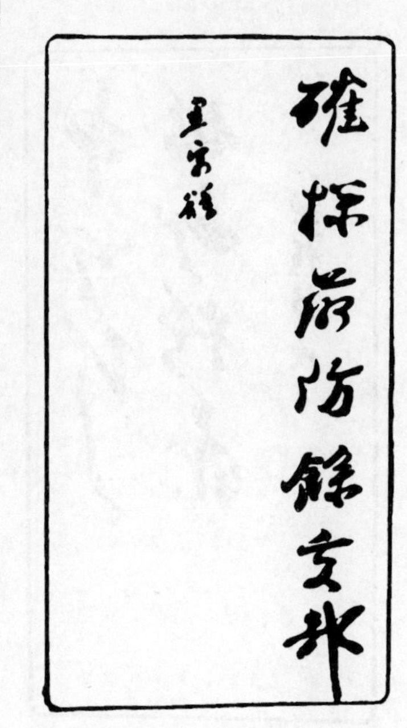

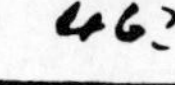

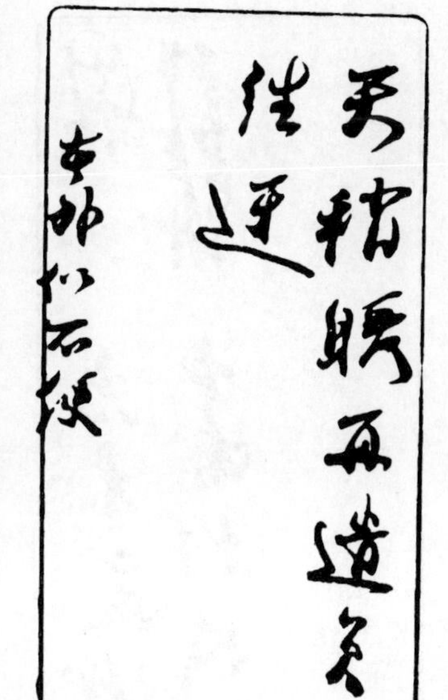

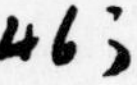

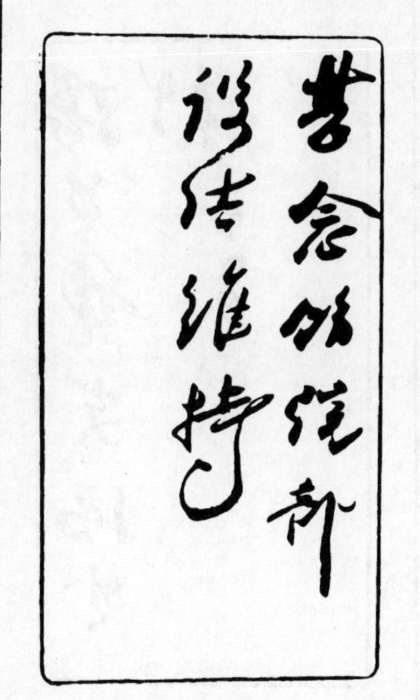

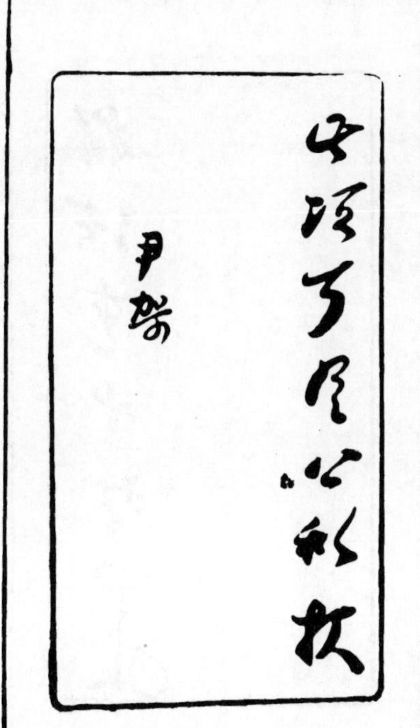

465

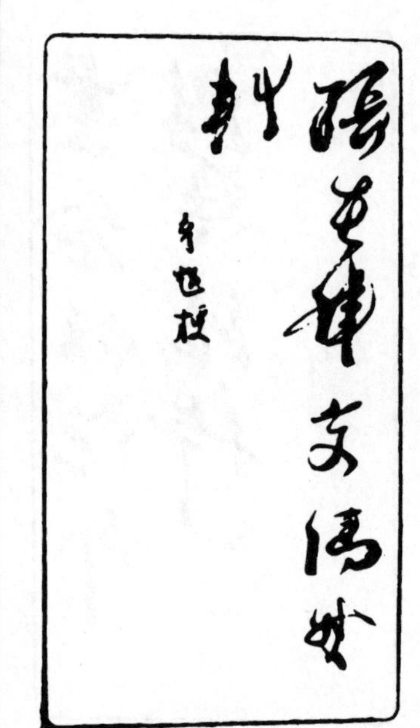

467

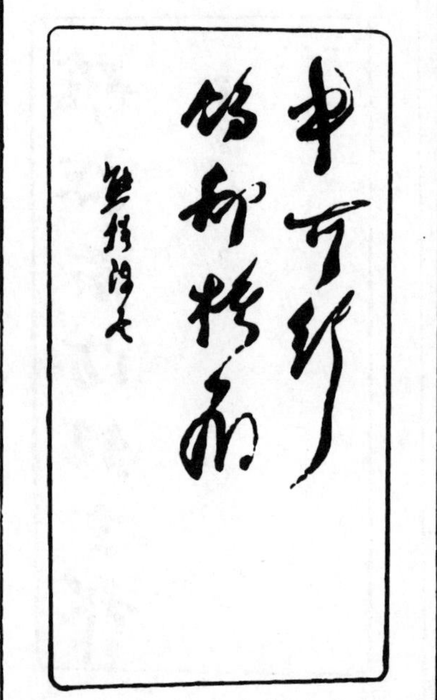

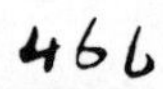

466

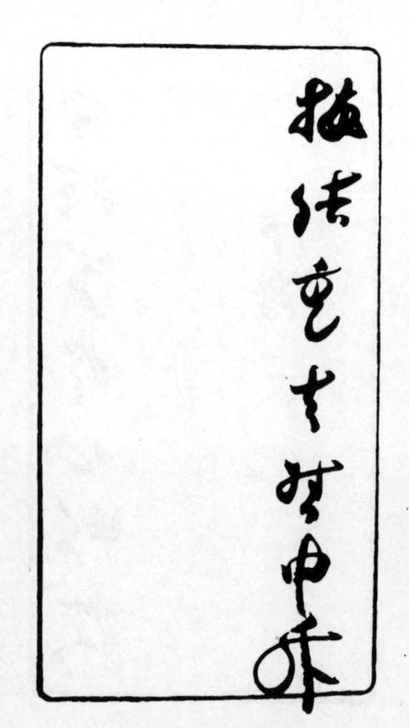

468

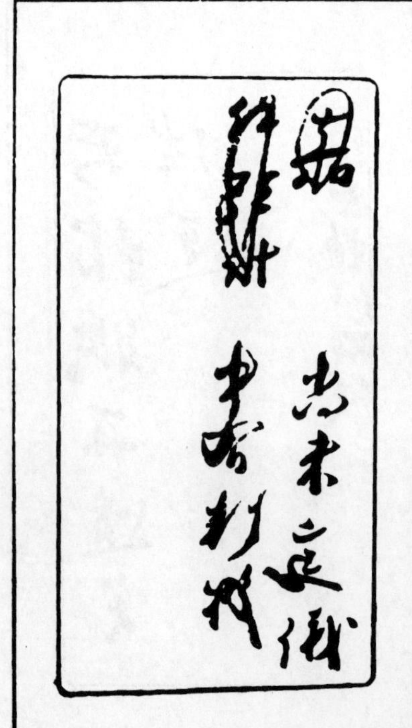

471

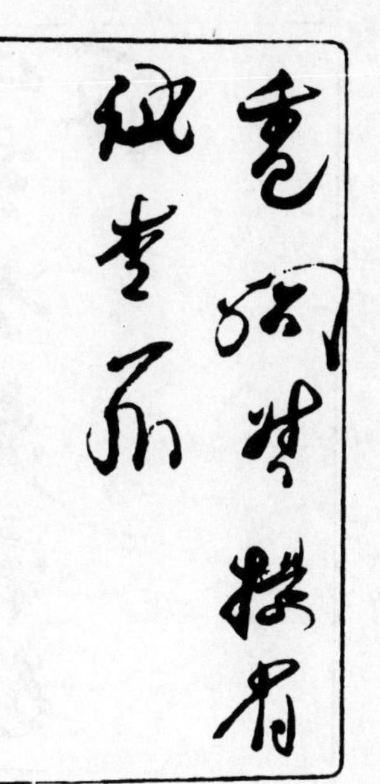

電粵督核辦
統查照

469

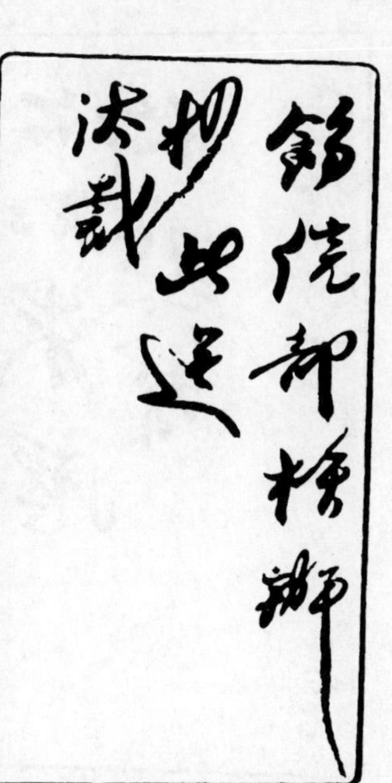

飭陸部核辦
抑此送
酌裁

472

俟各電稿到
程可

470

此由部派員往已交
核辦

475

473

一似甲苦多棠券

不知来歷
詢悉情

476

474

先行六
東西十五庄

中送外交部而

查明電復倘
一佃月
黎元

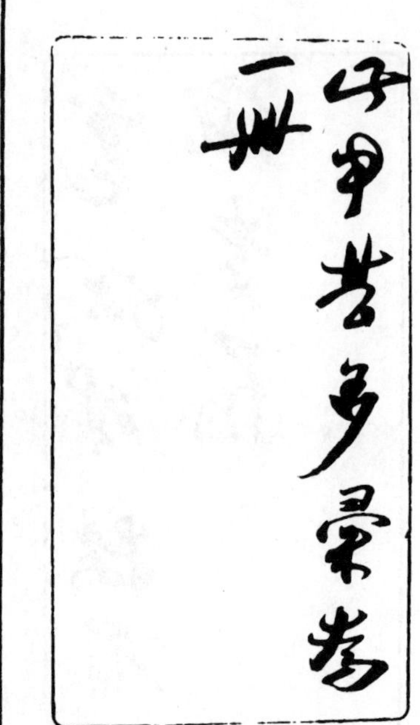

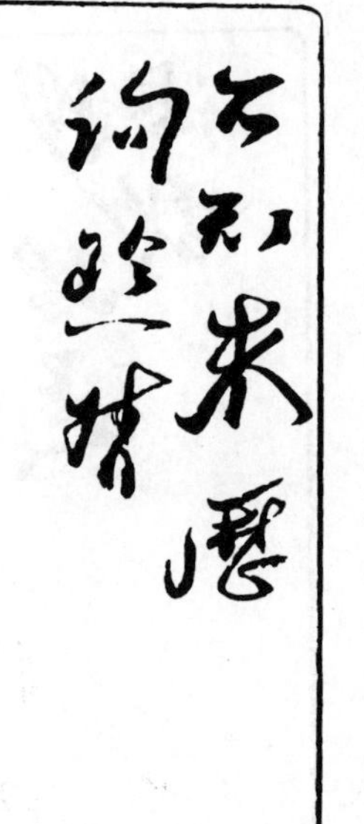

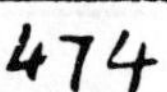

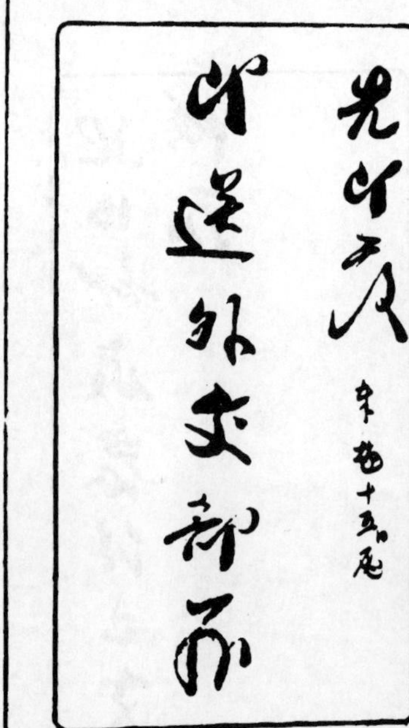

477

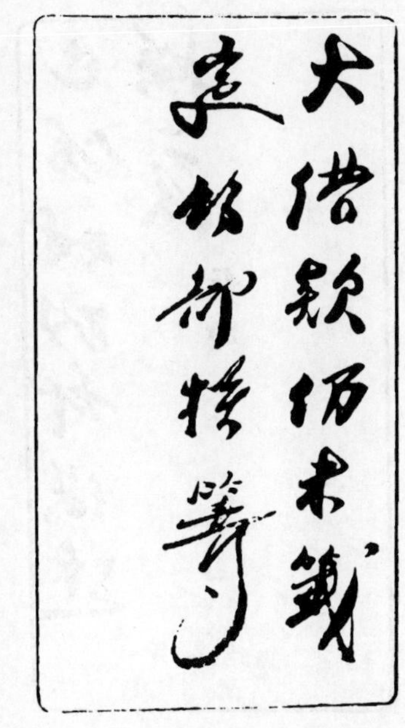

大借款仍未籤定，故部務極窘

479

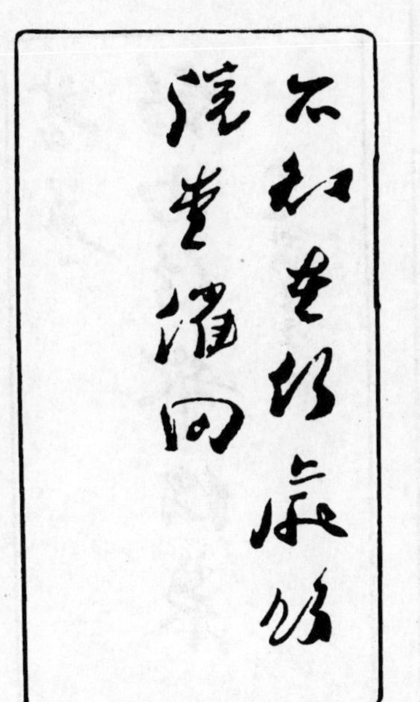

不知是何處所，請查詢問

478

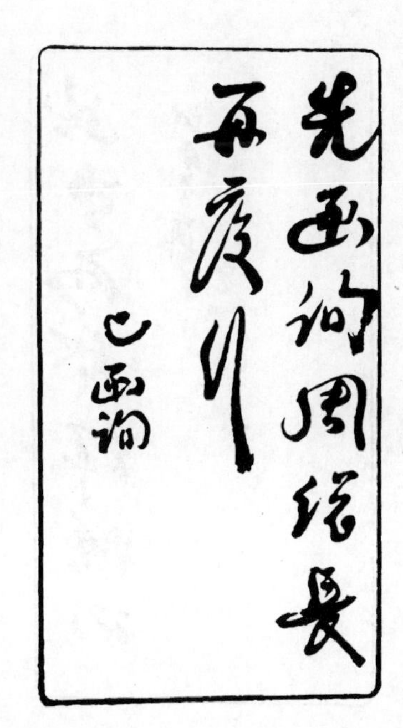

先函詢周總長再復行

已函詢

480

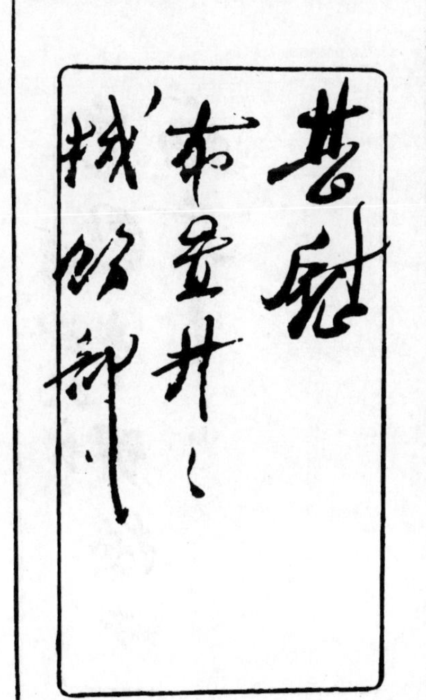

甚慰

本處井井，機關新新

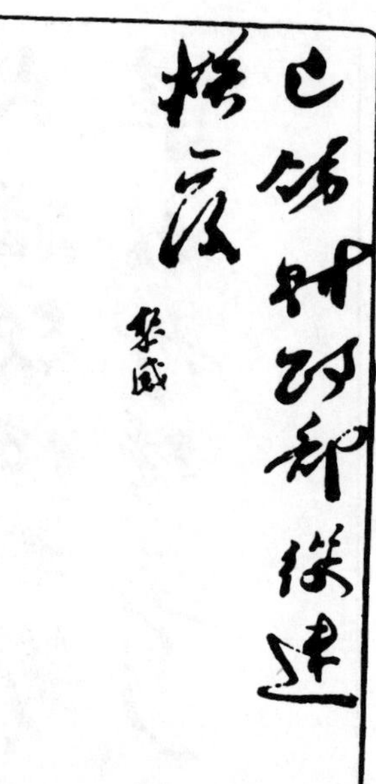

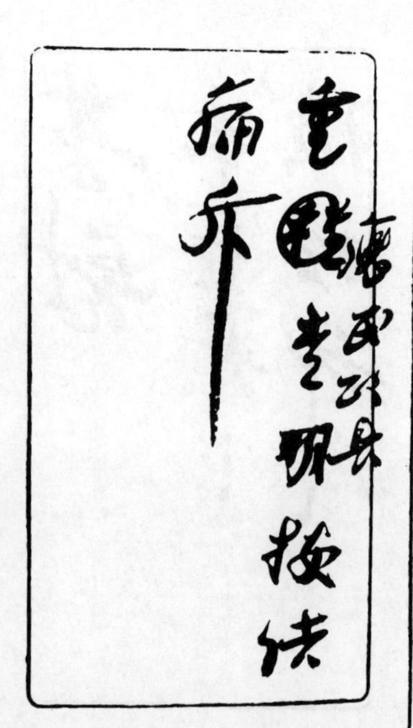

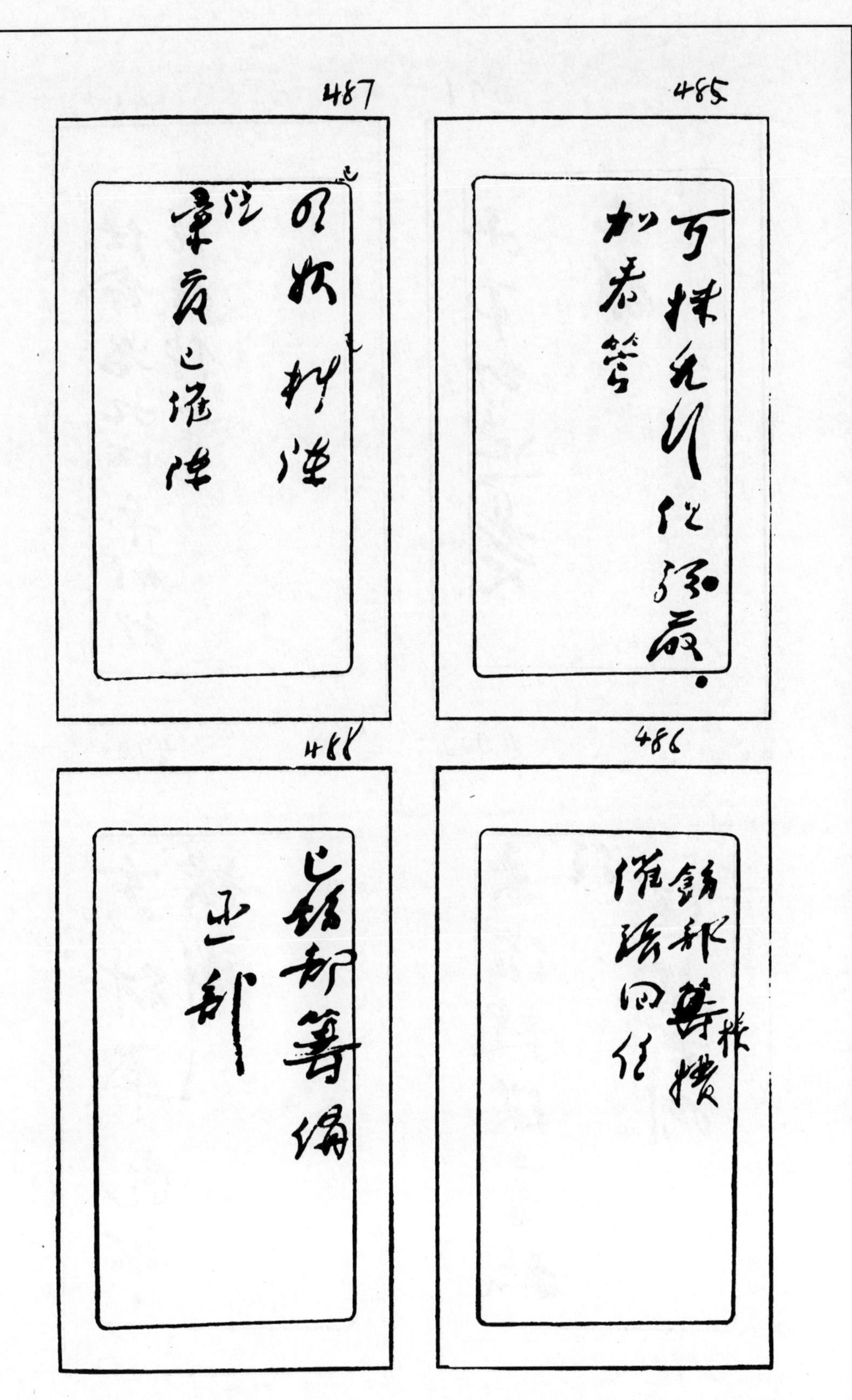
487
485
488
486

489

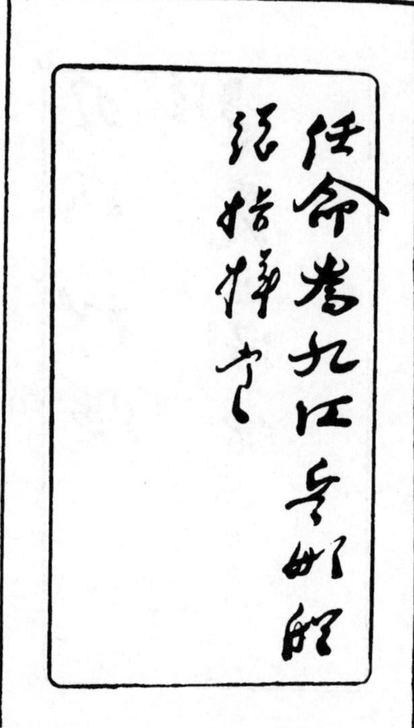

任命為九江兵艦的
總指揮官

490

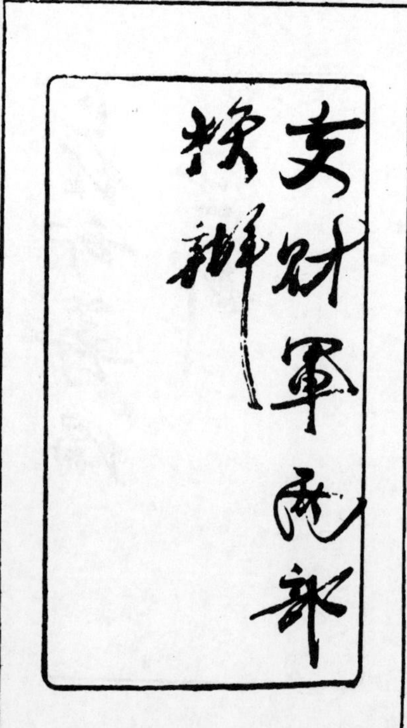

支財軍需部
撥辦

491

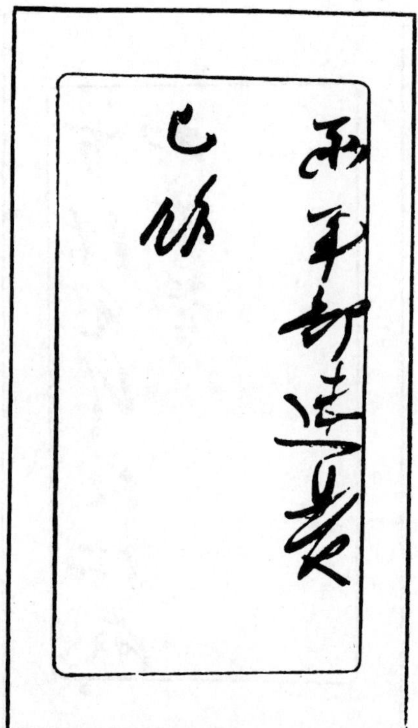

兩軍都速進表
已飭

492

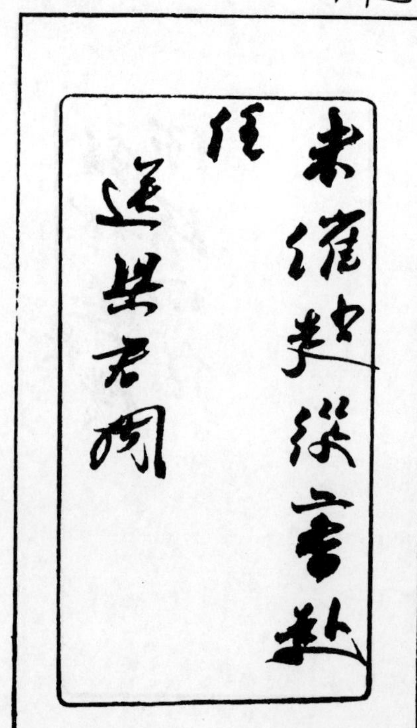

未准款從實執
任
逕與君開

493

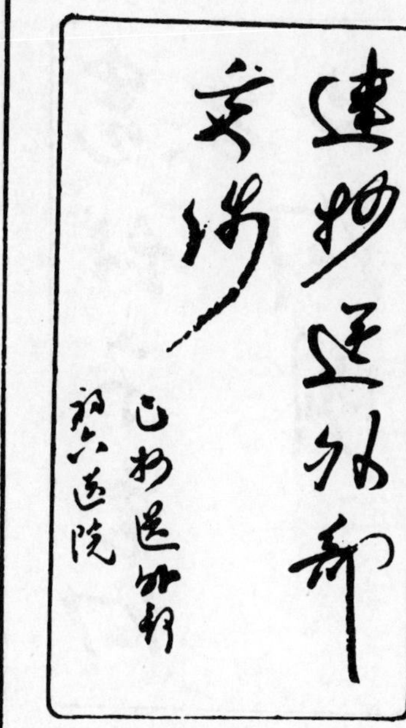
速抄送外部交涉

已抄送外部
稅處送院

494

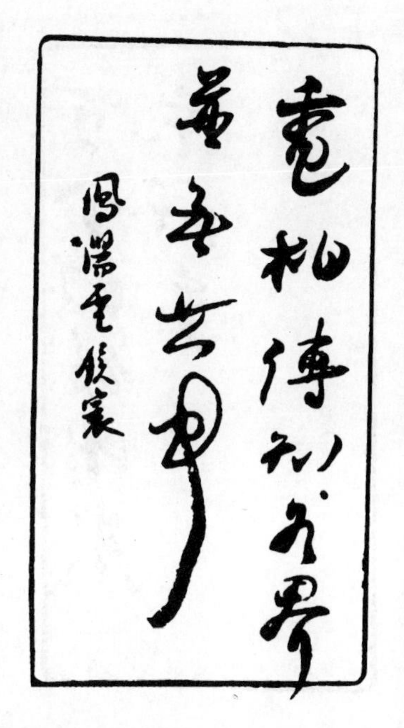
電知傅知府
無庸來

鳳鳴電復家

495

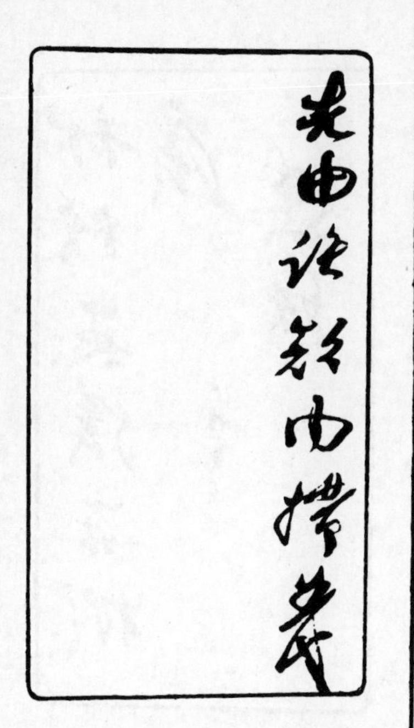
交由徐叔甫帶去

496

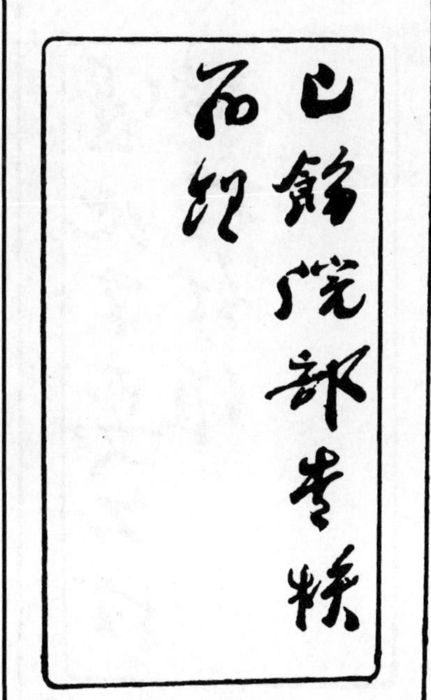
已飭院部查核
而行

497

新橋克張再擬震

速照

499

青銑字電約之

已詢明

498

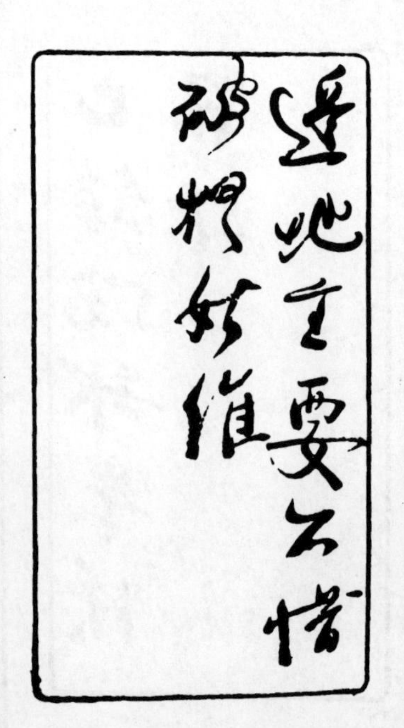

遥地重要不惜

破格錄用

500

可令封飭即來

京候委

503

候張李到來京候質

501

飭財海兩部籌撥

蔡成

504

飭行財兩部核辦

502

獎勉挽留給三等章

川張已經去京

507

505

好人干涉
可否如
淇望泐村呈

506

偶先甚侯
界書了候

508

安為淮捋
德情
昌電洞

509

當州由
申枝都情
刑

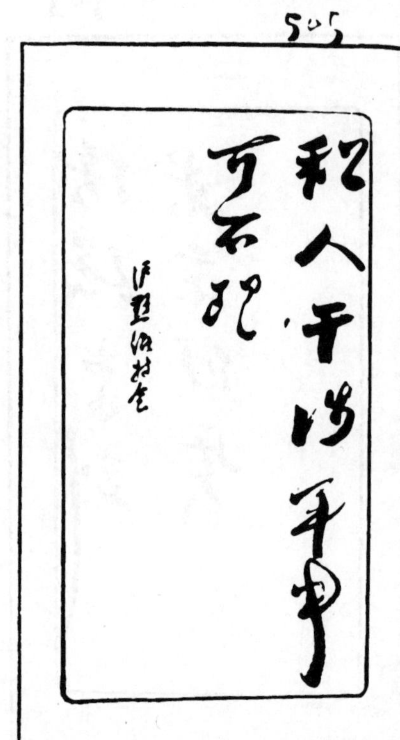

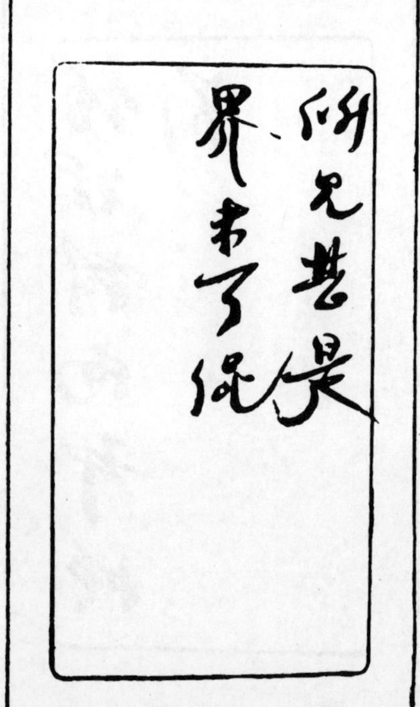

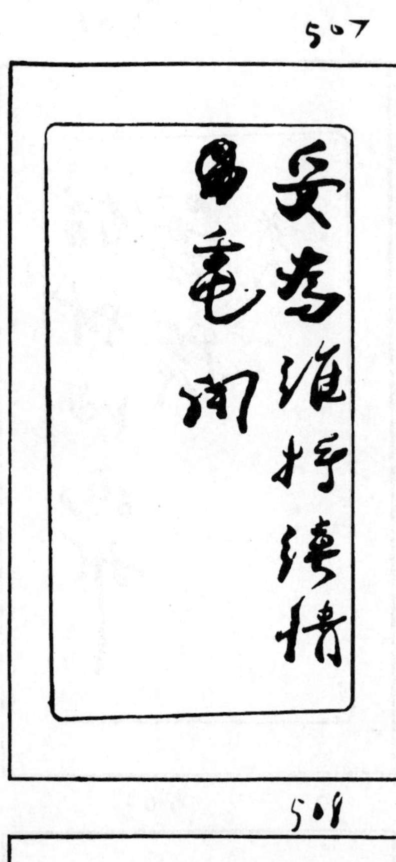

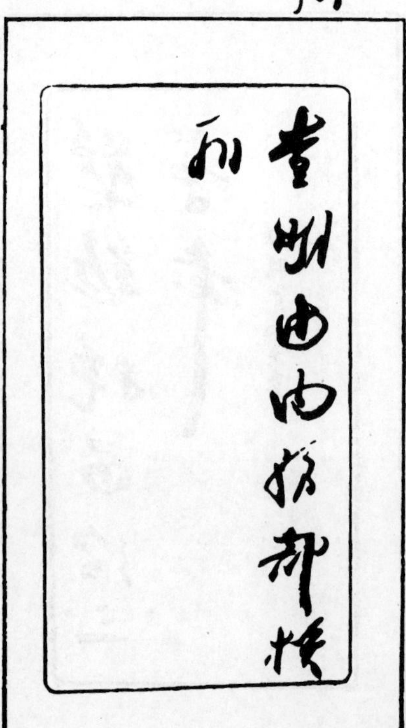

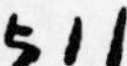

511

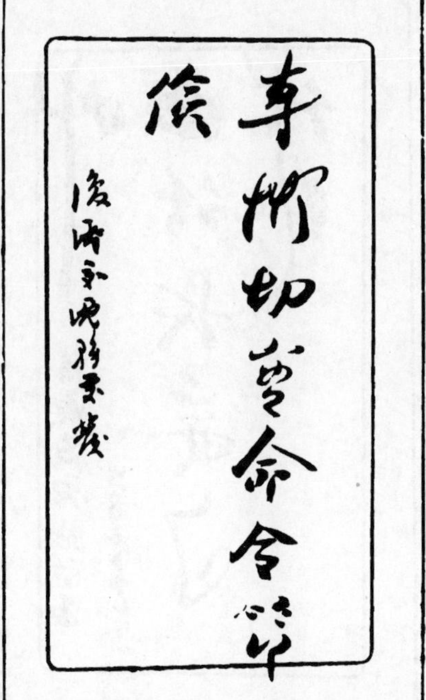

509

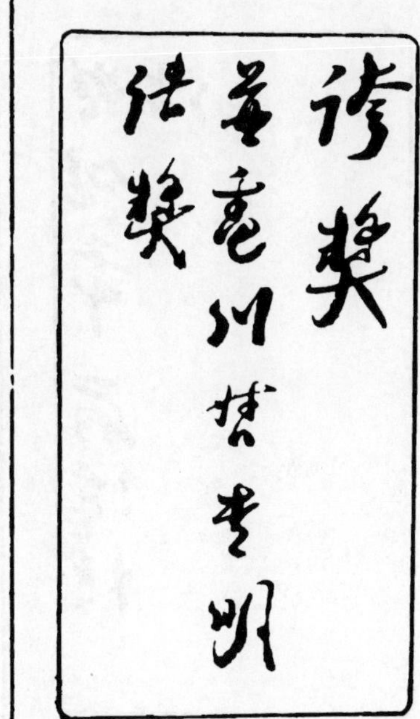

512

[illegible]

510

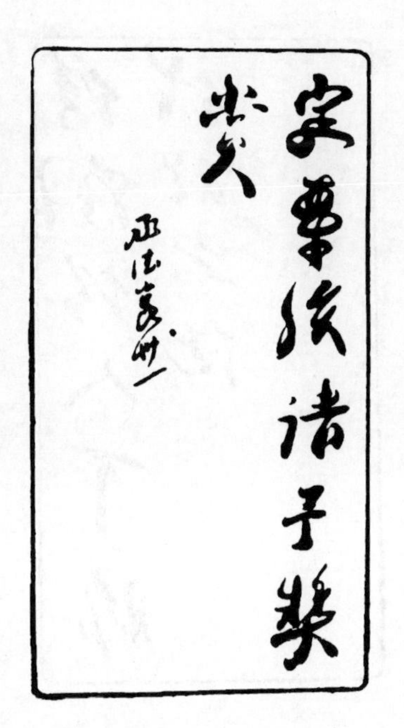

513

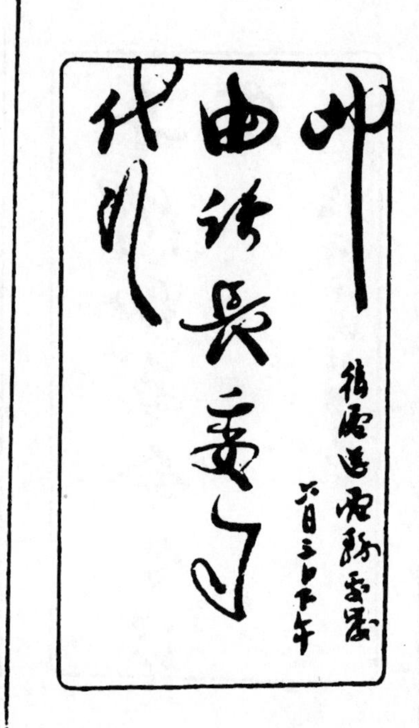

514

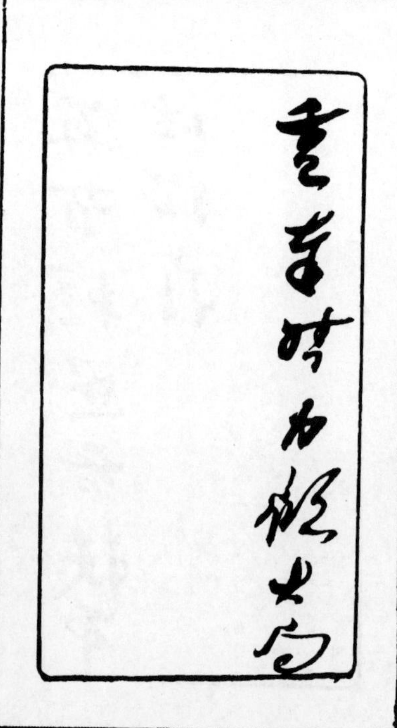

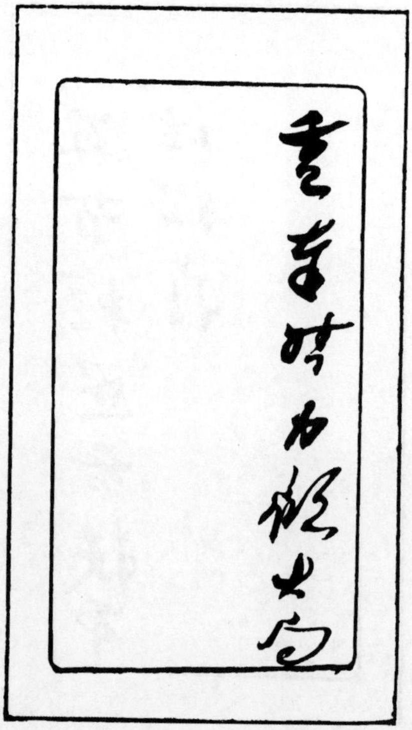

515

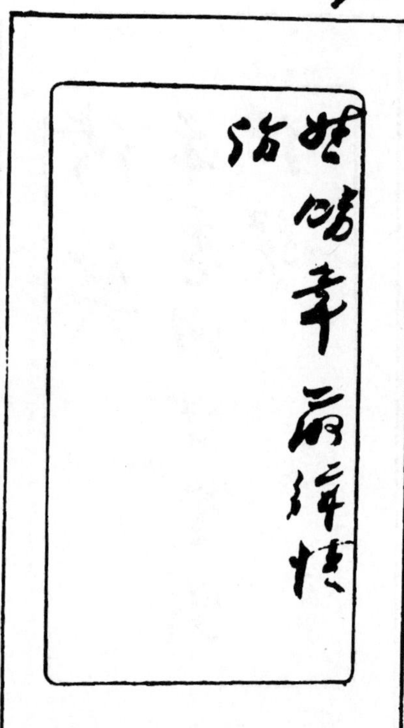

516

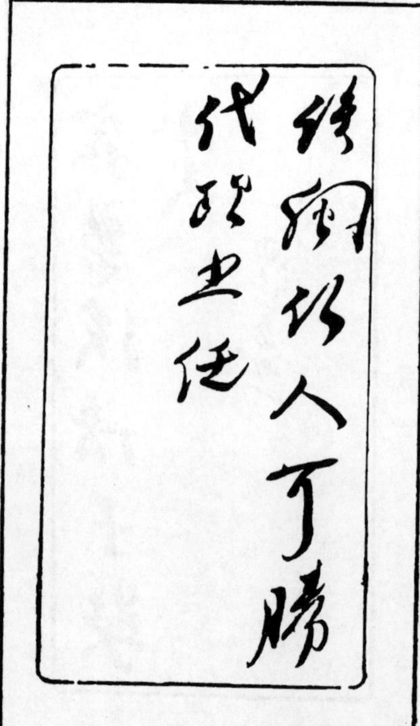

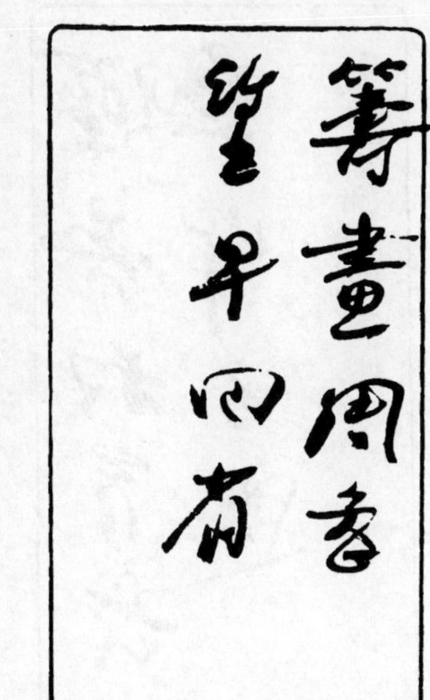

籌畫周密
望早回省

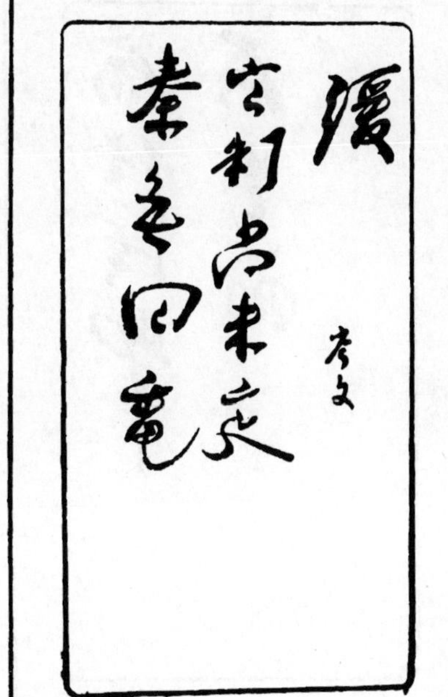

復
官制尚未定
秦無回電
孝文

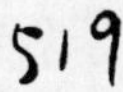

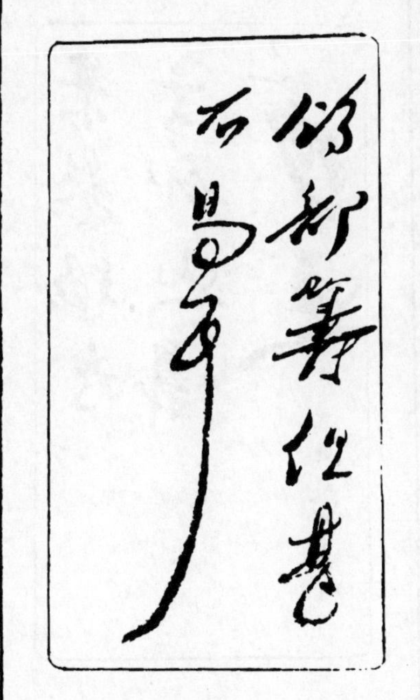

仍須籌經費
不易也

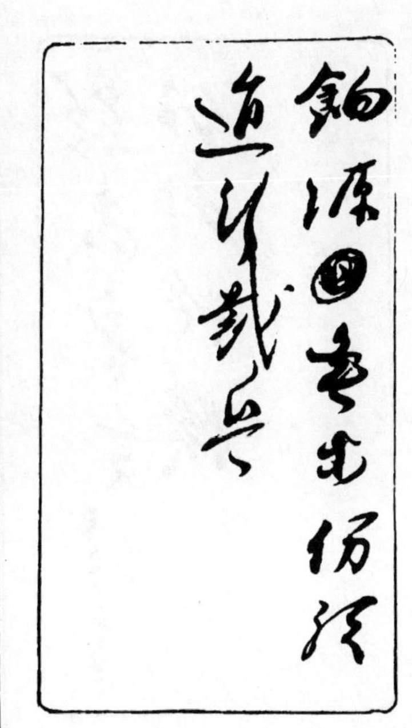

餉源固無出仍須
速籌款矣

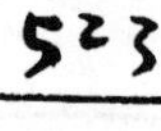

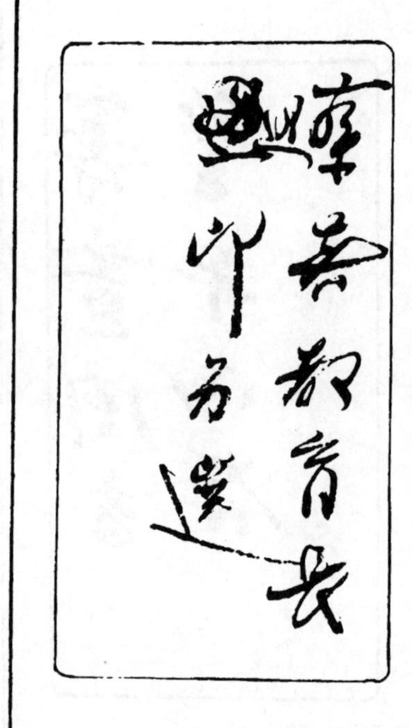

521

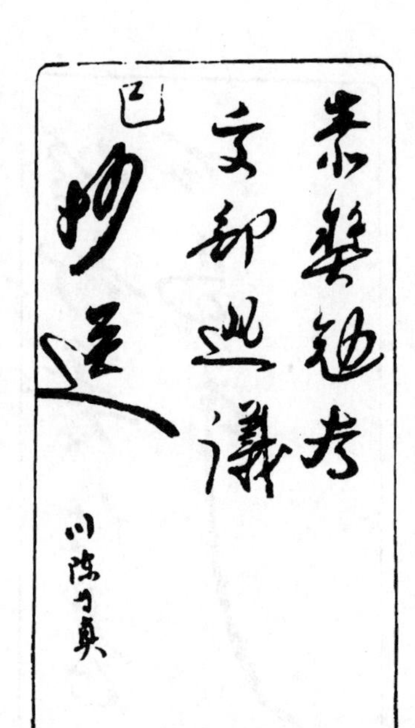

524

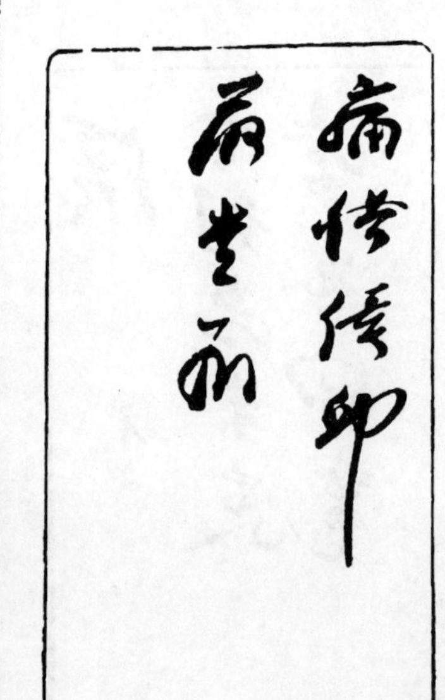

522

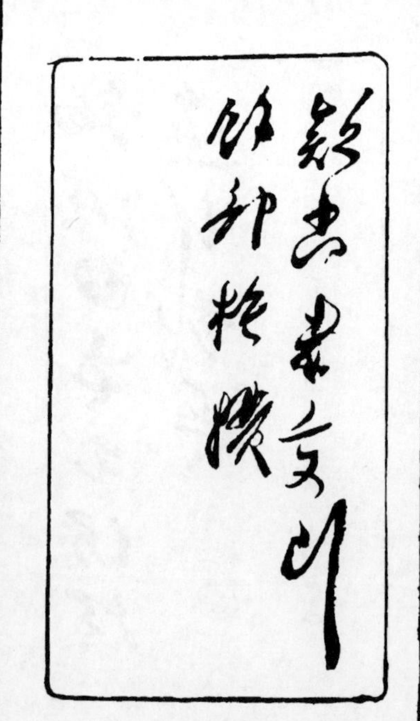

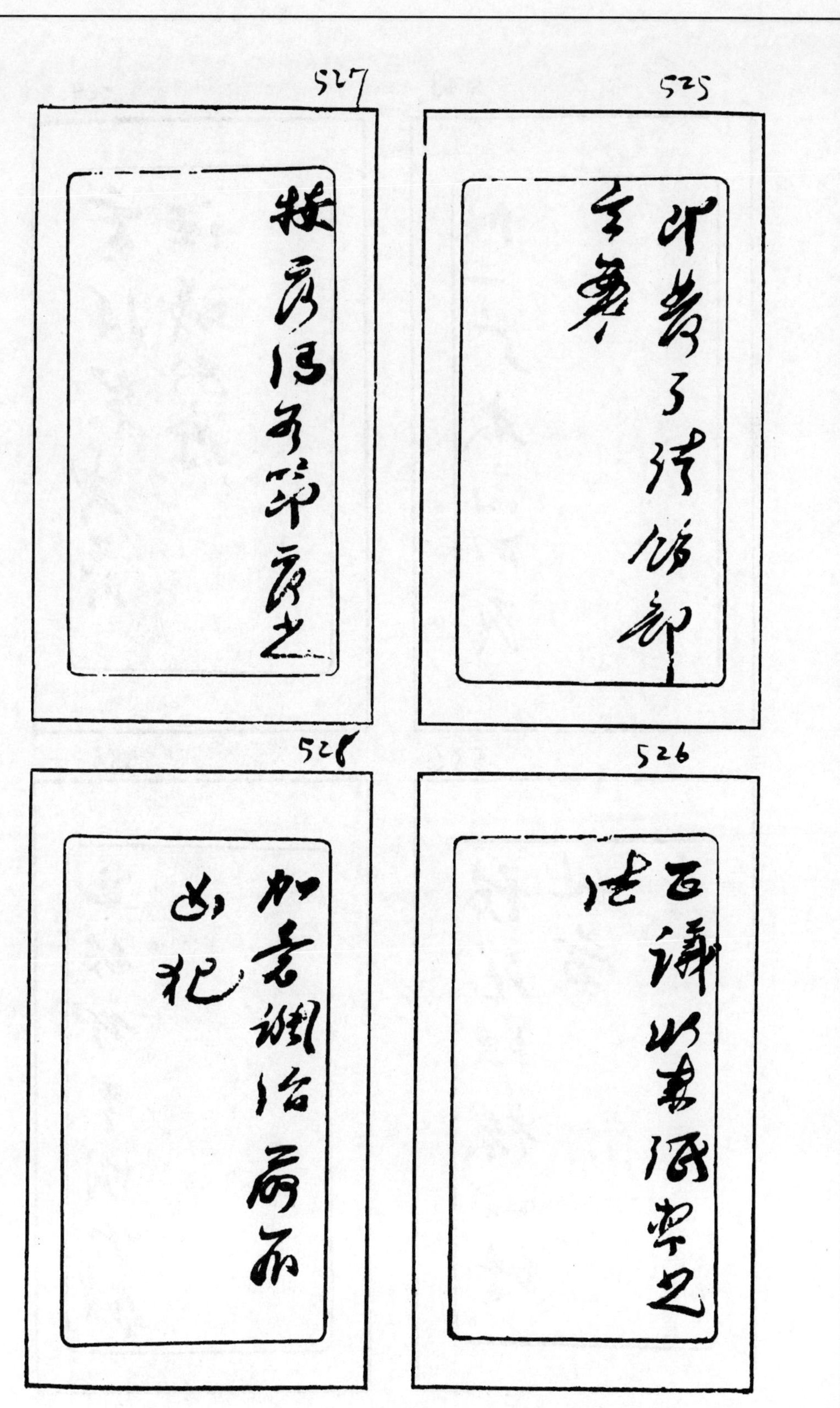

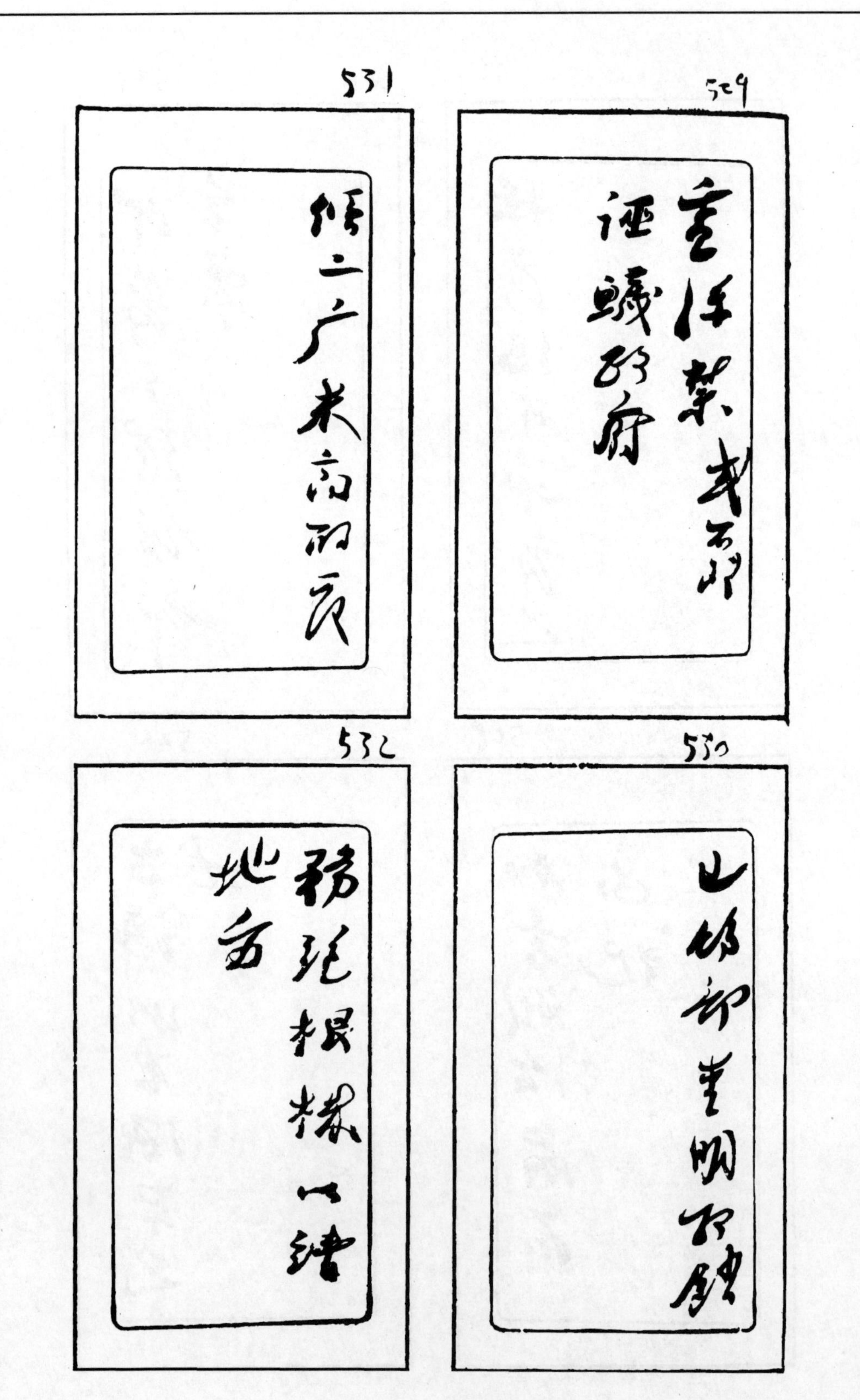
531
529
532
530

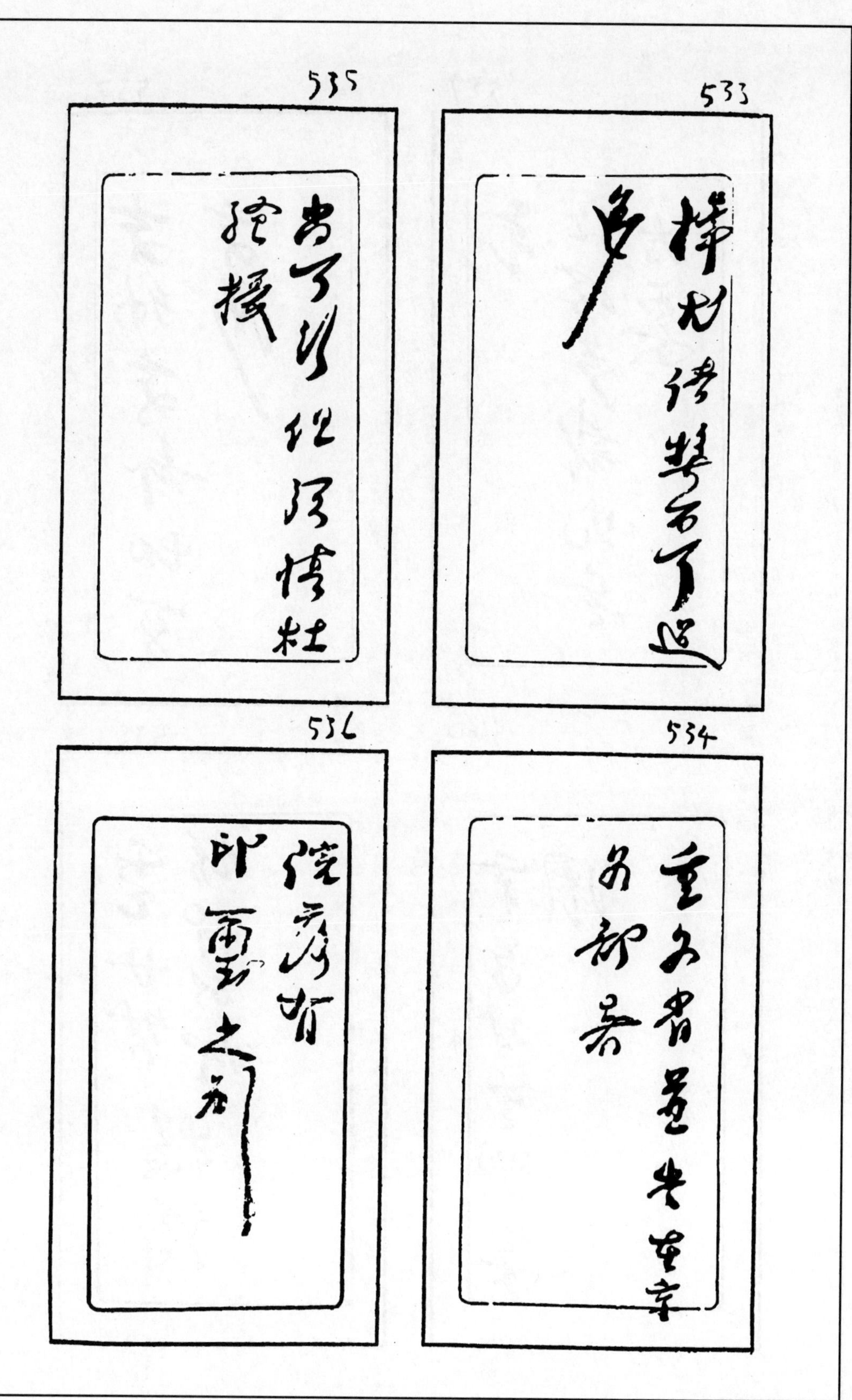
535
533
536
534

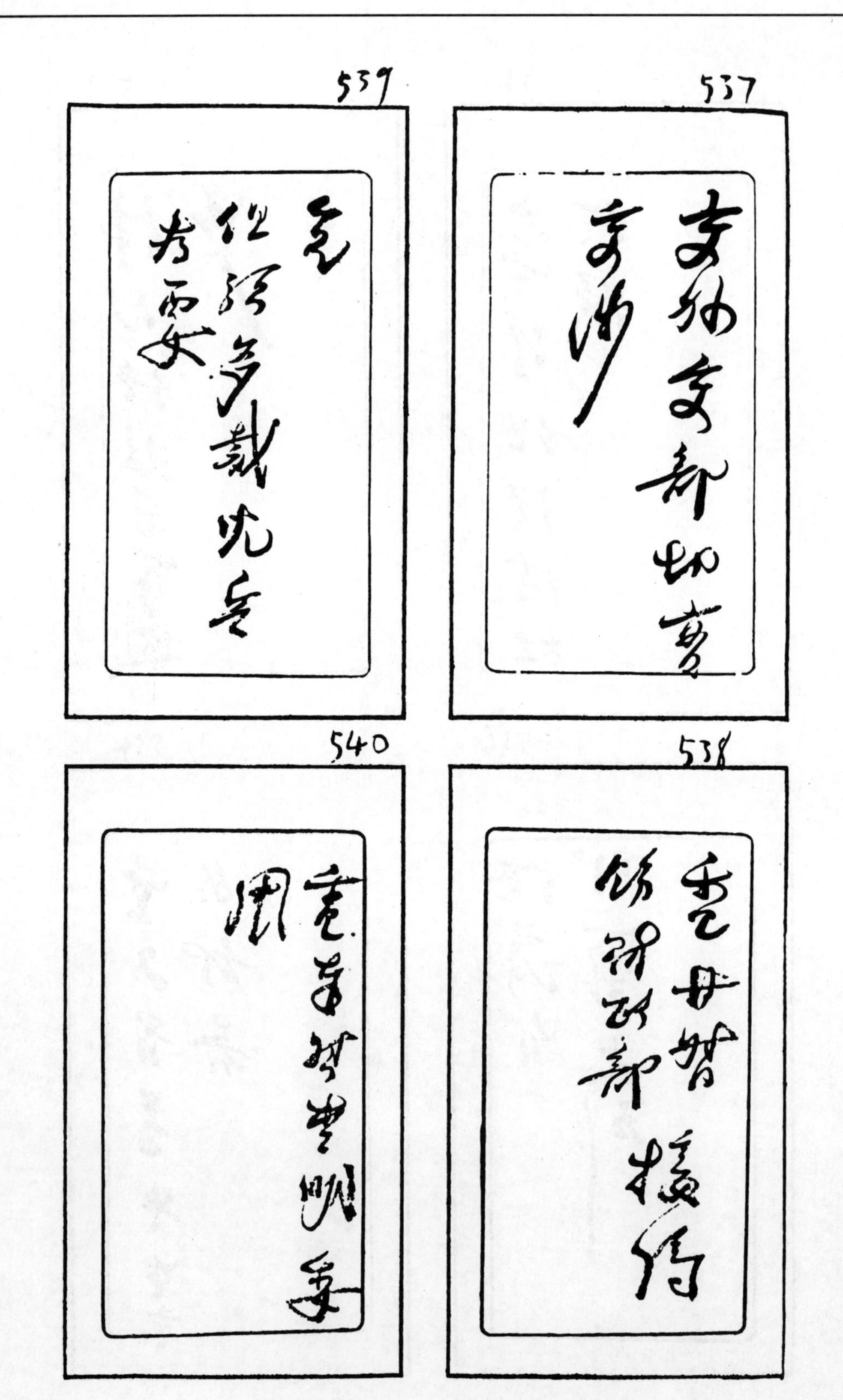
539
537
540
538

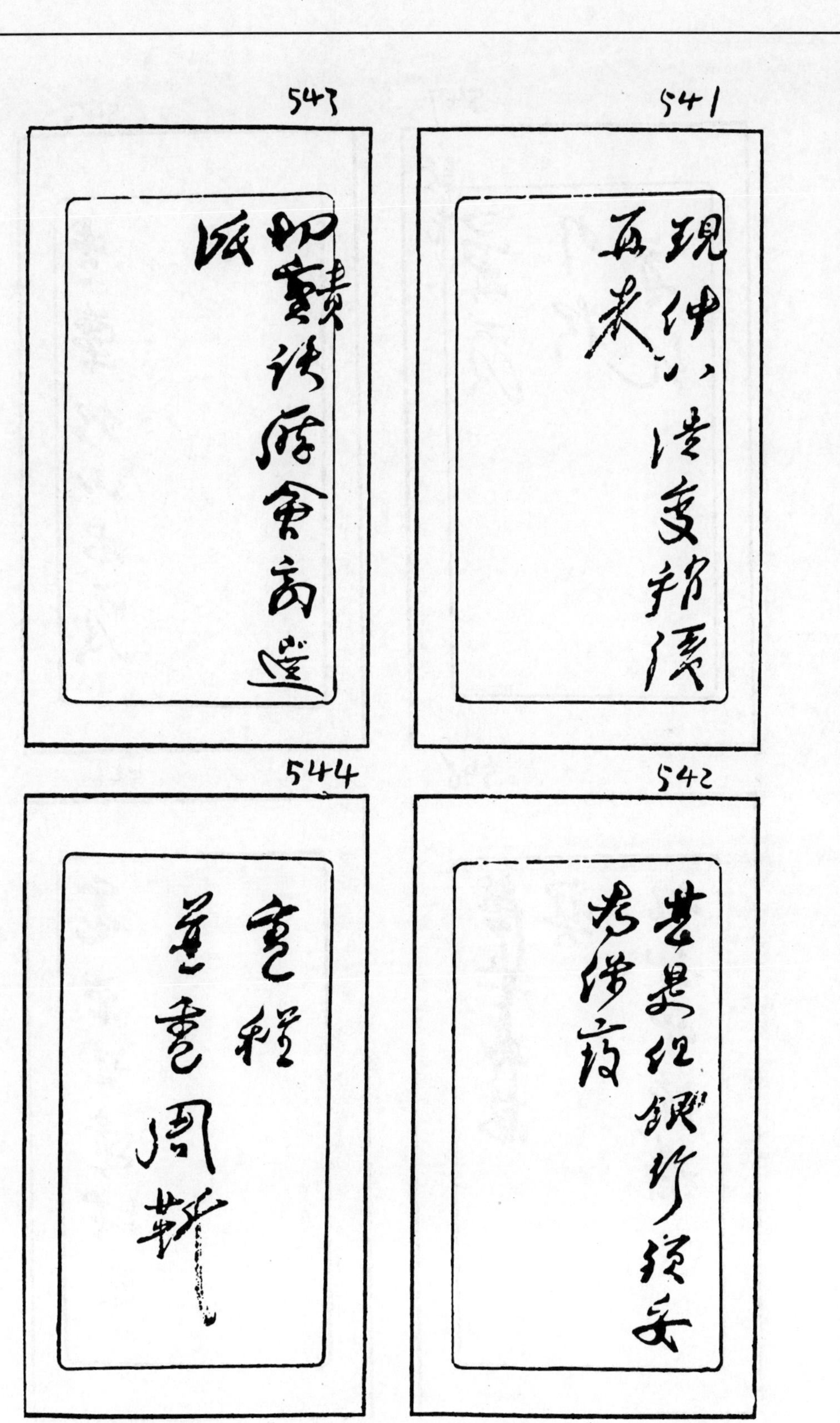
541
542
543
544

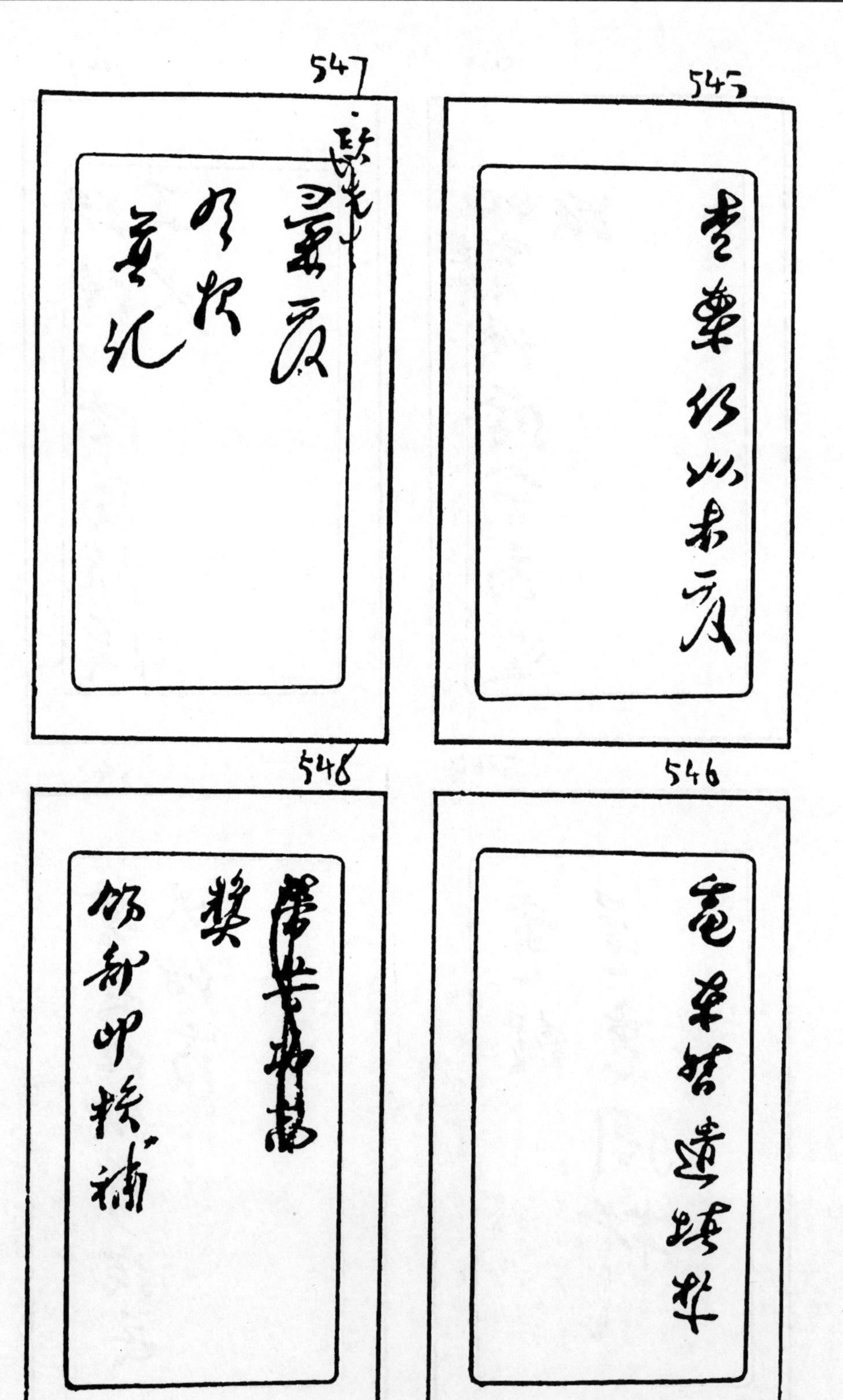

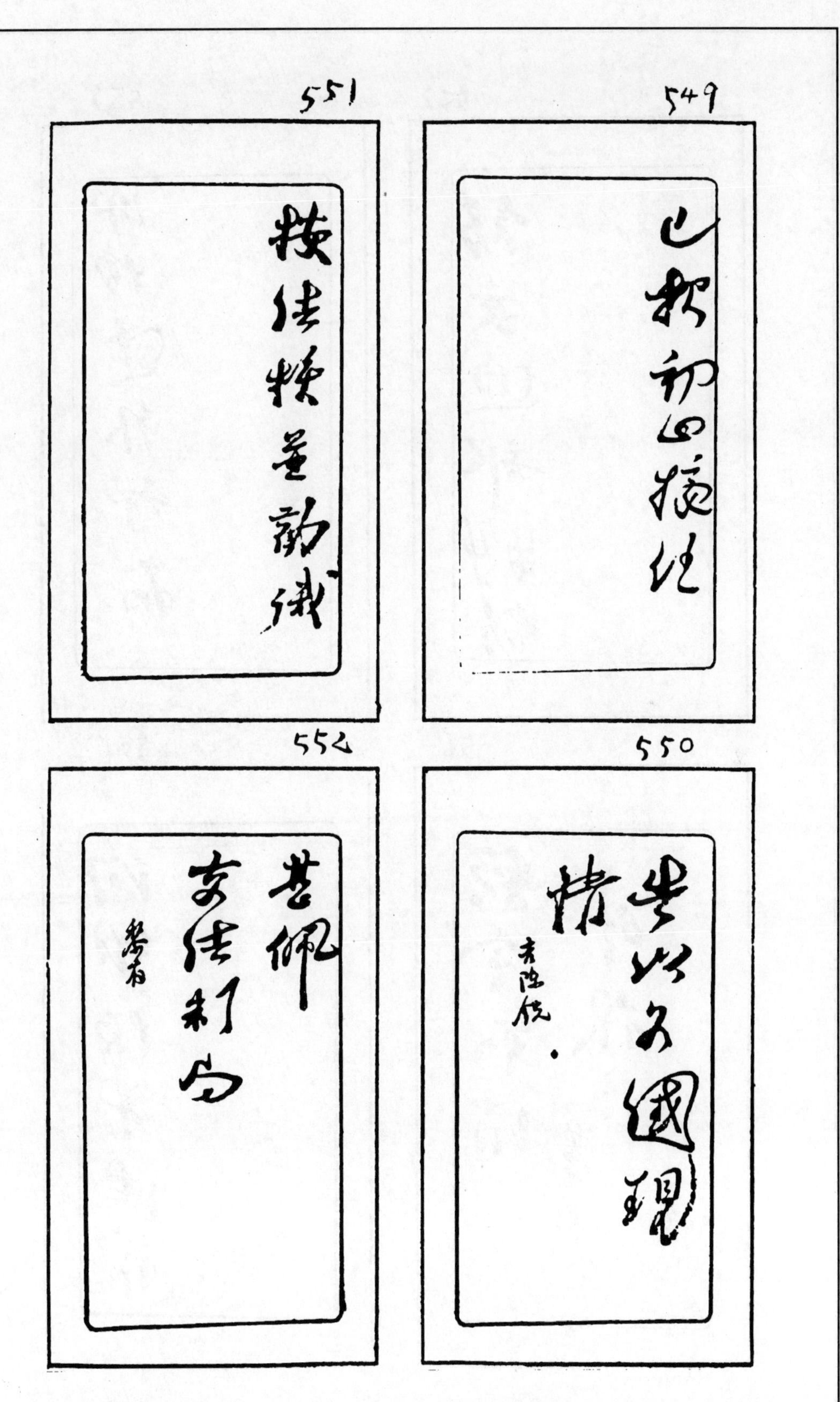
551
549
554
550

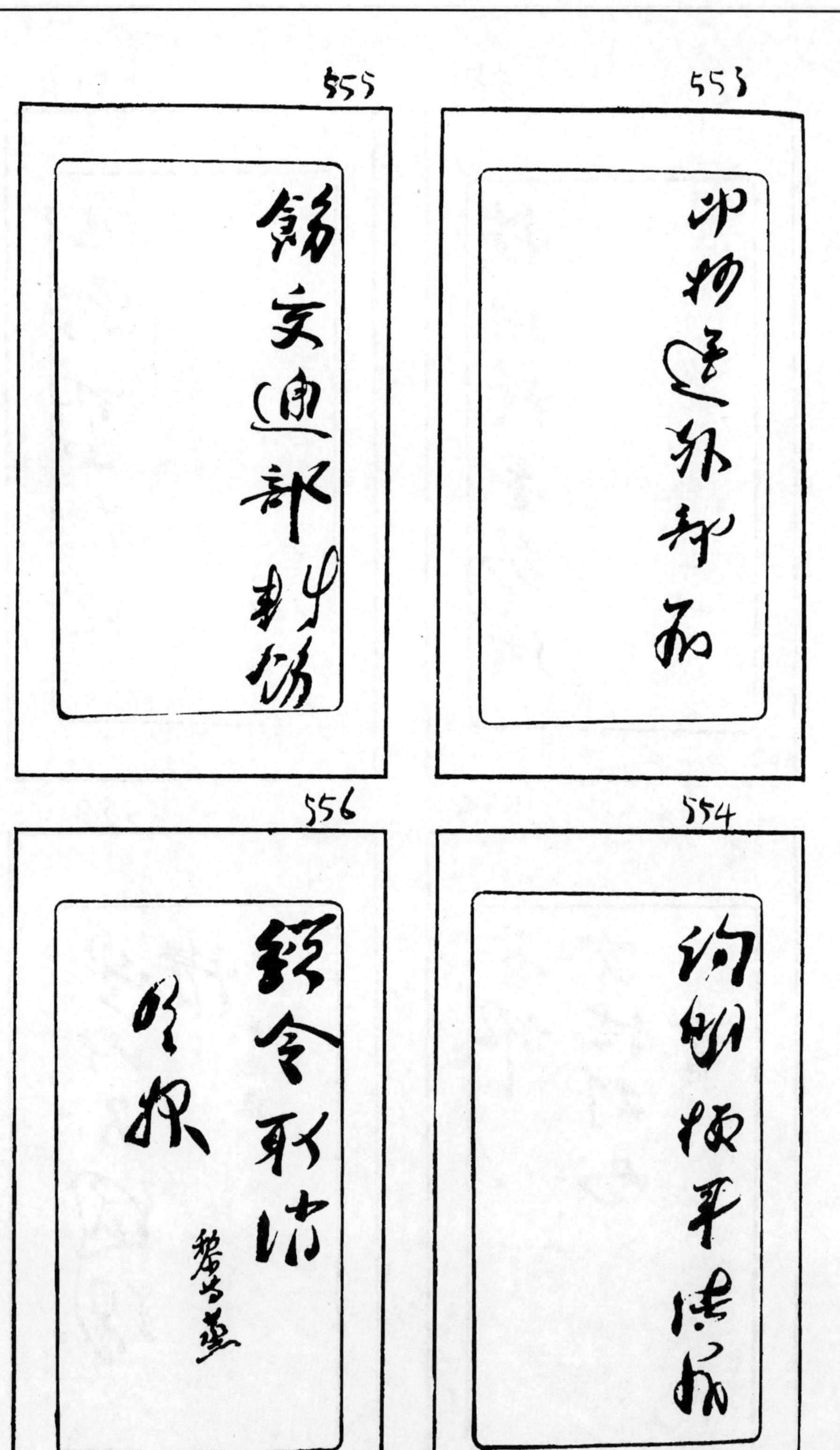

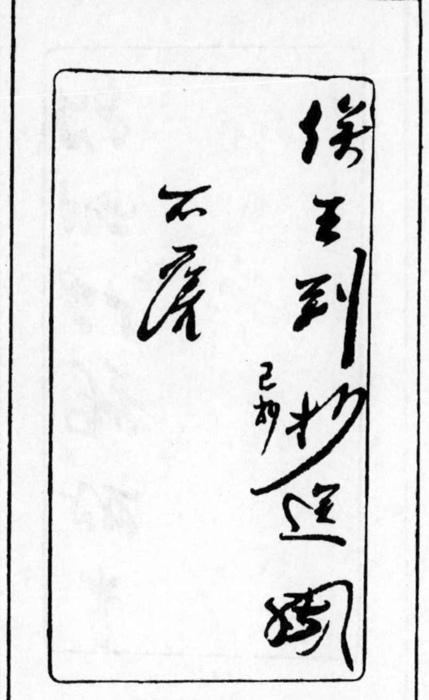
557

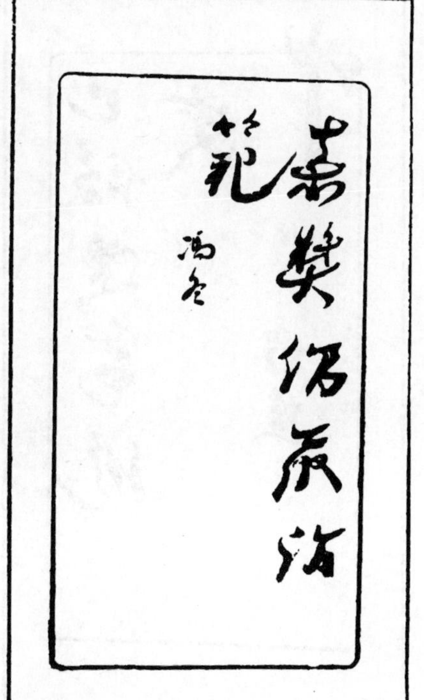
558

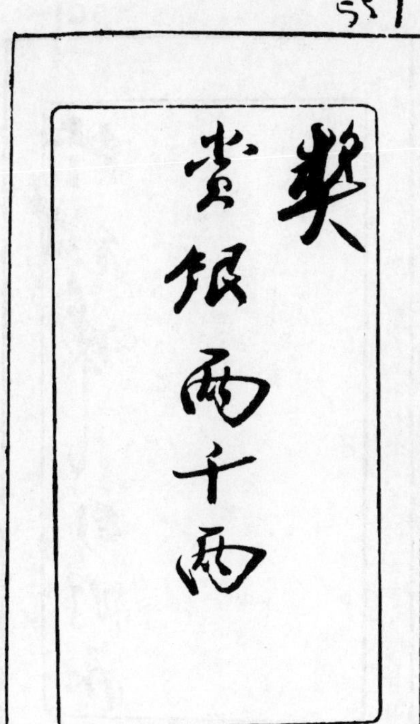
559

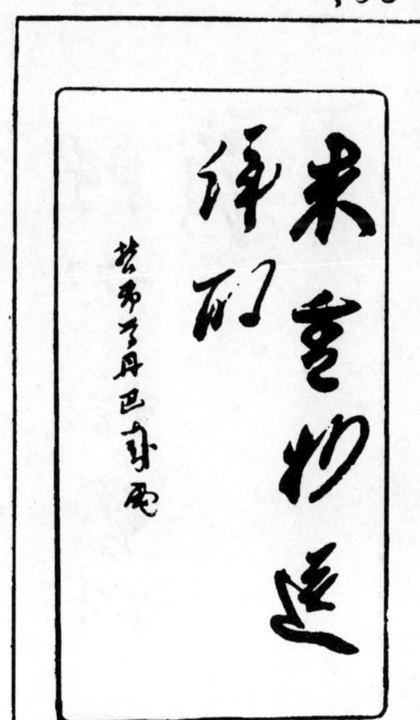
560

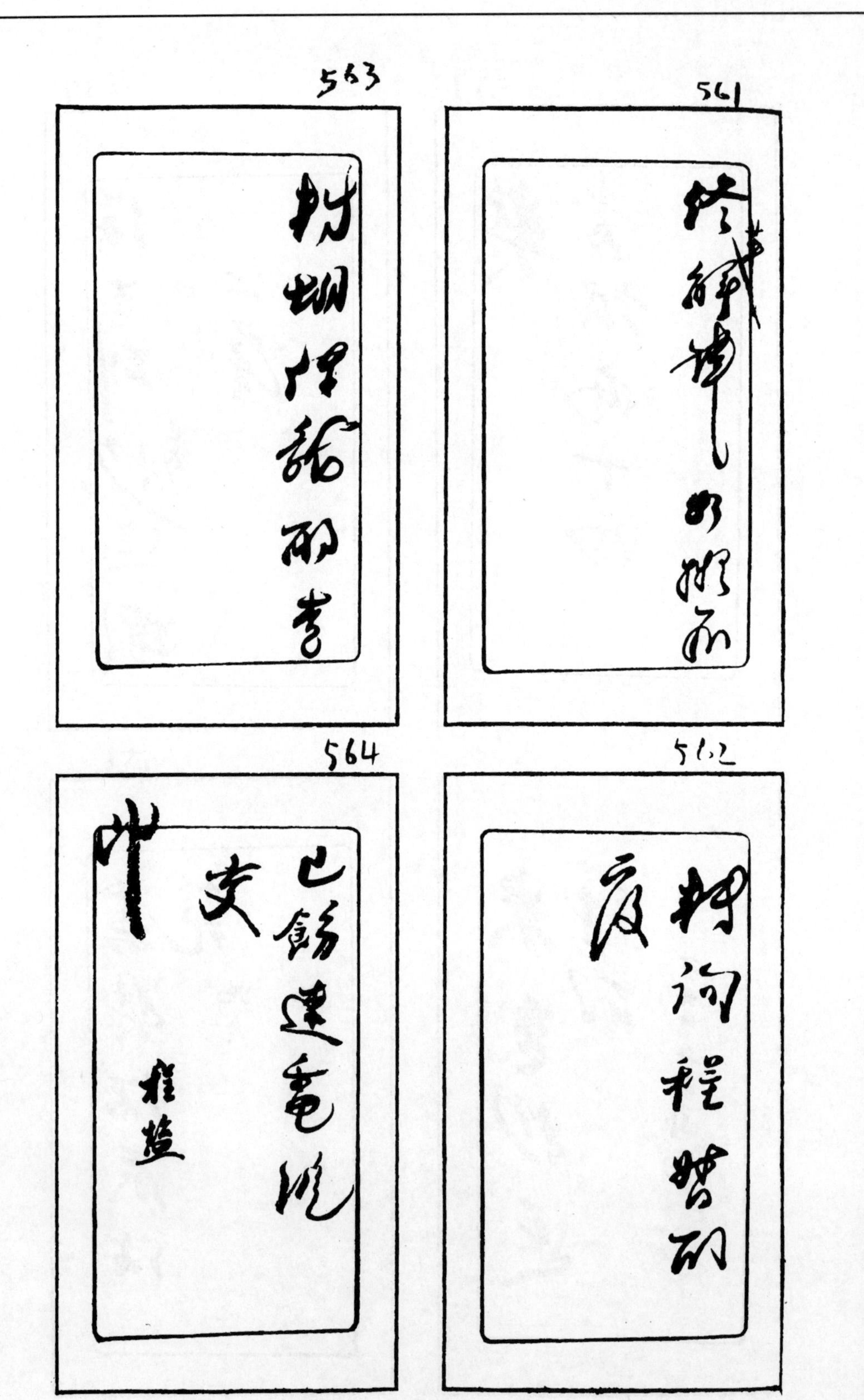

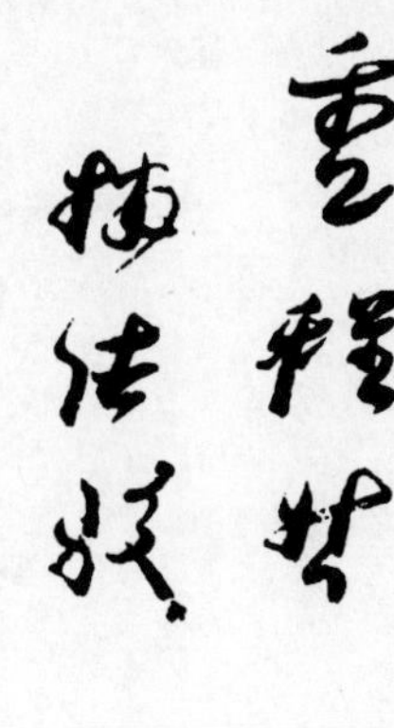

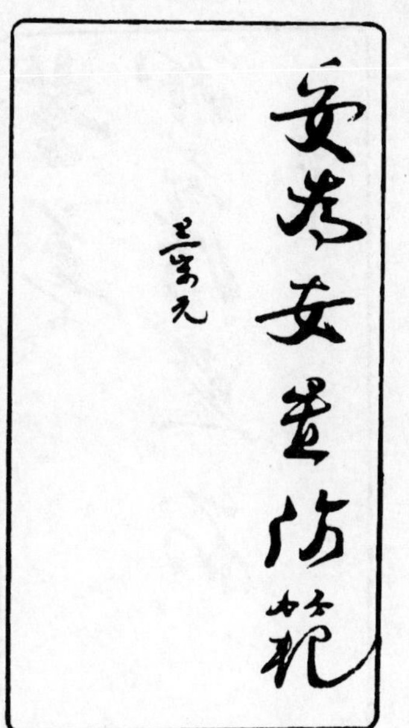

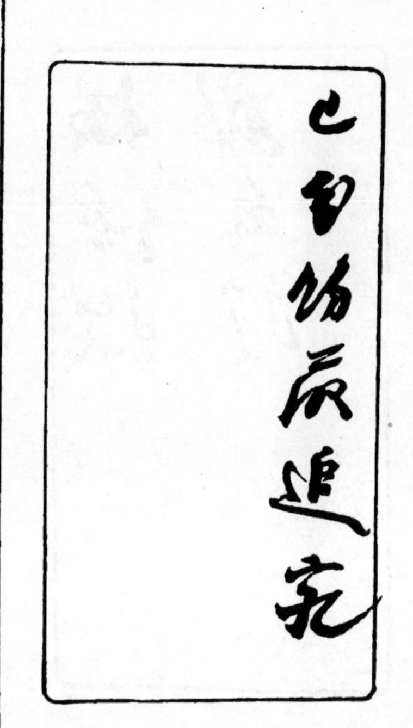

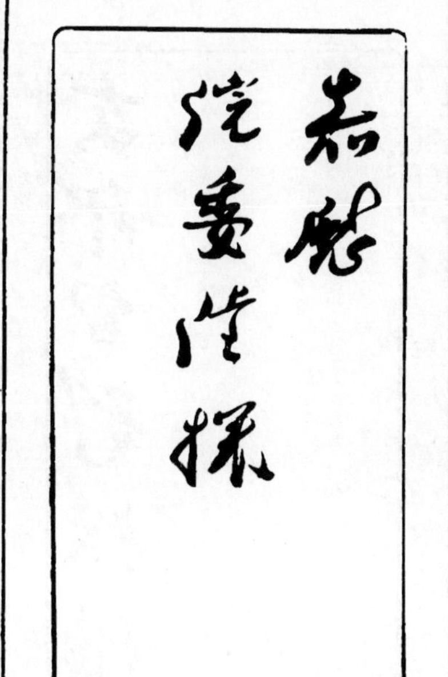

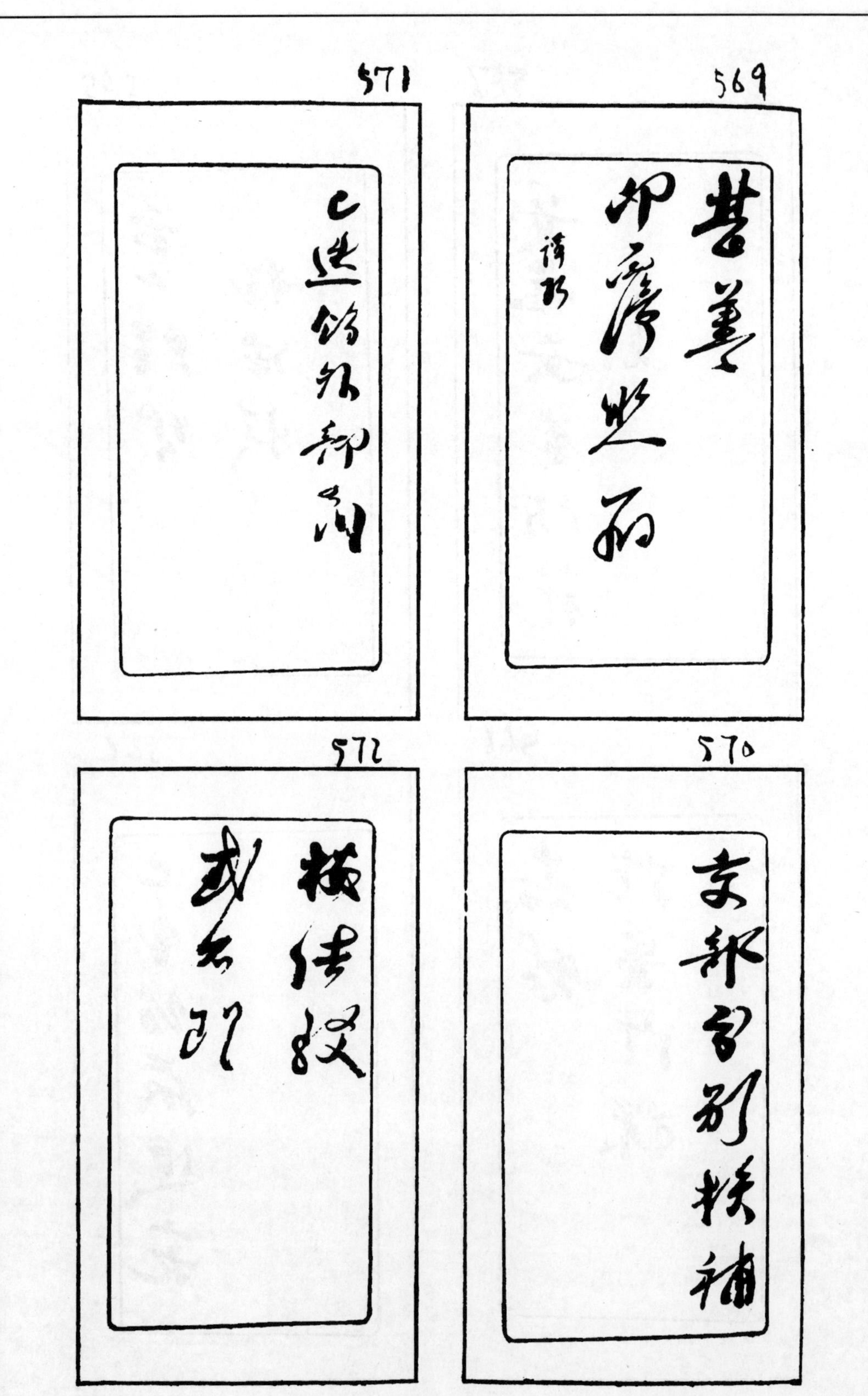

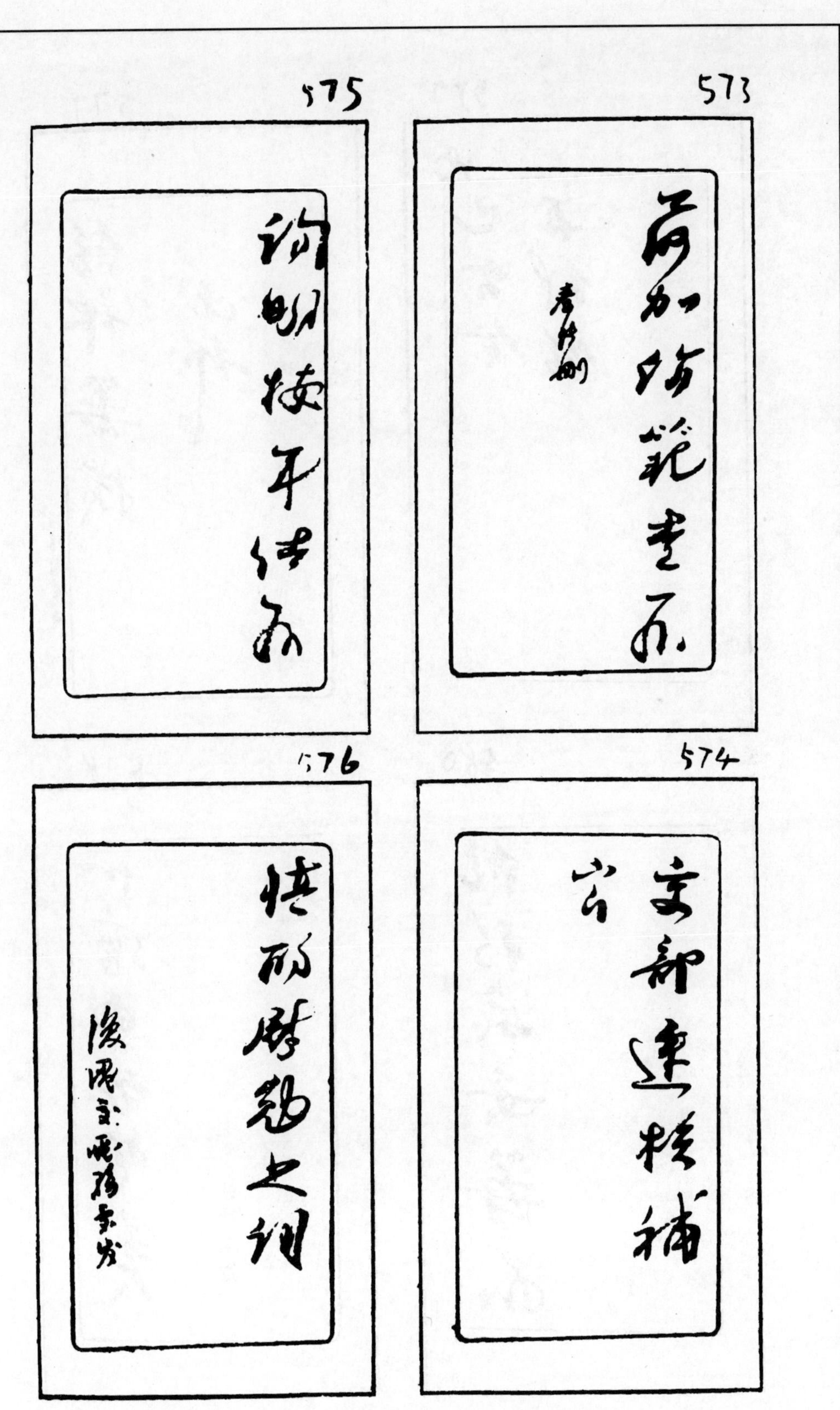
575
573
576
574

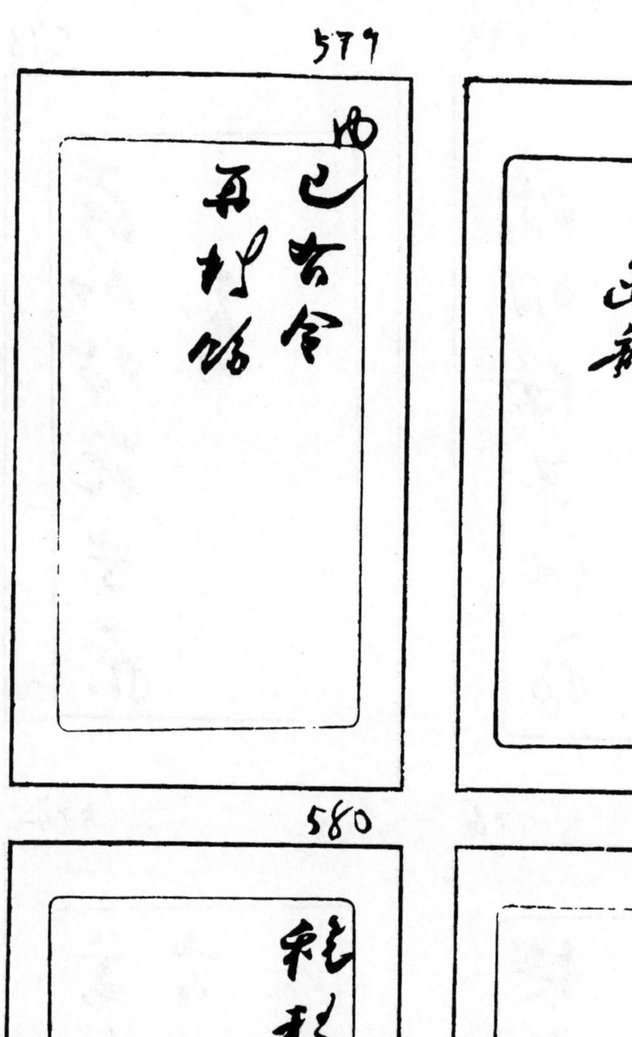

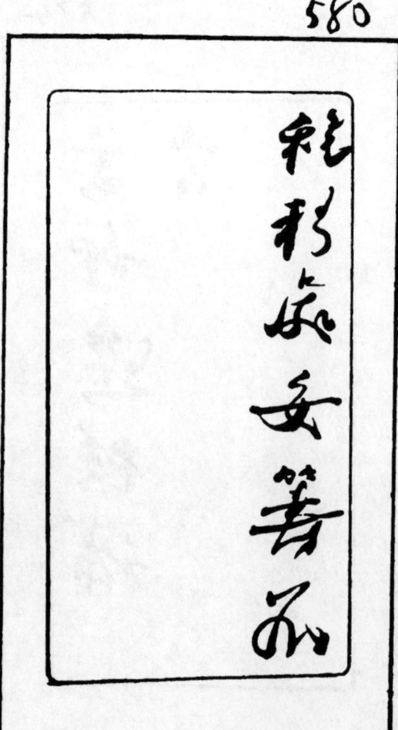

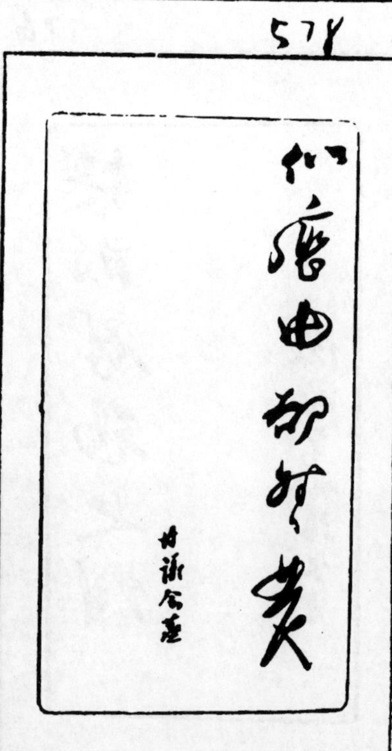

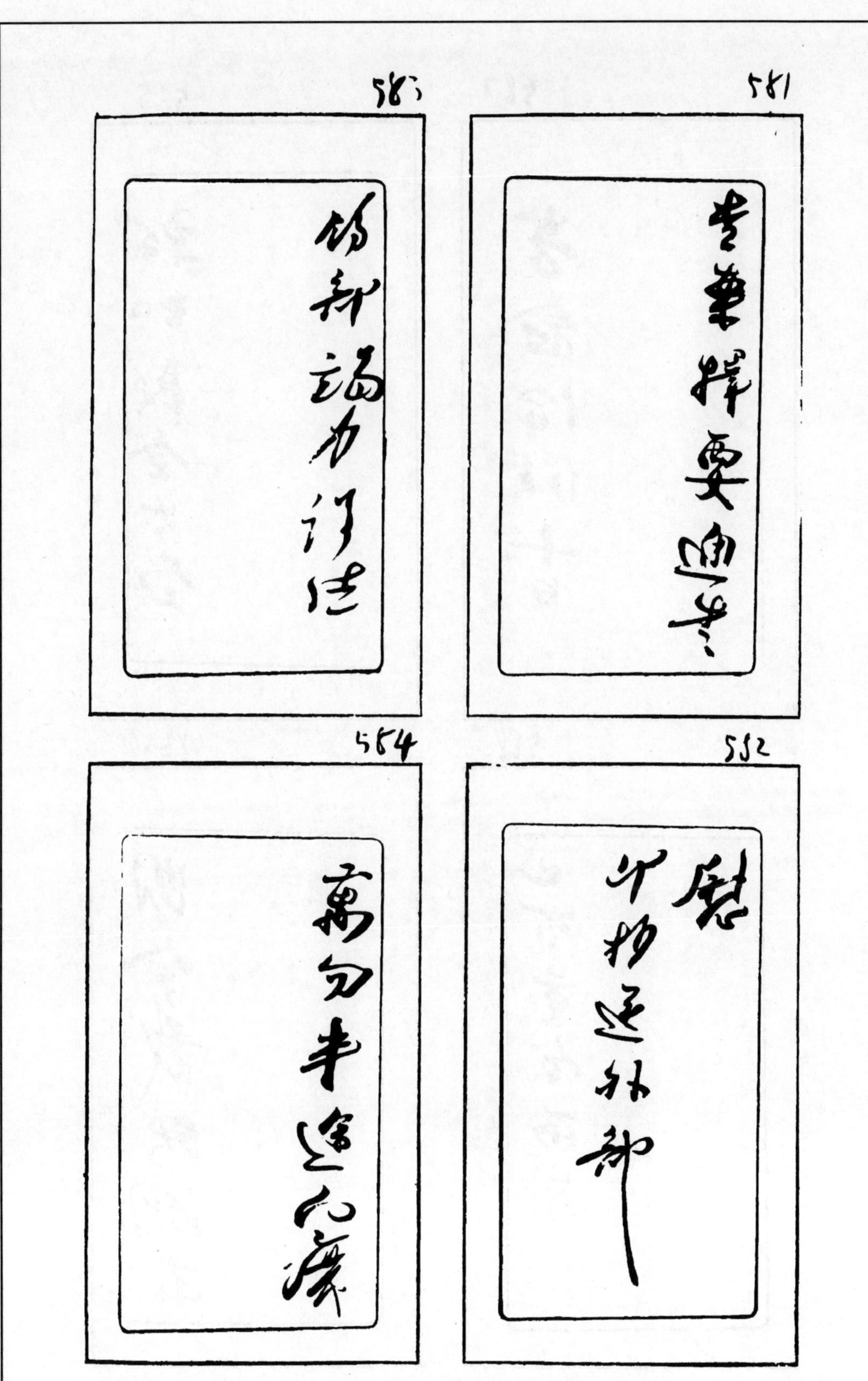
581
583
582
584

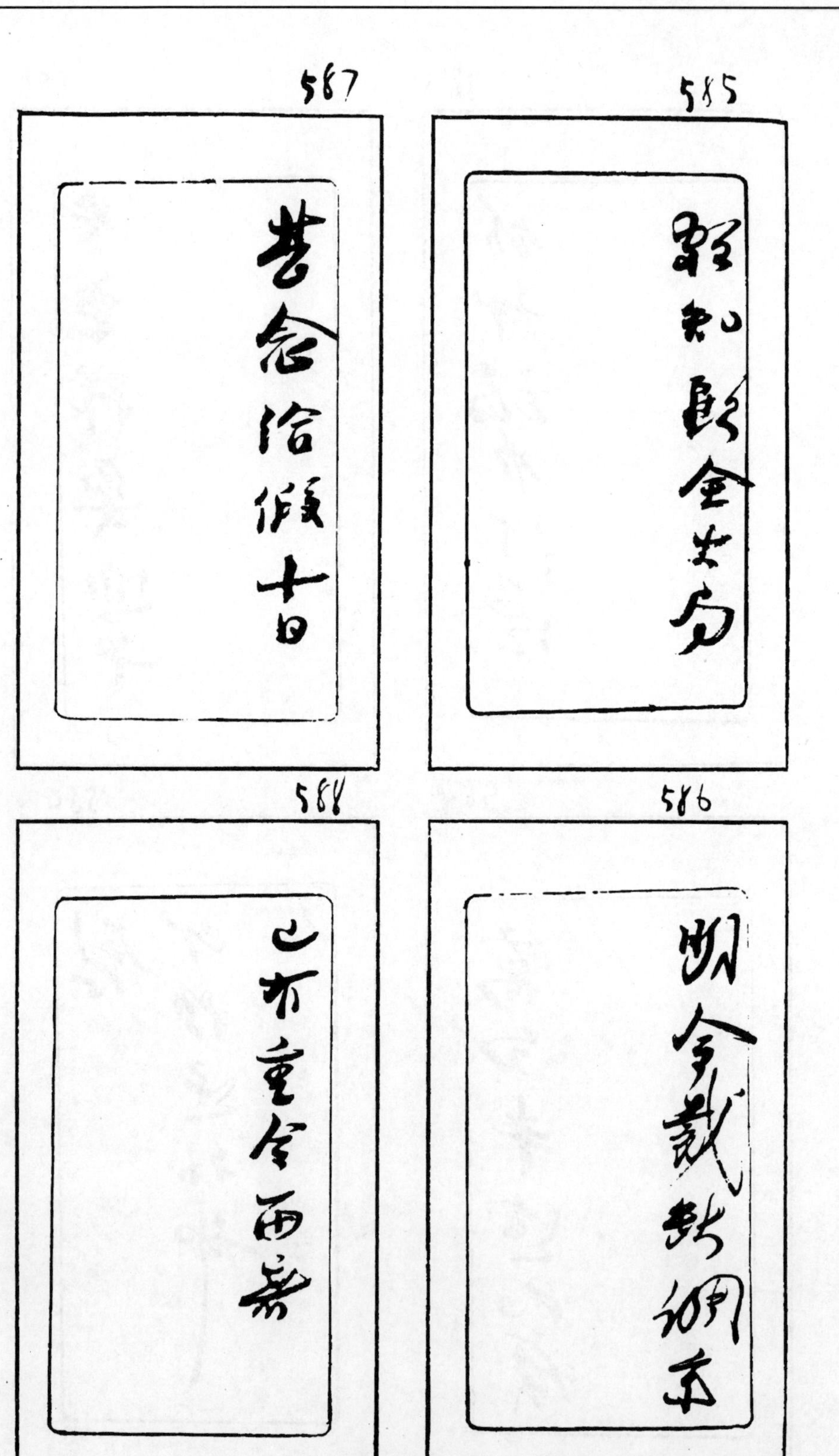
587
甚念給假十日
585
586
588

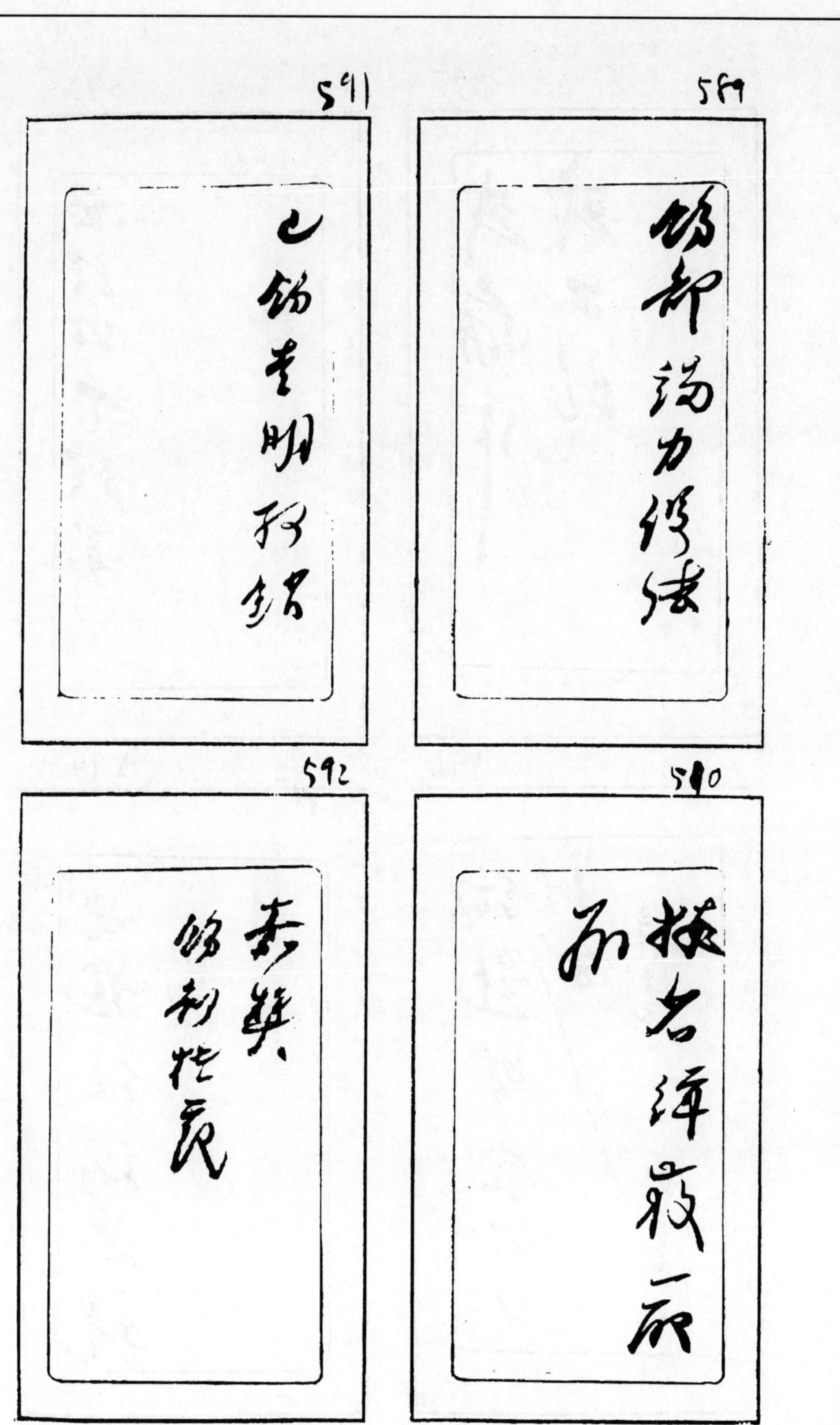

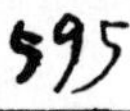

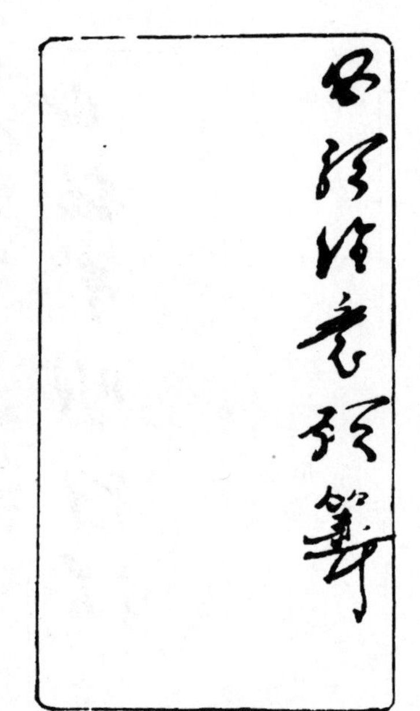

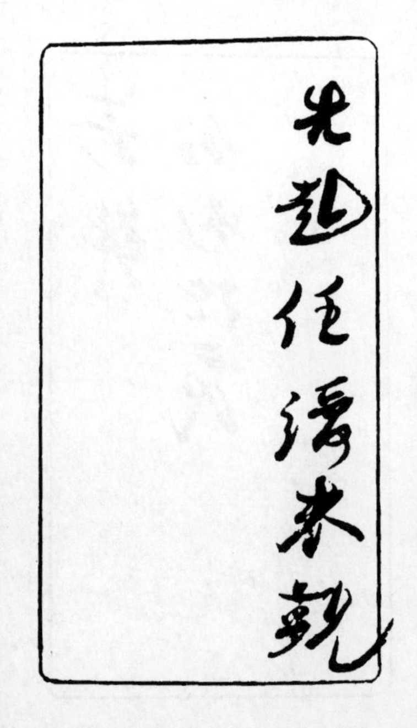

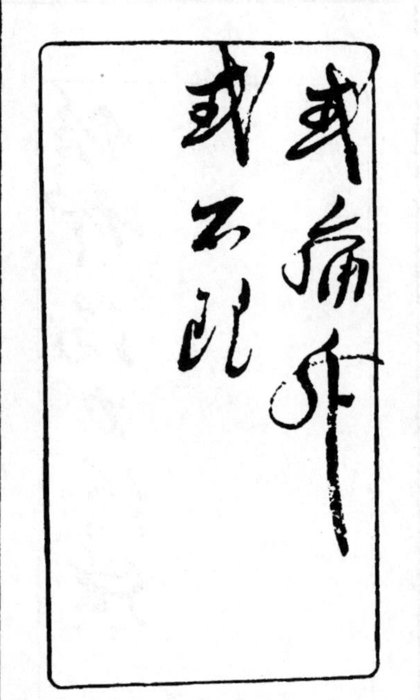

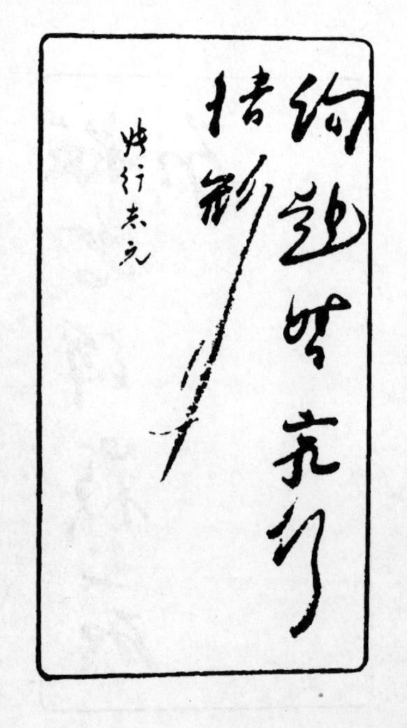

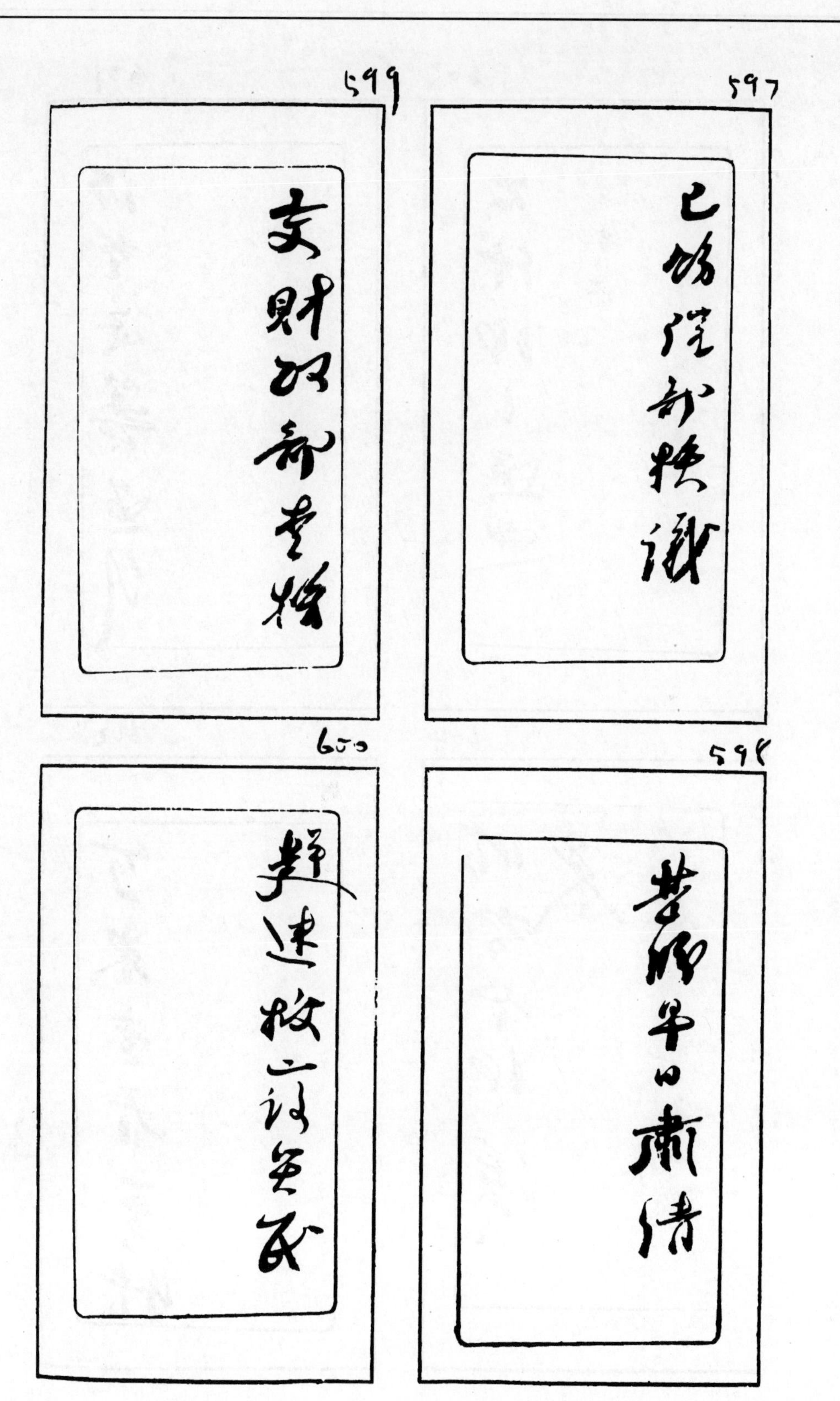

601

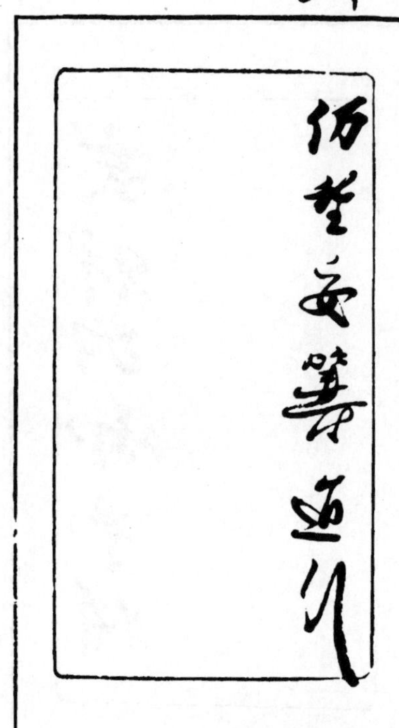

602

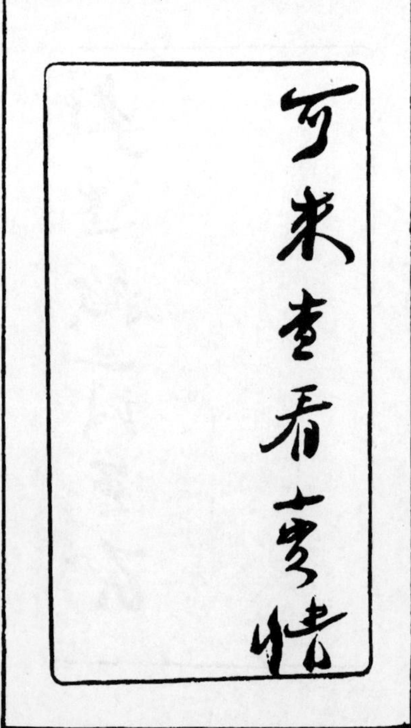

603

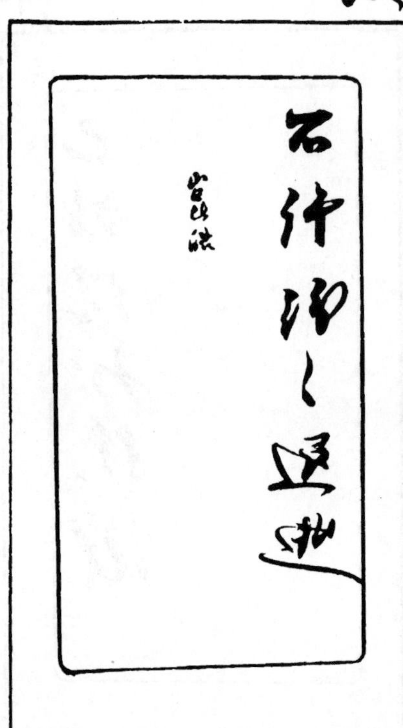

604

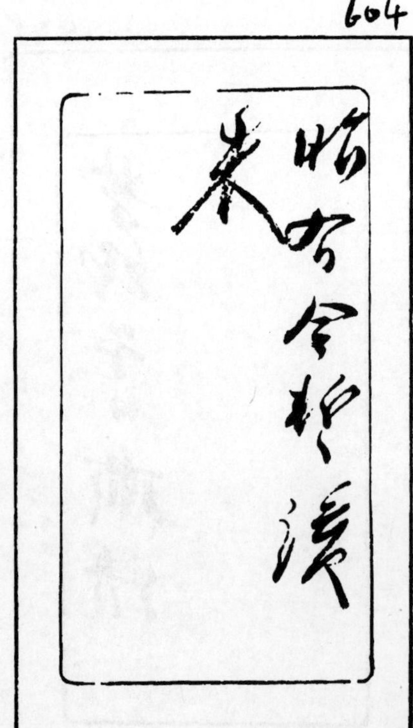

611

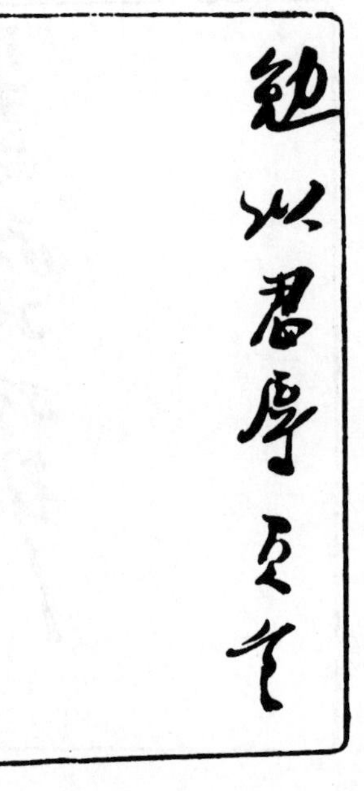

609

擬[illegible][illegible]後發表

張督校閱

已電張先查原電

612

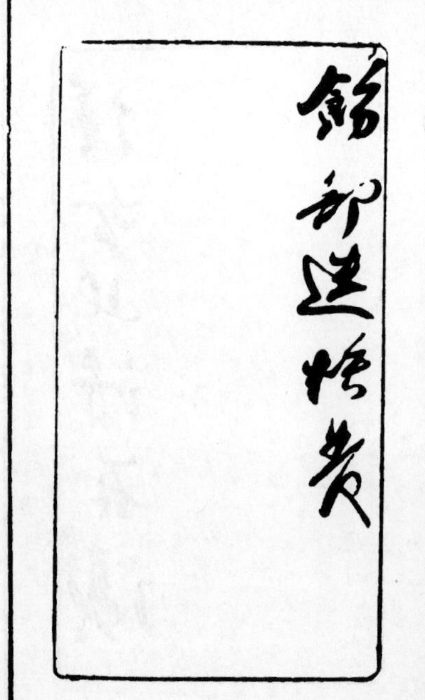

610

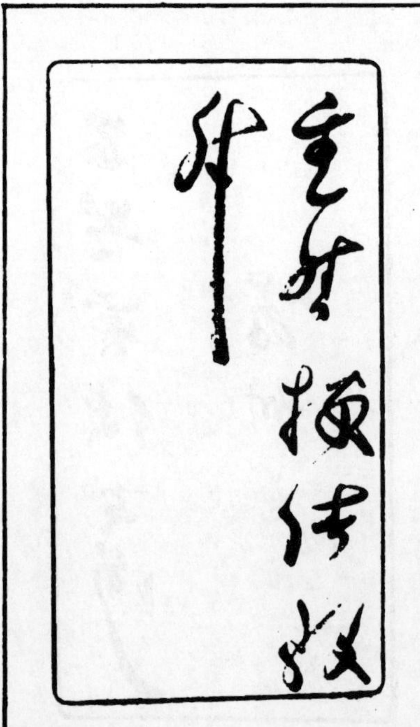

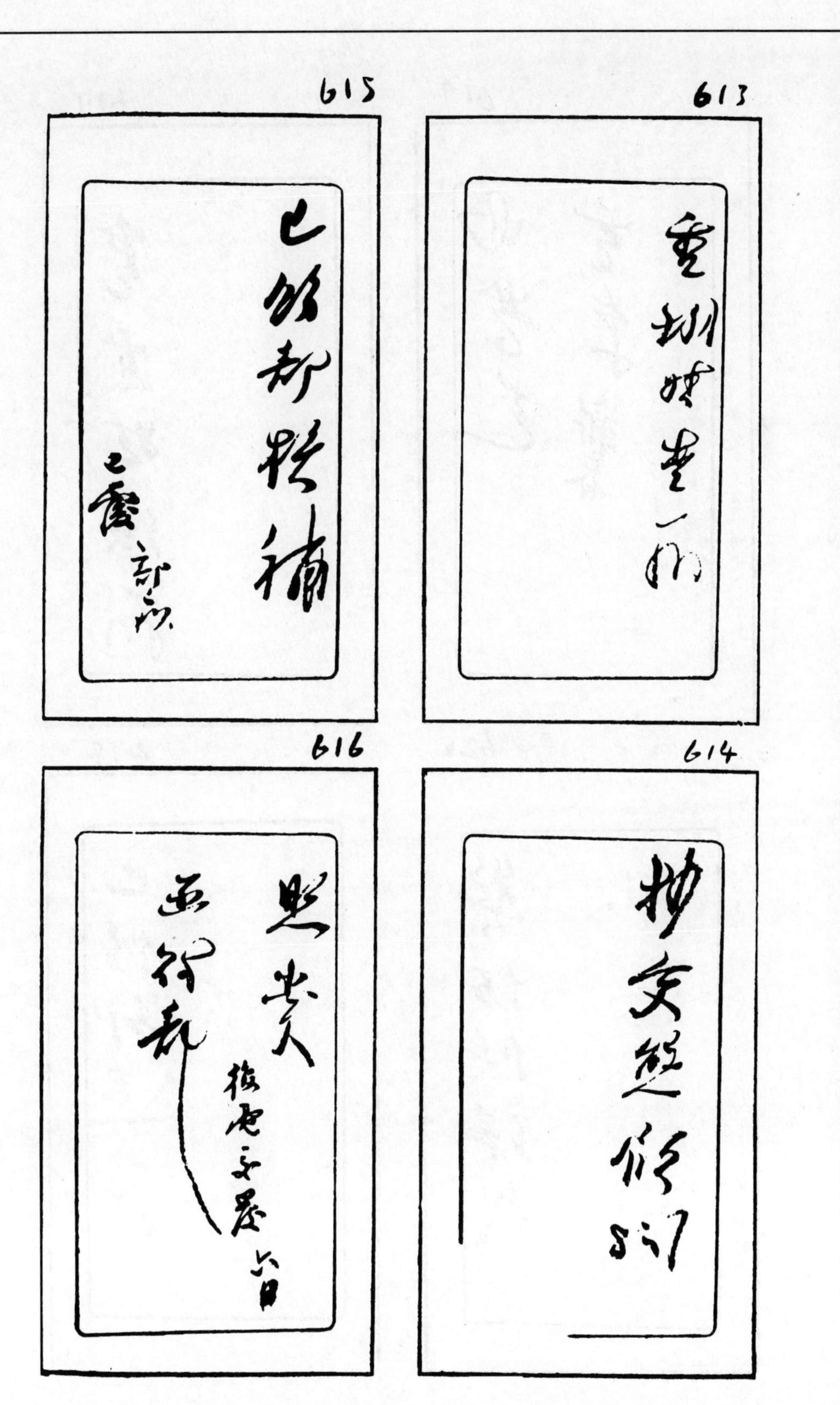
615
613
616
614

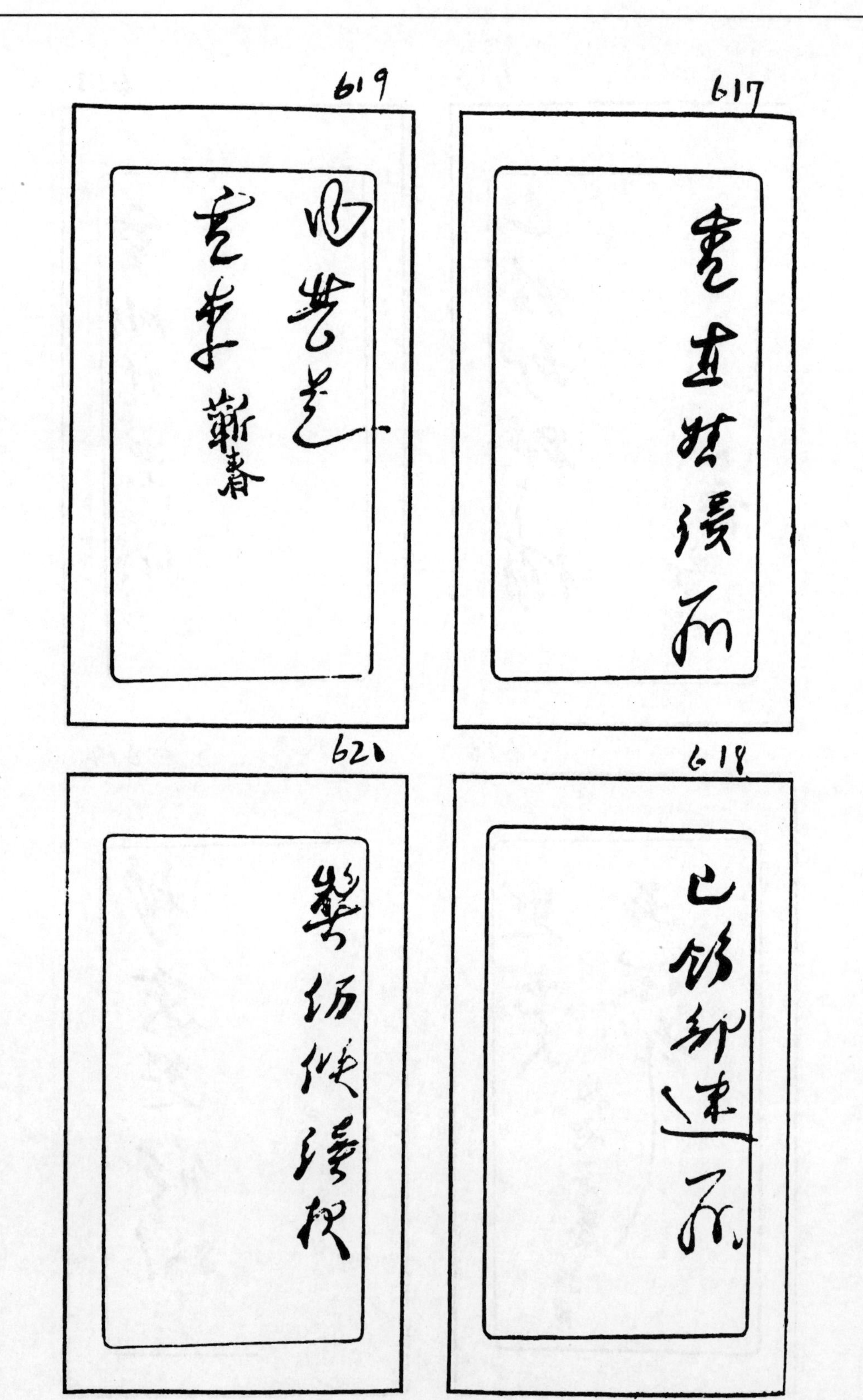
619
蘄春
617
621
618

623

抄
送
呈
都
院

621

抄
交
財
政
部

柏心

624

袁
世
凱
接
信

622

时
帆
展
讀
亦

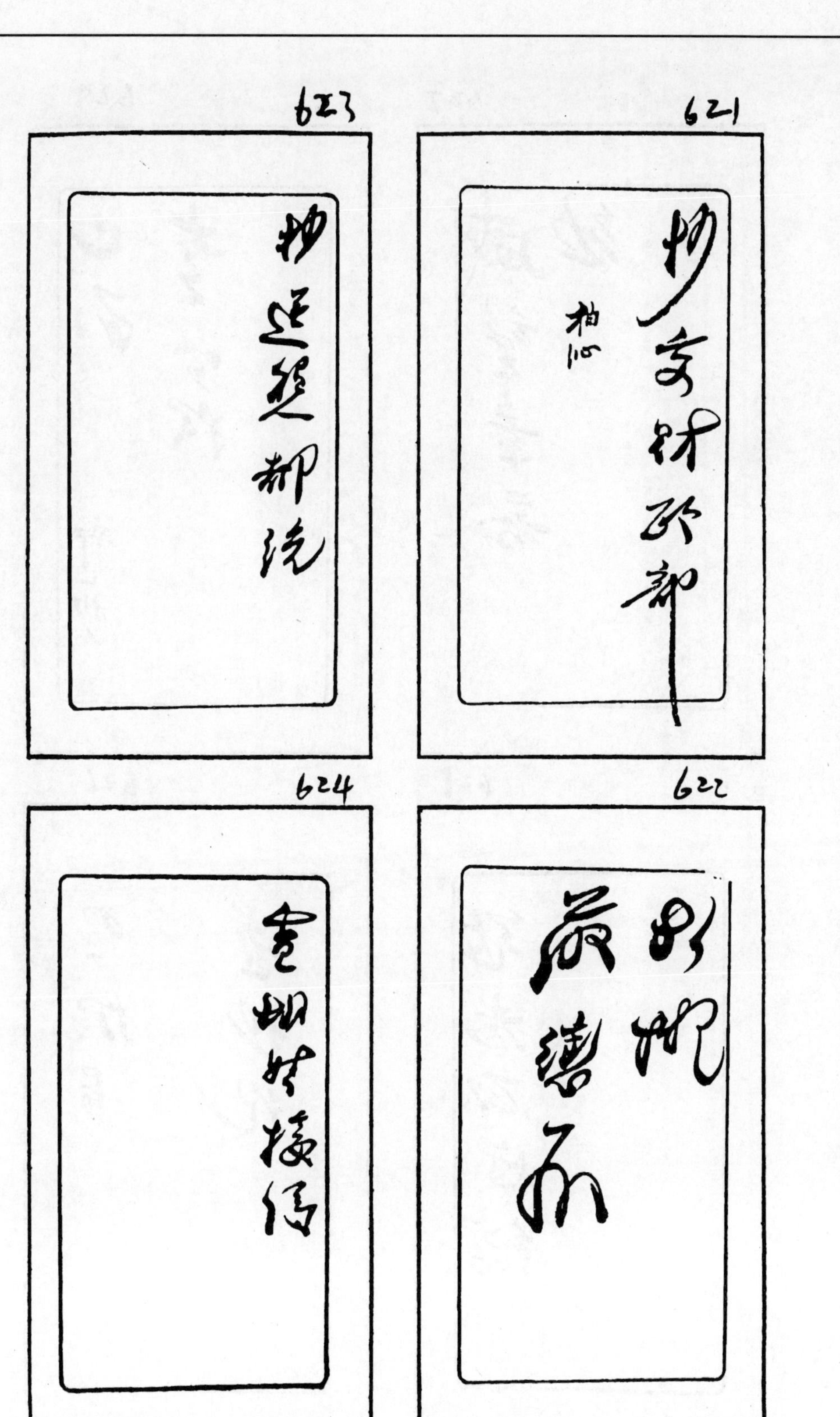

625

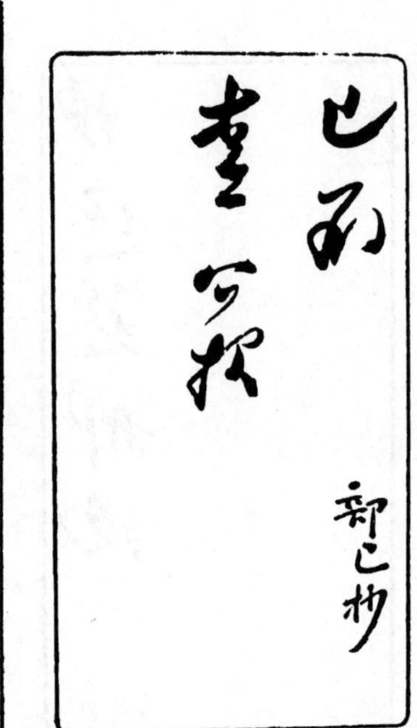

626

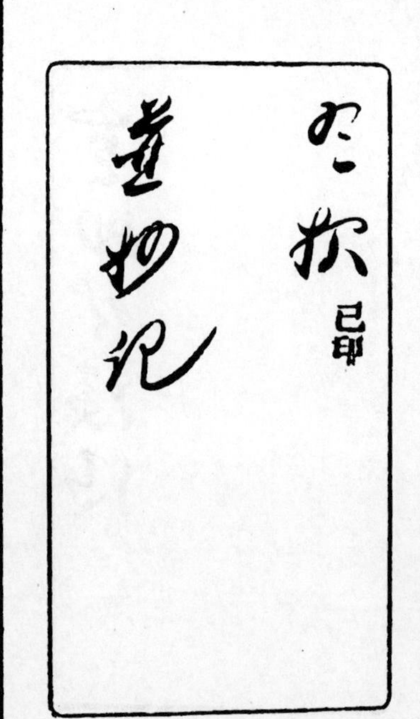

627

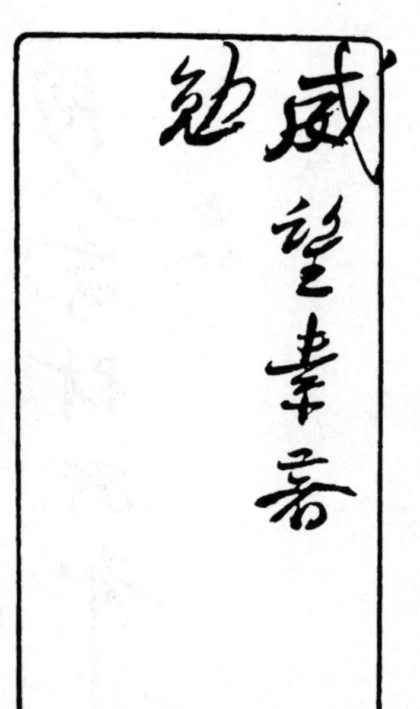

628

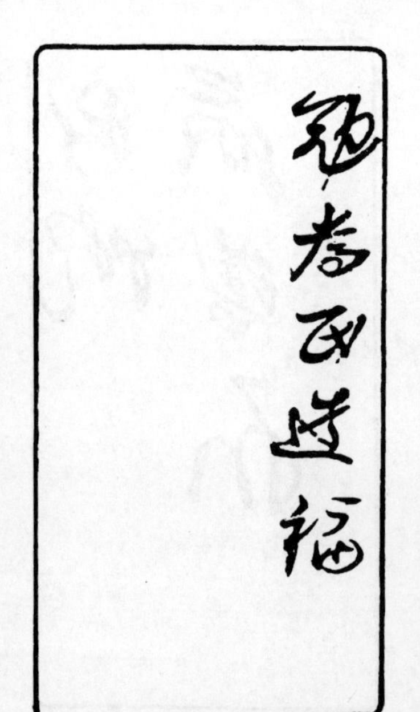

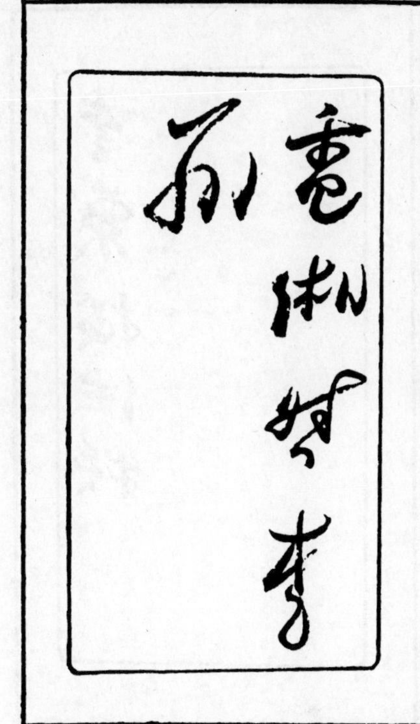
629

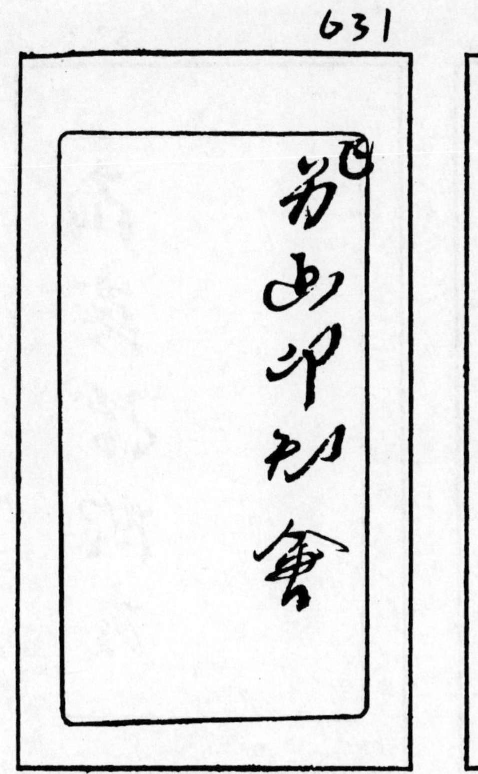
631

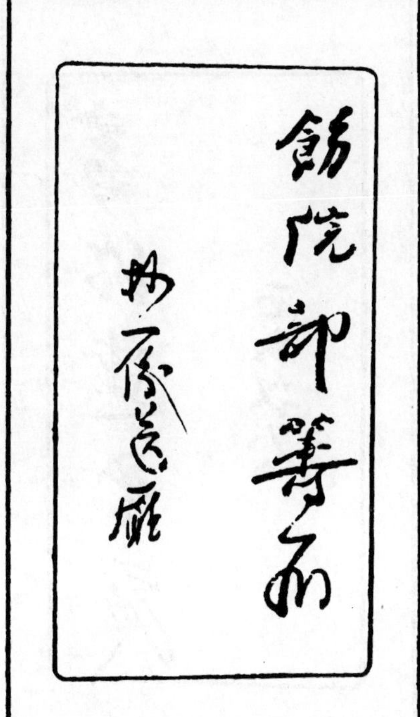
630

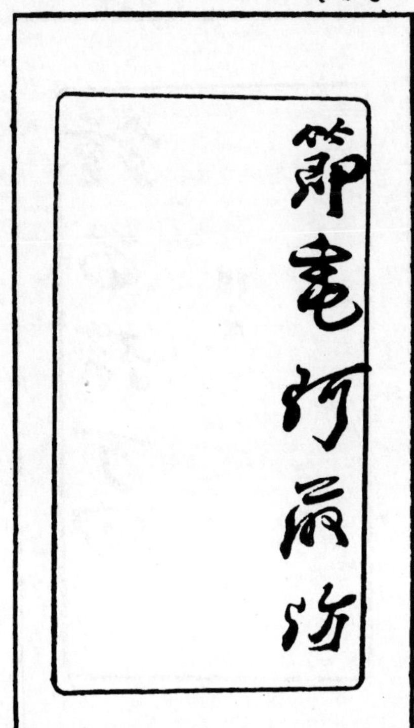
632

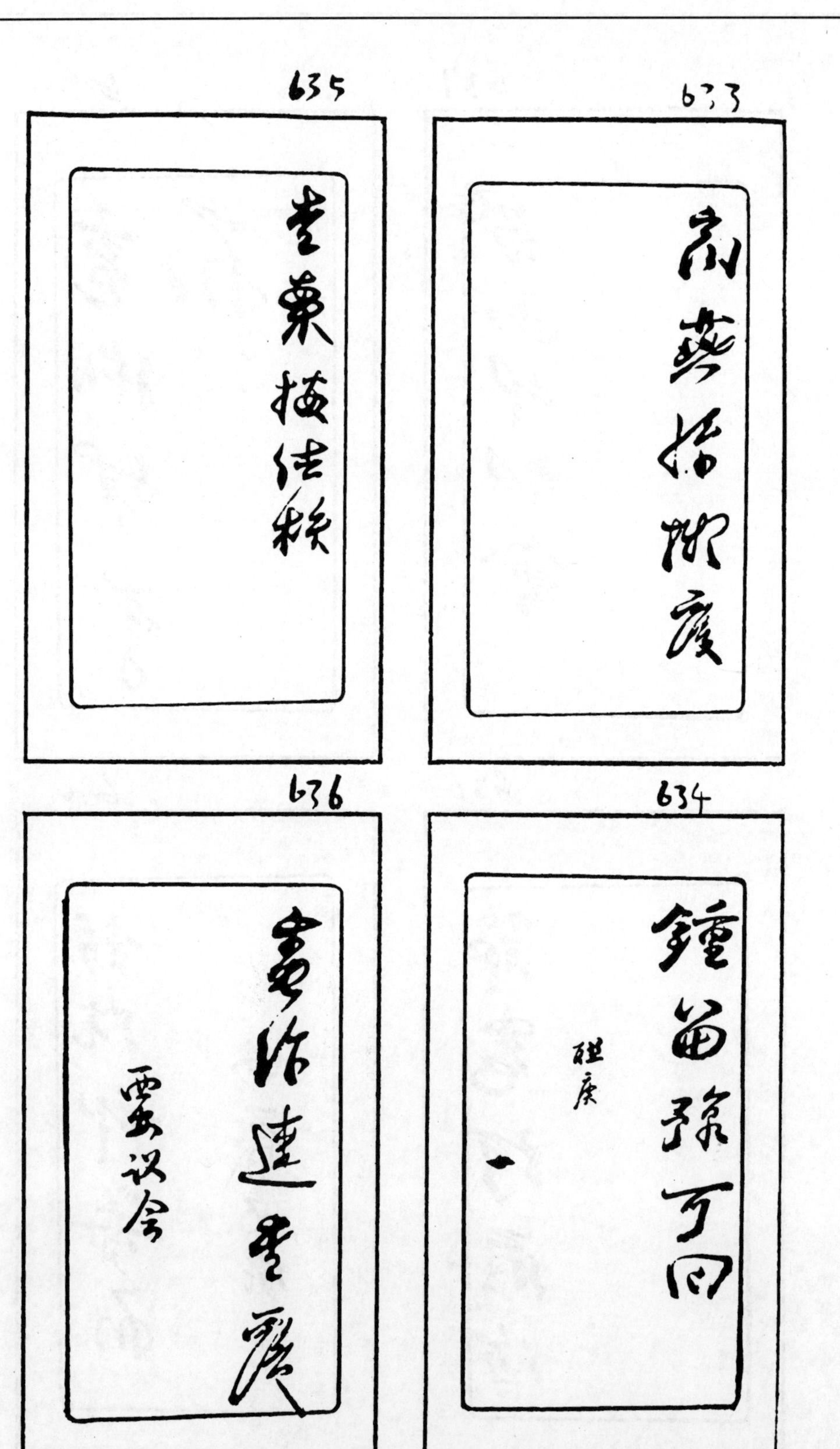

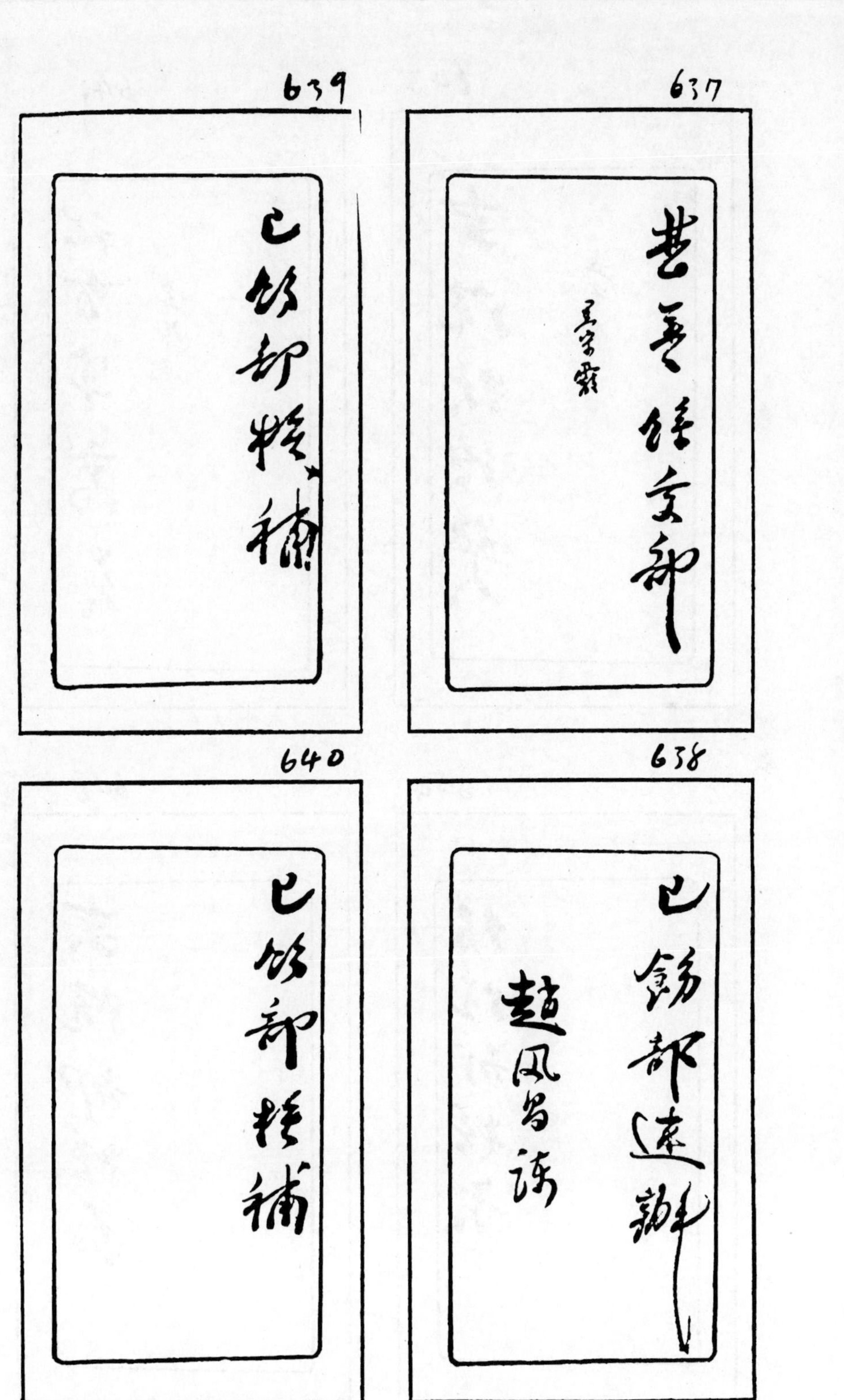

637

甚是，俟交部

王宇霖

638

已飭部速辦

趙鳳昌請

639

已飭部核補

640

已飭部核補

641

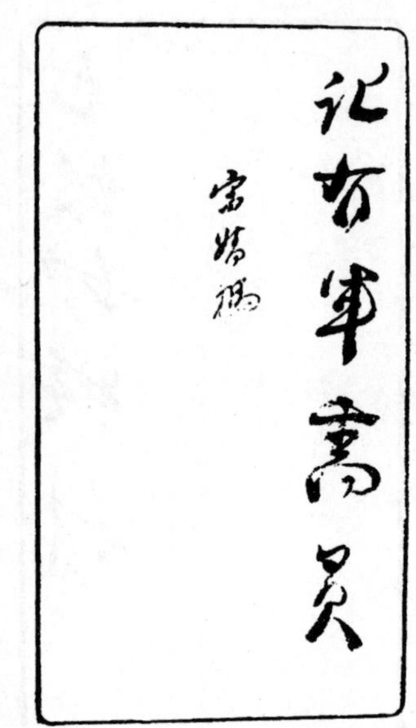

642

643

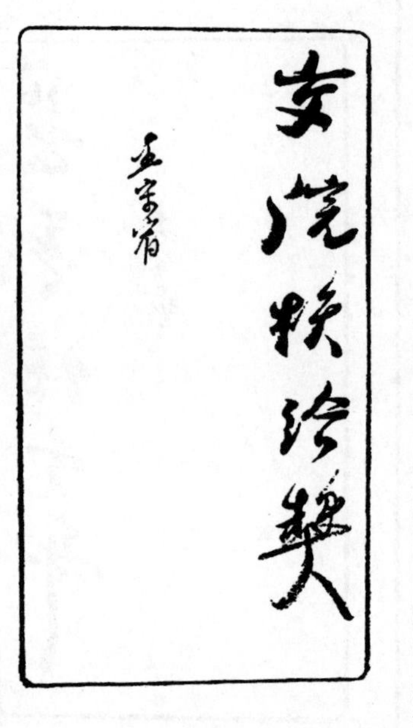

644

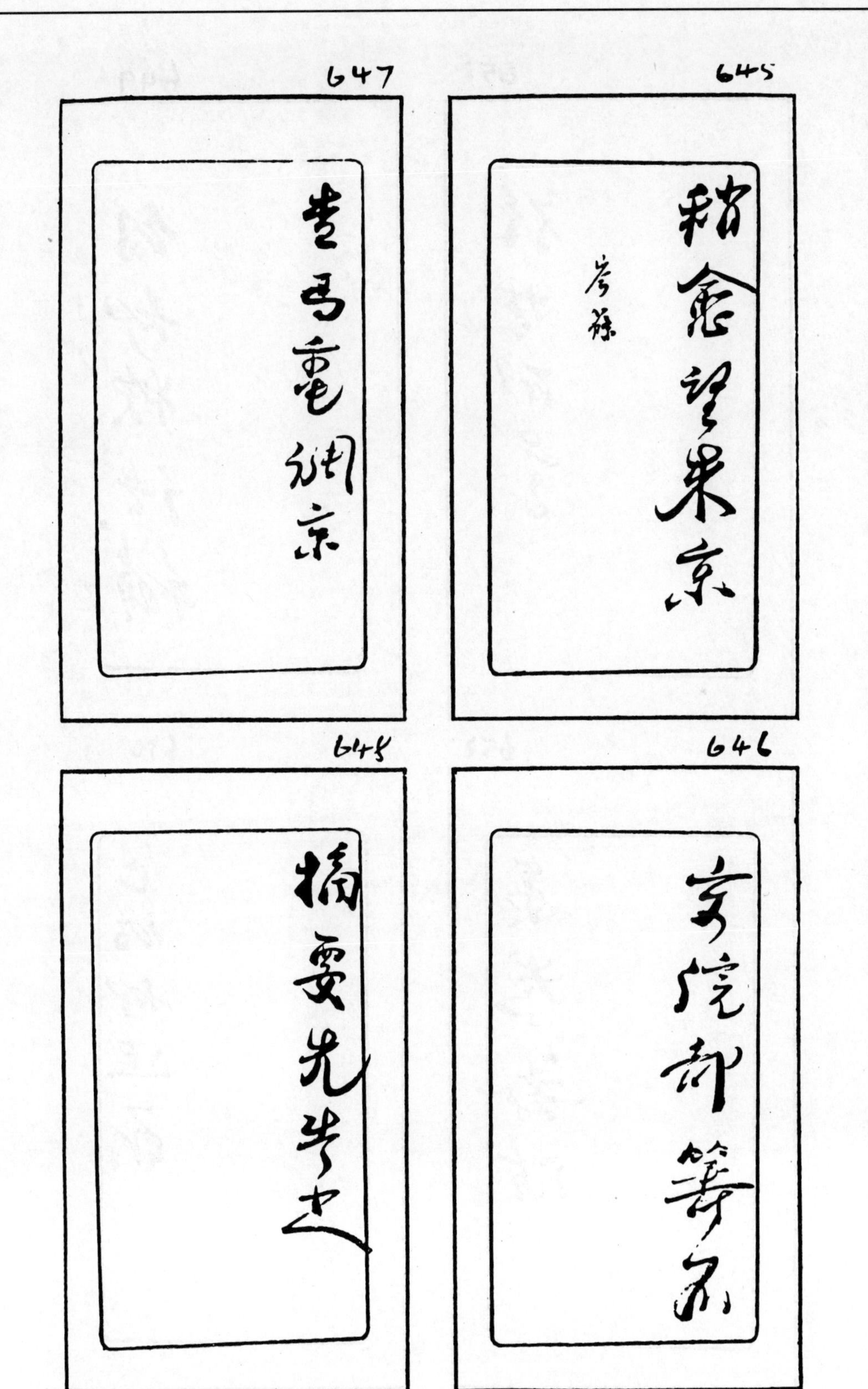
647
645
648
646

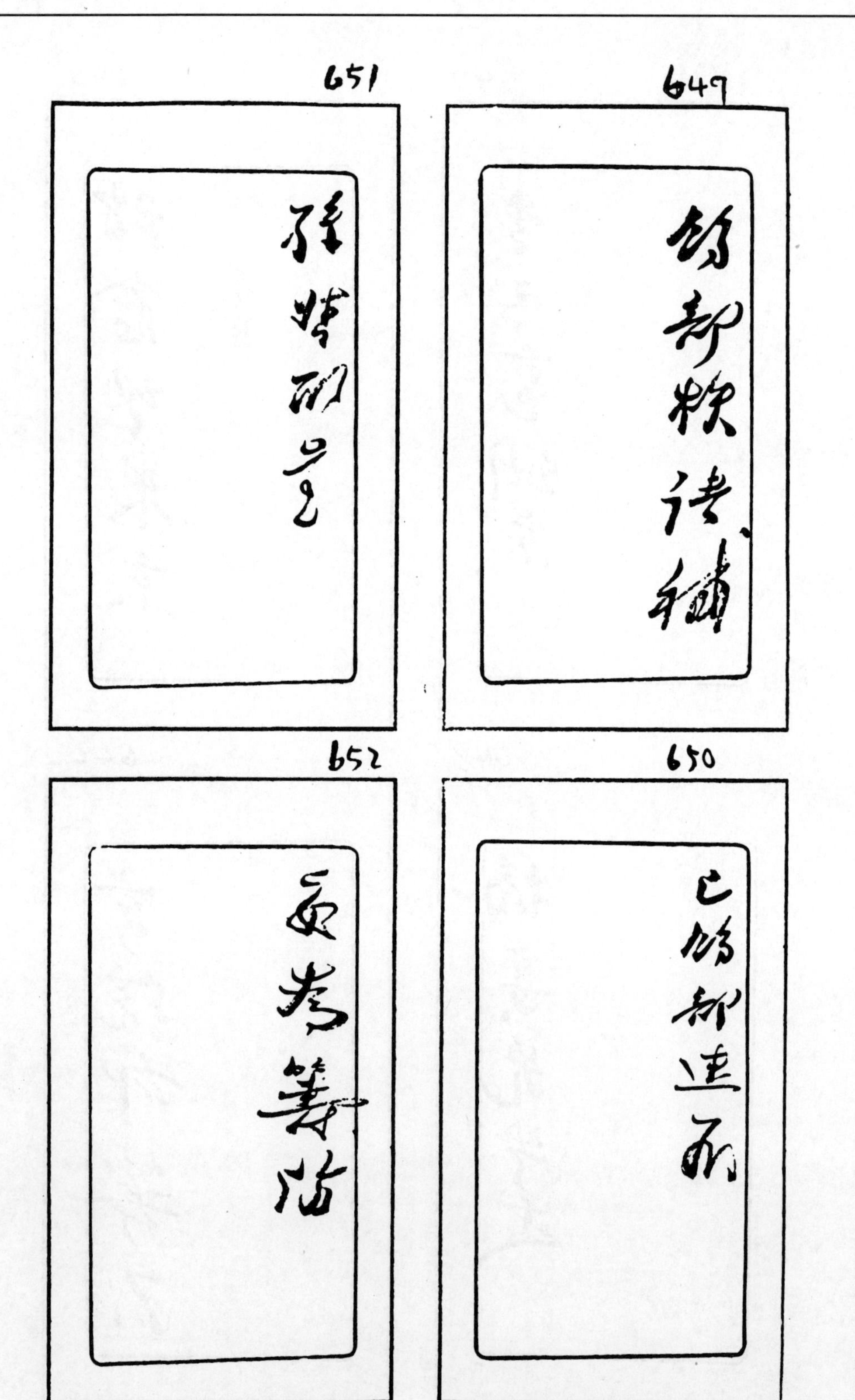
651
649
652
650

653
654
655
656

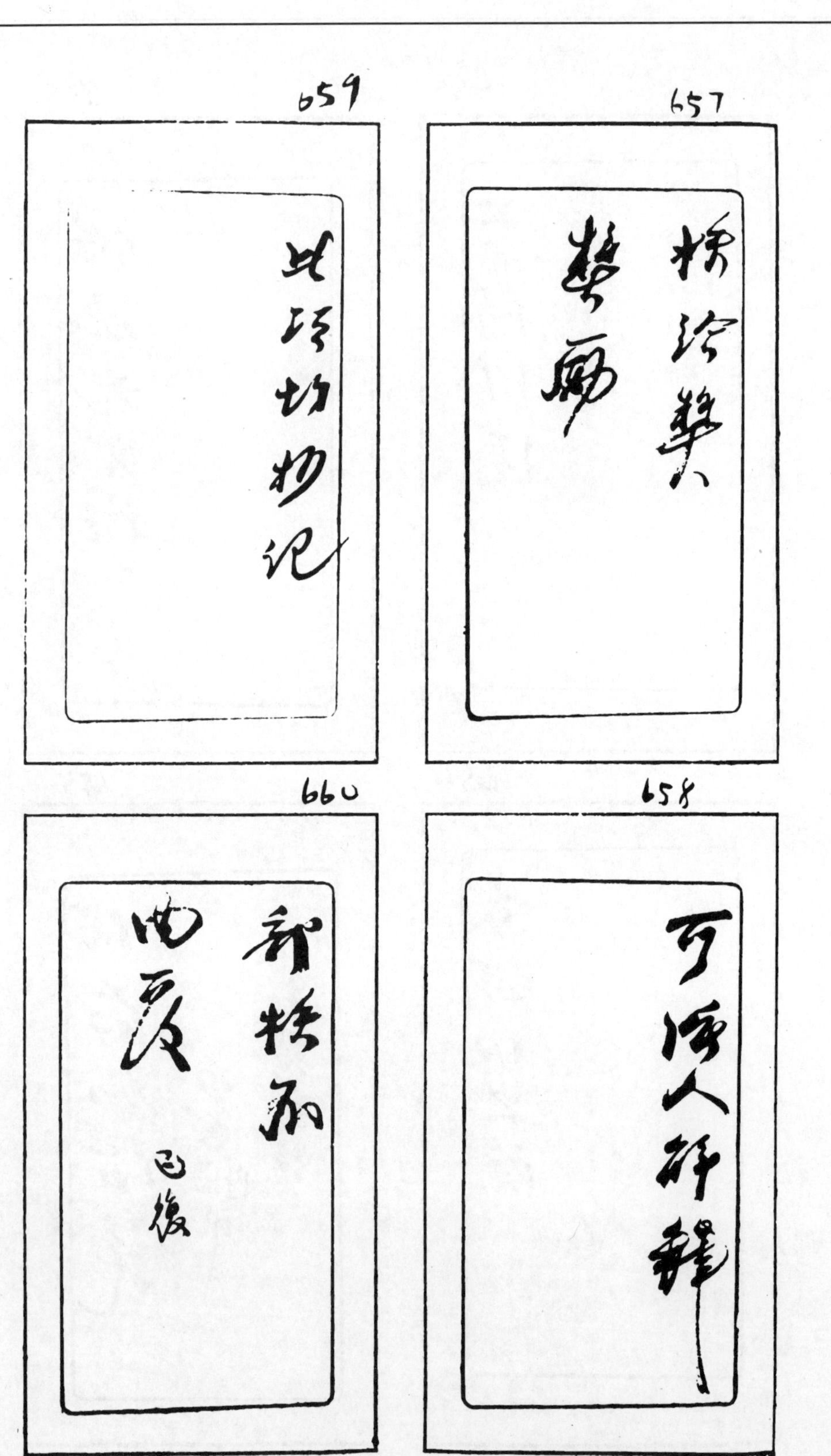
659
657
660
658

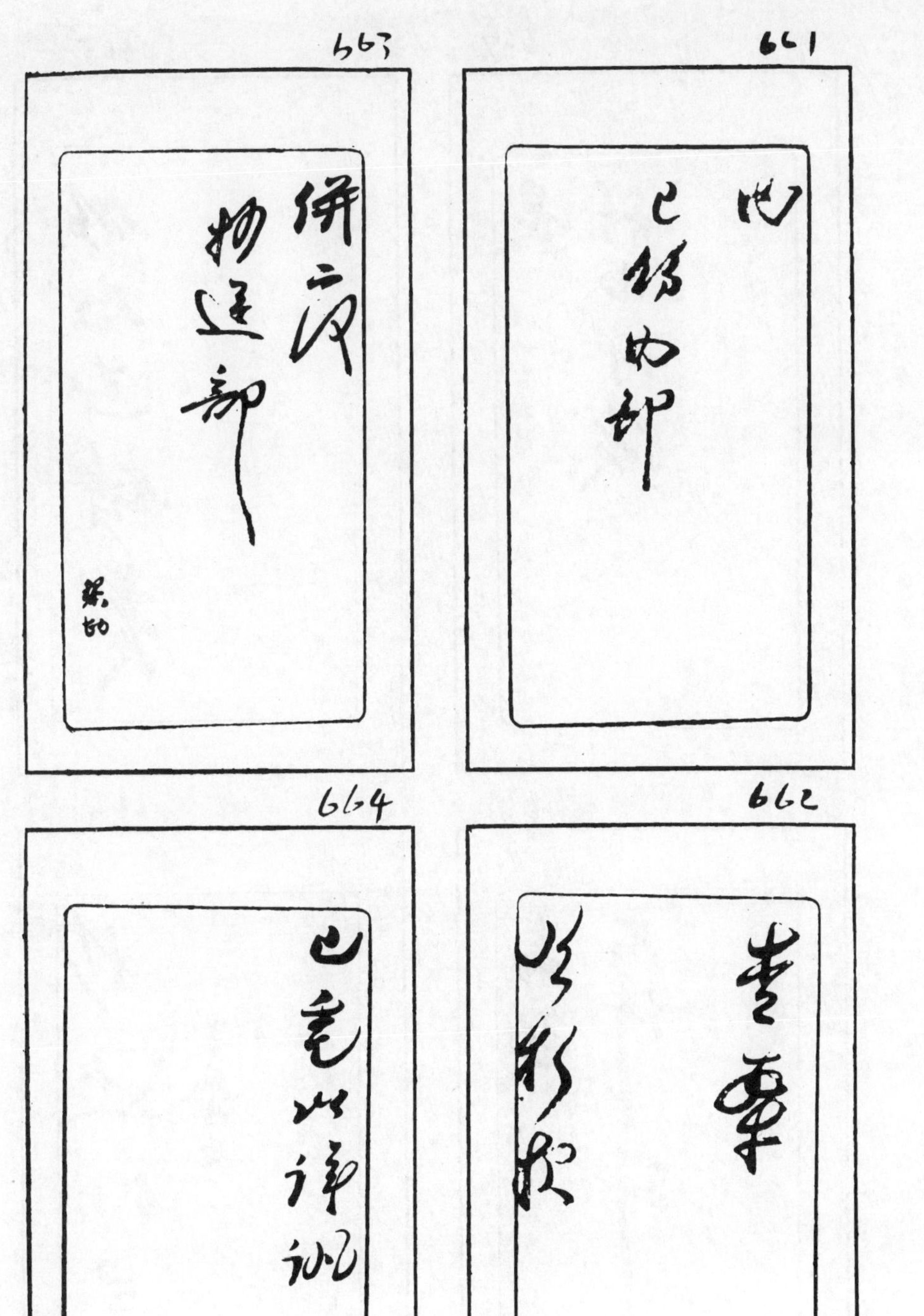

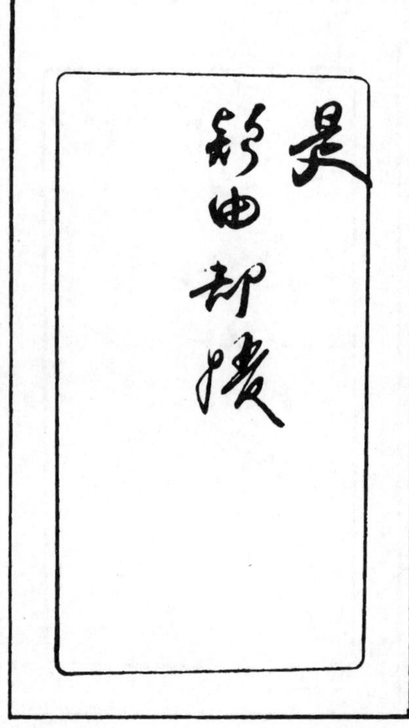
667

665

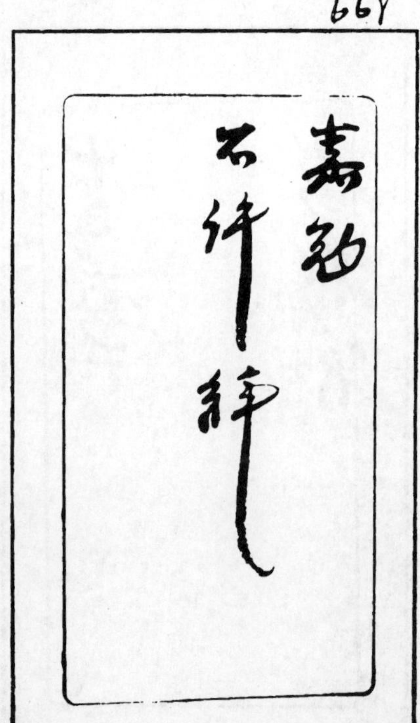
664

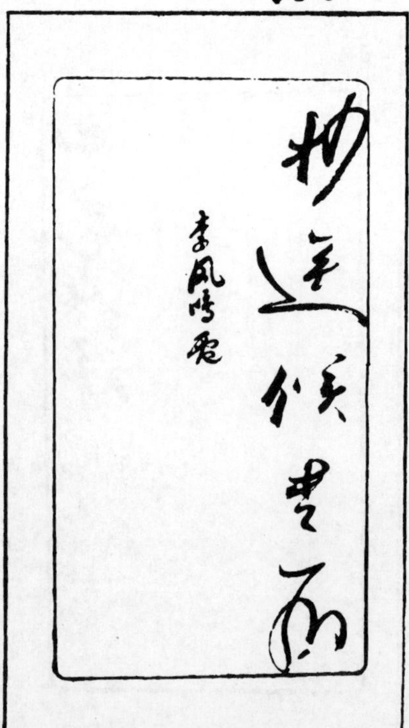
666

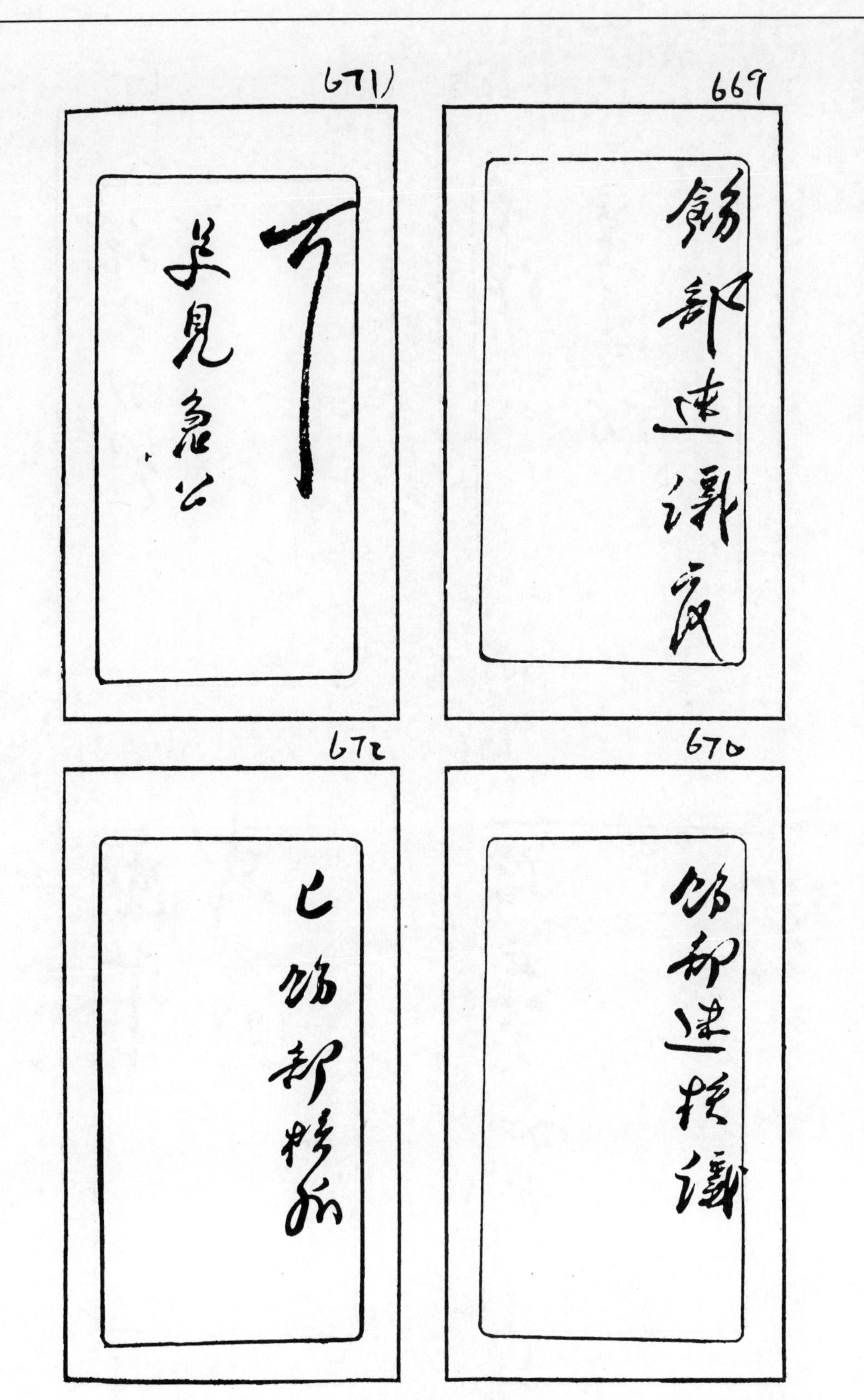

675
673
676
674

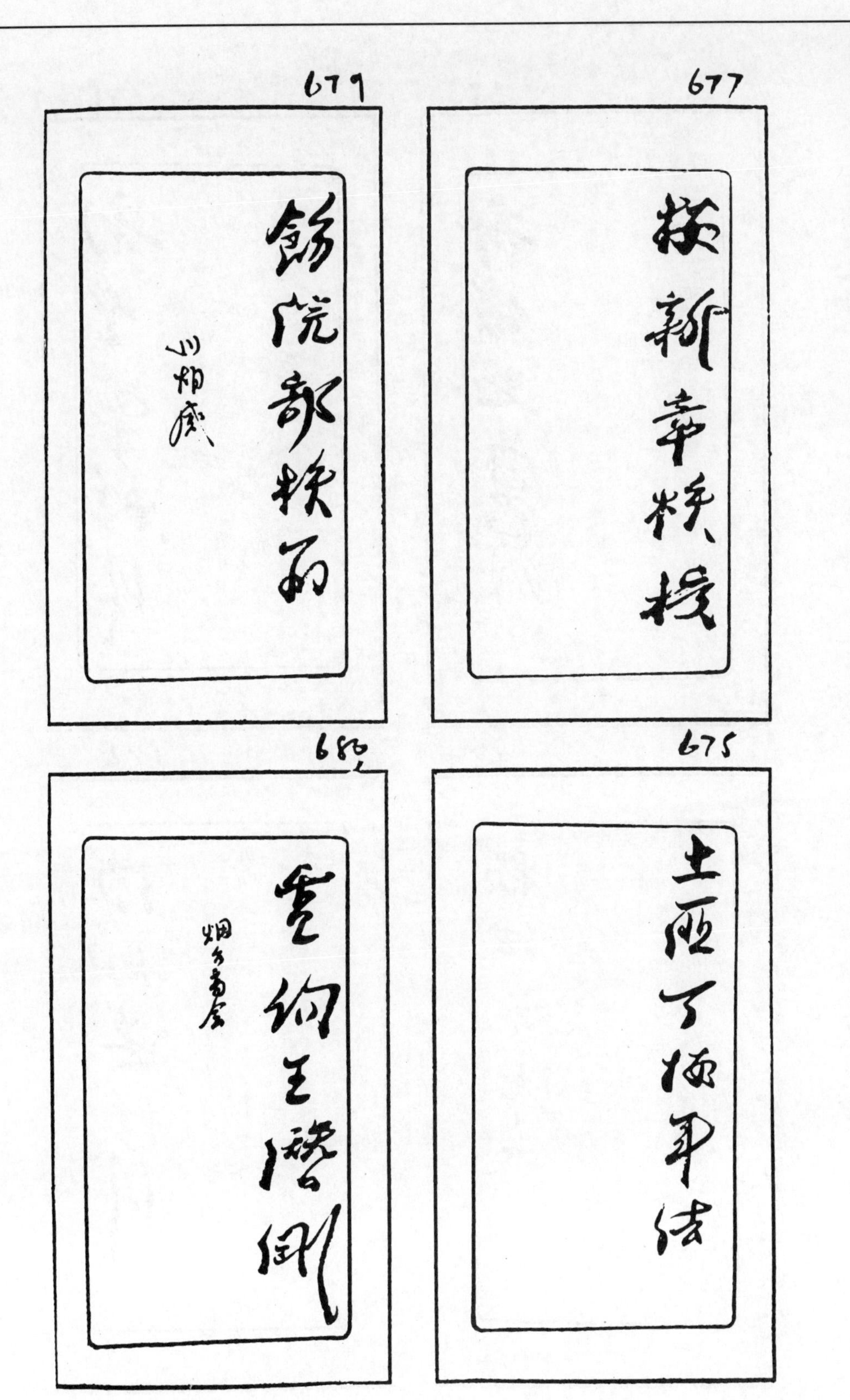
679
677
680
675

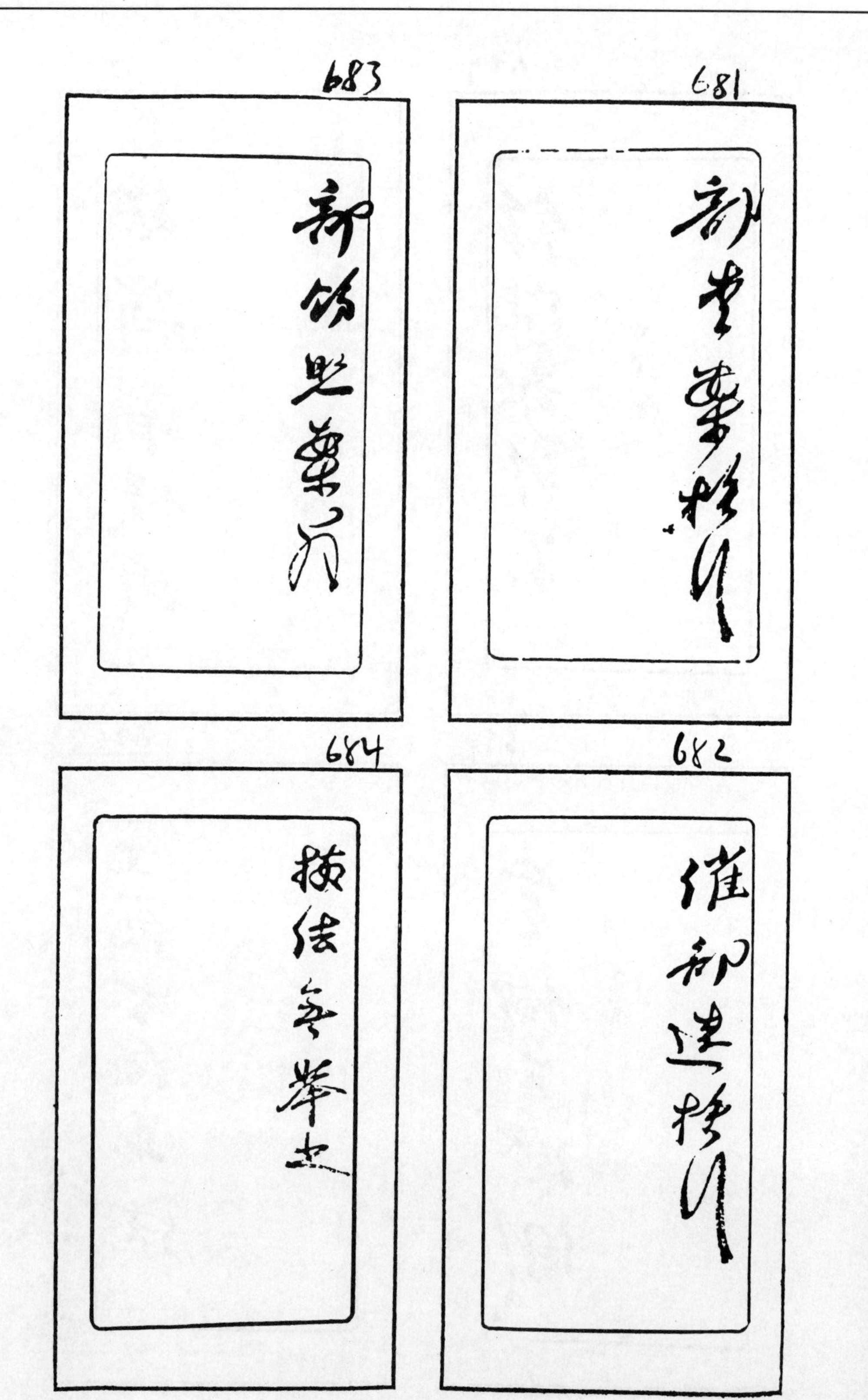

681
683
682
684

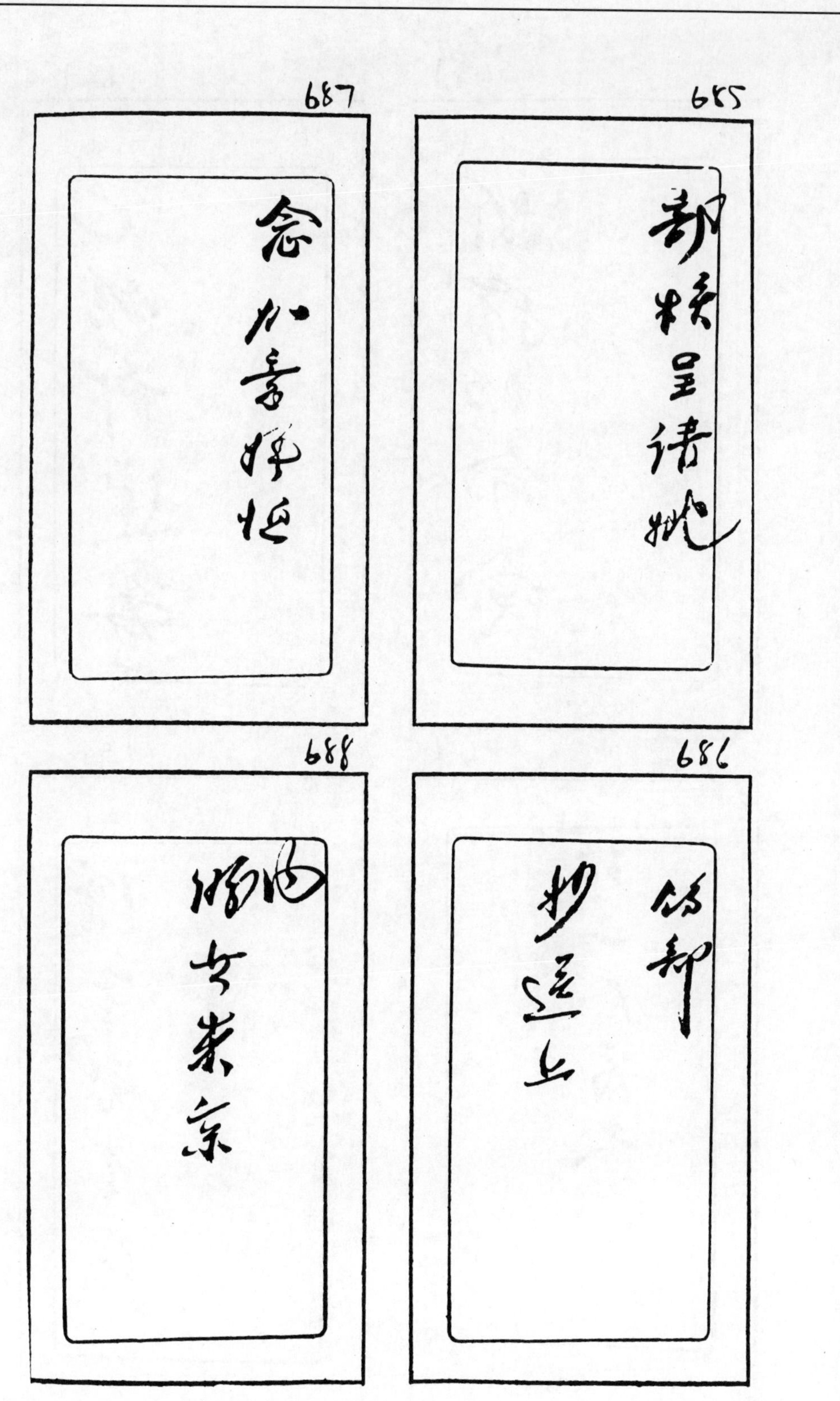
685
687
686
688

已飭即速等

柳痛切命令

692

690

約二广商之

王家璟

張室尉考所

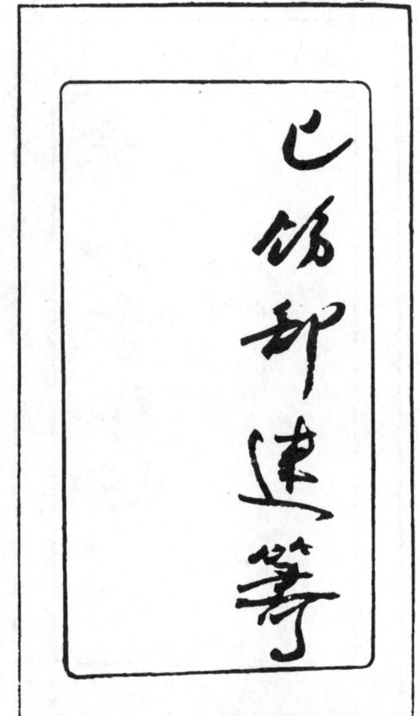

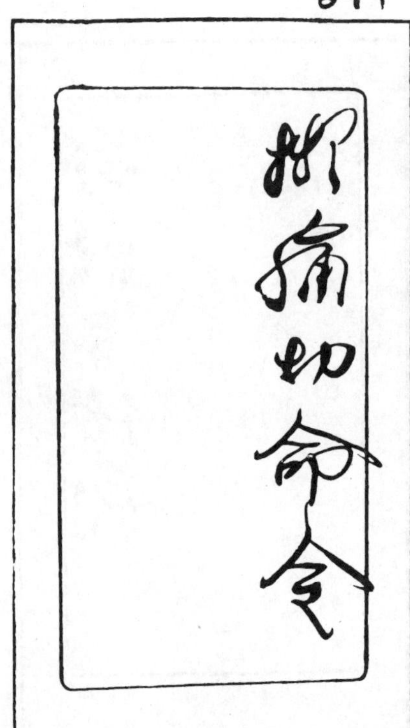

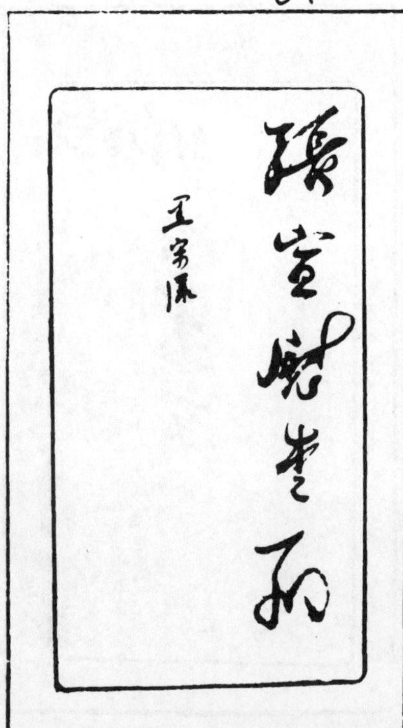

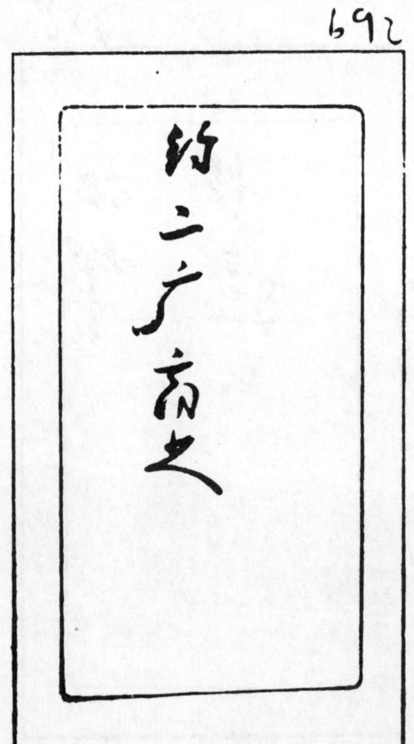

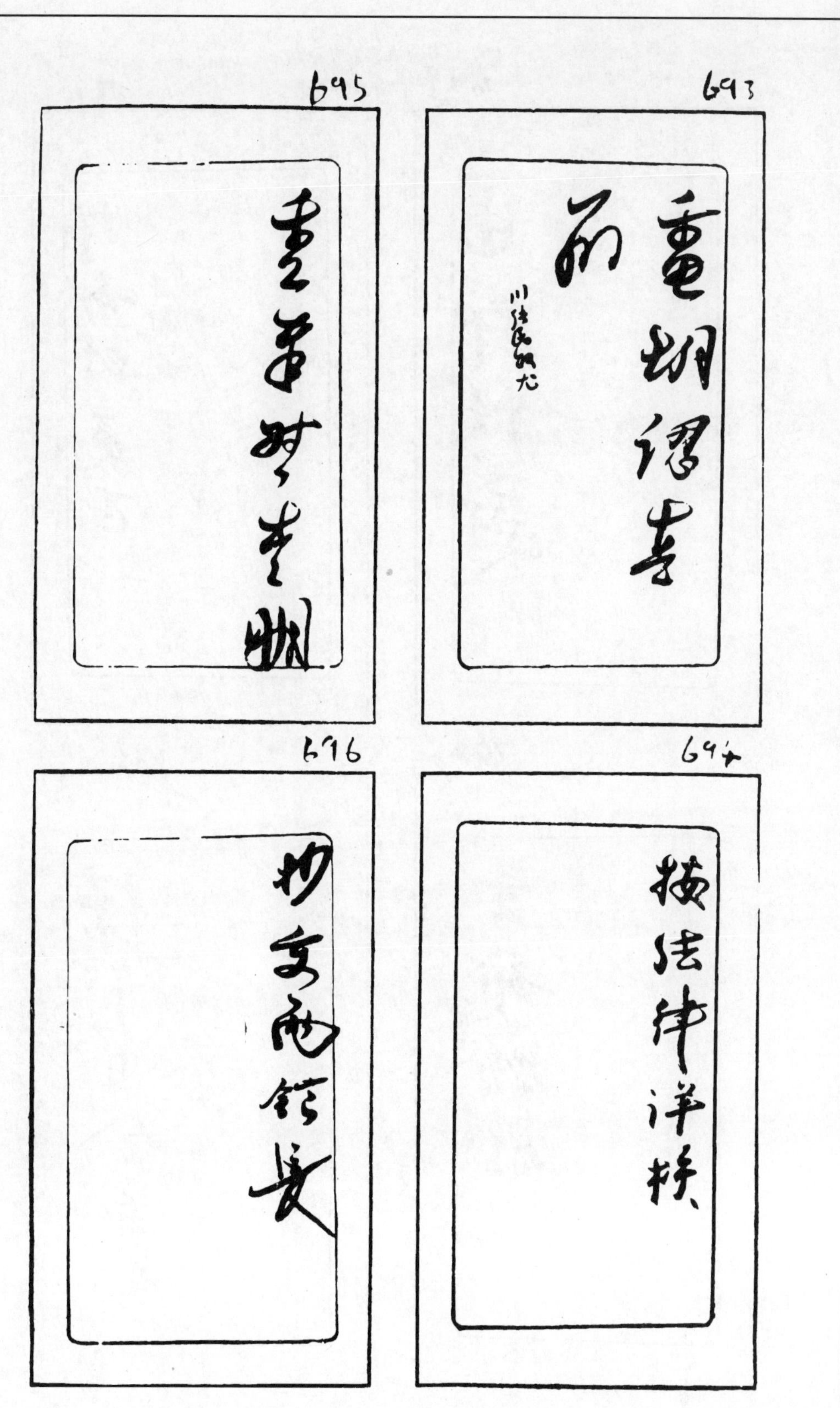

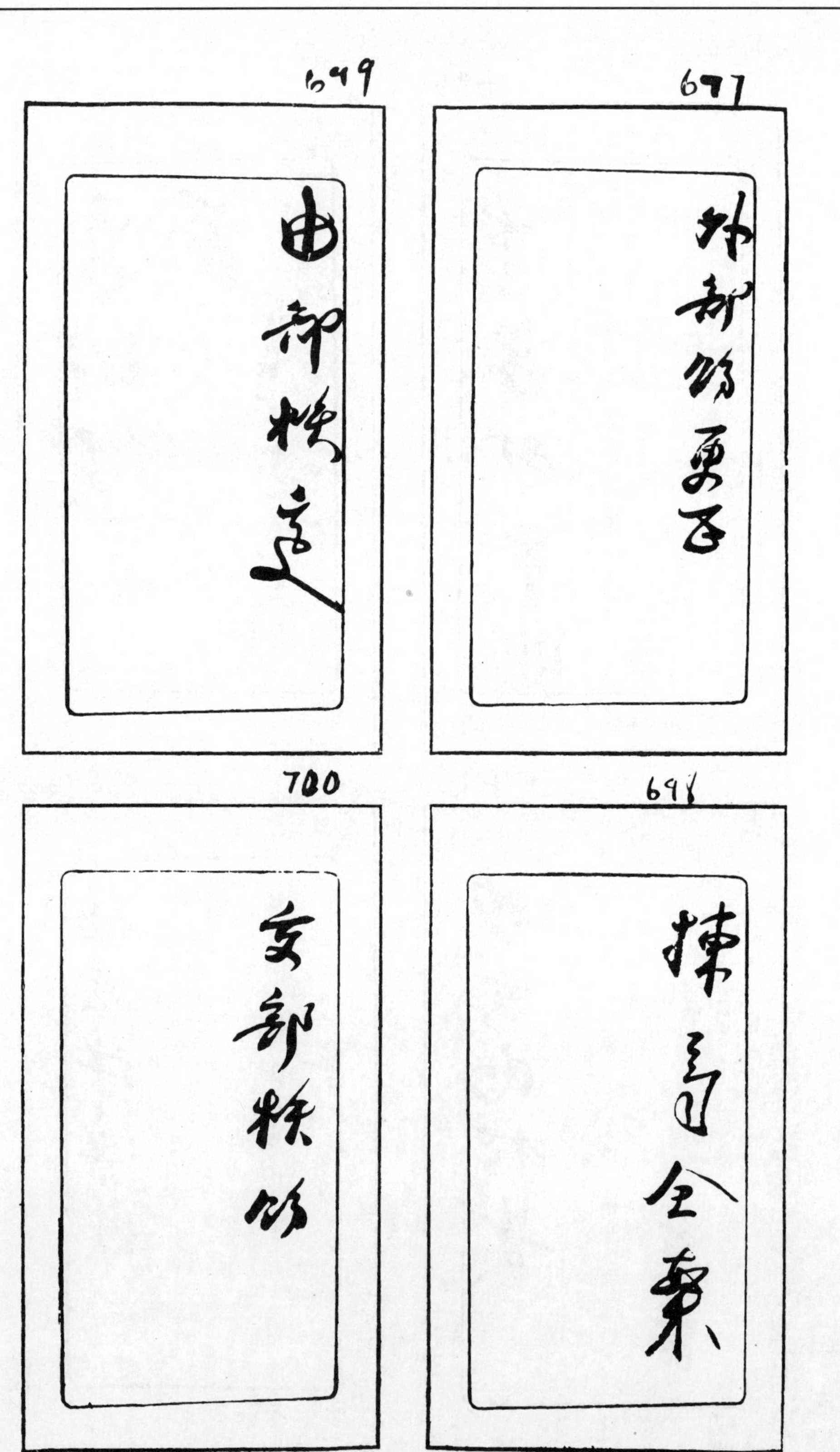
699
697
700
698

701
703
702
704

705

706

707

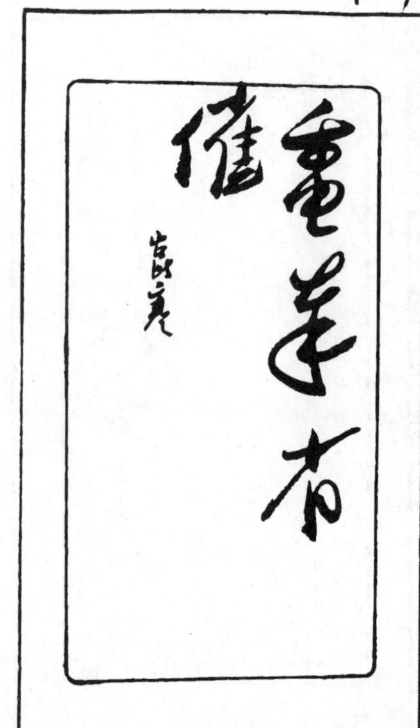

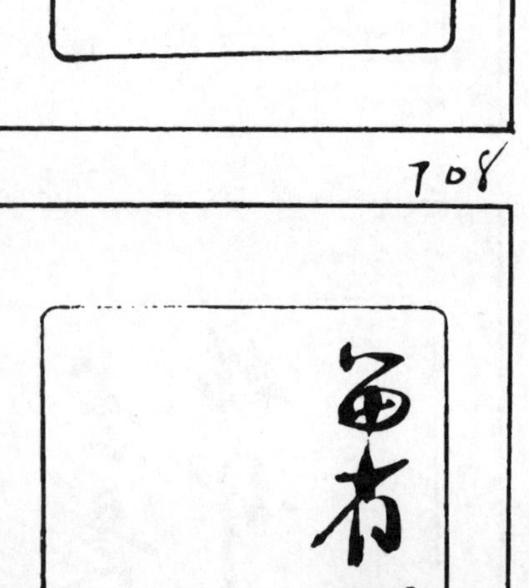

708

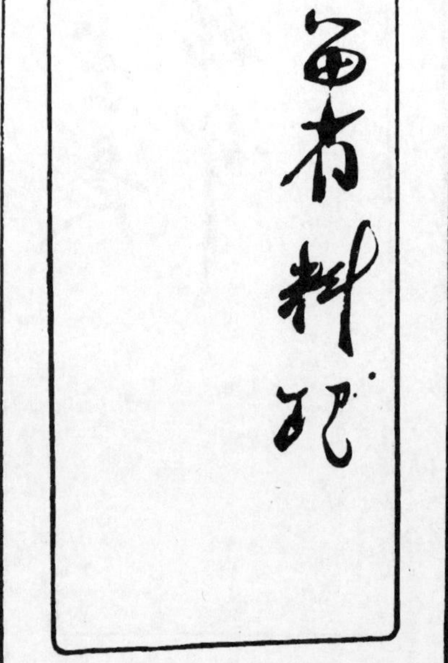

709
711
710
712

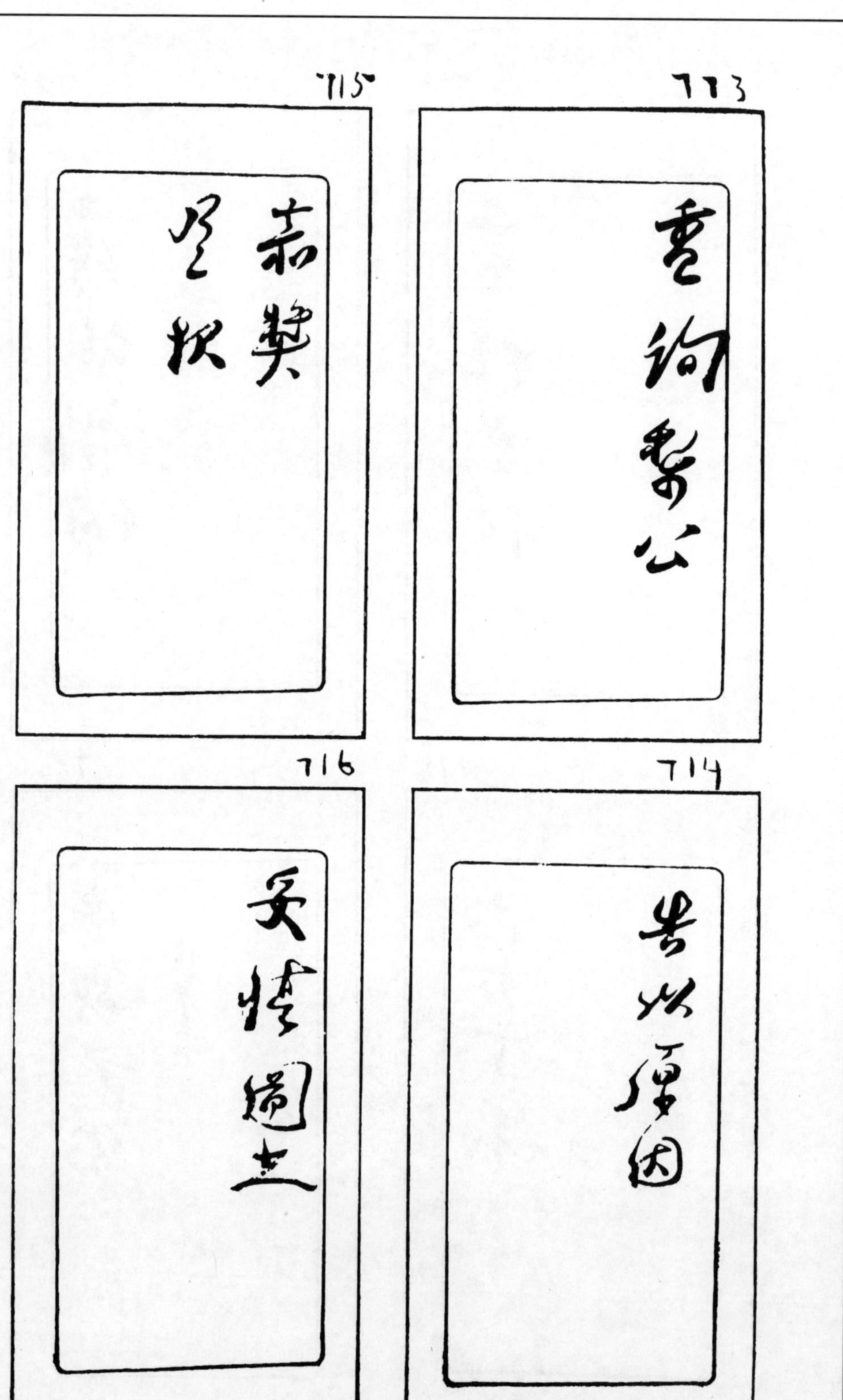
713
715
714
716

719
717
720
718

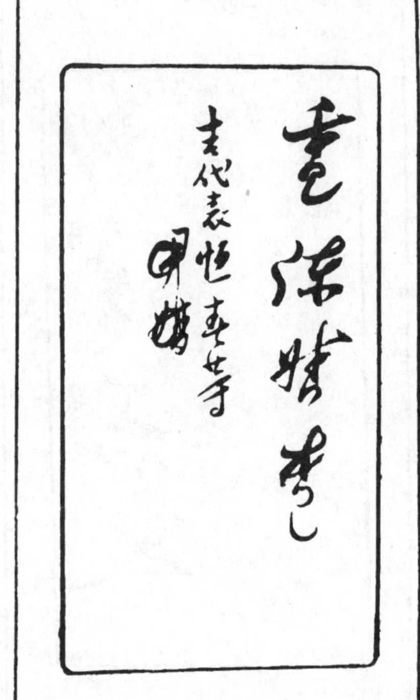

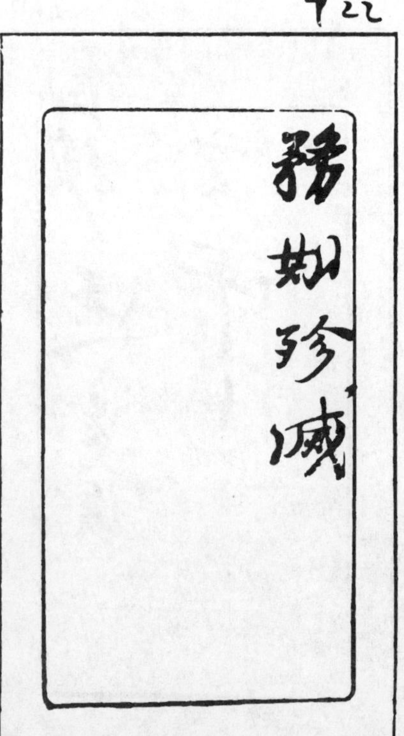

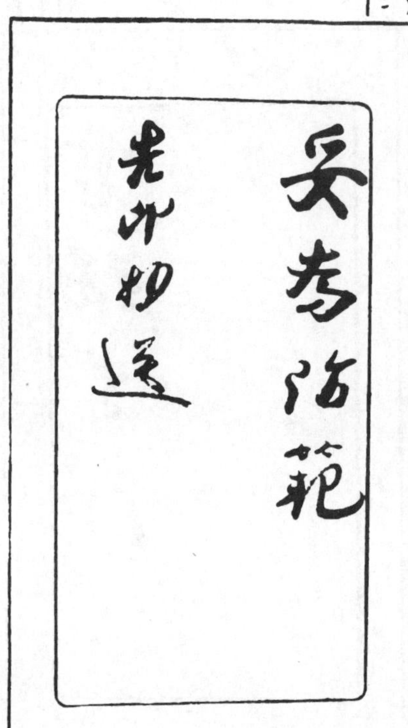

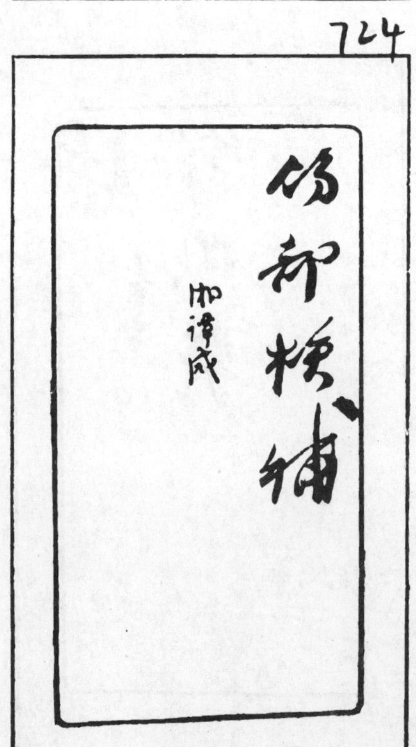

727
725
724
726

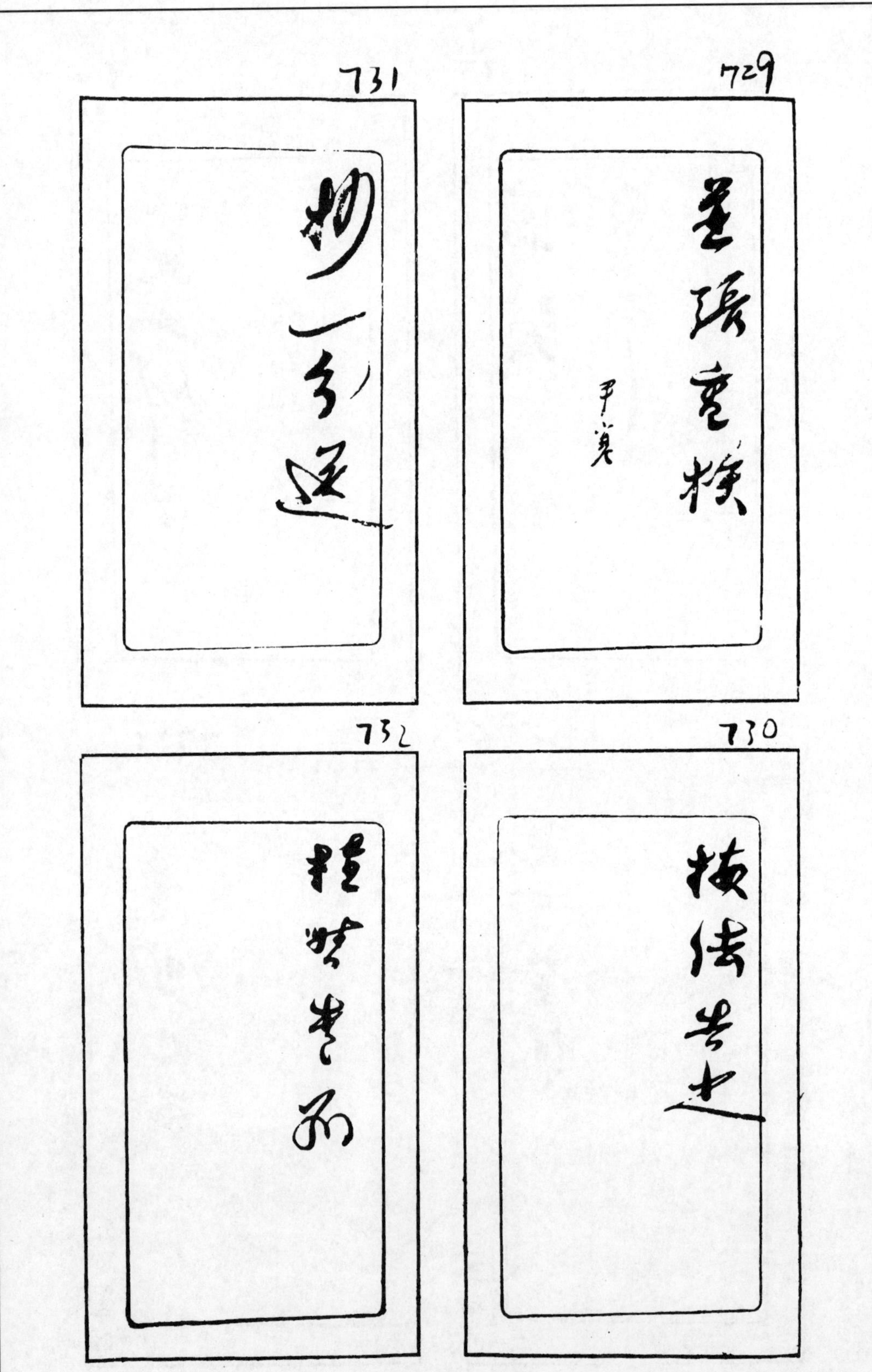
731
729
732
730

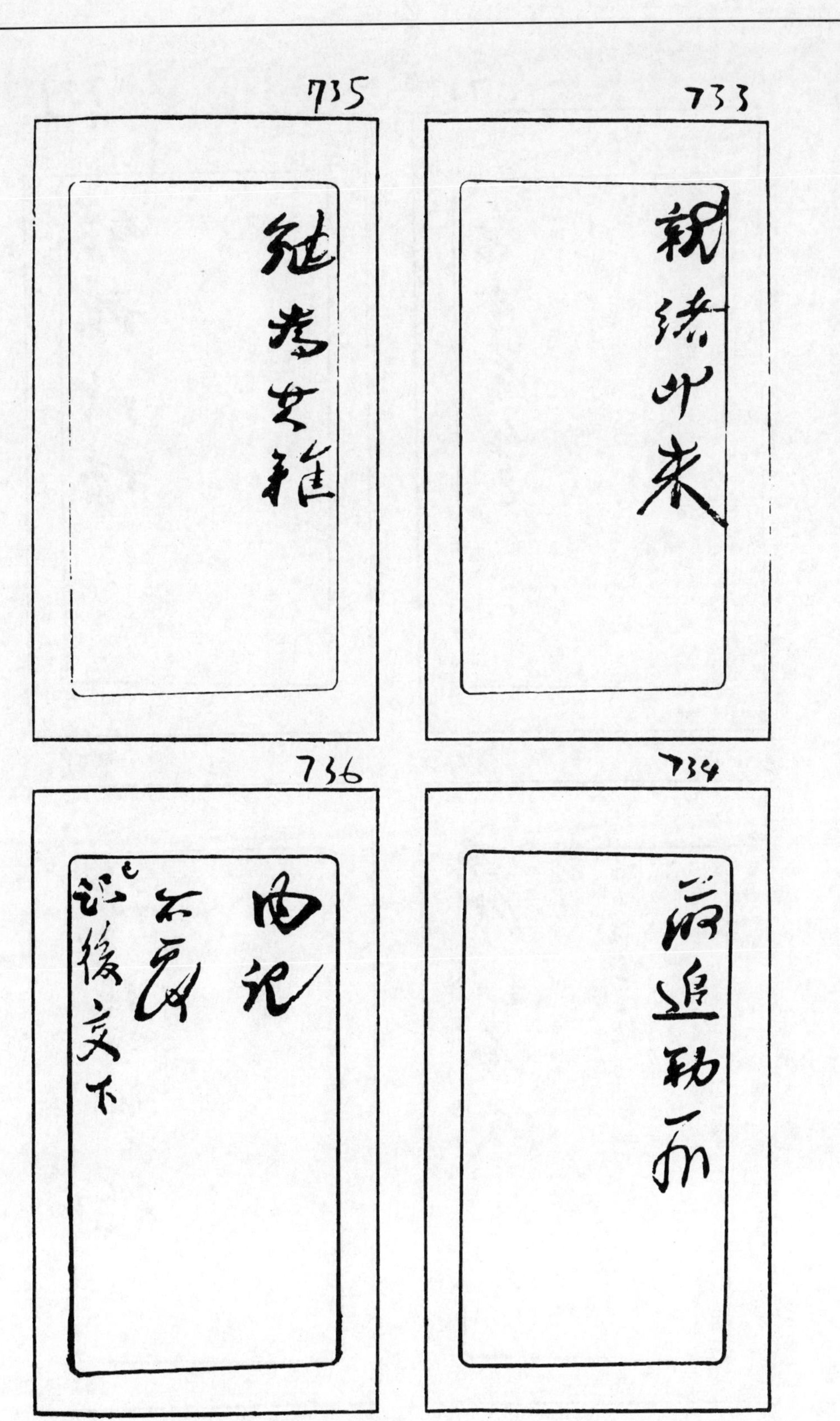
735
733
736
734

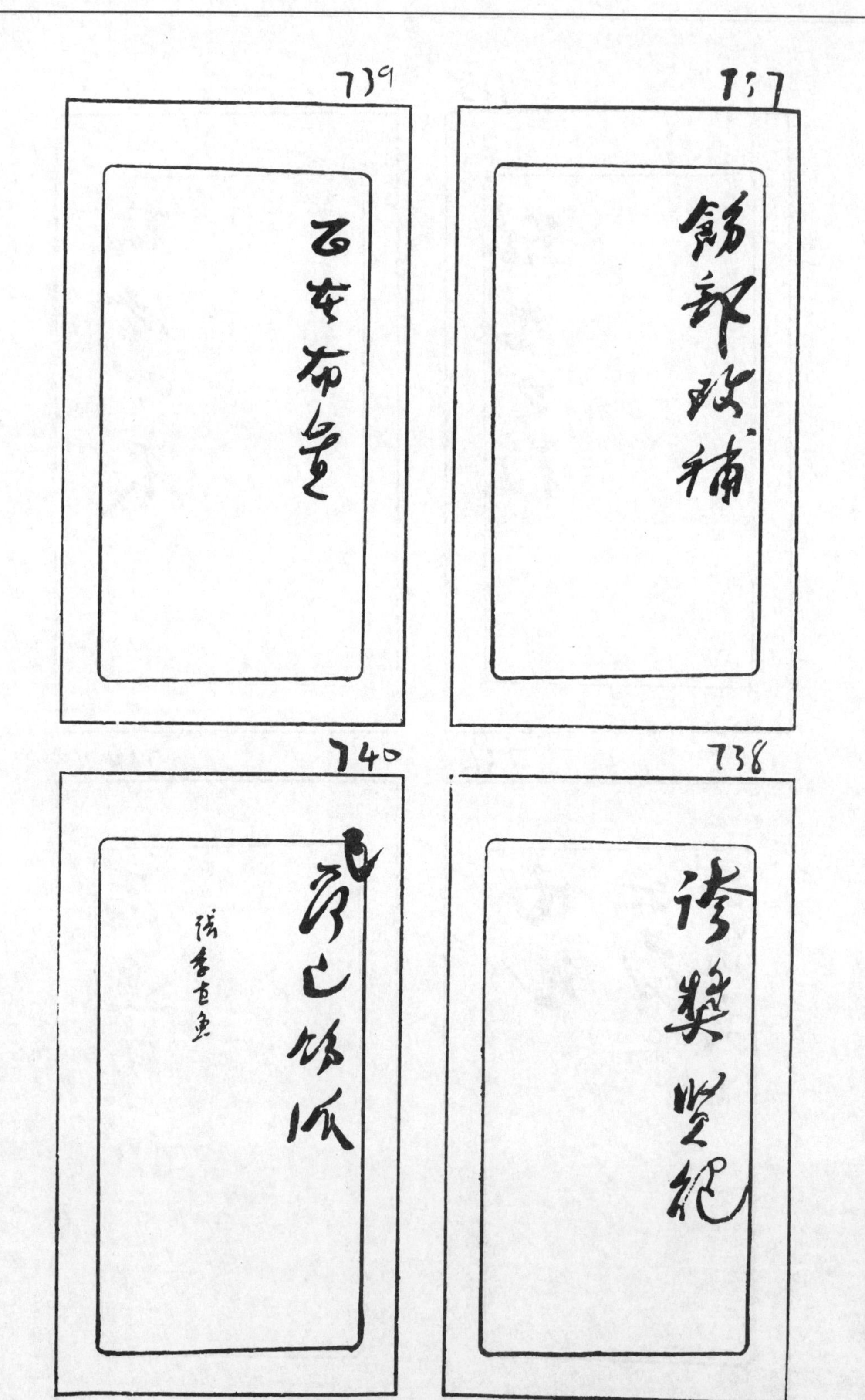

737

飭部敘補

738

739

740

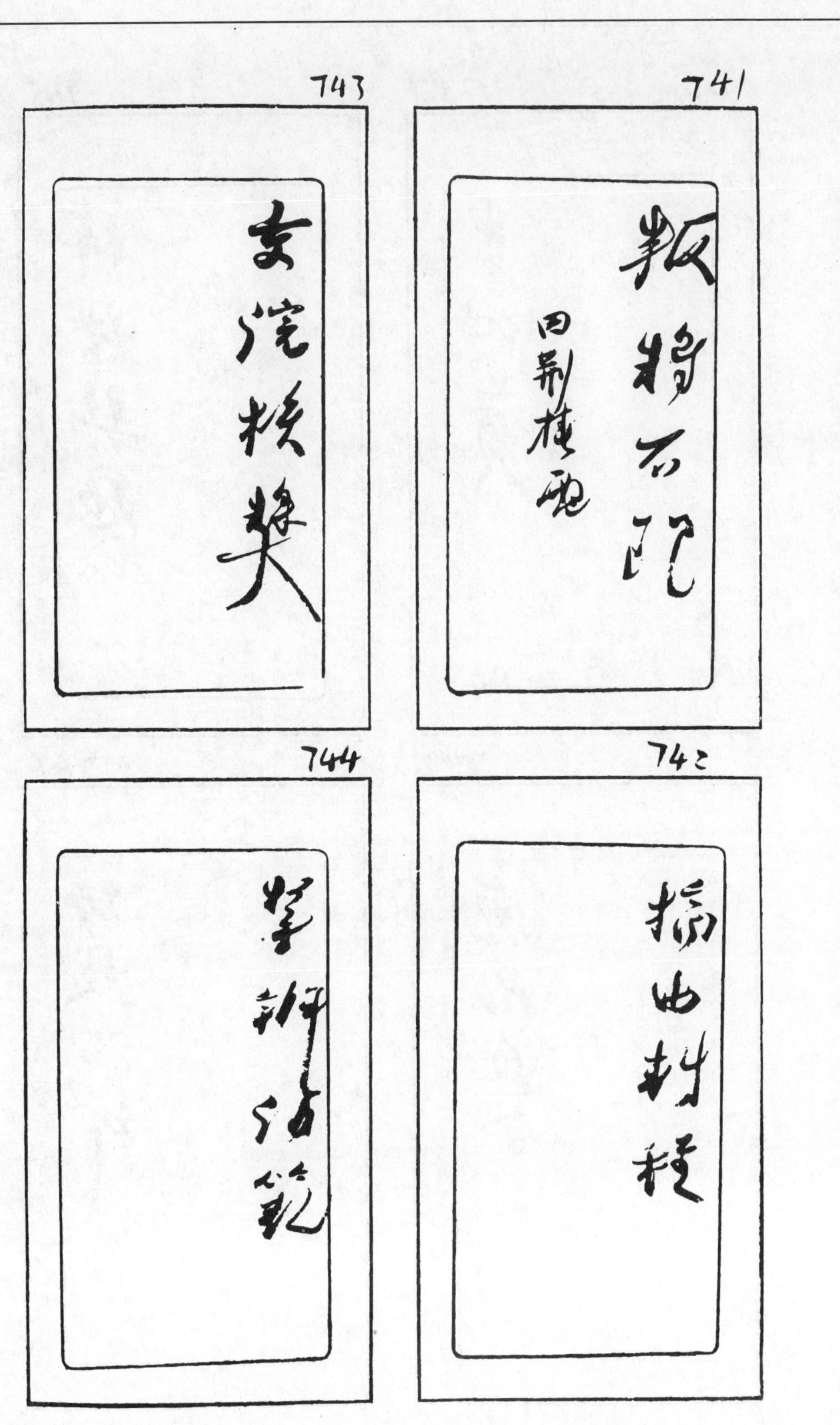
743
741
744
742

745
746
747
748

751
749
752
750

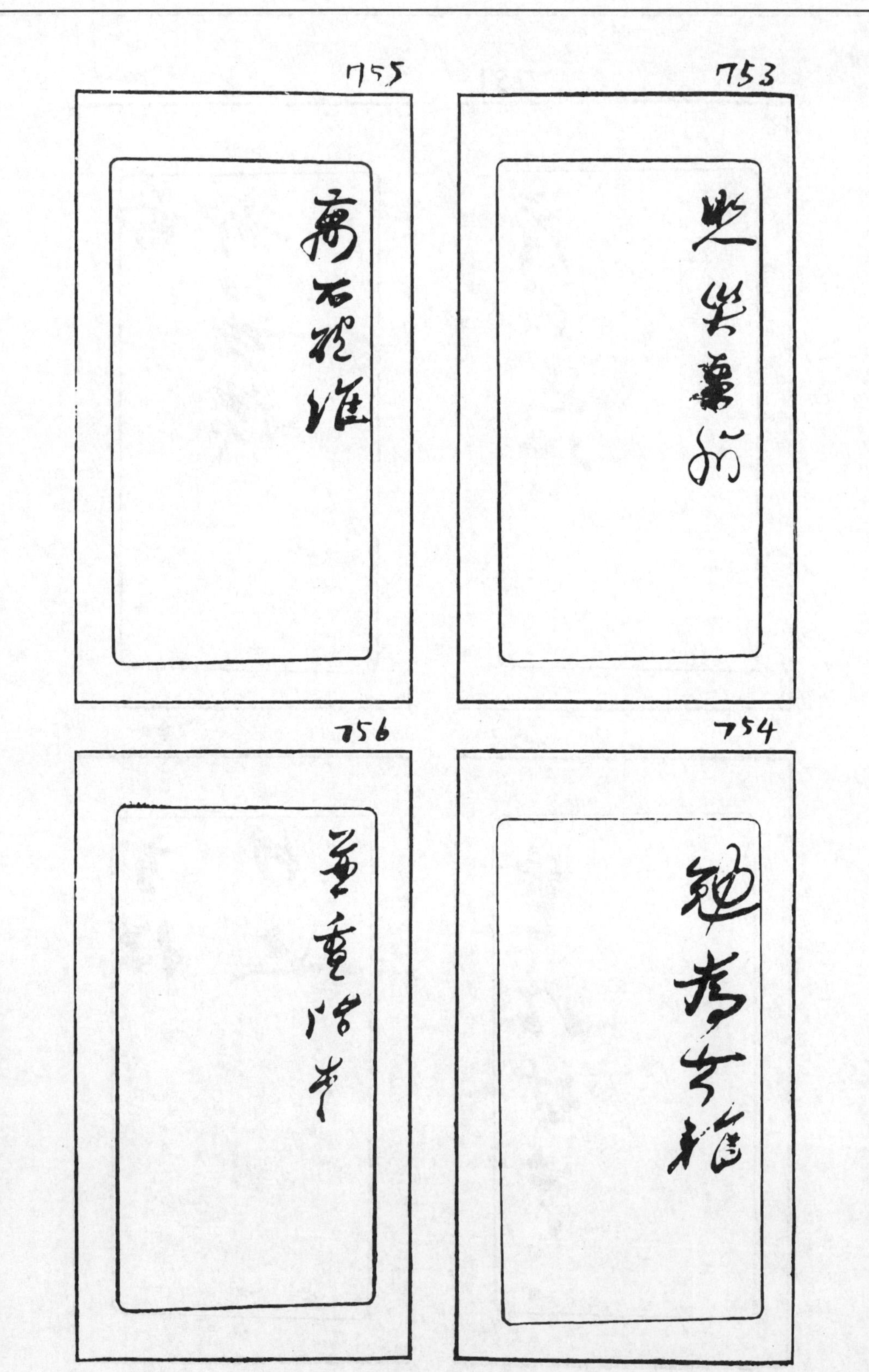
753
754
755
756

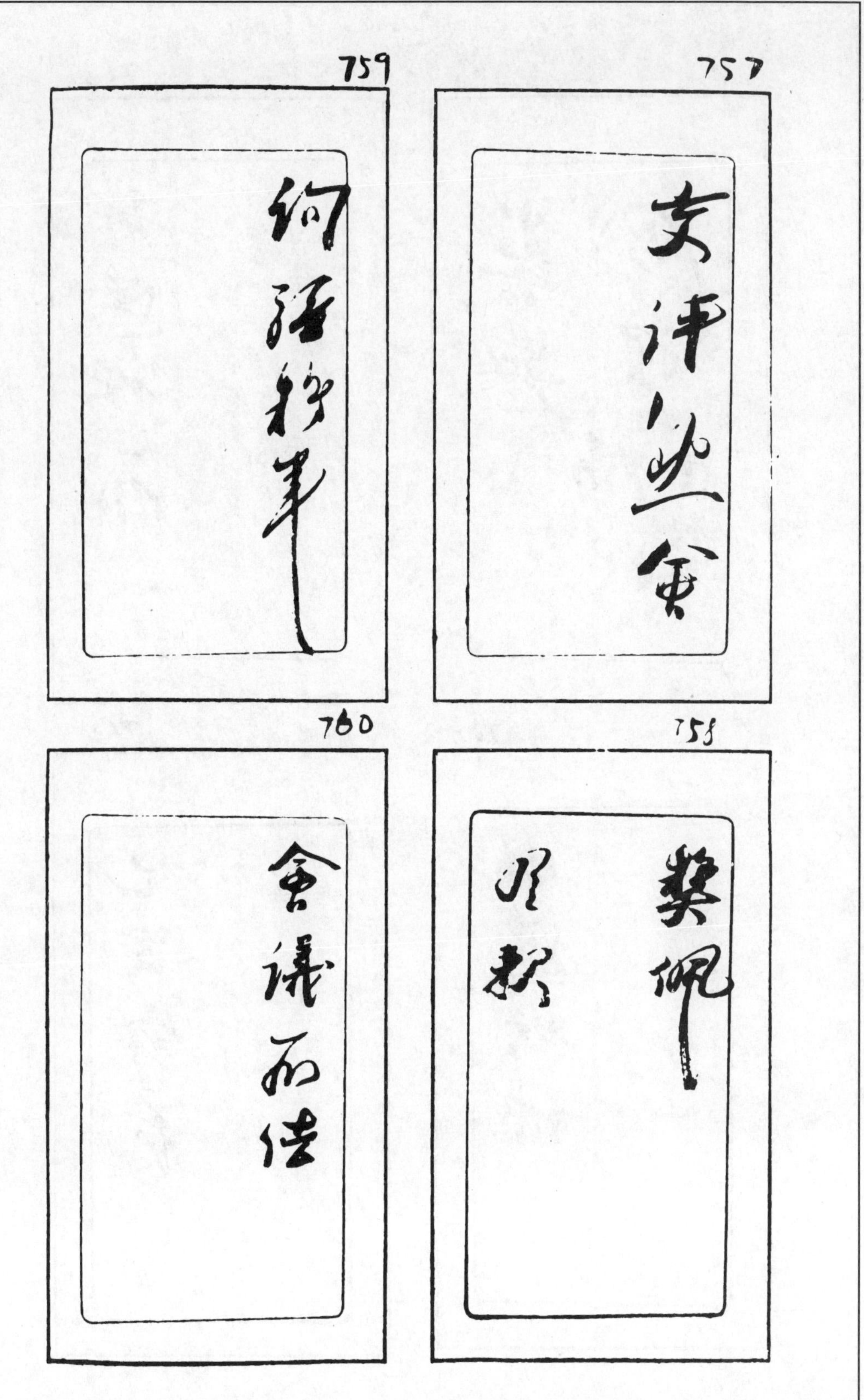
759
757
760
758

明抄 獎譽々
摘釋
達頒敬

761

部達將而

764

館達將補

762

已亥初春

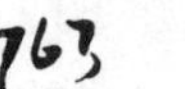

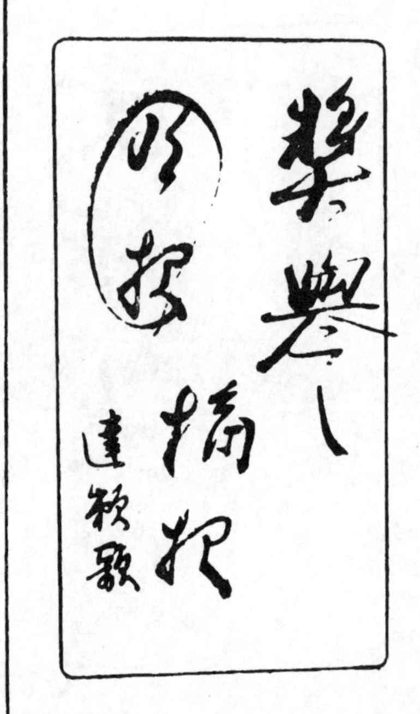

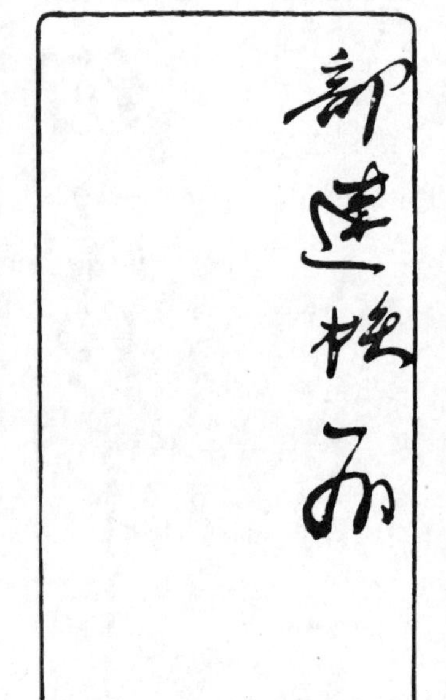

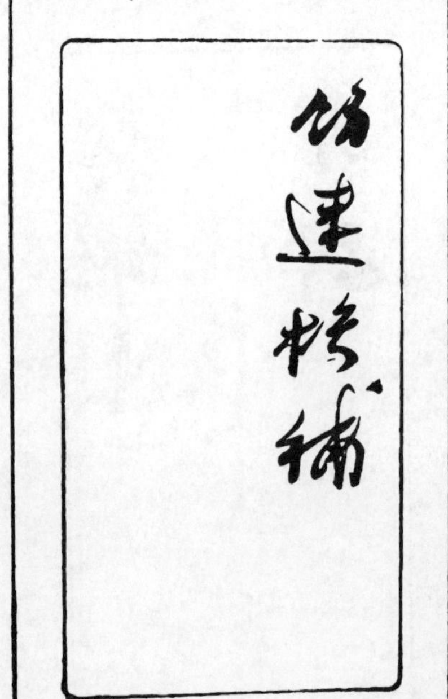

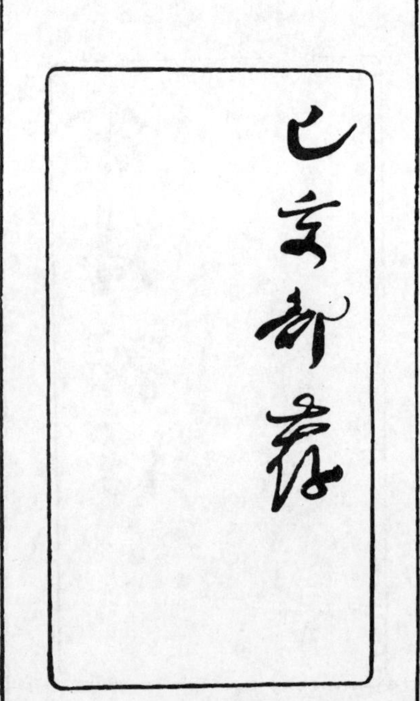

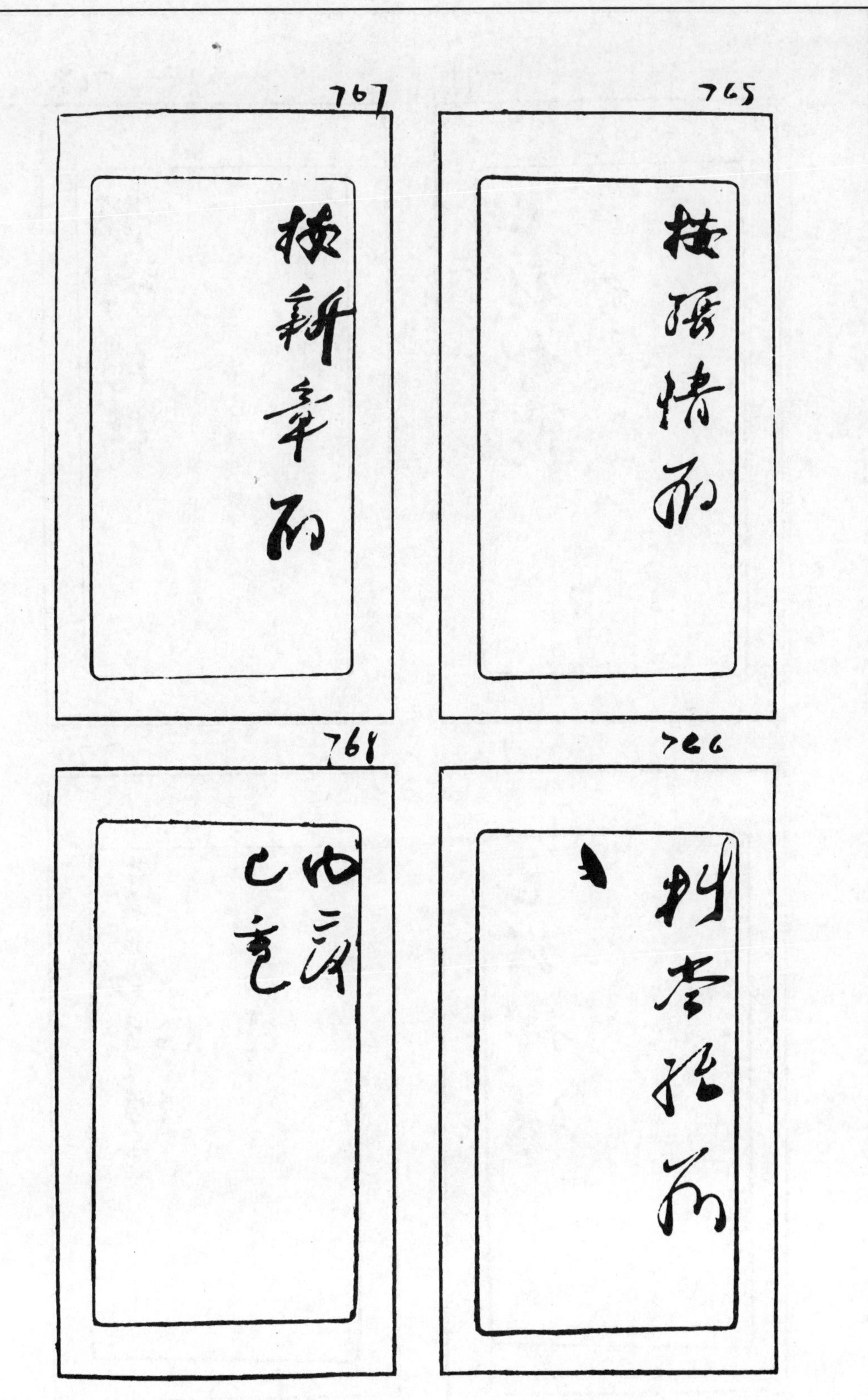

767

765

768

766

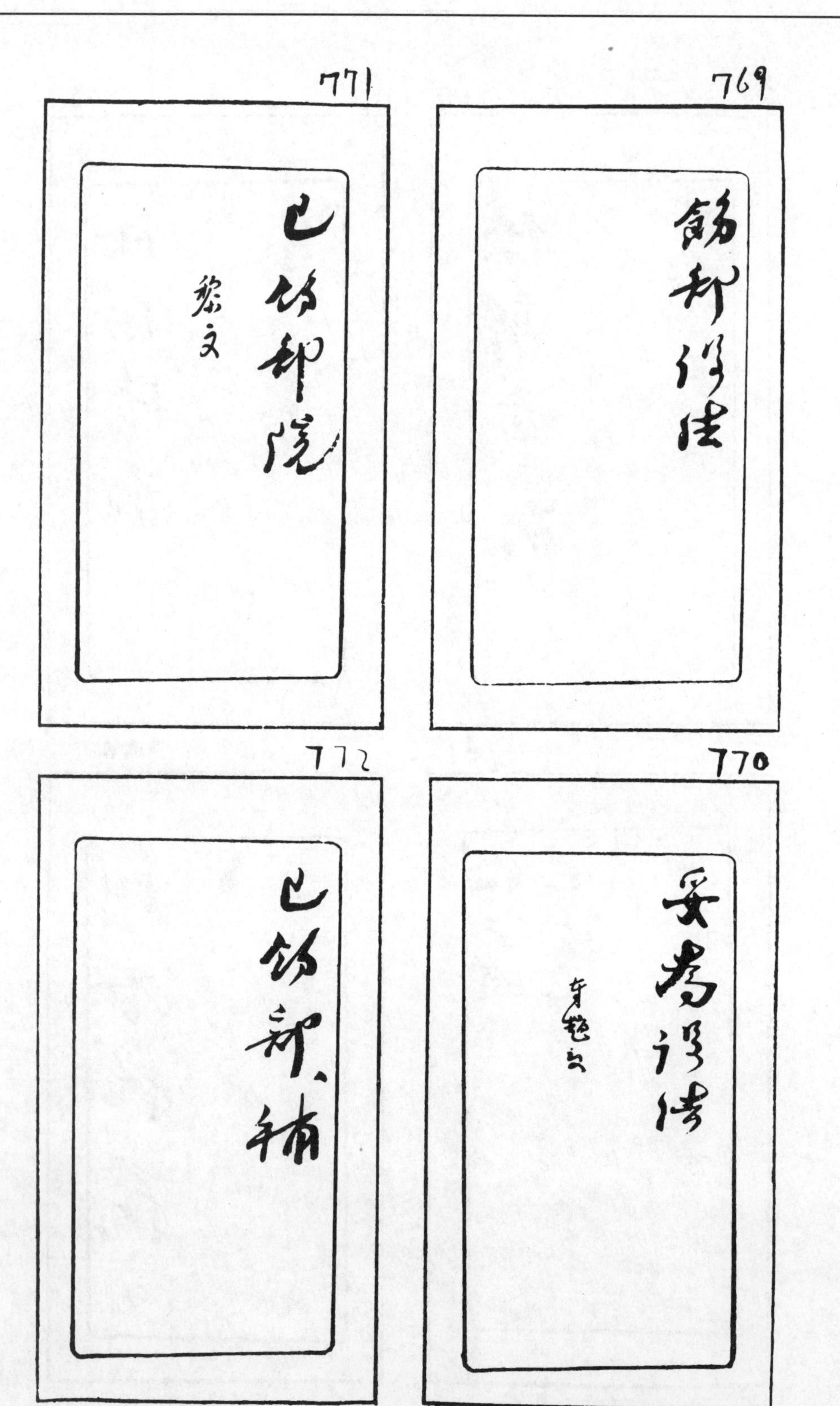
771
769
772
770

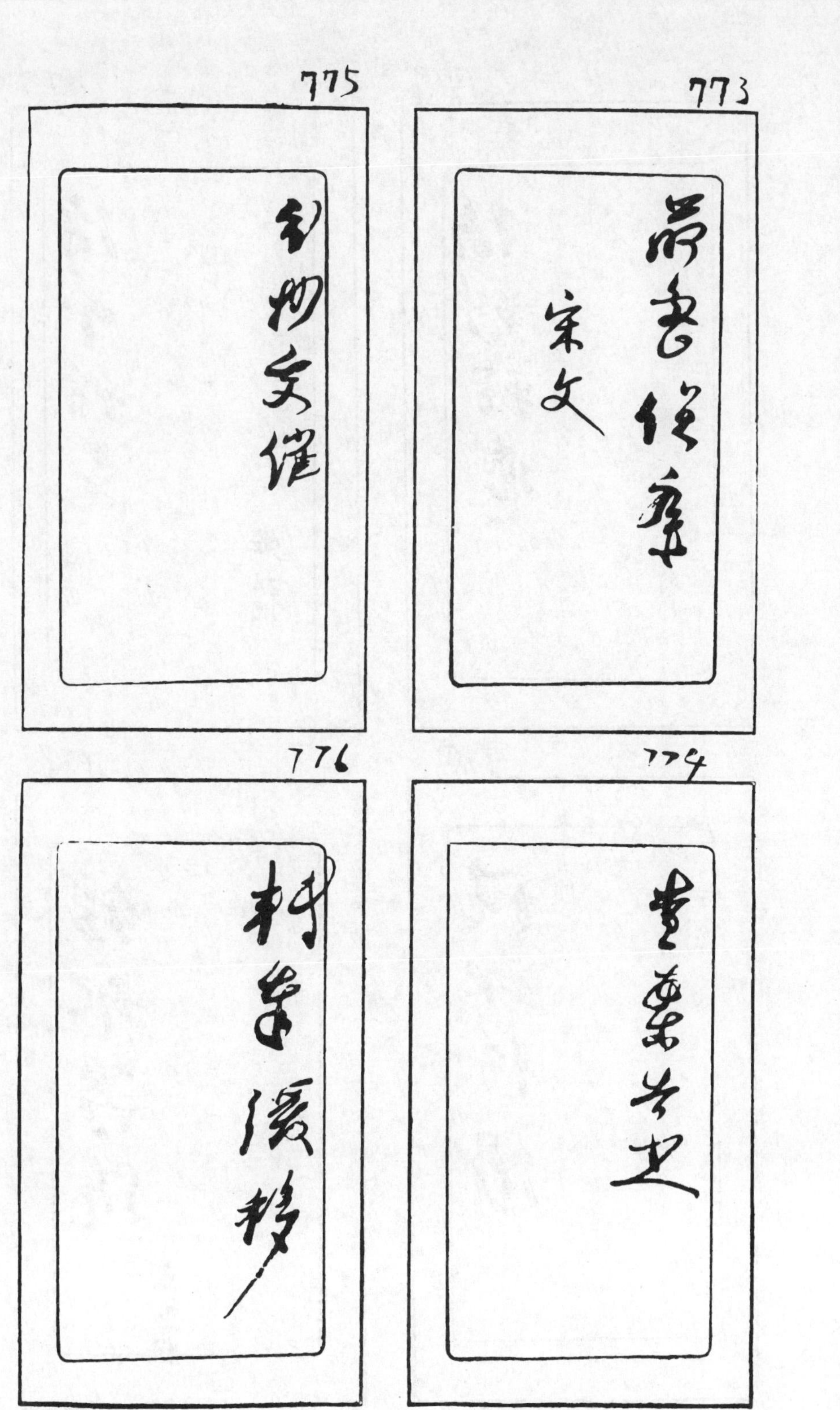
773
宋文
774
775
776

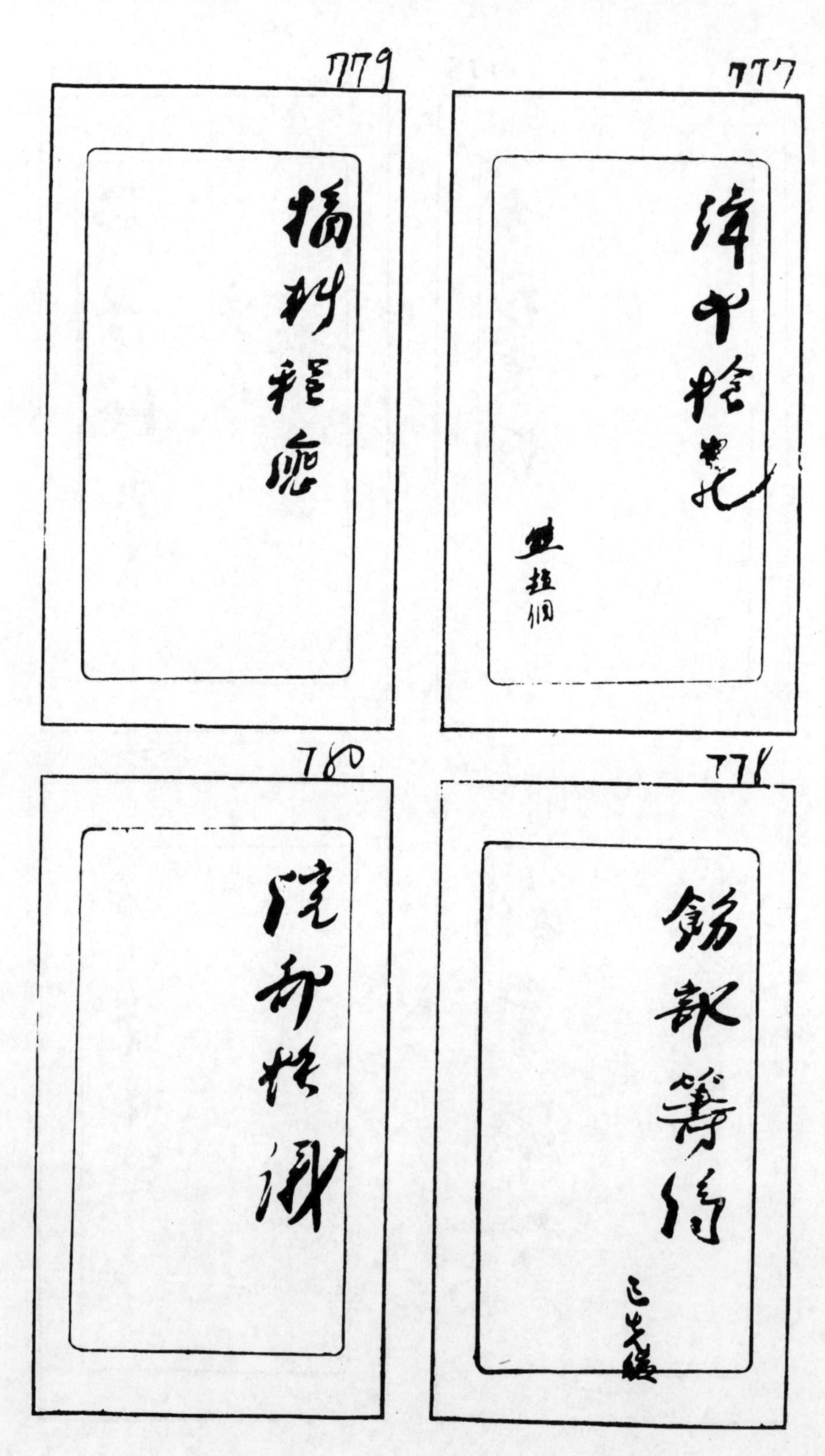
779
777
780
778

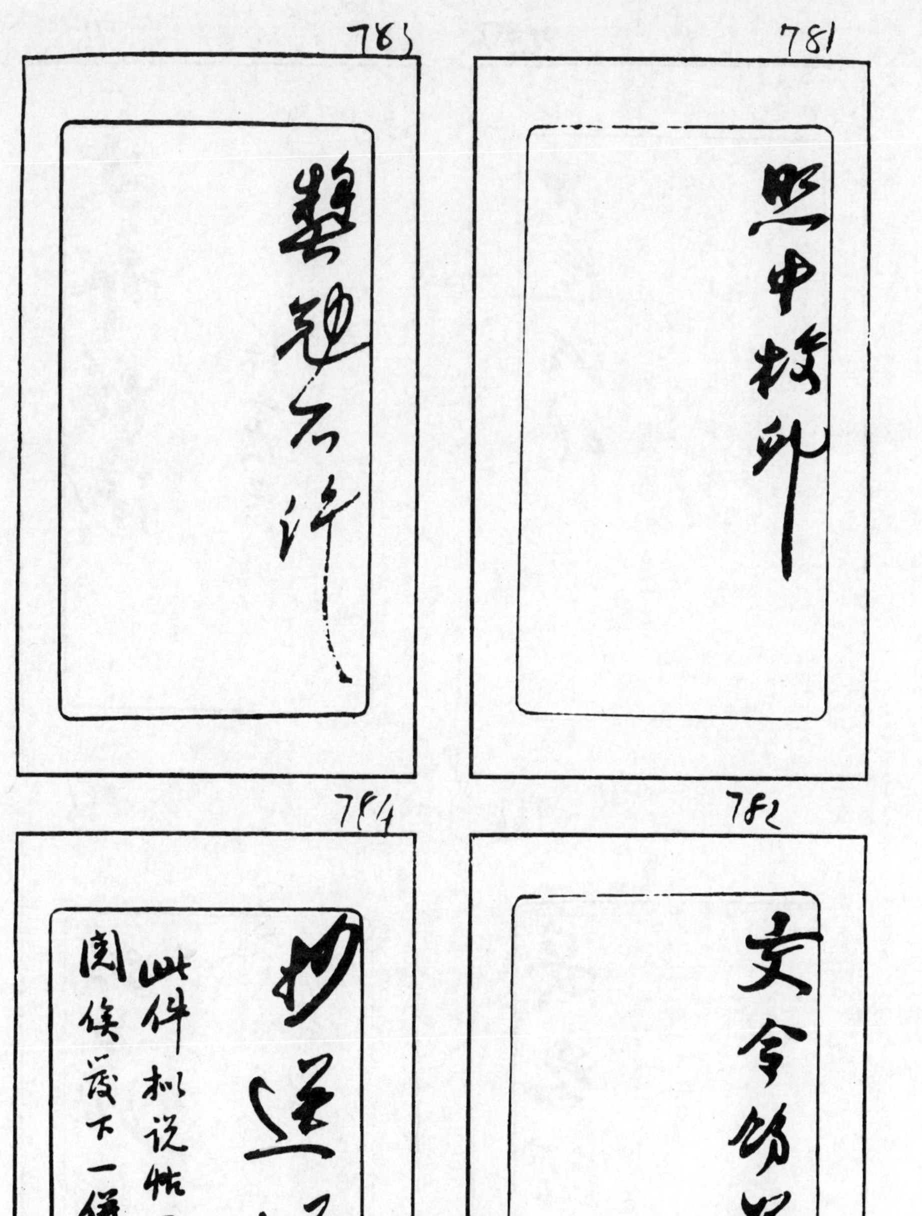

781
782
交令飭辦
783
784
抄送譯樣
此件擬說帖呈
閲後發下一併送院

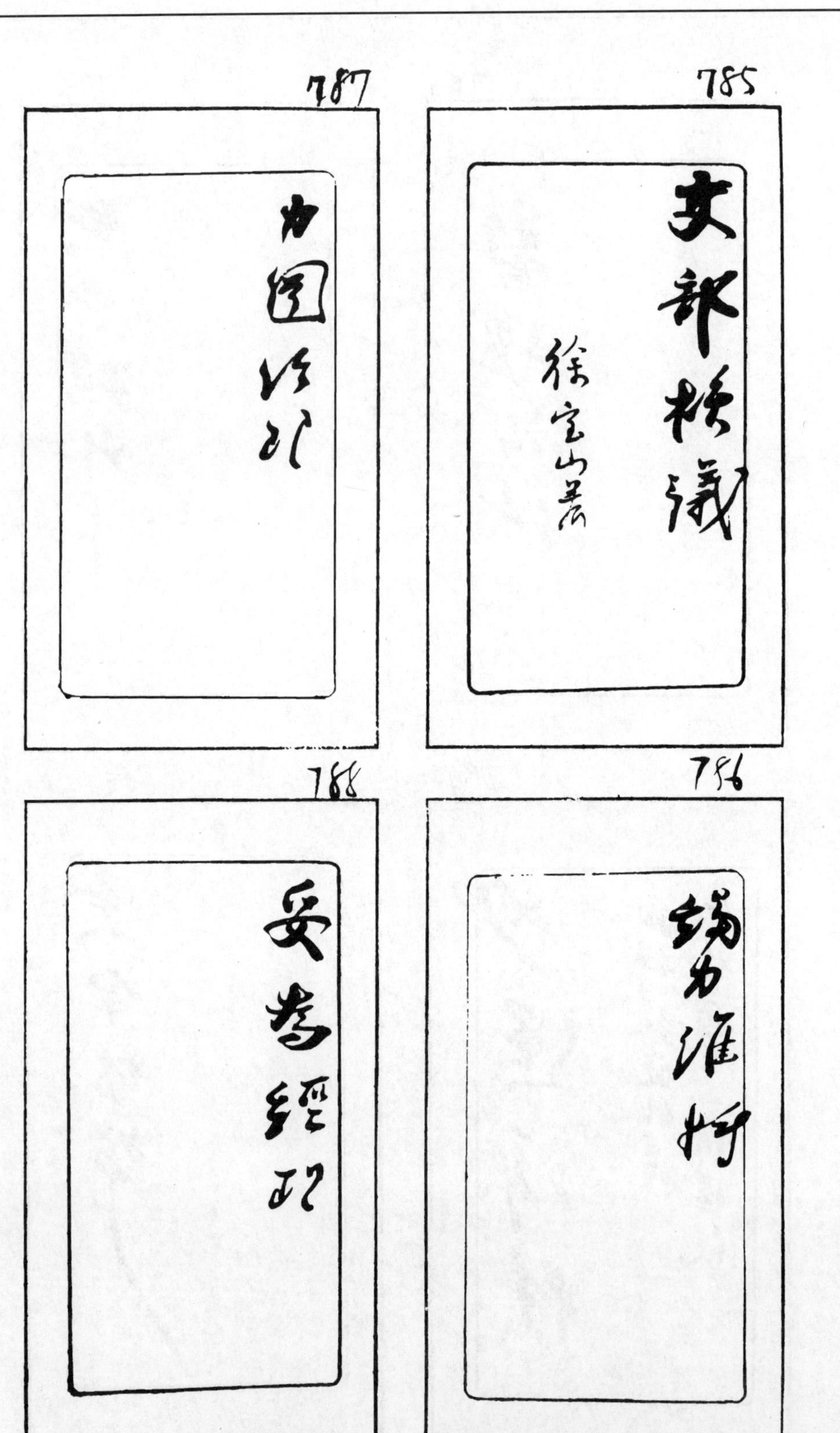
787
785
文部核議
徐寶山呈
788
786

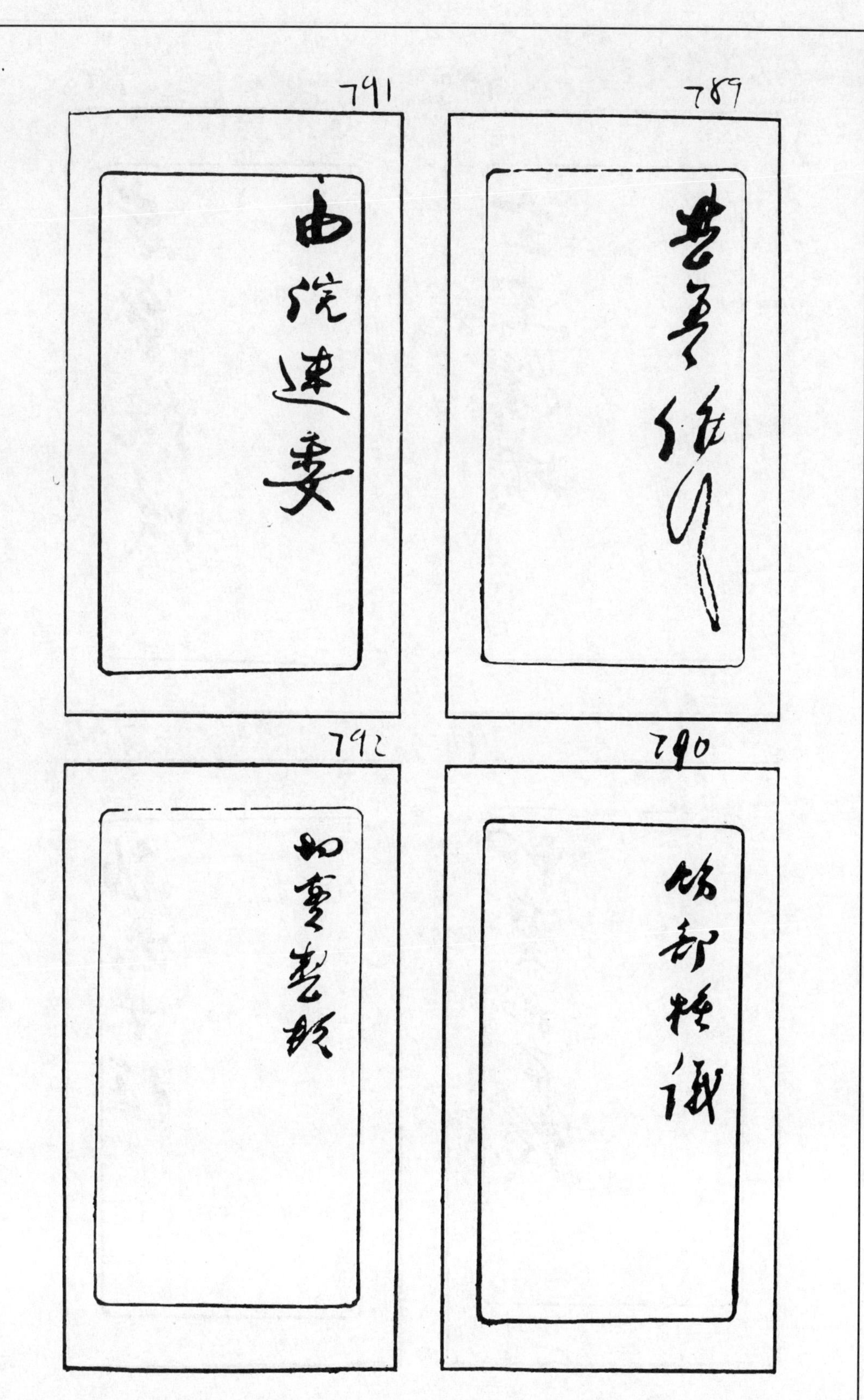

795
793
796
794

1

宜先令著僑書查再
方派一員往下查其期
酌度行之

月夕渡

2

酌度詢明再覆

3

酌度查看辦理
可著可允

4

此人多才可用仗仁
酌度給函用之處
再覆

5

7

時度存

8

9

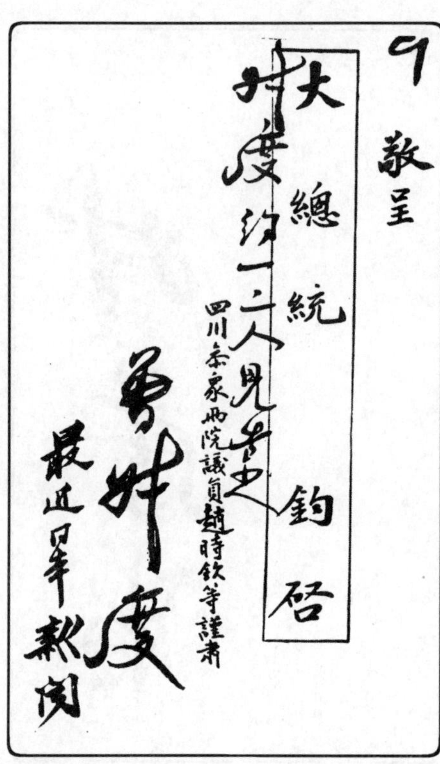
敬呈
大總統 鈞啓
四川參議院議員趙時欽等謹肅

杼度約一二人見否史
曾杼度
最近日本報閱

10

組安之言可
惟有先史速與杼度
籌善後史信

11

杼度先代見

12

見
請飭嵩石與湘都勤忠林
人此時甚伏東亡
杼度叩衡十八日
曾彝進代呈
仁堂明約八時

13

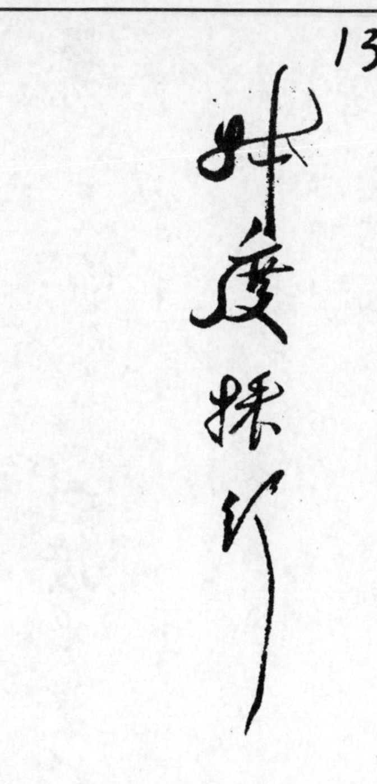

楊度採行

14

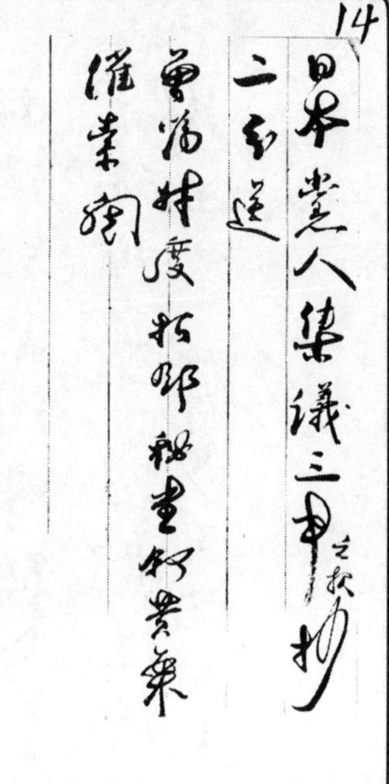

日本黨人集議三
二紙送
曾看楊度於那秘書處黃興
從業銜

15

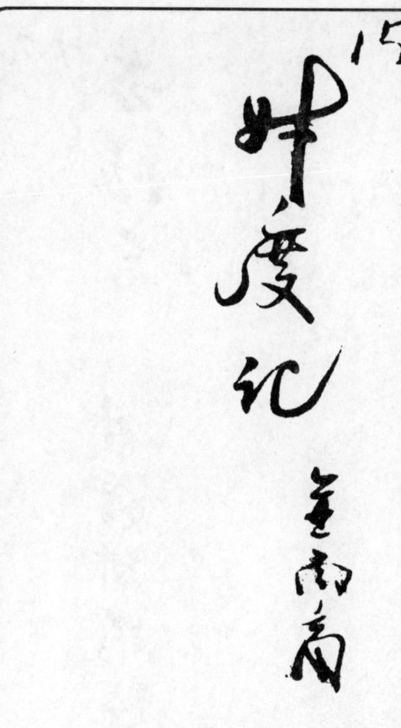

楊度記
並南府

16

傳馬二人均可見並示楊度

傳德洋馬宗豫稱大政革不能不
用威力淘汰梟雄并論李烈鈞及楊
度為黃興運動各事呈
顧保恒密南旋情形呈
二月十二日呈

17

甚精當

財度併擬稿

18

務不如傳可設法追

電政選並告籌備處

財度

19

函悉

中華民國外交部

財度查案核

20

頗多可採

財度約集同鄉數人共之

討論川事並參其性情再

用之

此件抄交院部閱

已印

四川省前高等檢察官彭仕南具

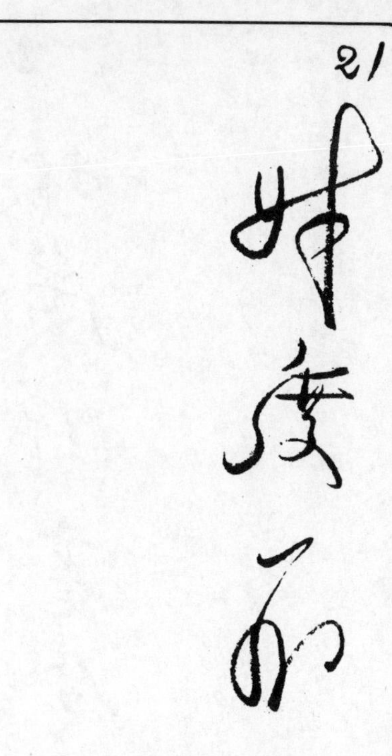

22

奉
交酌改平政院官制現已謹遵
批點之處逐條修改並參照各部簽註之案詳
加審定茲繕具清摺呈請
鑒核
法制局謹呈

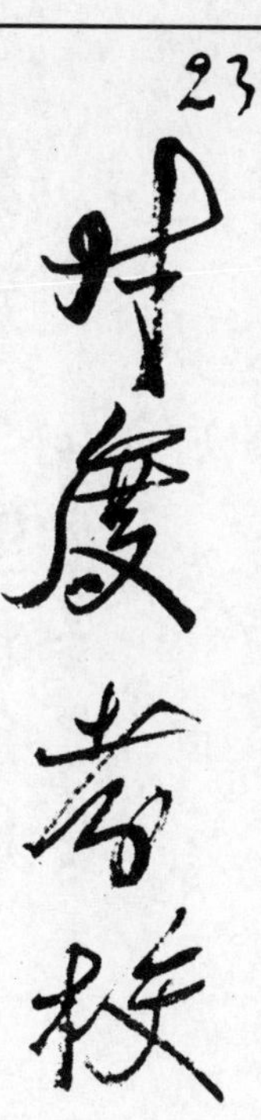

24

大總統鈞啟

禮官處謹呈

25

北京

大總統鈞鑒

江西贛軍使歐陽武謹緘

27

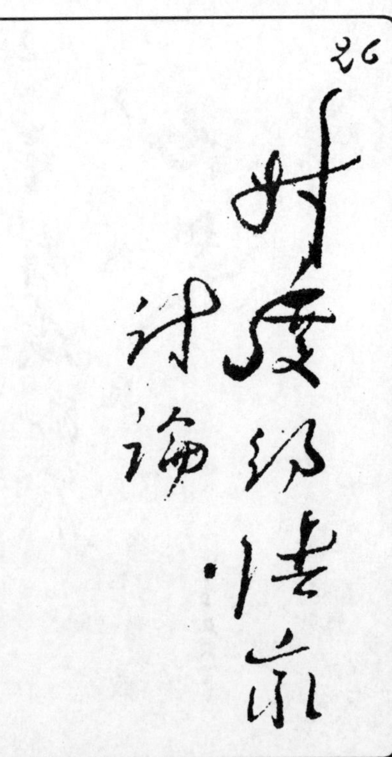

28

27

兩立法院制詞儀要點奉
來否及條件及總統一事不
妨要院制內預設伏筆以
料將來分擬
[illegible]
曾參議
兩

28

參議院余氏鑒
來閱處出交
永

29

牛度
春

30

國人老暴民侵掠又該自治不管
僑虎此項名目須詳酌定
華人千百年來文兄裁十弟不入
公們不干公中擬召派人經少世
詞公中須集鄉詞老贊付論能
使召派人出來之法再定此制

29

現在中國政黨共現在國家利害關係輕重參議政治討論會分投立議

30

川來電於解款詳敘亦未切實承認應由粵川應攤解數及餉項共若干、兩項均須籌解查論如何保證須先籌解其應解京餉各款不妨稍緩一節可挪移

31

此章（制）甚周妥但省長之稱或不足以尊表率啓愚民輕侮之心似宜酌改名稱制內似須增一節其邊要省分有必須由省長兼行軍事者由國務院會議決可呈請大總統特別任命也

32

國務總理陸徵祥謹呈

前由參議院撤回之省制省官制省議會選舉法各草案茲經國務會議將省制草案省官制草案各加修正應與省議會選舉法草案一併呈請

大總統再行咨交參議院議決謹呈

省長應改為省尹

或仍用總監

33

庶查票應選國議員

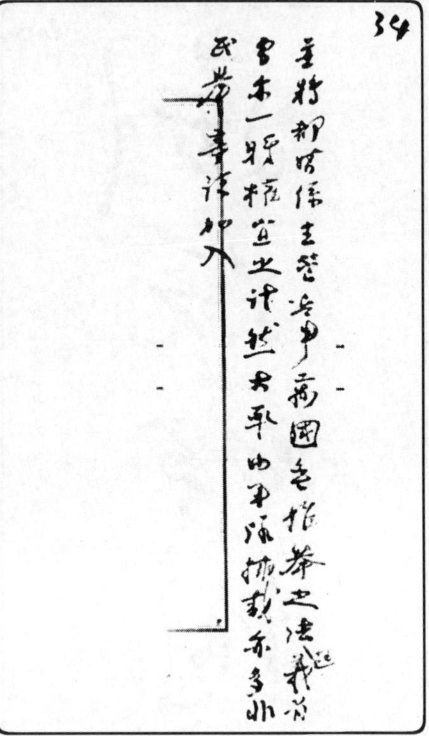

34

並將都督係主管兵事，兩國各擬薦之法（趣）裁

書亦一將擬並出計，然尤取由中須撫裁，亦多非

此等事須加入

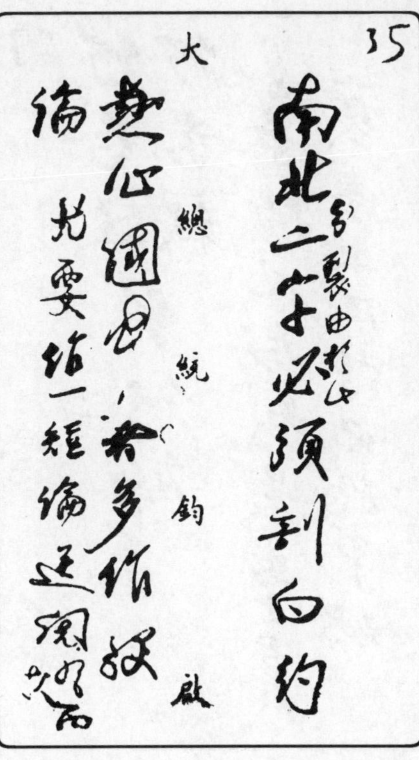

35

大總統鈞啟

南北二字（分裂由於此）必須剷白約

熟心國事，諸多作啟

倘要作一短論送閱可也

36

借款事，參院說未經議院了

先發問

滿議員速設法補入

鶴初諸公

37

行为述 分叙解
行为教
专指孔为教是 荣出反
亵渎出反 依如所争端

38

委任令 经辨差或告
以甲件
鞭法 如件草如不载件入州令
稀议 当州令均方明发

39

净糠先料俱恰移卉
鹭本非安白土人临
加柳本 分口妾佛
另硬

40

风慌畅词

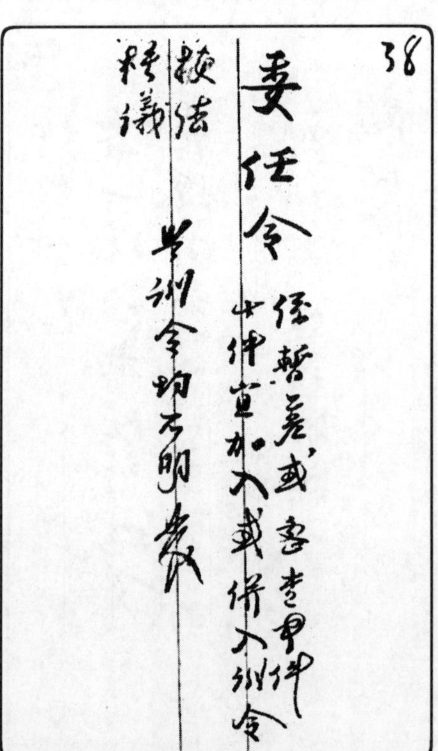

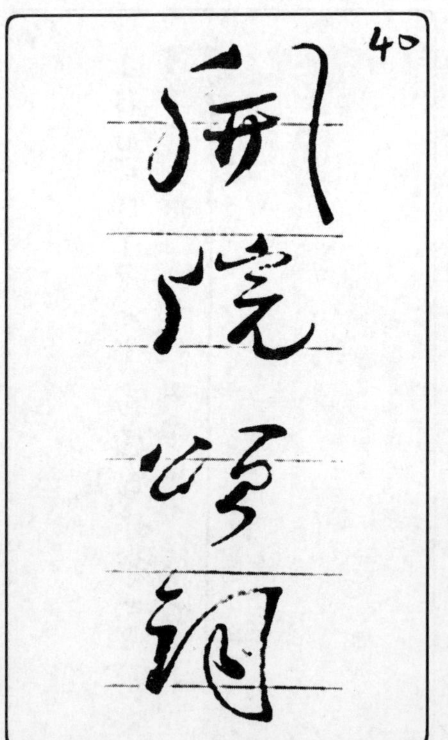

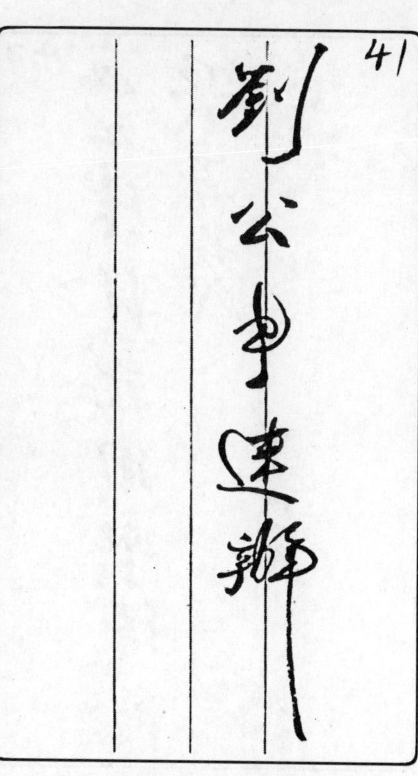
41

劉公事速辦

42

按法從嚴查禁偽員
查究

43

此項機關政府不應立案飭
迴化長官核
按法核
核已去
儀保核亮修其說明參議補
核

44

法院即核

45

大總統鈞啟

建幹謹呈

46

47

已發繕

48

49

順直棄請諮擬撤

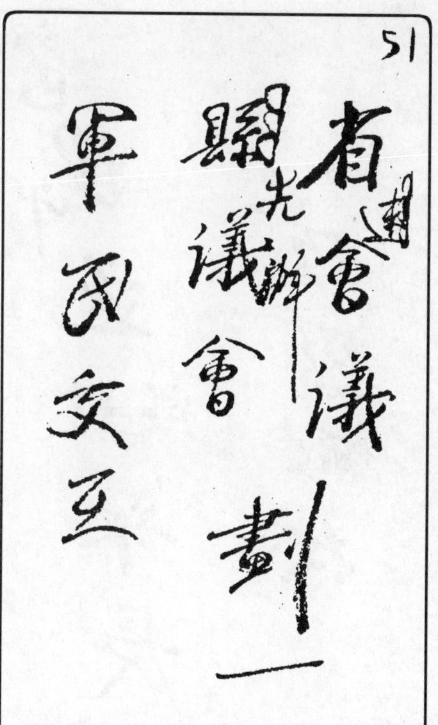
51

湘省會議劃一

聯合議會

軍民交互

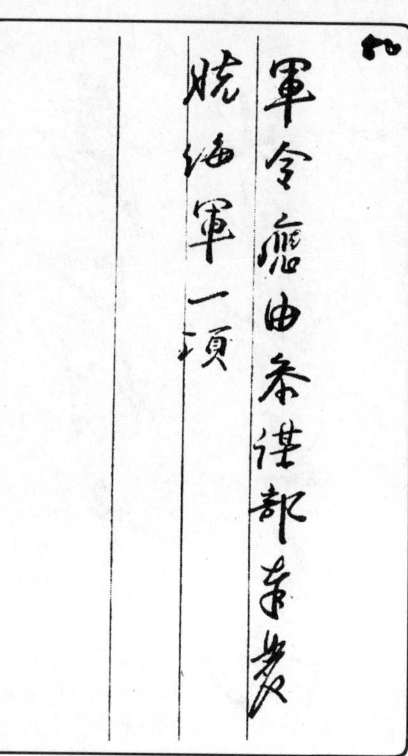
80

軍令應由參謀部專發

統海軍一項

52

此項交之也本外

擬多作罷

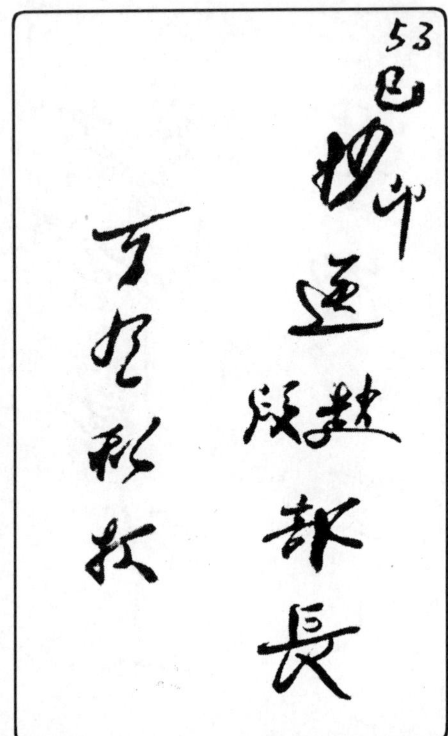

53

已抄印送段趙部長

可擬秘收

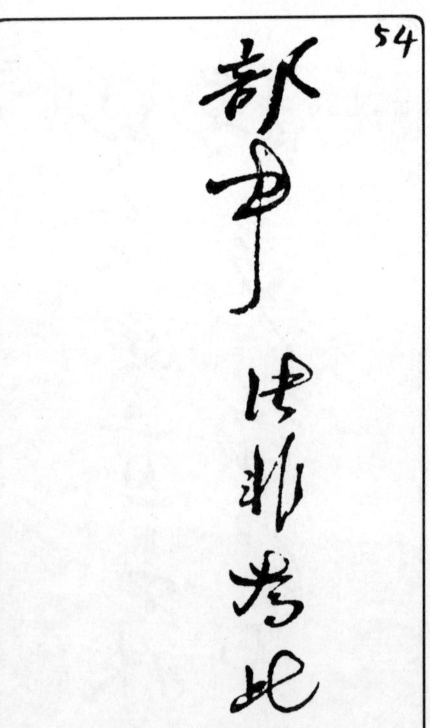

54

部中決非為此

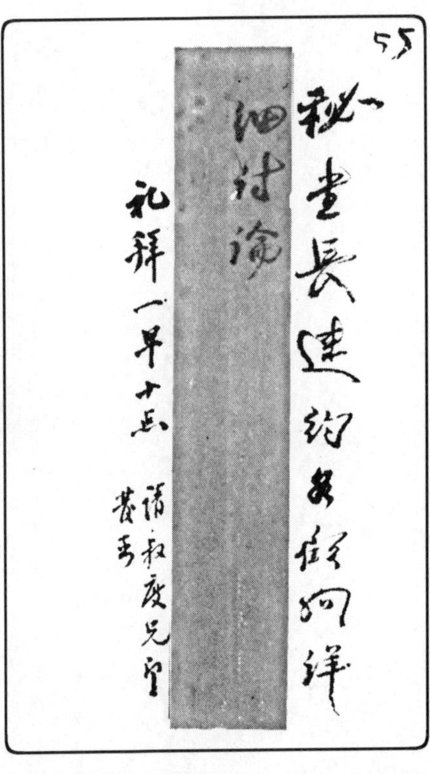

55

秘書長速約各顧問詳細討論

禮拜一早十點

請叔度兄暨芸台

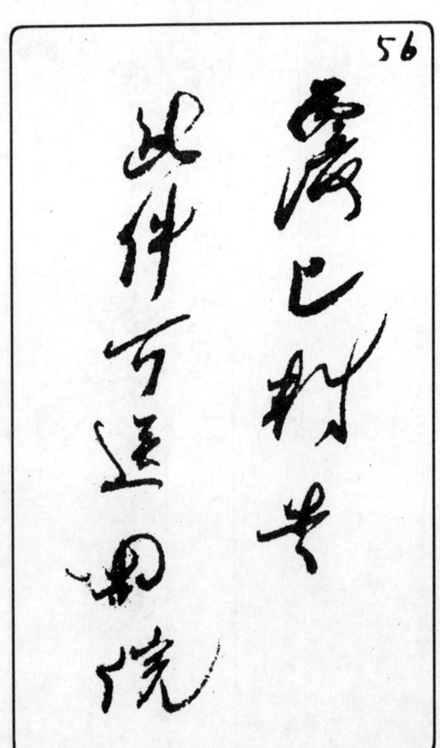

56

處已辦者

此件可送國務院

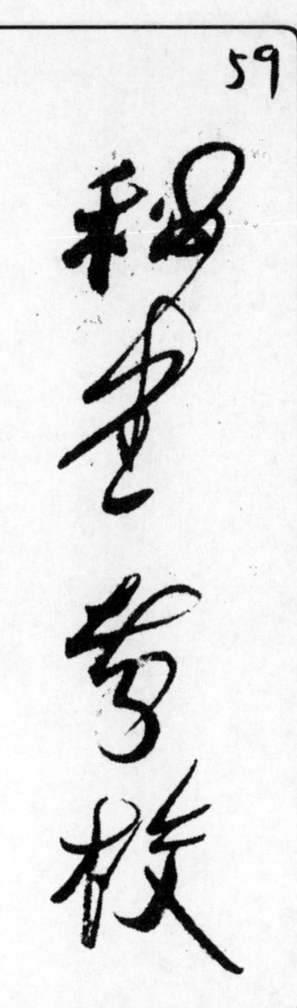

58

揀出各電文希議院

議

60

有賀長雄著不信任投票制之危險

論文一件

印鑄局照前孔昭焱譯呈

件速印分

61

貴州諮議局之

62

任意蹂躪法紀蕩

殊務法

63

按已給之款每年

等候應撥

14

速助十萬兩

多

63

雪泥

那雪馬林蒼山書

虎林

65

几華陽秋會多衰表
此传

64

何又秋秋

66

仲和
潘心桜

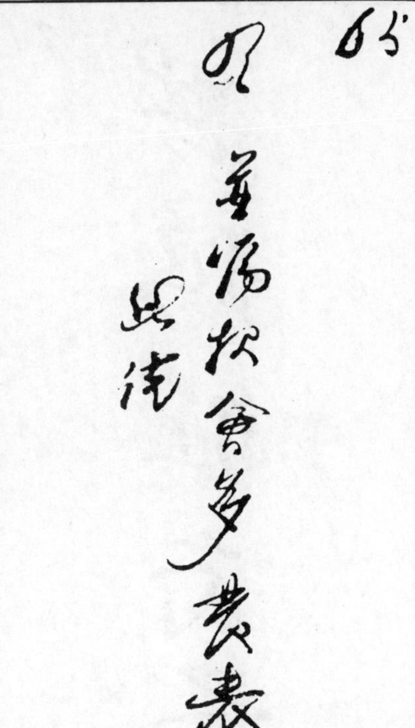

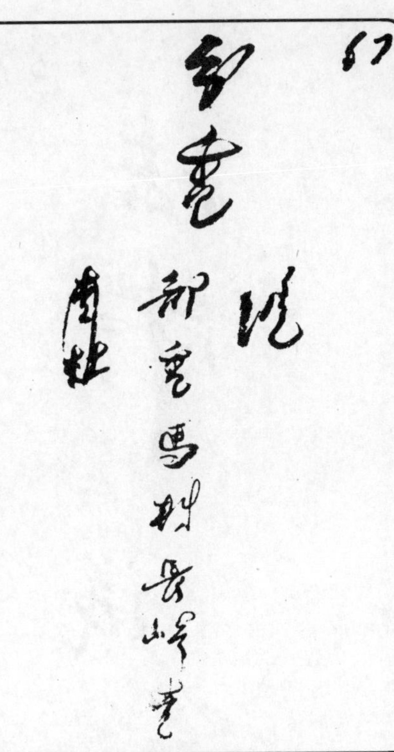

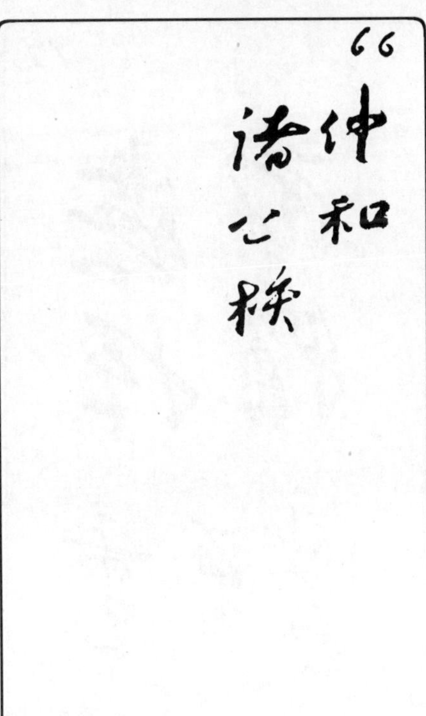

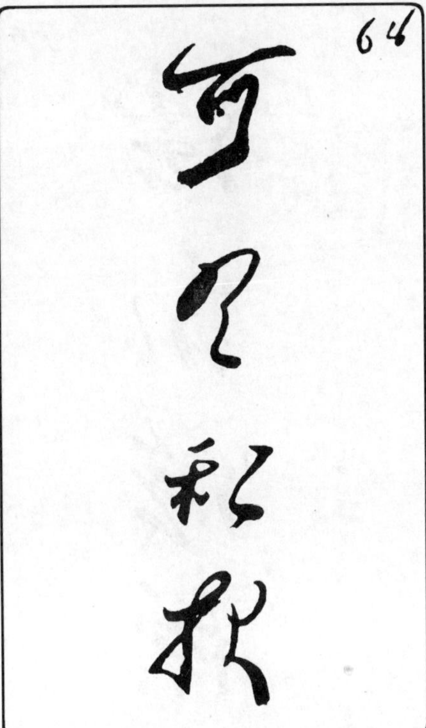

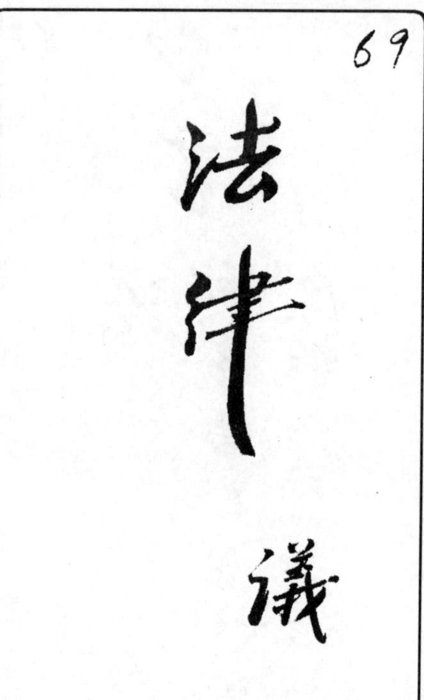

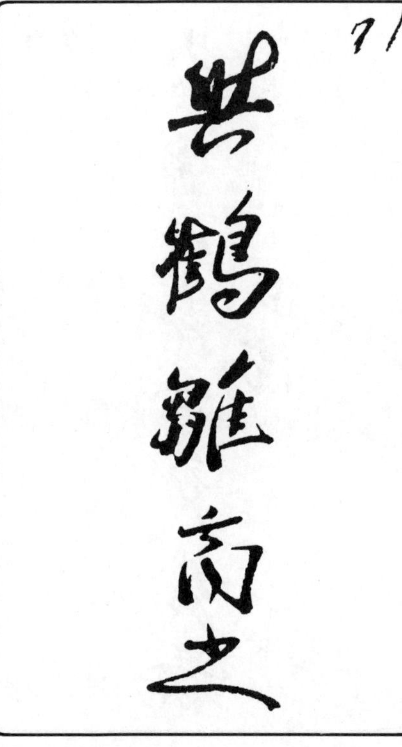

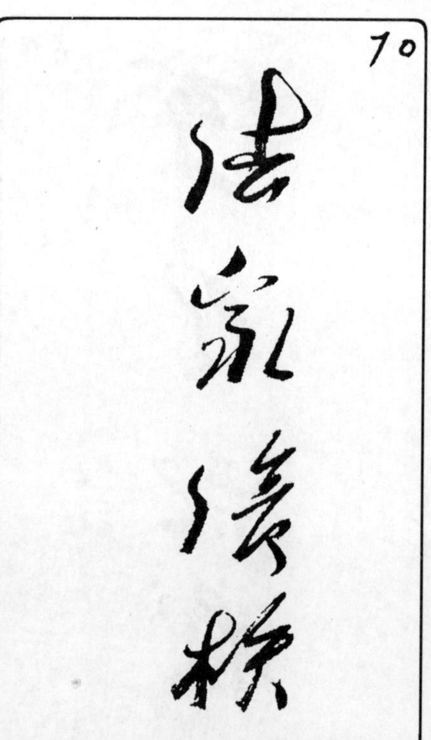

72

無接電

華

而稍時

73

總統府官制
及見外賓禮節

74

法家著作
應如何取法

75

電令魯即發

76

教育普及必須求其最
易學習之方法其方法
妥否
參議討論

教育總長謹呈

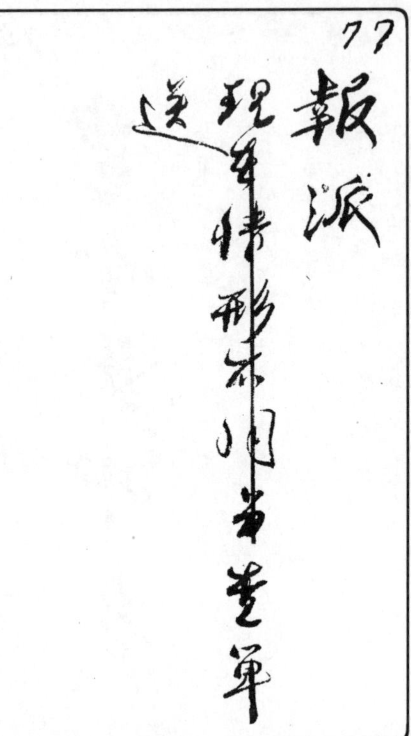
77

報派

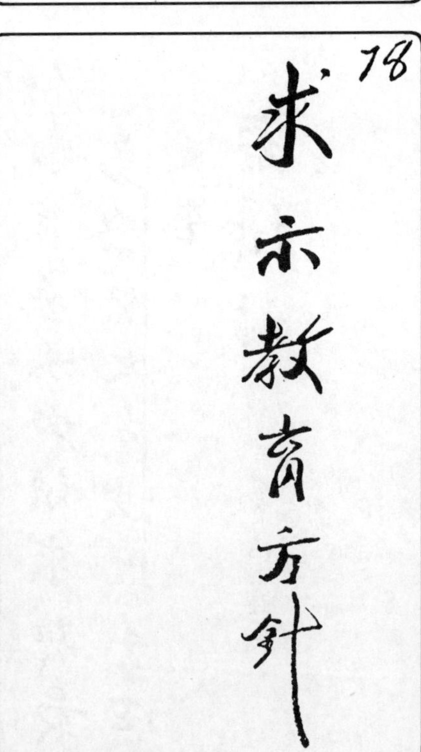
78

求示教育方針

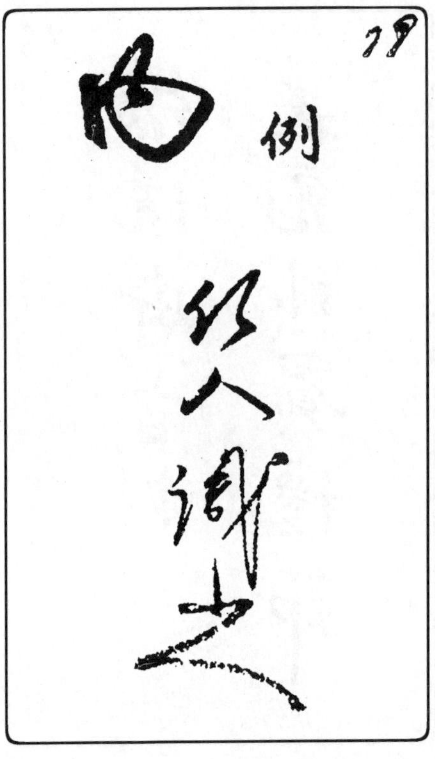
79

例

80

條陳

81

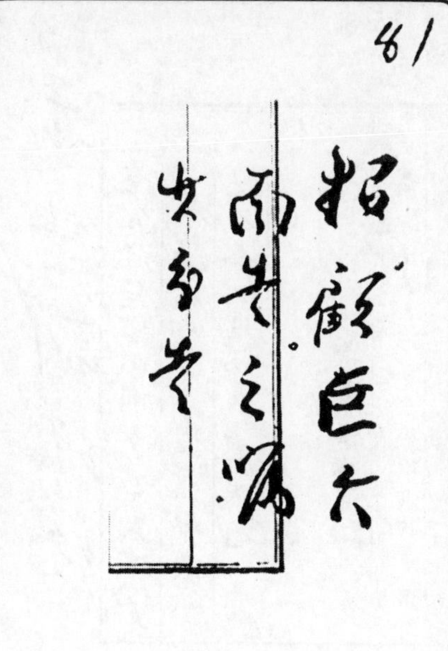

82

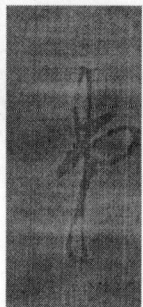

查國風民主兩報造謠煽惑妨害治安
按照刑律或報律均可料理封禁惟國
報反對彼黨同一激烈若不同時取締
不足以服人心似可暗中說明同時封
禁然後通電全國名正言順庶於法理
事實兩得其平是否候
裁示

曾彝進
應在章 謹呈

83

84

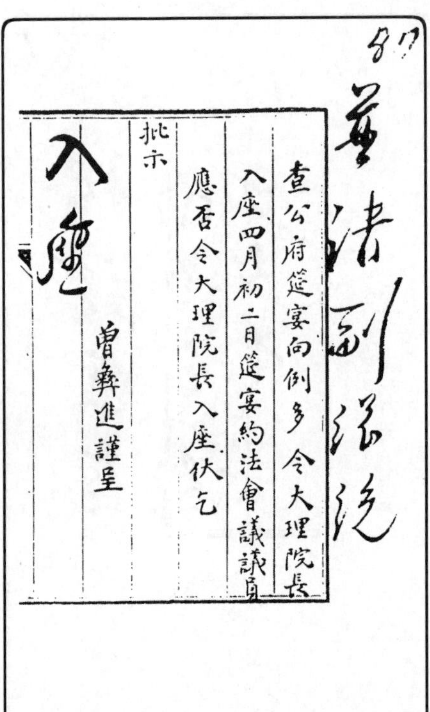
87

并請副總統

查公府筵宴向例多令大理院長入座四月初二日筵宴約法會議議員應否令大理院長入座伏乞

批示

曾彝進謹呈

入座

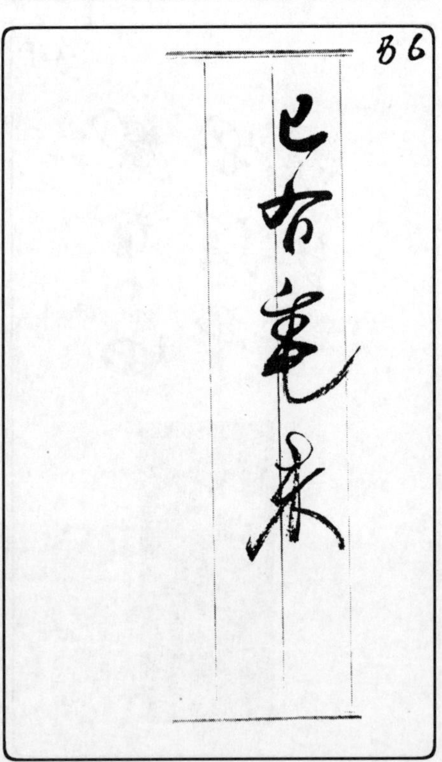

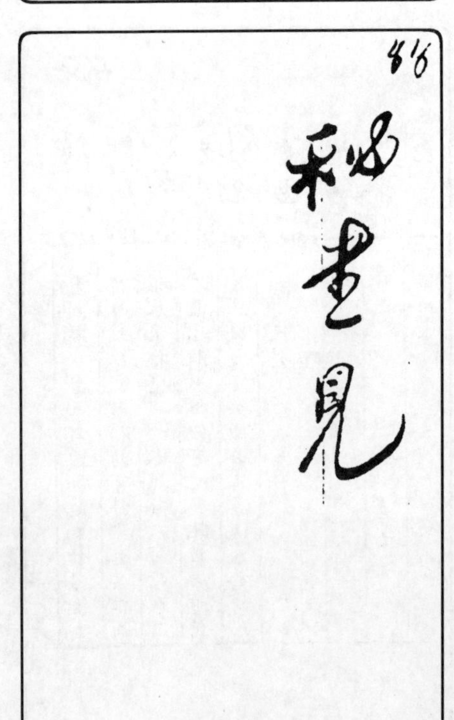

89

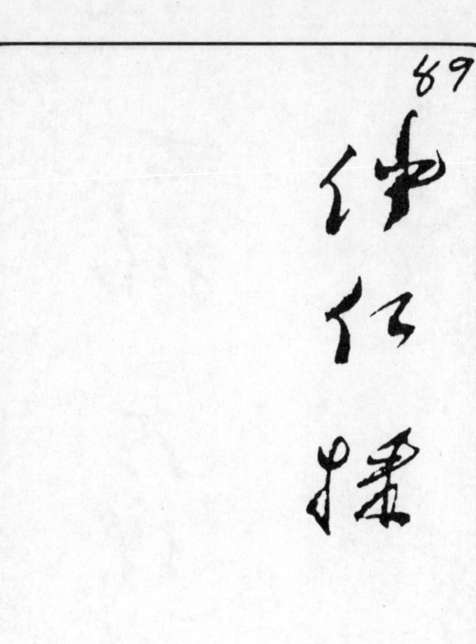

91

90

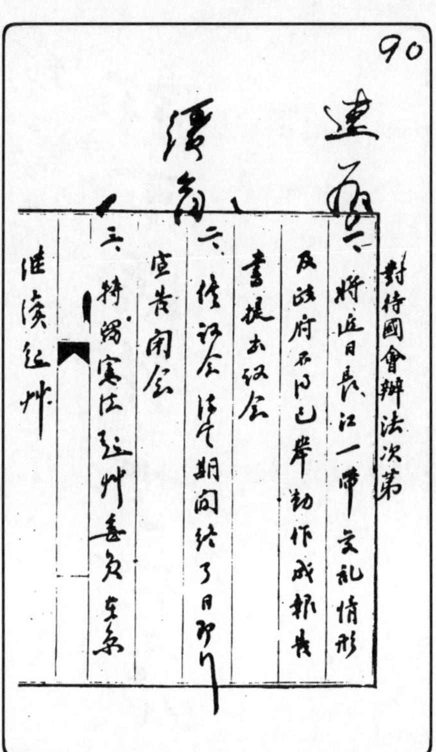

對待國會辦法次第

一、將近日長江一帶變亂情形及政府不得已舉動作成報告書提出議會

二、俟議會休會期間終了日即行宣告閉會

三、[illegible]

92

93

甚是山陝道由鄂費

94

待國務院議決再發

95

不批

原件送還

96

頗有清辯可不答

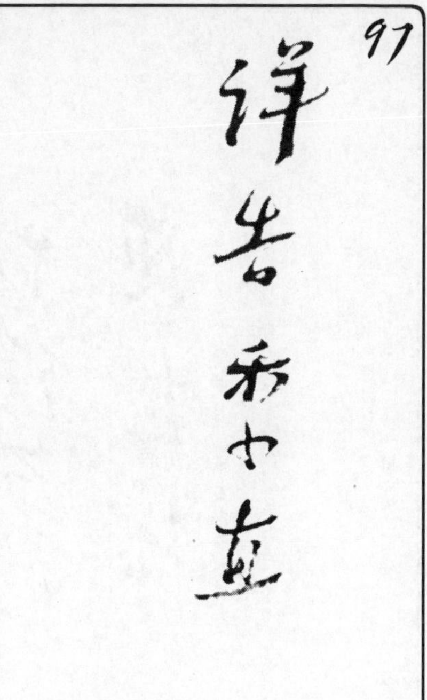

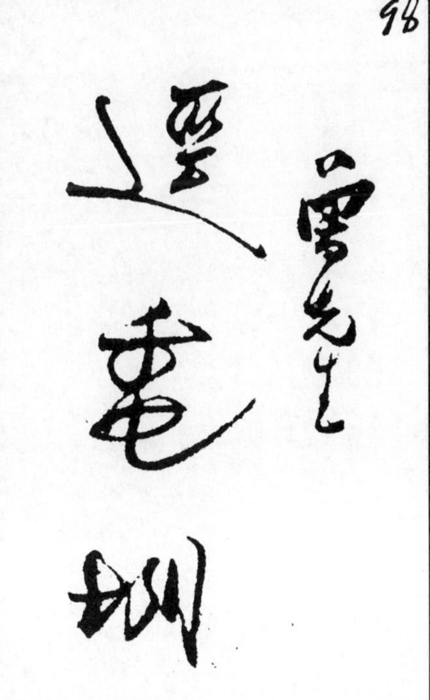

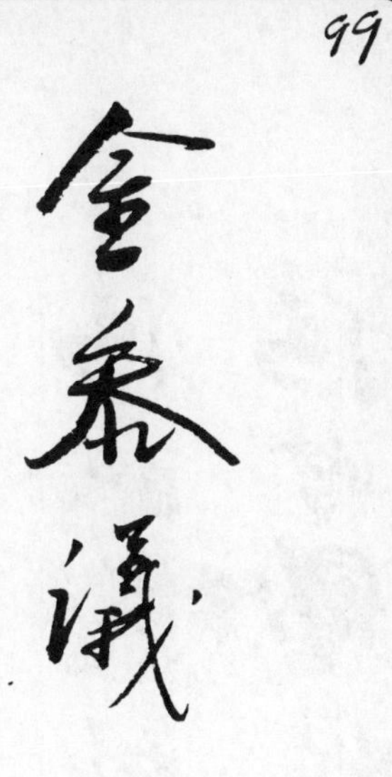

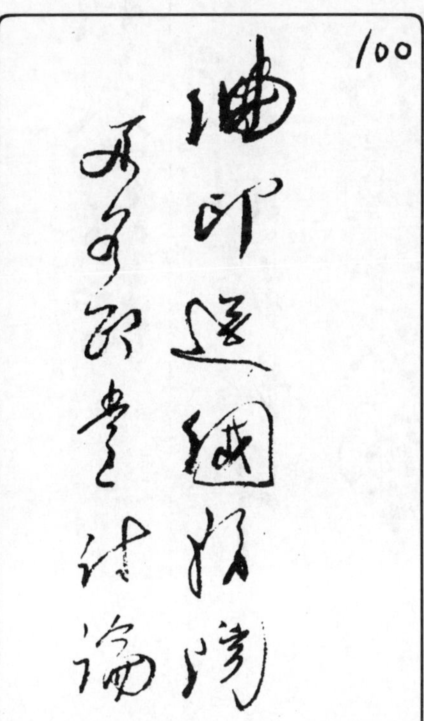

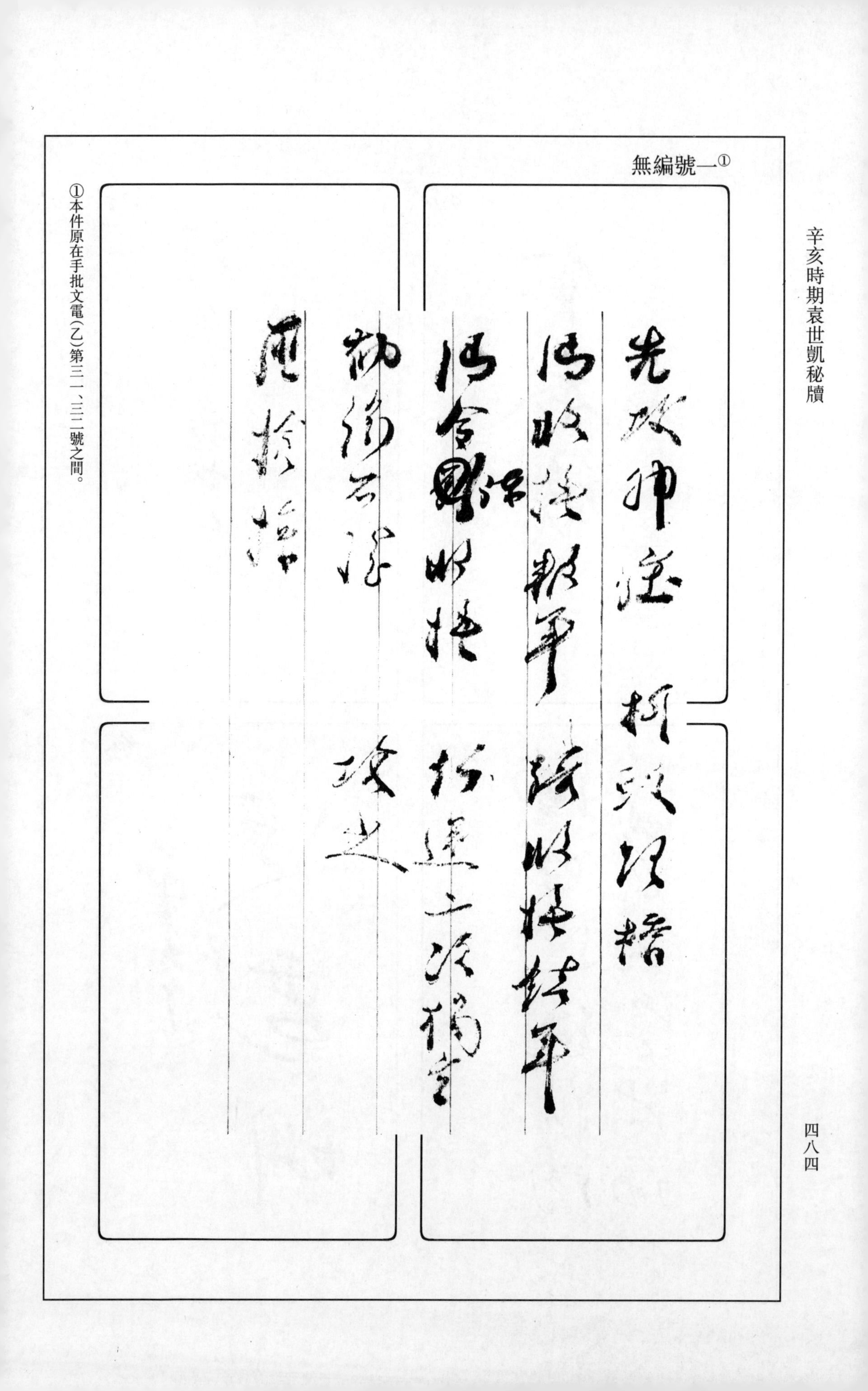

無編號一①

先派伊[illegible] [illegible]

俟收[illegible]敵軍 [illegible]收[illegible]

俟合圍[illegible]收[illegible] [illegible]

[illegible] [illegible]

[illegible]

①本件原在手批文電（乙）第三一、三二號之間。

②本件原在手批文電（乙）第三六、三七號之間。

辛亥時期袁世凱秘牘

總務科　張一麐　諸漢榮　　曹

文牘科　　　　夏壽田　馮□□吳金

考勣科　吾壽田　朱□□

編譯科　　元春　廖世功　□□釣

法制科　曾藝進　唐檉聲　王式迪　□□章

庶務科　□□

1

中央為地方秩序起見雖萬分困難仍挪借
鉅款以期裁兵安民而仍不敷用中央实無
法再籌撥仰東（山東督軍）督派員督飭市商會措
借接濟

電東督

烟台市議会

2

大借款並無成議南京政府需款太多月費甚
鉅曾由小借款兩湊撥二百萬元裁去四萬餘人
具有不得已之苦衷款已用罄
正在磋商大借款如有成即撥

3

免戰時責任又不究既往迭有命令如仍相尋
大亂之道趙（奉天都督趙爾巽）督保全地方率領奉省文武兵民
贊成共和使疆土無缺功亦甚偉

上海張漢傑

4

該軍入黔（貴州）境即歸唐（唐繼堯）都督節制編配使成一
氣無所用其衝突
電詢黎（黎元洪）是否有此命令
趙既不入黔使差可撤銷

周棨竹電

5

中央全賴外省協濟而解者寥寥而用支絀外債迫逼正在無可如何姑飭部設法籌措

陝西都督張鳳翽
西安張轍

6

蒙古王
烏泰案由奉天
奉省主政辦理甚好此外各旗會集不過聯絡感情勸其堅附共和勿為庫倫所惑如有無理要求亦可不理

印具說帖速送院

奉天
奉篠電

7

嘉與此事關係俄國代索印是攻俄事關重大已飭院部通盤籌畫隨時呈請調遣

山西閻錫山
晉閻元

8

壯哉所言果勇堪嘉但此事俄人多方干涉正與嚴定交涉必須謀有頭緒方可用兵然仍須通盤籌畫餉械最要至少亦須廿萬人

粵陳炯明東

9

省議與都督相對待不免常有衝突一經彈劾
軍界推動如以民政管對待而都督立於地位其便甚
大

10

徐軍長勞苦功高方期藉重望以國事為重桑
梓為懷切勿稍萌退志聞粵（廣東）境伏莽尚多必
須早日肅清以安閭閻
粵（廣東）督胡芬（胡漢民）虞

11

征庫印為戰俄必須通盤籌畫非偏師所可
嘗試長河一帶伏莽甚多須有偉人鎮懾
仍勉為其難
人鳳（譚人鳳）卅

12

延閣亟須借重長才毋庸謙退蒙事必不能
解決再定進止現正與交涉未便張明用兵
也
譚人鳳冬

13

调來京諮詢民政長一官並未免去故令胡（胡景伊）兼
署俟該民政長來京商定辦法望即交卸來
京

川張民政長（張培爵）艳

14

外交司或可任命監督有關財政統一以不
得其人税司必不承認或由該長先委者不
使下任命

川張民政長（張培爵）篠

15

必須捜捕淨盡勿令再蠢動擾害閭閻並責
成各 令辦理清鄉

魯周（山東 周自齊）都嘯

16

查明原稟來歷核辦此時何不吃緊緩去亦可
似應詢其需餉若干再酌核楊（新疆省都督楊增新）請其去或為抵
制廣也

馬護軍使（馬福祥）篠

17

查記（牽）此人與柏督（安徽省都督柏文蔚）互訐有通緝勒追案似俟此案
銷方可補定請察公（蔡鍔）設法為之銷案

18

省議為全省人民代表此又為全省（各團）體與
黃（黄復生）等所電兩歧在黃電兩敘及

成都周翔電

19

無論何項會社均應以守法律安地方為宗旨該社
會如能守法安分中央自有權衡非行政官所能逕
陷望勉為善共維大局

上海共和促進會

江蘇都督程德全
程督查明傳知

20

立法獨立載在約法中外觀聽所繫未便全裁
可留高等兩廳及蕪湖一處其餘均可暫裁已
交政治會議此外各[illegible]閑該督可變通裁併

21

此項文件送據奉天獲犯呈閱是有外人唆使冀擾亂秩序坐收漁利望飭嚴緝首犯從優獎勵

熱河都統

崑源東電

22

該省情勢危迫應輔佐行政官保全治安不可侵損治權另生意見至生擾亂非該省之福也

由孫（孫文）岑（岑春煊）轉

23

登黃烟（山東登州及黃縣煙台）均為山東地方亦應妥為籌畫布置善後不得專靠中央所派之員也

周（周自齊）敬

24

軍民分治自為當時輿論所趨究竟孫督是否另有意見民政用何人祈示

岑（岑春煊）心

25

英使人不許進兵詞甚決裂即令該員與英
官商允如允進兵即電知
由院發電
馬師周庚

26

此等凶徒外人必不保護望飭陳文濤員向洋
員商協緝務獲究辦稍緩再通緝免其遠颺
另電陳文濤

27

准咨署理該處營情反復地方極要轉飭隨時
稟商張（張鎮臺紹曾）將軍妥籌辦理
電知張
閣等冬

28

力疾從公殊堪嘉慰如請給假兩星期但舊
症係何症並詳告以慰馳念
（江西都督李烈鈞）
贛李督東

29

副總統督鄂軍大總統統轄海陸全軍張（振武）方

皆係軍人以軍法辦軍人立法機關又無軍事

法律所謂違法從何說起

30

任倪（道烺）為皖北鎮守使兼領觀察使事所皖

北知縣均可調派王到再進攻為

31

黄岡兵變尚未戡定幣制整頓正在籌辦仍望

勉為其難俟覓有相當人員再為調簡以資

節養

32

山西民政財政急（待經理）。現該內務財政兩司均

褫 全必須速往可另遴員接

33

查案似不必詳告恐生猜嫌可畧大要既以周常兵趙南撫亦無所用其猜忌

34

已飭部查覆想因索供倍拒則毀尚聊以此為保全尚計亦未可知也

已辦

歸化張（張紹曾）微電

35

甚慰

亂徒以煽惑軍隊句結土匪分遣暗殺為惟一不二之政策務在此三項著意

陝張（陝西都督張鳳翽）敬

36

不足酬勞勿辭伊嫌授濫可婉言其難處祗可示以意在言外不必太嚴

蔡（蔡鍔）馬

31

此種部令萬不輕下明知有礙窒招人反對
失部信用
任免官員為本大總統特權交院另議

38

俄蒙立約協助攻蒙即同攻俄必須審慎現
由外部爭執交涉不可先進兵

崇吉王帕勒塔
帕福六

39

中央財政困難該省督諒不深知從何籌撥
百萬姑俟部核議

40

勲章不足酬勞本擬給以勳位因尚有應查之
人故未發表

抄交梁廳長評
梁士詒

41

法家速核覆
民政可依行
都督或亦照現定未布之條例辦理抑或先
照湖北現行暫規辦

42

望相機妥辦總以不招外釁為要義糧由胡景伊
護督設法接濟勿缺

43

李旅長給三等文虎商團正長給五等嘉禾
給六等嘉禾查名呈請先電叩明裁
程督電

44

遣兵防範甚善張紹曾已往歸化副都統
亦換強幹者續往

45

劉聘漢來京聽候查辦令朱兼署國稅廳

先由朱委代理財政司令鈕傳善署廳司

46

照上將例（徐寶山被人暗殺）其餘由該軍將領酌辦並由例給

一萬元治葬

另

徐寶珍（徐寶山之弟）授為中將

47

內由廳電熊（熊希齡 摘要告之）中俄將成而國民黨反對不肯同

意請熊以邊情緊急速電三院免其破壞

摘要者

48

趙姑毋到案之理由借款追認國會議員知其件萬

愈多多數不肯贊成

49

作才甚善飭部行司照前案辦
格原電達此送梁（梁士詒）次長

函部

50

電蔣嚴飭陳幹交出懲辦萬不准再收匪逑
籌遣散

亮倪（倪嗣冲）簡

51

請先飭該使該司令先自刊木質關防啓用
一面飭局速鑄俟頒到印繳銷木質

52

並不提案（但）僅電文未便發表仰照將全案
抄呈核行

簡斷

湘督世

53
遠使辛苦已抵駐所既慰且念其勞將華僑
各事隨時維持

54
有電多與來無涉祇可擇其有關係者分
行
此項往來電轉交有部

55
摘電川督　周在洪江
中央同一困難已飭部無論如何為難先兑
廿萬元

56
財政困難賠款借款急索莫應然此事重要
飭部設法接濟

57

監政官制正在交院議俟議决後再定辦法此時
仍請公維持一切

張謇
張季直感

58

殊堪詫異望將驗查情形電知電奉督防範

嵩源
覺敬

59

轉電岑春煊諸人既情殷鄉梓岑可酌約一二人前
往幫同料理

沈瑜
艻

60

審計預算決算曾曾稽查不正當之款究竟何所
指孫統要倖改革幣私債如山

61

查姚電告之

此兵通匪留之有害收械遣散優給餉項當

不至為害

62

印信須送部要事由公主持例行事或由

尊處委該使代行

抄交二厂（陳宧字二厂）力勸　已抄交

復電送電務處發

63

查電

該旅長並未奉黎副總統電組但據趙一面

之詞又改辦法殊屬非是

常德周電

64

事關武職大員應將全案咨軍部覆核

再請須令

夏（夏壽田）秘書訪查

湘潭宥

65

斷不可行至多可留三營一千五百人俟裁
餘全裁為妥
稿交郝侯

66

若以財政困難情形已送飭接濟但大款不
易籌耳
黎(黎元洪)樣

67

甚慰
另電賞款由汴(河南)督先挪款遣員解赴倪(倪嗣沖)營
即派人赴京領還以期迅速
倪文

68

共和已成而此方敢吹如此楊(楊纘緒)具有野心已可
概見電楊(楊增新)督留意查明不必全叙
伊犁索倫領隊福善[illegible]

69

切力哥盧須監視其行文如盟勒從共和並允

以不設行省不侵地奉黃教云云

甚善

綏遠張將軍紹曾嘯

70

飭查如盧報軍情應嚴防奉天姜桂題均已派兵

奉當先到電馬速委員

崑源 崑元電

71

甚有見兵事非通盤籌畫不可輕動

俄由哈克圖進兵三百名至庫倫已商俄令阻進

伊亦無南下之意交涉頗有轉機伊已認蒙為

我領土有主權

72

倪嗣沖

該督文武兼資必為皖省造福印信均在皖

省可先刊木質關防啟用聲明皖印作廢

13

兵祇亡六匪死百餘人而縣不失守情節支
離仰切實查辦以該文武擅棄汛守即按
軍法懲治

14

實心愛民熱誠救國夙所素佩仍望始終以
救國前提國步艱難非引退高蹈之時也

15

既懼迎應速回黔（貴州）滇（雲南）加兵可無用電廣（[illegible]）察阻
不必作為用電風聞可也
席　川督辦

16

民國無所謂大紳采其嫡戚有證據大可看
管派罷或押解赴太原看管
張紹曾漾電

77

詳告以財政困難情形仍飭部籌濟但鉅款
難籌耳
飭查業辦

78

明孜惋惜防範不力之員該督查明參處
仍督飭加意保護設堂教士各省亦然

79

告以近情
各省不解款中央無點金之術而借款諸多
梗阻
貴州省
黔唐灰

80

國民黨
該黨各議員應均追繳取消候補之該黨不
准補另選有案者仍按例治罪

81

徑畧已取消一切事均交張使接辦清理不可另有機關

同一電

並電張

82

本府未派此人望驗憑照係何處所派印有憑照而游事亦當辦

黑宋篠

83

教士非一國商令退告恐無效反生謠言不如由各地方官擔任保護其產業勸令暫避

印交部　不必迎矣

84

義正詞嚴無任欽佩飭部轉飭威赴鄂（湖北）料理接洽

抄一分連原電送廳

黎（黎元洪）夏霰

85

内

本係為浦口建築借款曾擬複候就急先築

漢口尚與洋人接洽已飭院部核議

已擬電黎

86

外蒙古庫倫

庫匪南犯至多不過一二千人足可抵禦且

關內已備兩旅有警即往望勁加偵探為要

87

張錫鑾

張長循聲久著奉直何為此謗且黨亦不

應干涉用人重治督查

88

熊希齡字秉三

此事由熊秉三所擬雖已答字料議院

未必通過飭周部長慎防

89

痛惜當開戰〻始恐有悞會曾派佘大鴻查辦

90

前二條甚是三條已探詢各國四條造紙幣

甚需時日現到者數百萬飭院部察核議

湘梗

91

未接有此項電請宥小調唆播弄浮言殊

堪痛恨電楊楊增新

楊儹偕

92

慎宜甚是既有悞會此令停行由該都統

查確再核辦

93

禁二次革命可辨通緝黄已撫再緝是失信也似不妥

梁士詒

燕孫酌之

寧哲

94

滇肅清謝汝勳立位病甚念至應否裁使缺

唐繼堯

電唐督議覆

95

奉天張錫鑾

奉張督在京吉民政長尚未赴任許旅長

許蘭洲

亦未回防稍緩再來

96

回文疏忽不當認其為國　遇此項文請

示再改覆

97

已催該員謙退不敢往容飭院再催

另電

閣督張謙退不肯授事趙潤如何

次巧

98

既非專官又分界限似可行交通部速

核覆再覆之

暫存俟交通部核覆再辦

99

外省徵兵省民急待招練撫輯明發命令

飭各

都院統兵大員等籌辦

100

財政各有責成我不便干涉且生推諉有妨

財政全局

101

可暫就近監督但有要事仍須會商該省民政長辦理以符定制

102

殊為駭異尤為慘怛已嚴飭黔督（貴州督軍）認真查究務得凶手

中山篠電（孫文）

103

各借款旋議旋輟迄無一成中國信用尚未昭著借款甚不易也

104

甚慰因知該兩督素顧大局必能相得益彰謠言不足計

105

尚可原已免官任倪（倪嗣冲）胡是否真心從逆望覆

轉倪知梅名珍除

106

嘉奬兵民有功者可請給奬勵其實情該

督宜先咨商以免謠疑

唐塞（貴州督軍唐繼堯）

107

以重兵勒令將招安各匪繳械一律解散抗

命痛剿

或電去或派大員去　派兵往助

電汴（河南省）督商雷使

108

財政萬分困難無力累遠設此局面增費甚鉅

由該民政長委令試辦後任命

109

現在亂黨正謀擾閩（福建）而務司未便代理俟接替之員
到任方可交卸

110

王純係直隸中央人員何可派出在贛未久未
必熟習

111

（西藏活佛）達賴業已遠封可伴令該（喇嘛官吏）堪布來京垂詢
藏事

112

（倪嗣沖）倪使所擬辦法甚是即照此辦照商各
使徒生枝節

113

因該省財政困難部已簡任○○○接任到粵（廣東）
協力設法
查名

114

困苦萬狀聞病極念給假一月以頤暫護病
愈即視事
一面電詢胡如何安置

115

財政爲存亡所關該長素能不避勞怨必可
認真籌畫以救危亡

116

既如此祇可暫駐鑪（川省打箭鑪廳）待天暖餉足再議進取
飭參軍兩部財政部核議
尹電（尹昌衡）

117

仍兼軍統先利用印鑄發

另擬令兼軍統　陸軍部奉令電

陳炯明等電

118

暫不覆候併議會電派王人文查辦

抄一分連原電送廳

四川張民政長元

119

諸督顧全大局為國民減擔負諸將熱心愛

國不私權利

獎慰

湘潭浛（湖南省都督譚延闓）

120

嚴飭諸將竭力勦辦其敗退之官弁查明

嚴辦

電行

歸化張霰（張紹曾）

121
嘉獎
摘要嚴法明發飭各省有匪地方酌量
防行

122
並無擬及該督之事俟還事定亦盼來京
六〻牘 不知其用意
一■回向道
一■回回京
川尹電（尹昌衡）

123
妄言分飭辦
除四、督及亂省外均通電飭辦交涉由中央
辦理

124
甚是望照辦
閩山東江蘇邊界仍不安靜究何情形望
詳查覆

125 但張為前敵得力之將不可去徐株守另委人署

126 正郡向交涉雨霞寗熊犯須詳訊按律辦免起中外風潮

127 猝不及防無所用力受此窘困殊為系念望勉持大局

128 為國為家必須勉為其難

129

庫儲如洗竭蹶萬分姑仍部核辦

130

該督素顧大局仍望互提携和衷共濟

131

電程（程德全）責成應（應德閎）擔任特予教典由程酌予委用

查案分電行

黎宥（黎元洪）

132

程（程德全）嘉奬　章二等文虎　梁陳少將

陳張特補中校　穆四等嘉禾文虎

陳棁三等文虎

133

電秦（陝西省）督查究

覆秦已通告某某處望通告辦政一面電

秦究

汴（河南省）張鋭

134

由外保薦與定章不符此二人本大總統亦

知之姑交各部分配核明保薦

135

需款太鉅一時難籌但飭部如何為難迅

即籌撥陸續先付

136

作為風潮誥誡楊督（新疆省都督楊增新）勿多集回兵（回回軍隊）覆以楊

纘緒已升署提（提督之署）（提督武官職 約今之師長）

137

准

電馮督撥陳堵擊西陵並防範獨石口

張家口何（何宗蓮）寒

138

因閩繫重要物議日多已行文参議院

查案復

粵胡元（胡漢民）

139

抄送姜軍（姜桂題）

告急（崑源）毅軍恐不復濟急已電奉助

電奉

140

已飭部發電如萬一接濟不到由部

設法挪濟

141

兩事有建此議者皆未批准因生此謠已分電張付解釋

閻錫山

閣督勞佳

142

仍確探查現西方正在多事俄此舉似或有之

趙爾巽

奉趙簡

143

電唐繼堯

唐嚴飭府部不必入湘境由湘督遣兵防堵亂兵

譚延闓

潭文

144

已由部撥五十萬元計已抵烟運庫款無庸截留

周自齊

魯周宥

145

嘉獎
出力者請給獎
該督授以勳二位歷叙前功

147

現正多事詎可離差所有密情不妨
電聞 或專人呈閱

146

聞之痛心不禁泣下惟望仁人志士共圖補
救
切嘉獎

146

飭院部位置並先贈旅費
詢明其住處先送二百元
譚延闓
譚禡 庚才貢事

149

人數較多多非（無）戰功姑交評勳會討論

抄送

150

岑（岑春煊）可暫留仍望該督竭力維持整頓

電岑

151

此事應妥擬切實下令

但不可妨信教自由一節

152

與歐陽（歐陽武）電報兩歧電梁副總統查

此電可登報

並抄送

153

邊遠沙漠未可專為駐守附近有匪亦當
探明擊剿

何宗蓮儉

154

該中將保護地方輿論翕服不足酬功仍
勉竟厥功

155

切留
如有能力均不肯任事安有共和幸民之
可言

156

應一面飭派文員先往開導確查情形

157

一調京補
一發往甘肅參補用
廣有

158

代表已遣散如派人來京備諮詢亦可
尹昌衡
尹有

159

復不濟急且無熟手仍勉為擇任餉械
胡督速接濟

160

叛則誅之服則撫之吳有古名將風殊
堪嘉慰
趙宥

161

慰甚
現將與英人開議須有大員駐邊鎮懾
方易進行

162

熊（希齡）有赴熱河成議請就近詢之如肯任
即下任命

163

飭倪（嗣沖）督查請旌卹甚悼惜但仍節抑哀
痛勿去

164

泰興
查案此二員有何勳章酌加給
奉諭暫不給
胡萬支電

165

勒令文如再抗即拏解京審辦

先付懲戒

166

獎授以中將給二等文虎章并兵賞洋

一萬元傷亡優卹

可就近解交張將軍訊辦

167

明發命令各明大義之官長從優擬

請給獎其逸犯嚴拏

168

竭力抵禦那視全多倫官兵均加優

獎賞

俄事摘抄送

169

府遣施（施紹基）禮官赴英館告情形道歉

明春

170

審計處可由該署派科員兼管此檄

閱可裁以節糜費

171

甚慰法人近多枝節望會同妥為

了結

172

照案應給全質單鶴章

存記

173

欵空未交催交到印撥該民政長速
赴任

174

訛詐案自哈爾濱應由該道查辦
更正
此電係出私報
黑宋寒（黑龍江都督宋小濂）

175

分電行
但據姜（姜桂題）軍統云林西安處駐紮望查
明核辦

176

俞劉給三等文虎
趙給四等
仍傳令嘉獎

177

可暫駐河東地點以待將來規畫亦可用

運城董江 董崇仁

178

應商胡 胡景伊 護督妥為布置再行 此上

川張 張培爵 民政長 柬

179

已命署提謠言應查究

院諮責馮大樹

180

如有擾亂立即正法並派兵勦滅

催郡查明恭楠

181

飭院部查明當意現尚未聞有此說

182

陳昭常

陳未辭職趙趙爾巽以病老陳情已慰留

長春

長芳卅

183

電陳交涉使查明此會何人主持

滬義賑會

184

嘉慰

軍

電張近日匪情如何隨時報知

145
交院存記位直柚貺接見
開名單送
黎元洪
黎東

146
是否候程雪樓程德全電到再發表抑先發表
請覆

147
飭軍參兩部及財政部速籌核辦理
請送軍事處一閱
張紹曾
歸化張銑

148
謙退可敬可佩但酬勳之典亦不可
廢不許

189

非法定機關駁散又在外界
由院駁
並電桂督應

190

籌畫周密議論切实姑俟籌有的
款再圖進行
寄滇督

191

深造軍人所用甚宏飭陸軍教育
兩部核辦

192

先由該司擲發飭部印兑
分函財軍兩部

193

謠言不足信安心經營邊事以竟前功

尹文（尹昌衡）

194

電程督（程德全）

節抄送外部告法使飭防範

195

餘給章

監督未可任兼

另電告暫兼

196

覆飭院部核辦

先任鎮守使參習按將軍都督條例

黎世一電（黎元洪）

197

此事或由院寝或由廳寝
此項爭執將來必不少

楷華柯孟淇

198

極慰亦該少將之力俟安置就緒再調
北來

199

盜賊充斥民何以堪飭嚴密搜捕以
安閭閻

柏悦 柏文蔚

200

中央大批借款尚未簽定仍由清
自借礦本

201

抄送熊（熊希齡）

仍勉力支持勿存

五日京兆心

202

譚（譚延闓）

胡遠先墊款用若

干由陸軍部撥還

靜嘉堂藏書

203

嘉興候核辦

另電詢唐能否傷

其交卸

204

記近日頗有進步東（秘書處）

平（余建侯字東平）查案擬說再核辦

蔡芳沁（蔡鍔）

205

告以岑（岑春煊）不去原委望
逕電勸岑
中间一段抄交陸軍
部備考

206

勞念
查案似違節制此電
或緩覆
川省都督尹昌衡
尹冬

207

與勞給二等文虎章
出力將領擇請給
勳章
昌衡
尹東

208

甚善
電本換此事應通
籌
請付密電本一冊
孫督支

209

該使拿辦匪首多人
給勳五位

210

即擬令禁並慰勞由
部發廿萬元犒賞

211

已迭大敗不日盪平
無足慮
奬勉

212

必須將地方布置妥
協可來
另催張督（張錫鑾）同奉
已函張

213

知愛鄉勿侵大權

胡鄂公

胡紏和曉諭

214

務妥為布置迅印回

215

教士不能底

216

撤銷

已另派陳使往並

議行

217

不可因小误大治之
亦是
電楊速換道員 新疆省都督楊增新

218

財政萬分困難仍應
撙節功用

219

嚴究辦
財交兩部優給獎
賞

220

案出之時已飭索交
尚未交到

221

留

才識品學足以表率

士林挽回國化

章士釗東

222

慰

維持雖為日無多賢

勞亦可想見

223

轉尹尹昌衡

該使回成都故有

此謠

224

燦然大局深知大義

慰佩

奐

225

可遣妥員来述無
庸親来

226

飭外交部稅務處
查照辦理

227

飭部仍照舊
由該長督飭辦

228

财政如此困難必須
切实整頓

229
與勉張廷爲籌備
春暖聽調

230
已與部商議辦法似
尚不難解決
然希齡
盤顧問廿一

231
已飭外交部向
使交涉索交

232
明發先發五萬元
郡籌接濟

233

陳貽範轉告已飭稅務處查辦

滬保商会

234

覆談番一令安慰轉川尹（昌衡）查辦並查前案

蔡[illegible]鄂（蔡鍔）

235

忠告堪佩深謀遠慮望來京面商一切

236

飭院但國會已三月餘院法尚未定

237

奬
似可予以寶星商
詢部

辟震華僑一電
捐廿萬元

238

現由粵（廣東）撥將來由
部發

239

如有為此案棟商
抄送

240

發三萬元仍由部
籌接濟
明發

241

收入鋭減應遴委員

往代

243

分函兩部究何情形

似係藉托延交

242

念走否有匪徒放火

望嚴密訪查

244

所有在多經各事

查

節制

245

但必須切實可靠之
兵方有把握

246

破格外者刪去章
即准

247

俄將甚堅陸（陸徵祥）總長久
一再辭職不肯與議

248

粵（廣東）甯（南京）閩（福建）均取銷黃（黃興）陳（陳炯明）
許（許崇智）均逃湘（湖南）事未明

249

已飭外部聲明，如平定，洋兵即撤。

250

如專請

此事已有明發，再擬

251

留王

亟催熊（希齡）往

亟催所接濟

252

治匪仍按軍法，所論甚是

253

獎慰董其事各人由
部核給獎章

254

專函送周部長核（周自齊）
擬覆
初四日早九點送

255

函覆
已飭部呈請任命飭
部查辦

256

甚念再給假廿日滿後
即出視事

257

任為軍事諮議
余欽
譚（譚延闓）激電

258

似可藉此按法發揮
不必拒阻違法
廣饒協会電
南昌省議会已有懽迎電
呈注

259

周加銜
劉授少將
飭交部核議

260

數其罪狀迅即繳械
解散
蕭健之電

261

該護督可以詳情
逕電參衆兩院

262

申警保定徐州上海
嚴防
部電

263

飭部設法但一時恐
無如此、之多
西部

264

痛念遣員致祭
軍事處擬派

265

抄

此案均查録候委查

張士秀電

261

飭胡（胡漢民）督陳（陳烱民）民政長

查辦

266

存記

內務部傳帶覲見

264

該着督由京去晉

庸來覲

269

部協商川督長妥籌辦法

270

嘉勉望切實整頓

271

庫欵如洗即兵餉亦無法應付

272

減半之道不為無見

213

似有誤會法家詳
擬告之

214

勉任勞怨勿負期望

215

森懋妥為布告防
範

216

准
王先加少將銜

211

忍耐因應勿稍介意

219

俟張到商妥再來

214

油印
並交政治會議

240

安慰解釋傷院
院查

281

解京訊辦
先委署

282

惜籌餉甚難不能大
舉進圖詳情續報
蔡鍔
蔡俭

283

電西北各省防令
嚴搜捕
張方陷電

284

張紹曾
電張和衷
閻錫山
電閻催孔速行

285

鎮守使稷裁以耿代理餘姑[illegible]請屏理

287

已再四囑尹（尹昌衡）俟其玉成都商妥即回電尹

286

切慰勉餘速發三萬元免其迭報

288

獎光裕在事有名各員之勳章

289

現決定由印度入藏

已與英使商妥

290

任命欽部速核撥

電達賴（西藏活佛）

聶任命

291

所陳自屬可信獎勉

摘告達賴（西藏活佛）

292

應在京望早回寧

莊（莊蘊寬）督辦想已抵寧

程督庚電

293
不必再究定有此說
囑報界以此攻擊之（節畧）
已辦

294
獎慰田鎮給三等文
虎章兵士賞銀三千
兩
汴督文（河南省）

295
甚念用藥宜發表
此請但要事仍由該
督主持

296
人之鼓吹不可全不理
擬命令公布案要

297

詢能籌備若干部
核須三萬〻以上

298

告魯
覆已備送款廿萬元
程真

299

詢其作何抵押合同
要節電覆以便核辦
印

300

電湘督（湖南）
宜候命令勿擅招兵
致累地方

301

復三五日可行
電直督派之
電知吳留三五日

302

甚知為民減負擔
嘉慰
由胡傳知

303

電閩（福建）如岑（岑春煊）已去可由
藩司令代押借款
告財政部
閩省議会銑

304

不許辭
蒙事須協商各省通
盤籌畫

305

所見甚中肯

關心大局飭院部

核辦

（浙江都督）

浙朱督元

306

事已見前電諒貝勒

應革爵

摘宣布

307

（岑春煊）

岑曾請復民政長

以此電再詢商岑

福共和党

308

電湘（湖南）查禁

覆令中央甚念軍

情隨時報聞

周電銅已失確否

309

現因賠款洋債期
近且鉅岳從著手
尚望不分畛域籌
畫維持

310

兵不宜太分
防其蹈隙
遞
海軍事處一閱

311

擬應由浙督查明
候放竣酌請榮典
唐宗愈電

312

官相在何處
可覆以既倡亂應
嚴懲
蔡鍔
蔡馬

313

建設伊始再謀破壞
使為公敵
切言之
黎

314

黑龍江
電江省並交諭
張錫鑾
張使查辦
奉趙陳

315

此次
鳳凡
西路
理電切記
用密
勉以固守分偽撥

316

如擬發表
但不用洄籍字樣

317

轉吉來許之處

並勉帕 崇吉玉帕勒婚

帕巧

318

轉飭彭速離甘電

奉招梁用

319

由支應局再撥十

萬元

函司

320

甚善望飭來京

與部接洽

粤胡宥

321

未便由外酌發仍
開單請與

322

飭援軍恪遵帕王（帕勒塔）
命令協力堵

323

辭（不許）
餘照擬授官
張勳五位

324

岑（岑春煊）受人愚弄脅制
竟生亂心
與舉

已覆抄交兩部

325

查明來由廳覆之

記已交稅務處查

327

凡此機關應以通

稿覆之

326

將士辛勞該總長

代我慰勞

328

不可因私廢公不可

商謟誤國人自可諒

切留之

329

已飭外交部核辦

徐電飭查究

交通部查電

雲南蔡都督敬電（蔡鍔）

330

電責成兩方不得擾

及居民

331

切留

實在無人接替

吉林陳電（陳昭常）

332

趙萬不能去催直

督派人

崑條（崑源）

333

奈曼王在京似可
催其回 詢明局

334

查案告以原尾候
派大員往查辦

335

允但仍須隨時贊
畫一切

336

仍竭力支撑候選
得替人再调京另用

337

為國為鄉當盡義務不許辭

338

勞苦功高另電劉裁維持勿墮庚功

339

張（張錫鑾）督回奉後即來面詢一切

340

各省一律蘇（江蘇省）難獨異核駁飭臣以來擬

341

任勞任怨勿恤人言
悠悠之口大可不理

342

飭嚴勦
孫黃事記候發表
前亦有電

343

後就差仍暫在鄂（湖北）
參佐段（段芝貴）代督維持

344

該督治粵中外交推
閩（福建）人尤感服萬不可去
切留

345

慰念
可緩
俸照例仍由中央支

346

可迴粵（廣東）如閩（福建）可離印
回京

347

明發
唐（唐紹儀）督給一等文虎
謝使給二等文虎

348

蒙軍已去必無戰事
可分別布直尹可暫
免行政官

349

不如諮議院參議官

立法之嫌

軍政執法處

350

查李鴻祥電併

嚴獲擬給獎賞

查文電原委

明發命令

351

張給二等嘉禾

馬查明有何章

酌給

352

造謠生事煽惑內亂

即按軍法就地懲辦

353

電田文烈查辦自治
會解散懲辦

354

由知事吏治入手
是根本之事

355

布置周妥甚慰
團長知事均先逃
亦應查懲

356

姑電馬師周探
明達賴（西藏活佛）所在擬令
告誡
滇蔡（蔡鍔）養

357

卓見甚佩已飭部

籌何時此来甚盼

熊電

熊希齡

358

二營長是否當加獎

勵望核請

359

黄名目何人所派

不必理他

祇覆熊維持

重慶熊師長真

熊克武

360

卓識甚佩飭院局

詳考

已抄交院

361

北门鎖鑰力為其難

362

正在整飭萬不可來

363

電令通緝
並在京各署

364

循聲素著期望遠
大勉之

365
中俄並未開衅何以
有停戰之約速商
外部考校、飭遵

366
油印登報稿已交政
治會議閱

367
徒法無益須在嚴參
辦

368
抄交外部
登中外報更正
已抄交

369

廳查此人已否安置
再核辦

370

甚慰請囑張秘書
一慶即回
南京程庚

371

由外部先與胥領使
接洽再電飭交涉
使辦
先覆
鄂黎過（黎元洪）

372

該長才長心細勇於
任事仍勉為其難

313
特別礦業可飭部
核准

314
飭外部查明勿
懲治
印丞郎查明

315
務期殄除勿留餘
孽
魯周真

316
查兩次命令告之
覆之
李準

377

但梁士詒已授勳
毋庸再與

378

此應與閣督及民政
長商之以免紛歧

379

先派員剴切開導
如始終執拗再請
示辦理

張紹曾電

380

蒙事另有計畫可
遣散為民減擔負

柏（柏文蔚）轉

381

先由該督代刊木質用俟官制定再由印鑄局鑄發

382

已賞四萬元可飭李使取出先發已飭再發三萬元以補所挪賞款

383

交涉允許恐不易或節節試進如其來請再興駁論

奉趙嘯

384

此路關繫甚鉅川人糾葛亦多飭院部妥商辦理

黎號

385

告以近情　已經覆

上海尚未審竣交案

姑無證據

386

中央財政困難情形

不能接濟為慚望各

省設法籌助

387

電程轉

應部籌下命令

勿擅募人

林電

388

電周督查明申斥

舉撓將無此辦法

兗屬紳民電

389

非私人所當組織
電崑（崑源）查明解散候
令

朝陽國民黨電

390

匪久不靖民何以堪
務飭捕淨盡

雷廿一

391

此案改交該督查辦
勿庸開軍事會議

392

據議會電傷張護督
密查覆

此不理

393

告以粜未賣情形
姑飭籌恐難如数
南

394

尚未定案何至開釋
想係謠傳飭鄂查覆

395

按法核
直省亦有電來似宜
提議劃一章程

396

欽傳善不日即往可
勿庸再更張
該員兼代已明發
周

397

已飭陸使正在持
爭幾已決裂

398

責成速爲清理以
安閭閻

399

閱後送還明日面
談
胡督苟巧
王和順事

400

該省困難猶能解
款嘉慰

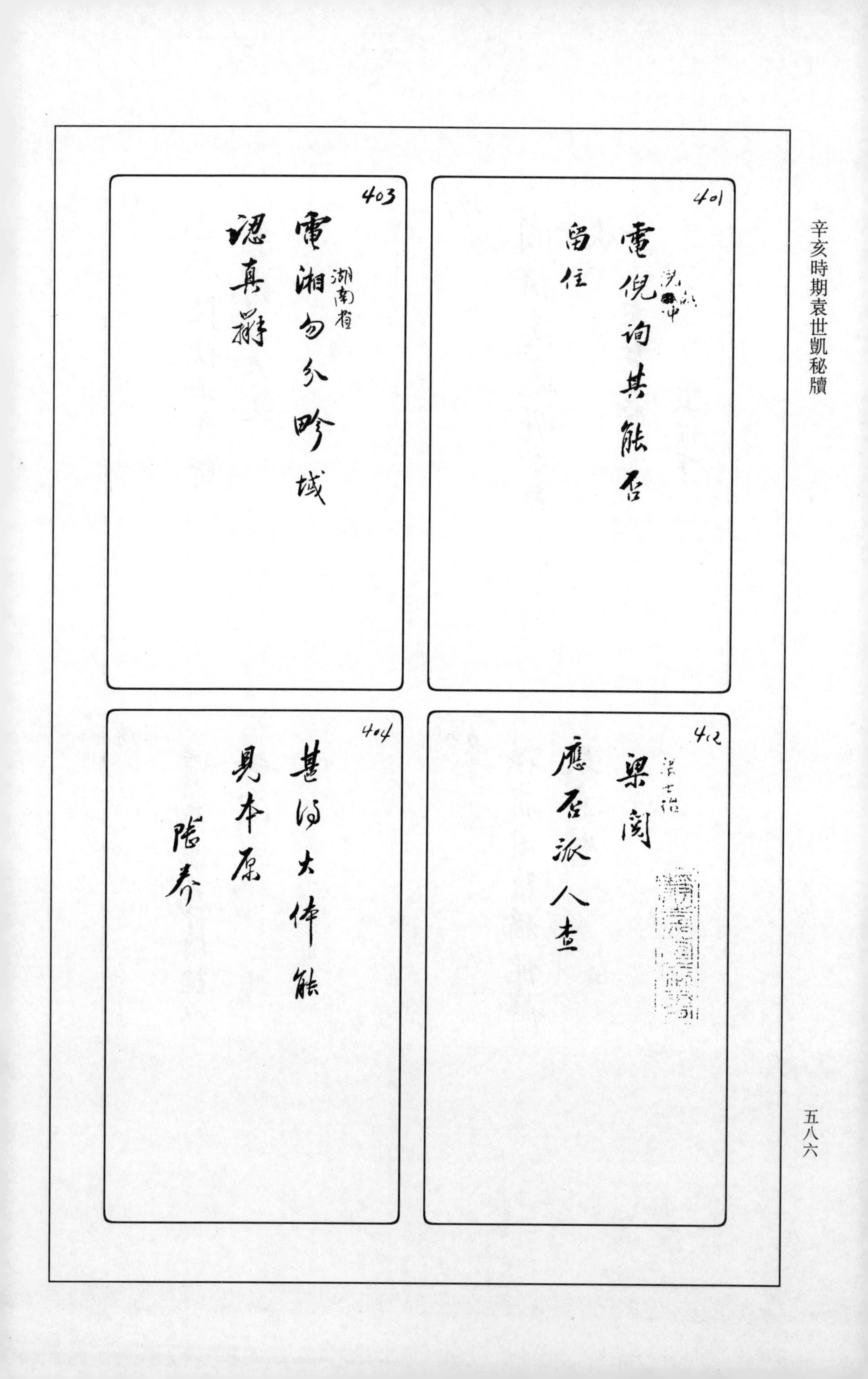

401

電倪（[illegible]中）詢其能否

留任

403

電湘（湖南省）勿分畛域

認真辦

412

梁（梁士詒）閣

應否派人查

404

甚何大體能

見本原

隱夫

403

先電詢岑岑春煊應否

留福建閩財政司、陳元雷

406

電奉奉天督是否另有

别情

407

准以潘粔樞接

任

408

馬照補

施給三等文虎

章

409

電周（周自齊）靳（靳雲鵬）派兵彈壓查辦

410

盡力搜捕勿留餘孽

411

庫款綦絀祇可分批接濟

帥欽

412

電詢黎（黎元洪）應如何辦法

鄂劉（湖北省劉心源）民政長欽

413

周給三等文虎

廖不准辭

414

段芝貴

段司令之電覆之言之成

理

415

蒙古王

達爾漢南明大義

傳獎

416

已遣飭交法庭辦

417

電直隸督部堂速派
電熱河防堵

418

甚是望速發
以期早散

419

王懷慶兼
此缺已裁應銷

420

查明麻電何詞
再核

421

甚安

軍事處催閱防照此

辦

已知會唐次長（唐在禮）

稿送上未發下

422

函

部

樓

復電送發

423

電陳查

此項查看 秘抄

424

先電商黎公（黎元洪）再發

發布

武昌劉心源元

425

俄此時必不敢明

助

奉趙欵

426

内弟電

從其速來

熊敬

427

已聘趙爾巽

十二人存記

428

抄交　部　委密查

429

既係退伍之兵仍
可按軍法辦

430

明發給六等嘉
禾章

431

抄送外交陸軍
參謀三部

432

併非此項電

433

責成總理

已飭令押

434

先勸諭如不聽

再請示

435

應候接替有人

再給假

436

封送周部長

周自齊

速核

粵胡特致

437

吳廷錫字向之秘書

向之核出存若干

438

准其監督錫飭部核議飭遵

439

與胡督會同籌畫

440

梁士詒

梁查明何事去留取之

441

盼其病愈來京

一晤

442

豫（河南省）皖（安徽省）已有此項辦法

可緩行

443

已有私狀

可不理

廿三晚

444

儘地方之力妥為

協助

445

興利養民為政之要

446

嘉獎

給三等嘉禾

447

照廣西例辦

明發

448

電胡督速撥

電尹（昌衡）慰問

449

不為無見，院部核辦

450

已飭授粵胡元

此電存於

451

主法機關何干軍法

452

或按法駁，或不理

453 可令來由院部見

黑龍江都督宋小濂

宋請撤

454 分電鍾建款速撥

455 護軍使印撤銷

456 詢孫借薦

護

457
勉之
支電來到

458
已飭部查明分行
胡刪

459
飭順天府情飭嚴拏

460
已飭外交部核办
胡刪

461 確探嚴防餘交部

呈宗蓀

462 天稍暖再遣員往

遲

在外似不便

463 甚念飭院新設法

維持

464 此項可登公私報

書呈衛

尹賀

465

張在津交馮措

轉

李趙梗

466

按法電去情申斥

467

事可行飭部核办

468

尚未定議事有轉機

469

飭院部核辦抄此
送
汰裁

470

此由部處薦任已交
核办

471

電閩福建督提省查办

472

併入電稿轉程

473

此事甚多彙為一冊

474

查劉電給假一個月

黎元洪

黎元

475

不知來歷詢黔督

欽州

476

先叩覆

李趙十音電

即送外交部辦

477 大借款仍未簽定飭部核、籌

478 先函詢周總長再復行

已函詢

479 不知在何處飭院查催回

480 甚慰布置井、械飭部

481

甚善
飭內務部備案

482

電應民政長查明按法
痛斥

483

已飭財政部從速
核覆

黎感

484

此事兩部詳核辦

李烈鈞
江西李鐸

485
可採允行但須從
嚴加看管

486
飭部核撥
催張回任

487
登於轉陳
院
彙覆已催陳

488
已飭部籌備
函部

489
任命爲九江兵船艦
總指揮官

490
交財軍兩部
核辦

491
函軍部速發
已飭

492
未催趙從蕃赴任
送梁君閱 梁士詒

493

速抄送外部交涉

已抄送外部

初六送院

494

電柏（柏文蔚）傳知分界並分其事

鳳院電 袁

495

先由該款內撥發

496

已飭院部查核辦理

497

部核定　再擬覆

速核

498

邊地主要不惜破格

姑准

499

電錯字電詢之

已詢明

500

可令精飭印來

京候委

501

飭財海兩部籌撥

黎感

黎元洪

502

奬勉挽留給三等章

張培爵

川張民政手東

503

俟張李到來京候質

504

飭財教兩部核辦

505

私人干涉軍事
可不理

蘇滬暨杭州維持會

506

所見甚是
界未可混

507

妥為維持續情電
聞

508

查明由內務部
核辦

509
誇奬
並電川督查明請
奬

510
定案後請予奬
賞
承德寬卅一

511
專據切實命令
節儉
復電交度務處孝

512
再有輕退者按軍
法治辦

513

即覆電送電務處發

由該長委司

代行

六月三日下午

514

電奉（奉天）督力顧大局

515

督飭章嚴緝　防

516

該閩（福建）何人可勝

代理之任

517

籌畫周密望
早回省

518

岑文

緩
官制尚未定奏
無回電

519

飭部籌但甚不
易耳

520

餉源無出仍須
進行裁兵

521

嘉獎勉爲交部

迅議

已抄送

川陳等真

522

款尚未交到廳部

核撥

523

察哈爾

察署教育長迅即另選

524

痛惜優卹

嚴查辦

525 即發了結飭部立案

526 正議將來紙幣之法

527 按覆馮（馮國璋）各節復之

528 加意調治嚴辦凶犯

529
電孫禁
兩不理
誣蔑政府

530
已飭部查明取銷

531
候二厂來商酌覆
陳宧字二厂

532
務絶根株以靖
地方

533
搽尤请奬不可過
多

534
電各省並告在京
各部署

535
尚可引但須慎杜
驂擾

536
浣霞有
印璽之别

537

交外交部切實
交涉

538

電甘督 甘肅省 接濟
飭財政部

539

電
但須多裁冗兵
為要

540

電奉督查明委用

541

現仲八瀆变稍緩
再來

542

甚是但銀行須妥
為保護

543

切責該廳會商選派

544

電程（程德全）
並電周（周自齊）靳（靳雲鵬）

545
查案何以未覆

546
電奉悉遺填緊

547
稟覆登報並記

548
奠
飭部即核補

549
已報初正接任

550
告以各國現情
吉保銳

551
接洽核並勸誡

552
甚佩
交法制局
黎有

553

即抄送外部辦

554

詢明按軍法辦

555

飭交通部轉飭

556

須令取消

登報

黎等蒸（黎元洪）

557

俟王到抄送閱

不覆

558

嘉慰仍嚴防範

馮冬（馮國璋）

559

獎

賞銀兩千兩

560

來電抄送詳酌

哲布尊丹巴封電（庫倫活佛）

561

佟草解津如擬辦

562

轉詢程（程德全）督酌覆

563

轉胡陳龍（龍濟光）酌查

564

已飭速電滬

交

印

程（程德全）督

565

電程督（程德全）

按法駁

566

已分飭嚴追究

567

妥為安置防範

黑宋元

568

嘉慰

院委陸探

569

甚善

即覆照辦

譚巧

570

交部分別核補

571

已送飭外部

572

按法駁

或不理

513
嚴加防範查辦
奉張刪
張錫鑾

514
交部速核補官

515
詢明按軍法辦

516
慎酌慰勉之詞
復電交電務處發

577

飭部籌撥

函部

程督庚電

578

似應由都督發

甘議会蒸

579

已有令

再轉飭

內

580

税務處妥籌辦

581 查案擇要通告

582 慰
印抄送外部

583 飭部竭力設法

584 萬勿半途而廢

585 頗知顧全大局

586 明令裁缺調京

587 甚念給假十日

588 已有電令留署

589 飭部竭力設法

590 按名緝獲嚴辦

591 飭部查明取銷

592 嘉奬
飭部核覆

593
必須注意預籌

594
先赴任後來覲

595
或痛斥
或不理

596
詢趙督究何情形
張竹志元

597 已飭院部核議

598 甚盼早日肅清

599 交財政部查核

600 趕速救護災民

601 仍望妥籌進行。

602 可來查看實情

603 不許紛紛退逃

604 非有令暫緩來

605 梁啟超

梁不願入政界

606

倘有此請再議

607

飭部設法維持

608

正與英使交涉

蔡鍔

蔡廿

609

擬給吳後發表

張將軍抄電

已電張先查原件

610

電督按法駁斥

611

勉以忍辱負重

612

飭部速核發

613 電胡督查辦

614 抄交熊（熊希齡）顧問

615 已飭部核補

部已抄

已覆

616 照賞

函財部

復電交發 六日

617

電直督俊辦

618

已飭部速辦

619

内甚是

電李

蘄春

620

與仍候續報

621 抄交財政部

柏沁（柏文蔚）

622 如擬

嚴懲辦

623 抄送熊都統（熊希齡）

624 電胡督（胡景伊）接濟

625

已辦

查公報

郭已抄

626

登報

並抄記

627

威望素著

勉

628

勉為民造福

629 電湘（湖南）督李辦

630 飭院部等辦 抄一份送廳

631 已另函知會

632 以印電何（何宗蓮）嚴防

633

商燕孫擬覆

梁士詒

634

鍾留豫可回

635

查案按法核

636

電汴速查覆

江漢關

西安議会

637

甚善。餘交部

黑宋霞

黑龍江

宋小濂

638

已飭部速辦

趙鳳昌諫

639

已飭部核補

640

已飭部核補

641 記有軍需員
宋督禡

642 交院部核辦

643 交院核給獎
里東宥

644 飭院部核辦

645 稍愈望来京

岑條

646 交院部籌辦

647 查馬電調京

648 楠安先告之

647 飭部核請補

650 已飭部速辦

651 孫督酌量

652 妥為籌防

653

仍勉為其難

654

仍嚴加防範

抄送海陸部

李鼎新艶

655

不必抵川（四川）滇（雲南）

656

無調日之説

657
核給獎
獎勵

658
可派人解釋

659
此項均抄記

660
部核辦
內覆

已覆

661 内
已飭内部

662 查案
登報

663 併覆
抄送部
黎勘

664 已電以詳訊

665
飭局速鑄發

666
抄送候查辦
李鳳鳴電

667
是
款由部撥

668
嘉勉
不許辭

669 飭部速議覆

670 飭部速核議

671 可
足見急公

672 已飭部核辦

613 院電胡陳查

614 或弁
或不理

615 告陳
電邊防

616 給五等嘉禾章

617 按新章核授

618 土匪可按軍法

619 飭院部核辦

胡景伊

川胡感

680 電詢王灒剛

烟台商会

681 部查案核行

682 催部速核行

683 部飭照案辦

684 按法妥舉之

685 部核呈請批

686 飭部抄送上

687 念加意撫恤

688 内盼其来京

689
已飭部速籌

690
張宣慰查辦
黑宋濂

691
擬痛切命令

692
約二广商之
陳宦字二广

693 電胡認真辦

694 按法律詳核

695 電奉督查明

奉天

696 抄交兩館長

697 外部飭更正

698 棟商全案

699 由部核定

700 交部核飭

701 從汪任事

702 甚是飭部

703 告以現狀

704 優為接待

105

已

開名條送

黎陽

106

沿江各省

707

電奉省

催

崑源

崑寒

108

留省料理

709

電程查核

程德全

711

覆飭部核補

710

尚有可採

712

責成尹督

滇蔡真

713 電詢黎公

714 告以原因

715 泰與登報

716 妥慎圖之

717 電程查辦

718 封
餘擬奬
里宋有

719 切實嘉之

720 已抄送
交評
已先後

721
電陳督查
吉代表恆春等

722
務期殄滅

723
妥為防範
先印抄送

724
飭部核補
湘譚咸

125 以此告劉

黎簡

126 查明已留

127 嘉興

登布

128 已有令禁

729

並張電核

尹寒

730

按法告之

731

抄一分送

732

程督查辦

733 就緒印来

734 嚴追勦辦

735 勉為其難

736 内記

不覆

記段交下

137 飭部改補

138 誇獎賢能

139 正在布置

140 覆已飭派

張季直魚

141 叛將不理

田刑椿電

142 摘由轉程

143 交院核獎

144 拏辦防範

745 悼惜奬勉

746 仍赶起訴

747 查記已覆

748 應擬通令

749 內部籌撥

750 可採 抄送

751 覆以近情

752 電飭督查

753 照災案辦

754 勉爲其難

755 萬不能准

756 並電陳查

757 交評勳會

758 奬佩

登報

759 詢張将軍

760 會議辦法

761

部速核辦

762

已交部荐

763

奬譽

摘報

西藏[illegible]

達賴歌

764

飭速核補

165 按張情辦

166 轉岑孫辦

167 按新章辦

168 內覆 已電

769

飭部設法

770

妥為設法

李趙文

771

已飭部院

黎文

772

已飭部補

713 嚴密偵察

宋文

714 查案告之

715 分抄交維

716 轉奉候移

777

徉印檜甃

趙倜

778

飭部籌濟

已先後

779

摘轉程應

780

院部核議

781
照中校郵

782
交令飭拏

783
奬勉不許

784
抄送詳核
此件擬說帖呈
閱俟發下一併送院

185 交部核議

徐宝山稟

186 竭力維持

187 力圖治理

188 妥為經理

189 甚善准行

190 飭部核議

191 由院速委

192 切實整頓

193 查案院復

194 勉為其難

195 宜速撲滅

196 切实整頓

797 事實固如此

798 甚是電唐

799 勉為整頓

800 部速核辦

1
宜先令署侯尹去（尹昌衡）
再另放實任可容
告胡
叔度酌之
尹文電

2
叔度詢酌再覆

3
叔度查有財政事
某可充

4
此人多才可用仲仁
叔度訪商用之定再
覆

5
胡曾有電辯根登之訛此電何来
叔度考核再覆

6
叔度覆、核

7
叔度存

8
叔度注意

9

叔度約一二人見告之

10

阻之不可
惟有允之速與叔度
籌善之法

11

叔度先代見

12

該乱黨正在進行効忠
外人此時真偽莫分
叔度如識此人可囑其
查明何人悔情

13

叔度採行

14

日本黨人集議三事
之報抄二分送
曾囑叔度報鄧秘書（鄧鎔字守瑕）
敘黃案催閱

15

叔度記並面商

16

傳馬二人頗有見密
示叔度詢談論考查
交院

17

甚精當

叔度併擬稿

18

駱不如傳可設法追

電改選並告籌

備處

叔度

19

叔度查案核

20

頗多可採

叔度約集同鄉數人與

之討論川事並察其性

情再用之

此件抄交院部分閱

21

叔度辦

22

叔度容請有賀一闋

23

叔度考校

24

曾叔度酌辦

24

叔度擬電令

25

叔度

與勉

26

叔度約法家討論

28

閱後交曾參議

堂

29

叔度存

27

而立法院制開議在即
萬来不及祇好另作一事
不妨在院制内預设伏
筆以期将来合轍
曾叅議 面

30

國人為暴民侵掠又談
自治不啻 虎此項名目
須詳酌定
華人為千百年来父兄戒子弟不
入公门不干公事故正派人绝少與
聞公事須集鄉间老吏討論能使正
派人出来之法再定此制

28

叅議院亦民選永
無同之望

29

現在中國政黨與現
在國家利害關係輕
重
參議　分投立議
政治討論會

30

川來電於解焙洋款亦未
切實承認應查案川應解
焙洋款及備項共若干兩項
均須籌解無論如何洋焙
款須先籌解其應解京備
各款不妨稍緩藉可挪移

31

此制甚用妥但省長之稱或
不足以尊表率啟愚民輕
侮之心似宜酌名稱
制內似須增一節其邊要省分外
有必須由省長兼行軍事者由國
務院会議決可呈請大總統特別
任命之

32

省長應改為省尹
或仍用總監

33

廳查案應圈幾員

34

並將都督係主管兵事萬國無
推舉之法起義省分亦一時權宜
之計然大率由軍隊擁戴亦多
非民舉等語加入

35

南北二字（分裂由於此）必須剖白仍
熱心愛國事者作文
論
尤要作一短論送閱
登西報

36

借款事
參一院咨未經衆院可
先駁回
彌（施愚鶴雛）議員速設法挿入
鶴初諸公

31

何為道

何為教　分敘解

專指孔為教是崇之反

褻之反　必爭端

38

委任令

係暫差或密查一事件

此件宜加入或併入訓令

與訓令均不明發

按法核議

39

詳核先擬說帖駁斥

賀本非安分之人應

加抑制何以妄識更

張

40

開院頌詞

41

劉公事速辦

42

按法駁電直督派員
查究

43

此項機關政府不應立案
飭迪化長官核
按法核
已去
俄保極荒謬具説帖交院
議補救

44

法家印核

45

交林林長民參議閱此項報
告與部員所述不符
或部員不通英文耶
並送部考核

46

法科

47

此二件繕就用印
待商妥再發

48

法家核
應否通電抑祇覆川
為宜再酌

49

順直案請詳核

閱

50

軍令應由參謀部奉

發 陸海軍一項

51

速

省議會

劃一

先辦

縣議會

軍民交互

52

此項文宜中外報多

作登

53

已抄印送趙
段部長
可登私報

54

部事
決非為此

55

秘書長速約各顧問
詳細討論
礼拜一早十點
請叔度兄印發函

56

覆已轉告
此件可送院

57
不負責任

58
揀出各電交叅議院
議

59
秘書考校

60
印鑄局照前件速印分

61

查明院議覆之

62

任意誣衊法家考核辦法

63

按已給之勳章等位覆核

64

速印十萬本分

65

登並囑報會多發表
此說

66

章宗祥
仲和諸公核

67

滬
分電
鄂電馬轉長崎查

68

可登私報

69

法律議

70

法家復核

71

與鶴雛商之

施愚字鶴雛

72

燕孫酌捐

梁士詒

13

總統府官制
及見外賓禮節

14

法家考核　應如何辦法

15

電令多印發

16

教育普及必須求其最
易學習之方法其方法
安在
叅議討論

77

報派
現在情形不同另
查单送

78

求示教育方針

79

何人識之
由

80

候面商

81

報顧巨（顧鼇字巨六）六面告之
囑其分告

82

詳核兩派報所論有無
真偽分别此廳事由廳
通告

83

切告各機關議員如無
牽涉實據員不可濫
拘如有之亦不可濫保

84

此案由必須早登出

85

不可作書

86

已有電来

87

並請副總統
入座

88

秘書見

89

仲仁採

90

速辦
復商

91

通電各省

92

甚善

93 甚是已改逕由府發

94 待國務院議決再發

95 不批原件送還

96 頗有流弊可不發

97
詳告李直 張謇

98
逕電胡

99
金叅議

100
油印送國務院及各政堂討論

甲

1 批烟臺市議會電

電東督①。

中央爲地方秩序起見，雖萬分困難，仍挪借鉅欵，以期裁兵安民，而仍不敷用。中央實無法再籌撥。仰東督派員督飭市商會捐借接濟。（烟台市議會）

2

大借欵並無成議。南京政府留隊太多，月費甚鉅。曾由小借欵内湊撥二百萬元。裁去四萬餘人，具有不得已之苦衷。欵已用罄。正在磋商大借欵，如有成即撥。

3 批上海張漢傑電

免戰時責任，又不究既往，迭有命令。如仍相尋，大亂之道。趙督②保全地方，率領奉省文武兵民贊成共和，使疆土無缺，功亦甚偉。法家詳叙之。（上海張漢傑）

4 批黔軍旅長周桑儒電

該軍入黔境，即歸唐都督③節制編配，便成一氣，無所用其衝突。電詢黎④，是否有此命令。

---

① 東督，山東都督。

② 趙督，奉天督都趙爾巽。

③ 唐都督，雲南都督唐繼堯。

④ 黎，副總統領湖北都督黎元洪。

趙①既不入黔，使差可撤銷。（周燊儒電）

5 批陝西都督張鳳翽微電

中央全賴外省協濟，而解者寥寥。內用支絀，外債迫逼，正在無可如何。姑飭部設法籌措。（西安張②微）

6 批奉天都督趙爾巽篠電

烏泰案，由奉省主政辦理善後。此外各旗會集，不過聯絡感情。勸其堅附共和，勿爲庫倫所惑。如有無理要求，亦可不理。即具説帖，速送院。（奉篠電）

7 批山西都督閻錫山元電

嘉獎。此事關係俄國，伐蒙即是攻俄。事關重大，已飭院、部通盤籌畫。隨時呈請調遣。（晉閻③元。）

8 批廣東陳炯明東電

壯哉所言，果勇堪嘉。但此事俄人多方干涉，正與嚴重交涉，必須議有頭緒，方可用兵。然仍須通盤籌畫。餉械最要，至少亦須廿萬人。（粵陳炯明。東。）

9

省議與都督相對待，不免常有衝突，一經彈劾，軍界搖動。如以民政官對待，而都督立於地位④，其便甚大。

---

① 趙，似爲貴州副都督趙德全。

② 西安張，指陝西都督張鳳翽。

③ 晉閻，山西都督閻錫山。

④ 此句原文如此。

10 批廣東都督胡漢民等電

徐軍長勞苦功高，方期藉重。望以國事爲重，桑梓爲懷，切勿稍萌退志。聞粵境伏莽尚多，必須早日肅清，以安閭閻。（粵督胡①等電）

11 批長江巡閱使譚人鳳電

征庫即爲戰俄，必須通盤籌畫，非偏師所可嘗試。長江一帶伏莽甚多，須有偉人鎮懾，仍勉爲其難。（人鳳②。卅。）

12 批長江巡閱使譚人鳳冬電

巡閱亟須借重長才，毋庸謙退。蒙事如不能解決，再定進止。現正與交涉，未便張明用兵也。（譚人鳳。冬）

13 批四川民政長張培爵艷電

調來京咨詢，民政長一官，並未免去，故令胡③兼署。俟該民政長來京商定辦法，望即交卸來京。（川張民政長④。艷。）

14 批四川民政長張培爵篠電

外交司或可任命，監督有關財政統一，如不得其人，税司必不承認。或由該長先委署，不便下任命。（川張民政長。篠。）

15 批山東都督周自齊等嘯電

必須搜捕淨盡，勿令再蠢動，擾害閭閻。並責成各守令辦理清鄉。（魯周⑤等。嘯。）

---

① 粵督胡，廣東都督胡漢民。

② 人鳳，即譚人鳳。時任長江巡閱使。

③ 胡，四川都督胡景伊。

④ 川張民政長，四川民政長張培爵。

⑤ 魯周，山東都督周自齊。

16 批阿爾泰護軍使馬福祥篠電

查明原案來歷核辦。此時何不吃緊，緩去亦可。似應詢其需餉若干，再酌核。楊①請其去，或爲抵制廣②也。（馬護軍使③。篠。）

17 查案，記此人與柏督④互訐，有通緝勒追案。似俟此案銷，方可補官。請蔡公⑤設法爲之銷案。

18 批成都川軍師長周翔等電

省議爲全省人民代表，此又爲全省各團體，與黄⑥等所電兩歧。在黄電内敘及。登報。公、私報。（成都周翔電）

19 批上海共和促進會電

無論何項會社，均應以守法律、安地方爲宗旨。該社會如能守法安分，中央自有權衡，非行政官所能誣陷。望勉爲善，共維大局。程督⑦查明傳知。（上海共和促進會）

20 立法獨立，載在《約法》。中外觀瞻所繫，未便全裁。可留高等兩廳，及蕪湖一處，其餘均可暫裁。已交政治會議。此外各機關該督可變通裁併。

---

① 楊，新疆都督楊增新。
② 廣，似爲伊犁鎮邊使廣福。
③ 馬護軍使，阿爾泰護軍使馬福祥。
④ 柏督，安徽都督柏文蔚。
⑤ 蔡公，雲南都督蔡鍔。
⑥ 黄，黄復生。
⑦ 程督，江蘇都督程德全。

21

批熱河都統崑源東電

此項文件，迭據奉天獲犯呈閱①，是有外人嗾使，冀擾亂秩序，坐收漁利。望飭嚴緝首犯，從優獎勵。（崑源東電）

22

該省情勢危迫，應輔佐行政官保全治安，不可侵損治權，另生意見，至生擾亂，非該省之福也。由孫、岑②轉。

23

批山東都督周自齊敬電

登、黃、烟均爲山東地方，亦應妥爲籌畫，布置善後。不得專靠中央所派之員也。（周③。敬。）

24

批福建宣慰使岑春煊沁電

軍民分治，自爲當時輿論所趨。究竟孫督④是否另有意見，民政長用何人，祈示。（岑⑤。沁。）

25

批馬師周庚電

英使人不許進兵，詞甚決裂。即令該員與英官商允。如允進兵，即電知。由院發電。（馬師周。庚。）

26

此等凶徒，外人必不保護。望飭陳交涉向洋員商協緝，務獲究辦。稍緩再通緝，免其遠颺。另電陳交涉。先密飭京津。

① 此句原文如此。
② 孫、岑，福建都督孫道仁、福建宣慰使岑春煊。
③ 周，山東都督周自齊。
④ 孫督，福建都督孫道仁。
⑤ 岑，福建宣慰使岑春煊。

27 批山西都督閻錫山等冬電

准試署，但該處蒙情反復，地方極要。轉飭隨時稟商張將軍①妥籌辦理。電知張。（閻②等。冬。）

28 批江西都督李烈鈞東電

力疾從公，殊堪嘉慰。如請給假兩星期。但舊症係何症，望詳告，以慰馳念。（贛李督③。東。）

29 副總統督都鄂軍，大總統統轄海、陸全軍，張、方④皆係軍人，以軍法辦軍人，立法機關又無軍事法律，所謂違法，從何説起。

30 任倪⑤爲皖北鎮守使，兼領觀察使事，所皖北知縣均可調派⑥。王到再進攻爲最善。

31 黄岡兵變尚未戡定，幣制整頓正在籌辦。仍望勉爲其難，俟覓有相當人員，再另調簡事，以資節養。

32 山西民政、財政，急待經理。該内務、財政兩司均褫免，金必須速往，可另遴員接。

---

① 張將軍，綏遠將軍張紹曾。
② 閻，山西都督閻錫山。
③ 贛李督，江西都督李烈鈞。
④ 張、方，張振武、方維。
⑤ 倪，倪毓棻。原釋文注爲倪道烺，誤。
⑥ 此句原批文如此。

33

查案似不必詳告，恐生猜嫌。可畧告大要。既以周帶兵，趙專撫，亦無所用其猜忌。

34

批綏遠將軍張紹曾徵電

已飭部查覆。想因匪索供給，拒則毁局，聊以此爲保全局計，亦未可知也。（已辦。）（歸化張①徵電）

35

批陜西都督張鳳翽敬電

甚慰。亂徒以煽惑軍隊，勾結土匪，分遣暗殺爲惟一不二之政策。務在此三項著意。（陜張②。敬。）

36

批雲南都督蔡鍔馬電

不足酬勞，勿辭。伊嫌授濫，可婉言其難處。衹可示以意在言外，不必太露。（蔡③。馬。）

37

此種部令，萬不輕下。明知有礙窒，招人反對，徒失部信用。任免官員，爲本大〇〇特權。交院另議。

38

批阿爾泰辦事長官和碩親王帕勒塔初六日電

俄蒙立約協助，攻蒙即同攻俄。必須審慎。現由外部爭執交涉，不可先進兵。（帕④。初六。）

---

① 歸化張，綏遠將軍張紹曾。

② 陜張，陜西都督張鳳翽。

③ 蔡，雲南都督蔡鍔。

④ 帕，阿爾泰辦事長官和碩親王帕勒塔。

39 中央財政困難，該署督詎不深知。從何籌撥百萬，姑飭部核議。

40 勳章不足酬勞。本擬給以勳位，因尚有應查之人，故未發表。抄交梁廳長①評。

41 法家速核覆。
民政可依行。
都督或亦照現定未布之條例辦理，抑或先照湖北現行暫規辦。

42 望相機妥辦，總以不招外衅爲要義。糧由胡護督②設法接濟，勿缺。

43 批江蘇都督程德全電

李旅長給三等文虎，商團正長給五等嘉禾，副給六等嘉禾。查名呈請。先電即明發。（程督③電）

44 批山西都督閻錫山真電

遣兵防範，甚善。張紹曾已往。歸化副都統亦換強幹者續往。（晉閻④。真。）

---

① 梁廳長，總統府秘書長梁士詒。
② 胡護督，護理四川都督胡景伊。
③ 程督，江蘇都督程德全。
④ 晉閻，山西都督閻錫山。

45 劉瞻漢來京聽候查辦，令朱兼署國稅廳。先由朱委代理財政司，令鈕傳善署廳司。（已辦）

46 照上將例①。其餘由該軍將領酌辦，並□例給一萬元治葬。

另，徐寶珍②授爲中將。

47 内由廳電熊③摘要告之，中俄將成，而國民黨反對，不肯同意。請熊以邊情緊急，速電三院，免其破壞。

48 趙姑無到案之理由。借欵追認，國會議員知其糾葛愈多，多數不肯贊成。

49 作才甚善。飭部行司，照前案辦。檢原電，連此送梁次長。函部。

50 批倪嗣沖箇電

電蔣，嚴飭陳幹交出懲辦，萬不准再收匪。速籌遣散。（亳倪④。箇。）

① 照上將例，指徐寶山被暗殺賜卹事。
② 徐寶珍，徐寶山之弟。
③ 熊，熱河都統熊希齡。
④ 倪，倪嗣沖。

請先飭該使、該司令，先自刊木質關防啓用。一面飭局速鑄，俟領到，即燬銷木質。

52 批湖南都督譚延闓卅一電

並不提案，但僅電文，未便發表。仰照將全案抄呈核行。（湘督。卅一）

按法核。簡斷。

53 遠使辛苦，已抵駐所，既慰且念。其苛待華僑各事，隨時維持。

54 此項往來電轉交省部。

內。有電多與宋案無涉，祇可擇其有關係者分行。

55 摘電川督。

周在洪江。

中央同一困難，已飭部，無論如何爲難，先兌廿萬元。

56 批雲南都督蔡鍔馬電

財政困難，賠欵、借欵，急索莫應。然邊事重要，飭部設法接濟。（滇蔡①。馬。）

① 滇蔡，雲南都督蔡鍔。

57 批張謇感電

鹽政官制，正在交院議。俟議決後，再定辦法。此時仍請公維持一切。（張季直①。感。）

58 批熱河都統崑源敬電

殊堪詫異，望將驗查情形電知。電奉督防範。（崑②。敬。）

59 批沈瑜蒙等電

轉電岑③，諸人既情殷鄉梓，岑可酌約一二人前往幫同料理。（沈瑜蒙等。）

60

審計預算、決算，層層稽查，不正當之欵，究何所指。總統無俸，改革以來私債如山。

61 批山東都督周自齊等文電

查各電告之。

此兵通匪，留之有害。收械遣散，優給餉項，當不至爲害。（魯周④等文。）

62

印信須送部，要事由公主持，例行事或由尊處委該使代行。抄交二广⑤力勸。（復電送電務處發。已抄交。）

① 張季直，張謇字季直。
② 崑，熱河都統崑源。
③ 岑，岑春煊。
④ 魯周，山東都督周自齊。
⑤ 二广，陳宧，字二广

63 批常德周某電

查電。該旅長並未奉黎副總統電阻，但據趙一面之詞，又改辦法，殊屬非是。（常德周電）

64 批湖南都督譚延闓宥電

事關武職大員，應將全案咨軍部覆核，再請頒令。夏秘書①訪查。（湘譚②。宥。）

65

斷不可行。至多可留三營一千五百人緩裁，能全裁爲妥。稿交部核。

66 批副總統領湖北都督黎元洪漾電

告以財政困難情形，已迭飭接濟，但大欵不易籌耳。（黎③。漾。）

67 批倪嗣沖文電

甚慰。另電。賞欵由汴督先挪欵遣員解赴倪④營。即派人赴京領還，以期迅速。（倪⑤。文。）

---

① 夏秘書，總統府秘書夏壽田。
② 湘譚，湖南都督譚延闓。
③ 黎，副總統領湖北都督黎元洪。
④ 倪，倪嗣沖。
⑤ 倪，倪嗣沖。

68 批伊犁索倫領隊福善等電

共和已成，而此方鼓吹如此，楊①具有野心，已可概見。電楊督②留意查明，不必全敘。（伊犁索倫領隊福善等）

69 批綏遠將軍張紹曾嘯電

甚善。切勿苛虐，須監視其行文各盟，勸從共和，並允以不設行省，不侵地，奉黄教，云云。（綏遠張將軍③。嘯。）

70 批熱河都統崑源元電

飭查，如虚報軍情，應嚴辦。奉、姜④均已派兵。奉當先到。電馮速委員。（崑⑤元電）

71 批浙江有電

甚有見。兵事非通盤籌畫不可輕動。

俄由恰克圖進兵三百名至庫倫，已商令阻進。伊亦無南下之意。交涉頗有轉機，伊已認蒙爲我領土，有主權。（浙。有。）

72

該督⑥文武兼資，必爲皖省造福。印信均在皖省，可先刊木質關防啓用，聲明皖印作廢。

---

① 楊，伊犁總兵楊纘緒。
② 楊督：新疆省都督楊增新。
③ 綏遠張將軍，張紹曾。
④ 奉、姜，奉指奉天省當局。姜，毅軍軍統姜桂題。
⑤ 崑，熱河都統崑源。
⑥ 該督，指安徽都督倪嗣沖。

73 兵衹亡六，匪死百餘人，而縣至失守，情節支離。仰切實查辦。如該文武擅棄汛守，即按軍法懲治。

74 實心愛民，熱誠救國，夙所嘉佩。仍望始終以救國前提。國步艱難，非引退高蹈之時也。

批黔軍旅長周棨儒電

75 既懽迎，應速回黔。滇加兵，可無用電唐①察阻。不必作爲周②電，風聞可也。

席③飭川督辦。

批綏遠將軍張紹曾電

76 民國無所謂大紳，果其煽惑有證據，大可看管治罪，或押解赴太原看管。（張紹曾漾電）

77 詳告以財政困難情形，仍飭部籌濟。但鉅欵難籌耳。餘查案辦。

78 明發。惋惜。防範不力之員，該督查明糸處。仍督飭加意保護教堂、教士。各省亦然。

---

① 唐，貴州都督唐繼堯。

② 周，周棨儒，黔軍旅長。

③ 席，似爲黔軍團長席正銘。

79 批貴州都督唐繼堯灰電

各省不解欵，中央無點金之術，而借欵諸多梗阻。（黔唐①。灰。）

告以近情。

80 該黨②各議員應均追繳、取消。候補之該黨，不准補。另選有案者，仍按例治罪。

81 經略已取消，一切事均交張使接辦清理，不可另存機關。

同一電，並電張。

82 批黑龍江都督宋小濂篠電

本府未派此人。望驗憑照係何處所派。即有憑照而滋事，亦當辦。（黑宋③。篠。）

83 教士非一國，商令退去，恐無效，反生謠言。不如由各地方官擔任保護其產業，勸令暫避。即函部，不必照英。

① 黔唐，貴州都督唐繼堯。
② 該黨，指國民黨。
③ 黑宋，黑龍江都督宋小濂。

84 批副總統領湖北都督黎元洪覆霰電

義正詞嚴，無任欽佩。飭部轉飭盛赴鄂料理接洽。（抄一分連原電送廳。）（黎①覆。霰。）

85 內。本係爲浦口建築借欵，曾擬移緩就急，先築漢口，尚未與洋人接洽。已飭院部核議。（已擬電黎②。）

86 庫③匪南犯，至多不過一二千人，足可抵禦。且關內已備兩旅，有警即往。望勤加偵探爲要。

87 張長④循聲久著，奉、直何爲此謗。且黨亦不應干涉用人。重治督查。

88 批孫督艷電

此事由熊秉三⑤在部所辦，雖已籤字，料議院未必通過。飭周部長愼防。

89 痛惜。當開戰之始，恐有誤會，曾派余大鴻查辦，冀其悔情息事，乃⑥。

① 黎，副總統領湖北都督黎元洪。
② 黎，副總統領湖北都督黎元洪。
③ 庫，外蒙古庫倫。
④ 張長，奉天都督兼民政長張錫鑾。
⑤ 熊秉三，熊希齡字秉三。
⑥ 原文如此。

90 批湖南省梗電

首二條甚是。三條已探詢各國。四條造紙幣，甚需時日，現到者僅數百萬，飭該部密核議。（湘。梗。）

91 批伊犁鎮總兵楊纘緒電

未接有此項電請。宵小調唆，播弄浮言，殊堪痛恨。電楊①。（楊纘緒）

92 慎重。甚是。既有誤會，此令停行，由該都統查確，再核辦。

93 批廣東哿電

禁二次革命，可辦通緝。黄②已撫，再緝是失信也。似不妥。燕孫③酌之。（粤。哿。）

94 滇肅清，謝給勳五位，病甚念。至應否裁使缺，電唐督④議覆。

95 奉張督⑤在京，吉民政張尚未赴任，許旅長⑥亦未回防，稍緩再來。

①　楊，新疆都督楊增新。
②　黄，指黄興。
③　燕孫，梁士詒字燕孫。
④　唐督，雲南都督唐繼堯。
⑤　張督，奉天都督張錫鑾。
⑥　許旅長，許蘭洲。

96 回文疏忽，不當謂其爲國。嗣後遇此項文，請示再覆。

97 批某人巧電

另電閻督①，張謙退不肯受事，趙淵如何。（□。巧。）

已催。該員謙退，不願往，容飭院再催。

98 既非專官，又分界限，似可行。函交通部速核覆，再覆之。（暫存。俟交通部覆後再辦。）（已。）

99 外蒙撤兵，蒙民急待招徠撫輯。明發命令，飭各路統兵大員②將軍、都統籌辦。

100 財政各有責成，我不便干涉，至生推諉，有妨財政全局。

101 可暫就近監督，但有要事，仍須會商該省民政長辦理，以符定制。

---

① 閻督，山西都督閻錫山。

② 「大員」二字有圈删墨迹。

102 批孫中山篠電

殊爲駭異，尤爲慘怛。已嚴飭黔督認真查究，務得凶手。（中山①。篠電。）

103 各借欵旋議旋輟，迄無一成。中國信用尚未昭著，借欵甚不易也。

104 甚慰。固知該兩督素顧大局，必能相得益彰。謠言不足計。

105 尚可原。已免官任倪②。胡是否真心從逆，望覆。轉倪知。按名殄除。

106 批貴州都督唐繼堯寒電

嘉獎。兵民有功者，可請給獎勵。其實情該督宣告各省，以免謠疑。（唐③。寒。）

107 批倪嗣沖敬電

以重兵勒令將招安各匪繳械，一律解散。抗即痛剿。

① 中山，孫中山。
② 倪，安徽都督倪嗣沖。
③ 唐，貴州都督唐繼堯。

108 電汴督①，商雷使②。或雷去，或派大員去。派兵往助。（倪③。敬電。）

109 財政萬分困難，無力署遠。設此局面，增費甚鉅。由該民政長委令試辦，緩任命。

110 現在亂黨正謀擾閩，内務司未便代理。俟接替之員到任，方可交卸。

111 王純係直隸中央人員，何可派。且在贛未久，未必熟習。

112 達賴業已還封，可伴令該堪布來京，垂詢藏事。

113 倪使所擬辦法甚是，即照此辦。照商各使，徒生枝節。

因該省財政困難，部已簡任〇〇〇接任，到粤協力設法。查名。

① 汴督，即河南都督。

② 雷使，河南護軍使雷震春。

③ 倪，倪嗣沖。

114 困苦萬狀。聞病極念。給假一月，以顏暫護。病愈，即視事。一面電詢胡①，如何安置。

115 財政爲存亡所關，該長素能不避勞怨，必可認真籌畫，以救危亡。

116 批川邊經略使尹昌衡電

既如此，衹可暫駐爐②，待天暖、餉足，再議進取。飭叅軍兩部、財政部核議。（尹③電）

117 批廣東都督陳炯明等號電

仍兼軍統，先刊用，即鑄發。另擬令兼軍統。陸軍部奉令電。（陳炯明等號）

118 批四川民政長張培爵元電

暫不覆，候併議會，電派王人文查辦。（抄一分，連原電送廳。）（四川張民政長④。元。）

---

① 胡，護四川都督胡景伊。
② 爐，四川省打箭爐，今康定。
③ 尹，川邊經略使尹昌衡。
④ 四川張民政長，張培爵。

119 批湖南都督譚延闓洽電

諸督顧全大局，爲國民減擔負。諸將熱心愛國，不私權利。奬慰。（湘譚①。洽。）

120 批綏遠將軍張紹曾霰電

嚴飭諸將，竭力勦辦。其敗退之官弁，查明嚴辦。電行。（歸張②。霰。）

121

摘要辦法明發，飭各省有匪地方，酌量彷行。

嘉奬。

122 批川邊經略使尹昌衡真電

並無擬及該督之事。俟邊事定，亦盼來一晤。

一日面進。一日回京。不知其用意。（川尹③。真。）

123

要言分飭辦。除四督及亂省外，均通電飭辦。交涉由中央辦外。

124

甚是。望照辦。

① 湘譚，湖南都督譚延闓。
② 歸張，綏遠將軍張紹曾。
③ 川尹，川邊經略使尹昌衡。

125 聞山東、江蘇邊界，仍不安靜。究何情形，望詳查覆。

但張爲前敵得力之將，不可在徐株守。另委人署。

126 函部，向法交涉。

內覆：寧熊犯須詳訊，按律辦，免起中外風潮。

127 猝不及防，無所用力。受此窘困，殊爲系念。望勉持大局。

128 甚慰。爲國爲家，必須勉爲其難。

129 庫儲如洗，竭蹶萬分。姑飭部核辦。

130 該督素顧大局，仍望互相提攜，和衷共濟。

131 批副總統領湖北都督黎元洪宥電

電程①，責成應②擔任。特予赦典，由程酌予委用。查案分電赦行。（黎③。宥。）

132 程④嘉獎，章二等文虎。梁、陳少將。陳、張特補中校。穆四等文虎。陳棖三等文虎。

133 批河南都督張鎮芳銑電

電秦督⑤查究。

覆秦，已通告某某處，望通告辯政。一面電秦究。（汴張⑥。銑。）

134 由外保荐，與定章不符。此二人本大總統亦知之。姑交各部分配，核明保荐。

135 需欵太鉅，一時難籌。但飭部，如何爲難，迅即籌撥，陸續兌付。

① 程，江蘇都督程德全。
② 應，江蘇民政長應德閎。
③ 黎，副總統領湖北都督黎元洪。
④ 程，江蘇都督程德全。
⑤ 秦督，陝西都督。
⑥ 汴張，河南都督張鎮芳。

136 批增□咠電

作爲風聞，誥誡楊督①，勿多集回兵。覆以楊纘緒已升署提②。（增□。咠。）

137 批察哈爾都統何宗蓮寒電

准。電馮督③撥隊填紮西陵，並防範獨石口。（張家口何④。寒。）

138 批廣東都督胡漢民元電

因關繫重要，物議日多，已行文叅議院，查案緩。（粵胡⑤。元。）

139 抄送姜⑥軍。

告崑⑦，毅軍恐緩不濟急，已電奉助。

電奉。（已。）

140 已飭部發電。如萬一接濟不到，由部設法挪濟。

① 楊督，新疆都督楊增新。
② 署提，署理提督。
③ 馮督，直隸都督馮國璋。
④ 何，察哈爾都統何宗蓮。
⑤ 粵胡，廣東都督胡漢民。
⑥ 姜，毅軍統領姜桂題。
⑦ 崑，熱河都統崑源。

141 批山西都督閻錫山等佳電

兩事有建此議者，皆未批准，因生此謡。已分電張、何①解釋。（閻督②等。佳。）

142 批奉天都督趙爾巽箇電

仍確探查。現西方正在多事，俄此舉似或有之。（奉趙③。箇。）

143 批湖南都督譚延闓文電

電唐④，嚴飭所部，不得入湘境。由湘督遣兵防堵亂兵。（譚⑤。文。）

144 批山東都督周自齊宥電

已由部撥五十萬元，計已抵烟，運庫欵無庸截留。（魯周⑥。宥。）

145 嘉奬。出力者請給奬。該督授以勳二位，歷敘前功。

146 閲之痛心，不禁泣下。惟望仁人志士，共圖補救。切嘉奬。

---

① 張、何，綏遠將軍張紹曾，察哈爾都統何宗蓮。
② 閻督，山西都督閻錫山。
③ 奉趙，奉天都督趙爾巽。
④ 唐，貴州都督唐繼堯。
⑤ 譚，湖南都督譚延闓。
⑥ 魯周，山東都督周自齊。

147 現正多事，詎可離差。所有密情，不妨電聞。或專人呈聞。

148 批湖南都督譚延闓禡電

飭院部位置，並先贈旅費。詢明其住處，先送二百元。（譚①。禡。唐才質事。）

149 人數較多，多無戰功。姑交評勳會討論。（抄送。）

150 岑②可暫留，仍望該督竭力維持整頓。電岑。

151 此事應妥擬，切實下令。但不可妨信教自由一節。

152 與歐陽③電報兩岐，電黎副總統查。

此電可登報。並抄送。

① 譚，湖南都督譚延闓。
② 岑，福建宣慰使岑春煊。
③ 歐陽，歐陽武。江西護軍使兼代都督。

153 批察哈爾都統何宗蓮僉電

遼闊沙漠，未可專爲駐守。附近有匪，亦當探明擊勦。（何宗蓮。僉。）

154 該中將保護地方，輿論翕服。不足酬功，仍勉竟厥功。

155 切留。如有能力者均不肯任事，安有共和幸民之可言。

156 應一面仍派文員先往開導，確查情形。

157 批廣某有電

一、調京補校。一、發往甘，以副参補用。（廣。有。）

158 批川邊經畧使尹昌衡有電

代表已遣散，如另派人來京，備諮詢亦可。（尹①。有。）

159 緩不濟急，且無熟手，仍勉爲擔任。餉飭胡督②速接濟。

① 尹，川邊經略使尹昌衡。

② 胡督，四川都督胡景伊。

160 批奉天都督趙爾巽宥電

叛則誅之，服則撫之。吳有古名將風，殊堪嘉慰。（趙①。宥。）

161 慰甚。現將與英人開議，須有大員駐邊鎮懾，方易進行。

162 熊②有赴熱河成議，請就近詢之。如肯任，即下任命。

163 飭倪督③查情旌卹。甚悼惜。但仍節抑哀痛，勿去。

164 批胡某等支電

嘉奬。查案此二員，有何勳章，酌加給。（奉諭暫不給。）（胡等支電）

165 勒令交。如再抗，即拏解京審辦。先付懲戒。

① 趙，奉天都督爾巽。
② 熊，熱河都統熊希齡。
③ 倪督，安徽都督倪嗣沖。

166 奬授以中將，給二等文虎章。弁兵賞洋一萬元，傷亡優卹。可就近解交張將軍訊辦。

167 明發命令，各明大義之官長，從優擬請給奬。未獲逸犯，嚴拏。

168 竭力抵禦，如能保全多倫，官兵均加優奬賞。

俄事摘抄送。

169 府遣施禮官①赴英館告情形，道歉。報明發。（已函施禮官。）

170 審計處可由該署派科員兼管。此機關可裁，以節糜費。

171 甚慰。法人近多枝節，望會同妥爲了結。

172 照案應給金質單鶴章。存記。

① 施禮官，施肇基。

173 欵尚未交。催部交到即撥。該民政長速赴任。

174 批黑龍江都督宋小濂寒電

訕話發自哈爾濱，應由該道查飭更政。此電登公私報。（黑宋①。寒。）

175 分電行。

但據姜軍統②云，林西無處駐紮。望查明核辦。

176 俞、劉給三等文虎。趙給四等。餘傳令嘉獎。

177 批山西晉南鎮守使董崇仁江電

可暫駐河東地點，以待將來規畫。署亦可用。（運城董③。江。）

178 批四川民政長張培爵東電

應商胡護督④，妥爲佈置，再行北上。（川張民政長⑤。東。）

① 黑宋，黑龍江都督宋小濂。
② 姜軍統，毅軍統領姜桂題。
③ 董，董崇仁，山西晉南鎮守使。
④ 胡護督，護理四川都督胡景伊。
⑤ 川張民政長，四川民政長張培爵。

179 批伊犁鎮總兵楊纘緒陷電

已命署提。謠言應查究。院詰責馮大樹。（伊犁楊鎮①。陷。）

180 如有擾亂，立即正法，並派兵勦滅。催部查明發餉。

181 飭院部查明留意，現尚未聞有此説。

182 批長春督盟長等卅電

陳②未辭職。趙③以病老陳情。已慰留。（長春督盟長等。卅）

183 批上海義賑會電

電陳交涉使④，查明此會何人主持。（滬義賑會）

184 嘉慰。軍。電張。近日匪情如何，隨時報知。

① 伊犁楊鎮，伊犁鎮總兵楊纘緒。
② 陳，吉林都督陳昭常。
③ 趙，奉天都督趙爾巽。
④ 陳交涉使，江蘇特派交涉員陳貽範。

185 批副總統領湖北都督黎元洪東電

交院存記，位置。抽暇接見。開名單送。（已辦。黎①。東。）

186 是否候程②電到，再發表。抑先發表，請覆。

187 批綏遠將軍張紹曾銑電

飭叅、軍兩部及財政部，速籌核辦理。（請送軍事處一閱。歸張③。銑。）

188 謙退可敬可佩。但酬勳之典亦不可廢。不許。

189 非法定機關，又在外界，駁散。由院駁。並電程督④、應長⑤。

190 批雲南箇電

籌畫周密，議論切實。姑俟籌有的欵，再圖進行。（滇。箇。）

① 黎，副總統領湖北都督黎元洪。
② 程，江蘇都督程德全。
③ 歸張，綏遠將軍張紹曾。
④ 程督，江蘇都督程德全。
⑤ 應長，江蘇民政長應德閎。

191 深造軍人，所用甚宏。飭陸軍、教育兩部核辦。

192 先由該司挪發，飭部即兑。分函財、軍兩部。

193 批川邊經畧使尹昌衡文電

謠言不足信，仍安心經營邊事，以竟前功。（尹①。文。）

194 批浙江文電

電程督②。

節抄送外部，告法使飭防範。（杭。文。）

195 餘給章。

監督未可任兼。

另電告暫兼。

196 批副總統領湖北都督黎元洪卅一日電

覆飭院、部核辦。

① 尹，川邊經略使尹昌衡。

② 程督，江蘇都督程德全。

先任鎮守使各司按將發都督條例核。（黎①卅一電）

197 批馬來亞檳榔嶼柯孟淇電

此事或由院覆，或由廳覆。

此項爭執，將來必不少。（檳埠②柯孟淇）

198 極慰。亦該少將之力。俟安置就緒，再調北來。

199 批安徽都督柏文蔚號電

盜賊充斥，民何以堪。飭嚴密搜捕，以安閭閻。（柏③。號。）

200 中央大批借欵，尚未籤定。仍由滇自借礦本。

201 仍勉力支持，勿存五日京兆心。（已抄）

抄送熊④。

① 黎，副總統領湖北都督黎元洪。

② 檳埠，馬來亞檳榔嶼。

③ 柏，安徽都督柏文蔚。

④ 熊，熱河都統熊希齡。

202 譚①、胡遺先墊欵，用若干，由陸軍部撥還。

203 批晃州周某删電

嘉獎。候核辦。另電詢唐②，能否飭其交卸。（晃州周。删）

204 批雲南都督蔡鍔等沁電

記近日頗有進步。東平③查案，擬説，再核辦。（蔡④等。沁。）

205 告以岑⑤不去原委。望逕電勸岑。（中間一段抄交陸軍部備考。）

206 批四川都督尹昌衡冬電

勞念。

查案似違節制。此電或緩覆。（尹⑥。冬。）

---

① 譚，湖南都督譚延闓。
② 唐，貴州都督唐繼堯。
③ 東平，余建侯字東平，總統府秘書。
④ 蔡，雲南都督蔡鍔。
⑤ 岑，福建宣慰使岑春煊。
⑥ 尹，四川都督尹昌衡。

207 批四川都督尹昌衡東電

獎勞。給二等文虎章。出力將領，擇請給勳章。（尹①。東。）

208 批福建都督孫道仁支電

甚善。

電本換。此事應通籌。（請付密電本一冊。孫督②。支。）

209 嚴查防。該使拏辦匪首多人。給勳五位。

210 即擬令禁，並慰勞。由部發廿萬元犒賞。

211 已迭大敗，不日盪平，無足慮。獎勉。

212 必須將地方佈置妥協。可來。

另催張督③回奉。（已函張）

① 尹，四川都督尹昌衡。

② 孫督，福建都督孫道仁。

③ 張督，奉天都督張錫鑾。

213 須知愛鄉，勿侵大權。胡①傳知。曉諭。

214 務妥爲佈置。迅即回。

215 教士不能庇。理當照行。一索即須交。

216 撤銷。已另派陳使往，並議行。

217 不可因小誤大。准之亦是。電楊②速換道員。

218 財政萬分困難。仍應樽節動用。

① 胡，四川都督胡景伊。
② 楊，新疆都督楊增新。

219 嚴究辦。

財、交兩部優給獎賞。

220 案出之時，已飭索交。尚未交到。

221 批章士釗東電

留。才識品學，足以表率士林，挽回風化。（章士釗。東。）

222 慰。維持雖爲日無多，賢勞亦可想見。

223 轉尹①。該使回成都，故有此謠。

224 燎然大局，深知大義。慰佩。獎。

225 可遣妥員來述，無庸親來。

---

① 尹，川邊經略使尹昌衡。

226 飭外交部、税務處查照辦理。

227 飭部仍照舊，暨由該長督飭辦。

228 財政如此困難，必須切實整頓。

229 獎勉。張趕爲籌備。春暖聽調。

230 批熊希齡卅一日電

已與部商議辦法，似尚不難解決。（熊顧問①。卅一。）

231 已飭外交部向德使交涉索交。

232 明發。先發五萬元，部籌接濟。

① 熊顧問，熊希齡。

233 批上海總商會電

陳貽範轉告。已飭稅務處查辦。（滬總商會）

234 批雲南都督蔡鍔等咨電

覆該番一令。安慰。轉川尹①查辦。並查前案。（蔡等②。咨。）

235 忠告堪佩。深謀遠慮。望來京面商一切。

236 飭院。但國會已三月餘，院法尚未定。

237 批霹靂華僑電

奬。似可予以寶星。商詢部。（霹靂華僑電。捐廿萬元。）

238 現由粤撥。將來由部發。

239 各省爲此案，揀齊抄送。

① 川尹，四川都督尹昌衡。

② 蔡，雲南都督蔡鍔。

發三萬元，仍由部籌接濟。明發。
收入銳減。應遴妥員往代。
念。是否有匪徒放火，望嚴密訪查。
分函兩部。究何情形。似係藉託延交。
所有在多駐各軍營，均歸節制。
但必須切實可靠之兵，方有把握。
破格升者刪去。章即准。

247 俄將甚堅，陸總長①又一再辭職，不肯與議。

248 粤、甯、閩均取銷。黄、陳、許②均逃。湘事未明。

249 已飭外部聲明，如平定，洋兵即撤。

250 如請。此事已有明發。再擬。

251 留王。函催熊③往。函催酌接濟。

252 治匪仍按軍法，所論甚是。

① 陸總長，外交總長陸徵祥。
② 黄、陳、許，黄興、陳炯明、許崇智。
③ 熊，熱河都統熊希齡。

253 獎慰。董其事各人，由部核給徽章。

254 專函送周部長①核擬覆。（初四日早九點送）

255 內覆。據部呈請任命。已飭部查辦。

256 甚念。再給假廿日。滿後即出視事。

257 批湖南都督譚延闓敬電

任爲軍事諮議。（譚②敬電。余欽□ 已繕狀呈上。）

258 批廣饒協會電

似可藉此按法發揮。不得拒阻違法。（廣饒協會電。南昌省議會已有歡迎電。吕注。）

259 周加銜。劉授少將。餘交部核議。

---

① 周部長，財政總長周自齊。
② 譚，湖南都督譚延闓。

260 批蕭健之電

數其罪狀，迅即繳械解散。（蕭健之電）

261 該護督可以詳情逕電条、衆兩部〔院〕。

262 申警保定、徐州、上海嚴防。部電。

263 飭部設法，但一時恐無如此之多。函部。

264 痛念。遣員致祭。軍事處擬派。

265 批山西河東觀察使張士秀電

抄。此案均查録。候委查。（張士秀電）

266 存記。內務部傳帶覲見。

267 飭胡督、陳民政長①查辦。

268 該署督由京去，無庸來覲。

269 部協商川督、長，妥籌辦法。

270 嘉勉。望切實整頓。

271 庫欵如洗，即兵餉亦無法應付。

272 得半之道，不爲無見。

273 似有誤會，法家詳擬告之。

① 胡督、陳民政長，廣東都督胡漢民，民政長陳炯明。

274 勉任勞怨，勿負期望。

275 嘉慰。妥爲布告防範。

276 准。王先加少將銜。

277 忍耐因應，勿稍介意。

278 油印。並交政治會議。

279 俟張到，商妥再來。

280 安慰解釋。飭院。院查□。

281 解京訊辦。先委署。

282 批雲南都督蔡鍔儉電

惜籌餉甚難，不能大舉進圖。詳情續報。（蔡①。儉。）

283 批綏遠將軍張紹曾方某陷電

電西北各省防，令嚴搜捕。（張②方陷電）

284 電張③，和衷。

電閻④，催孔速行。

285 鎮守使緩裁，以耿代理。餘□姑請辦理。

286 切慰勉。餘速發三萬元，免其造報。

287 已再四留尹⑤，俟其至成都，商妥即回電尹。

---

① 蔡，雲南都督蔡鍔。

② 張，綏遠將軍張紹曾。

③ 張，綏遠將軍張紹曾。

④ 閻，山西都督閻錫山。

⑤ 尹，川邊經略使尹昌衡。

288 獎。先給在事有名各員之勳章。

289 现决定由印度入藏。已與英使商妥。

290 任命。歘部速核撥。電達賴。（辦任命）

291 所陳自屬可信。獎勉。摘告達賴。

292 批江蘇都督程德全庚電

應①在京，望早回甯。莊督辦②想已抵甯。（程督③庚電）

293 不必再究，定有此說。囑報界取節畧，以此攻擊之。（已辦）

① 應，江蘇民政長應德閎。
② 莊督辦，莊蘊寬。
③ 程督，江蘇都督程德全。

294 批河南都督張鎮芳支電

獎慰。田鎮①給三等文虎章，兵丁賞銀三千兩。（汴督②。支。）

295 甚念。用蔡宜發表。如請。但要事仍由該督主持。

296 人之鼓吹，不可全不理。擬命令公布案要。

297 詢能籌餉若干。部核，三萬萬以上。

298 批程某真电

告魯。

覆。已備送欵廿萬元。（程。真。）

299 詢其作何抵押？合同要節電覆。以便核辦。即。

①田鎮，南陽鎮總兵田作霖。

②汴督，河南都督張鎮芳。

300 電湘督。宜候命令。勿擅招兵，貽累地方。

301 緩三五日可行。電直督派之。電知吴留三五日。

302 甚知爲民減負擔。嘉慰。由胡傳知。

303 批福建省議會銑電

電閩。如岑①已去，可由藍司令代押借欵。告財政部。（閩省議會。銑。）

304 不許辭。蒙事，須協商各省，通盤籌畫。

305 批浙江都督朱瑞元電

所見甚中肯，足見關心大局。飭院部核辦。（浙朱督②。元。）

① 岑，福建宣慰使岑春煊。
② 浙朱督，浙江都督朱瑞。

306 批熱河都統崑源真電

事已見前電。該貝勒應革拏。摘宣布。（崑①。真。）

307 批福建共和黨電

岑②曾請綏民政長。以此電再詢商岑。（福共和黨）

308 批唐某齊電

電湘查禁。

覆令，中央甚念。軍情隨時報聞。周電，銅已失。確否？（唐。齊。）

309 現因賠欵、洋債期迫且鉅，無從著手。尚望不分畛域，籌畫維持。

310 兵不宜太分，防其蹈隙。（請送軍事處一閱）

311 批唐宗愈電

似應由浙督查明。俟放竣，酌請榮典。（唐宗愈電）

① 崑，熱河都統崑源。
② 岑，福建宣慰使岑春煊。

312 批雲南都督蔡鍔馬電

宮相在何處？可覆以既倡亂，應嚴懲。（蔡①。馬。）

313 批副總統領湖北都督黎元洪電

建設伊始，再謀破壞，便爲公敵。切言之。（黎②）

314 批奉天都督趙爾巽皓電

電江省③並交諭張使④查辦。（奉趙⑤。皓。）

315

此後，凡西路電，切記用密。

勉以固守。分飭撥。

316

如擬發表。但不用回籍字樣。

① 蔡，雲南都督蔡鍔。
② 黎，副總統領湖北都督黎元洪。
③ 江省，黑龍江省。
④ 張使，東三省西邊安撫使張錫鑾。
⑤ 奉趙，奉天都督趙爾巽。

317 批阿爾泰辦事長官和碩親王帕勒塔巧電

318 轉告來訴之處，並勉帕①（帕。巧。）

319 轉飭彭，速離甘。電奉，招粱用。

320 由支應局再撥十萬元。函局。

批廣東都督胡漢民宥電

321 甚善。望飭來京，與部接洽。（粤胡②。宥。）

322 未便由外酌發。仍開單請獎。

飭援軍恪遵帕王③命令，協力堵。

① 帕，帕勒塔，阿爾泰辦事長官和碩親王。
② 粤胡，廣東都督胡漢民。
③ 帕王，阿爾泰辦事長官和碩親王帕勒塔。

323 辭不許。餘照擬授官。張勳五位。

324 岑①受人愚弄脅制，竟生亂心。獎譽。（已覆抄交兩部）

325 查明來由，廳覆之。記已交稅務處查。

326 將士辛勞。該總長代我慰勞。

327 凡此機關，應以通稿覆之。

328 不可因私廢公，不可高蹈誤國。人自可諒。切留之。

329 批雲南都督蔡鍔敬電

已飭外交部核辦。餘電飭查究。

① 岑，福建宣慰使岑春煊。

交通部查電。（雲南蔡都督①敬電）

330 批松桃衆民電

電責成兩方不得擾及居民。（松桃眾民電）

331 批吉林都督陳昭常真電

切留。實在無人接替。（吉林陳②。真。）

332 批熱河都統崑源篠電

趙萬不能去。催直督派人。（崑③。篠。）

333 奈曼王在京，似可催其回。詢明局。

334 查案告以原尾。候派大員往查辦。

335 允。但仍須隨時贊畫一切。

① 雲南蔡都督，蔡鍔。
② 吉林陳，吉林都督陳昭常。
③ 崑，熱河都統崑源。

336 仍竭力支撐，俟選得替人，再調京另用。

337 爲國爲鄉，當盡義務。不許辭。

338 勞苦功高。另電劉□維持，勿墮唐①功。

339 張督②回奉後，即來面詢一切。

340 各省一律，蘇③難獨異。核駁。約巨六④來擬。

341 任勞任怨，勿恤人言。悠悠之口，大可不理。

① 唐，貴州都督唐繼堯。
② 張督，奉天都督張錫鑾。
③ 蘇，江蘇省。
④ 巨六，顧鼇，字巨六。

342 飭嚴勦。

孫、黃事，記候發表。前亦有電涉及孫。

343 緩就差，仍暫在鄂參佐段代督①維持。

344 該督治粵，中外交推，閩人尤感服。萬不可去。切留。

345 慰念。可緩。俸照例仍由中央支。

346 可□粵。如閩可離，即回京。（已。）

347 明發。唐督②給一等文虎。謝使給二等文虎。

---

① 段代督，兼代湖北都督段祺瑞。

② 唐督，貴州都督唐繼堯。

348 蒙軍已去，必無戰事。可分別布置，尹可暫充行政官。

349 不如諮議院。叅議有立法之嫌。如軍政執法處。

350 查李鴻祥電，併覆。擬給奬賞。查各電原委。明發命令。

351 張給二等嘉禾。馬查明有何章酌給。

352 造謠生事，煽惑内亂。即按軍法就地懲辦。

353 電田文烈查辦。自治會解散。懲辦。

354 由知事吏治入手，是根本之事。

355 布置周妥。甚慰。團長、知事均先逃，亦應查懲。

356 批雲南都督蔡鍔養電

姑電馬師周，探明達賴所在，擬令告誡。（滇蔡①。養。）

357 批熊希齡霰電

卓見甚佩。已飭部籌。何時北來？甚盼。（熊②霰。）

358 二營長是否當加獎勵，望核請。

359 批川軍師長熊克武真電

黄名目何人所派，不必理他。祇覆熊③維持。（重慶熊師長。真。）

360 內。卓識甚佩。飭院局詳考。（已抄交院）

361 北門鎖鑰，力爲其難。

① 滇蔡，雲南都督蔡鍔。
② 熊，熊希齡。
③ 熊，川軍師長熊克武。

362 正在整飭,萬不可來。

363 電令通緝。並交在京各署。

364 循聲素著,期望遠大。勉之。

365 中俄並未開衅,何以有停戰之約。速商外部考校飭遵。

366 油印登報稿。交政治會議閲。(已。)

367 徒詰無益,須在嚴条辦。

368 抄交外部。(已抄交。)登中外報更正。(已抄。已印。登報。)

369 廳查此人已否安置。再核辦。

370 批江蘇都督程德全庚電

甚慰。請囑張秘書一麐即回。（南京程①。庚。）

371 批副總統領湖北都督黎元洪遇電

由外部先與首領使接洽。再電飭交涉使辦。先覆。（鄂黎②。遇。）

372 該長才長心細，勇於任事，仍勉爲其難。

373 特別礦業，可飭部核准。

374 飭外部查明。勿遽懲治。即函部查明。

375 批山東都督周自齊真電

務期殄除，勿留餘孽。（魯周③。真。）

① 南京程，江蘇都督程德全。
② 鄂黎，副總統領湖北都督黎元洪。
③ 魯周，山東都督周自齊。

376 批廣東宣慰使李準電

查兩次命令，告之。覆之。（李準）

377 准。但梁士訏已授勳，無庸再獎。

378 此應與閻督①及民政長商之，以免紛歧。

379 批綏遠將軍張紹曾電

先派員剴切開導。如始終執狃，再請示辦理。（張紹曾□）

380 批安徽都督柏文蔚轉電

蒙事另有計畫。可遣散，爲民減擔負。（柏②轉）

381 先由該督代刊木質用。俟官制定，再由印鑄局鑄發。

382 已賞四萬元，可飭李使取出先發。已飭再發三萬元，以補所挪賞欵。

---

① 閻督，山西都督閻錫山。

② 柏，安徽都督柏文蔚。

383 批奉天都督趙爾巽嘯電

交涉允許，恐不易。或節節試進。如其來詰，再與駁論。（奉趙①。嘯。）

384 批副總統領湖北都督黎元洪號電

此路關繫甚鉅，川人糾葛亦多。飭院部妥商辦理。（黎②。號。）

385 告以近情。上海尚未審竣交案，姑無證據。（已逕覆）

386 中央財政困難情形，不能接濟爲慚。望各省設法籌助。

387 批卜松林電

電程轉。

應部籌。下命令，勿擅募人。（卜松林電）

388 批兖屬紳民電

電周督③查明申斥。舉統將，無此辦法。（兖屬紳民電）

① 奉趙，奉天都督趙爾巽。

② 黎，副總統領湖北都督黎元洪。

③ 周督，山東都督周自齊。

389 批朝陽國民黨等電

非私人所當組織。電崑①查明解散。候令。(朝陽國民黨等)

390 批雷某卅一日電

匪久不靖,民何以堪。務勦捕淨盡。(雷。卅一。)

391 此案改交該督查辦。勿庸開軍事會議。

392 據議會電,飭張護督密查覆②。此不理。

393 告以票未賣情形。姑飭籌,恐難如數。內。

394 尚未定案,何至開釋。想係謠傳,飭部查覆。

395 按法核。

① 崑,熱河都統崑源。
② 以上文字有勾删墨迹。

直省亦有電來。似宜提議劃一章程。

396 鈕傳善不日即往，可勿庸再更張。該員兼代。已明發。周。

397 已飭陳使。正在持爭。幾已決裂。

398 責成速爲清理，以安閭閻。

399 批廣東都督胡漢民等巧電

閲後送還。明日面談。（胡督①等。巧。王和順事。）

400 該省困難，猶能解欵。嘉慰。

401 電倪②，詢其能否留駐。

① 胡督，廣東都督胡漢民。

② 倪，安徽都督倪嗣冲。

402 梁①閱。應否派人查。

403 電湘，勿分畛域，認真辦。

404 批陸某養電

甚得大體，能見本原。（陸。養。）

405 批福建財政司長陳之麟元電

先電詢岑②，應否留。（閩財政司陳③元電。十六。）

406 電奉督④。是否另有別情。

407 准。以潘矩楹接任。

① 梁，總統府秘書長梁士詒。

② 岑，福建宣慰岑春煊。

③ 閩財政司長陳，陳之麟。

④ 奉督，奉天都督張錫鑾。

408 馬照補。施給三等文虎章。

409 批熙鈺艷電

電周、靳①，派兵彈壓查辦。（熙鈺。艷。）

410 盡力搜捕，勿留餘孽。

411 批阿爾泰辦事長官和碩親王帕勒塔銑電

庫欵綦絀，祗可分批接濟。（帕②。銑。）

412 批湖北省民政長劉心源銑電

電詢黎③，應如何辦法。（鄂劉民政長。銑。）

413 周給三等文虎。廖不准辭。

---

① 周、靳，周，山東都督周自齊。靳，靳雲鵬。

② 帕，阿爾泰辦事長官和碩親王帕勒塔。

③ 黎，副總統領湖北都督黎元洪。

414 段司令①覆之。言之成理。（段司令承諭已覆）

415 達爾漢尚明大義。傳奬。

416 已迭飭交法庭辦。

417 批察哈爾都統何宗蓮齊電

電直督速派。電熱河防堵。（何②。齊。）

418 甚是。望速發，以期早散。

419 王懷慶兼③。此缺已裁。應銷。

① 段司令，段芝貴。
② 何，察哈爾都統何宗蓮。
③ 以上文字有鈎删墨迹。

420 查明麻電何詞，再核。

421 甚妥。

軍事處催，關防照此辦。（稿送上，未發下。已知會唐次長①。）

422 內。函部撥。裁兵項下。已。（覆電送發）

423 電陳查。此項事可登私報。

424 批湖北省民政長劉心源元電

先電商黎公②，再覆。發布。（武昌劉心源。元。）

425 批奉天都督趙爾巽歌電

俄此時必不敢明助。（奉趙③。歌。）

① 唐次長，軍事處次長唐在禮。
② 黎公，副總統領湖北都督黎元洪。
③ 奉趙，奉天都督趙爾巽。

426 批熱河都統熊希齡敬電

内另電。促其早來。（熊①。敬。）

427 已聘趙爾巽。十二人存記。

428 抄交軍部。委密查。

429 既係退伍之兵，仍可按軍法辦。

430 明發。給六等嘉禾章。

431 抄送外交、陸軍、參謀三部。

432 併。凡此項電，均登私報。

① 熊，熱河都統熊希齡。

433 責成經理，已飭籤押。重籤。

434 先勸諭。如不聽，再請示。

435 應候接替有人再給假。

436 批廣東都督胡漢民効電

封送周部長①速核。（粵胡督②。効。）

437 向之③核其存若干。

438 准其監督，飭飭④部核議，飭遵。

① 周部長，財政總長周自齊。
② 粵胡督，廣東都督胡漢民。
③ 向之，吴廷燮字向之，總統府秘書。原釋文誤作吴廷錫。按，吴廷錫字敬之。
④ 下一個「飭」字似爲衍文。

439 與胡督會同籌畫。

440 梁①查明何事。去留酌之。

441 盼其病愈來京一晤。

442 豫、皖已有此項辦法，可彷行。

443 已登私報。可不理。（廿三皖）

444 儘地方之力，妥爲撫卹。

445 興利養民，爲政之要。

① 梁，總統府秘書長梁士詒。

446 嘉奬。給三等嘉禾。

447 照廣西例辦。明發。

448 電胡督①速撥。電尹②慰問。

449 不爲無見，院、部核辦。

450 批廣東都督胡漢民元電

已飭授。此電登報。（粤胡③。元。）

451 立法機關何干軍法。

①胡督，四川都督胡景伊。
②尹，川邊經略使尹昌衡。
③粤胡，廣東都督胡漢民。

452 或按法駁，或不理。

453 批黑龍江都督宋小濂微電

可令來，由院部見。（宋督①。微。）

454 分電鍾達，欵速撥。

455 護軍使即撤銷。

456 詢孫督②，荐員先護。

457 勉之。通告閩未獨立。登報。支電未到。

458 批胡某删電

已飭部查明，分行。（胡。删。）

① 宋督，黑龍江都督宋小濂。

② 孫督，福建都督孫道仁。

459 飭順天府督飭嚴拏。

460 批胡某刪電

已飭外交部核辦。（胡。刪。）

461 批黑龍江都督宋小濂篠電

確探嚴防。餘交部。（黑宋①。篠。）

462 天稍暖，再遣員往迓。在外似不便。

463 甚念。飭院部設法維持。

464 此項可登公、私報。（尹②。哿。）

---

① 黑宋，黑龍江都督宋小濂。

② 尹，川邊往略使尹昌衡。

465 批奉天都督趙爾巽梗電

張在津。交馮督①轉。（奉趙②。梗。）

466 按法，電吉督申斥。

467 批熊某等冬電

事可行。飭部核辦。（熊、程、陳。冬。）

468 尚未定議。事有轉機。

469 飭院部核辦。抄此送。汰裁。

470 此由部處荐任。已交核辦。

471 電閩督，提省查辦。

① 馮督，直隸都督馮國璋。
② 奉趙，奉天都督趙爾巽。

472 併各電摘轉程酌。

473 此事甚多。彙爲一冊。

474 批副總統領湖北都督黎元洪元電

查劉電，給假一個月。（黎①。元。）

475 不知來歷，詢黔督。

476 批奉天都督趙爾巽十五日電

先即覆。即送外交部辦。（奉趙②十五電。）

477 大借欵仍未籤定。飭部核籌。

478 先函詢周總長再覆行。（已函詢）

① 黎，副總統領湖北都督黎元洪。

② 奉趙，奉天都督趙爾巽。

479 不知在何處。飭院查，催回。

480 甚慰。布置井井。械飭部。

481 批張謇有電

甚善。飭内務部備案。（南通州張季直①。有。）

482 電應民政長②查明，按法痛斥。

483 批副總統領湖北都督黎元洪感電

已飭財政部從速核覆。（黎③。感。）

484 批江西都督李烈钧號電

此事兩部詳核辦。（江西李④。號。）

① 張季直，張謇字季直。
② 應民政長，江蘇民政長應德閎。
③ 黎，副總統領湖北都督黎元洪。
④ 江西李，江西都督李烈鈞。

485 可採允行，但須嚴加看管。

486 飭部核撥。催張回任。

487 登報。（已。）轉陳。（已。）
院彙覆。已催陳。

488 飭部籌備。函部。（已）

489 任命为九江兵船艦總指揮官。

490 交財、軍兩部核辦。

491 函軍部速發。已飭。

492 未催趙從蕃赴任。送梁君閱。

493 速抄送外部交涉。（已抄送外部。初六送院。）

494 批鳳陽□□電

電柏①，傳知各界並無其事。（鳳陽電□□）

495 先由該欵内撥發。

496 已飭院部查核辦理。

497 批上海張謇諫電

部核定後再擬覆。速核。（滬張謇。諫。）

498 邊地重要。不惜破格。姑准。

① 柏，安徽都督柏文蔚。

499 電錯字電詢之。已詢明。

500 可令轉飭即來京候委。

501 批副總統領湖北都督黎元洪感電

飭財、海兩部籌撥。（黎①。感。）

502 批四川省民政長張培爵東電

獎勉。挽留。給三等章。（川張民政長②。東。）

503 俟張、李到。來京候質。

504 飭財、教兩部核辦。

505 批上海貴州維持會電

私人干涉軍事，可不理。（沪黔維持會）

① 黎，副總統領湖北都督黎元洪。
② 川張民政長，張培爵。

506 所見甚是。界未可混。

507 妥爲維持。續情電聞。

508 查明，由内務部核辦。

509 誇獎。並電川督，查明請獎。

510 批熱河都統崑源卅一電

定案後，請予獎賞。（承德崑①。卅一。）

511 專擬切實命令。節儉。（覆電交電務處發。）

512 再有輕退者，按軍法治辦。

① 承德崑，熱河都統崑源。

513 即由該長委司代行。（覆電送電務處發。六月三日下午。）

514 電奉督力顧大局。

515 督飭章，嚴緝，慎防。

516 該閩何人可勝代理之任。

517 籌畫周密。望早回省。

518 批岑春煊文電

緩。官制尚未定。秦無回電。（岑①。文。）

519 飭部籌。但甚不易耳。

---

① 岑，岑春煊。

520 餉源無出，仍須進行裁兵。

521 批四川民政長陳廷傑等真電

嘉獎。勉爲。交部迅議。抄送。（已。川陳①等。真。）

522 欵尚未交到，飭部核撥。

523 察②署教育長迅即另選。

524 痛惜。優卹。嚴查辦。

525 即發。了結。飭部立案。

526 正議將來紙幣之法。

① 川陳，四川民政長陳廷傑。

② 察，察哈爾。

527 按覆馮①各節覆之。

528 加意調治。嚴辦凶犯。

529 電孫禁誣衊政府。或不理。

530 已飭部查明。取銷。

531 候二广②來商，酌覆。

532 務絕根株，以靖地方。

533 擇尤請奬，不可過多。

① 馮，直隸都督馮國璋。

② 二广，陳宧字二广。

534 電各省，並告在京各部、署。

535 尚可行。但須慎杜騷擾。

536 院覆有印璽之别。

537 交外交部切實交涉。

538 電甘督，飭財政部，接濟。

539 免。但須多裁冗兵爲要。

540 電奉督，查明委用。

541 現仲八潰變，稍緩再來。

542 甚是。但銀行須妥爲保護。

543 切責該廳。會商選派。

544 電程①。並電周、靳②。

545 查案何以未覆。

546 電奉督，遣填紮。

547 批歐先生電

彙覆。登報。並記。（歐先生）

548 獎。飭部即核補。

① 程，江蘇都督程德全。

② 周、靳，山東都督周自齊、會辦靳雲鵬。

549 已報初四接任。

550 批吉林都督陳昭常銑電

告以各國現情。（吉陳①。銑。）

551 按法核。並勸誡。

552 批副總統領湖北都督黎元洪有電

甚佩。交法制局。（黎②。有。）

553 即抄送外部辦。

554 詢明，按軍法辦。

555 飭交通部轉飭。

① 吉陳，吉林都督陳昭常。
② 黎，副總統領湖北都督黎元洪。

556 批副總統領湖北都督黎元洪等蒸電

頒令取消。登報。（黎①等。蒸。）

557 俟王到，抄送閱。不覆。（已抄）

558 批直隸都督馮國璋冬電

嘉慰。仍嚴防範。（馮②。冬。）

559 獎。賞銀兩千兩。

560 批哲布尊丹巴卦電

來電抄送。詳酌。（哲布尊丹巴卦電）

561 佟革，解津。如擬辦。

① 黎，副總統領湖北都督黎元洪。
② 馮，直隸都督馮國璋。

562 轉詢程督①。酌覆。

563 轉胡、陳、龍②酌查。

564 批江蘇都督程德全鹽電

已飭速電滬交。即。（程③。鹽）

565 電程督④。按法駁。

566 已分飭嚴追究。

567 批黑龍江省都督宋小濂元電

妥爲安置防範。（黑宋⑤。元。）

---

① 程督，江蘇都督程德全。
② 胡、陳、龍，胡漢民、陳炯明、龍濟光。
③ 程，江蘇都督程德全。
④ 程督，江蘇都督程德全。
⑤ 黑宋，黑龍江都督宋小濂。

568 嘉慰。院委陸探。

569 批湖南都督譚延闓巧電

甚善。

即覆照辦。（譚①。巧。）

570 交部分别核補。

571 已迭飭外部商。

572 按法駁。或不理。

573 批奉天都督張錫鑾删電

嚴加防範。查辦。（奉張②。删。）

① 譚，湖南都督譚延闓。

② 奉張，奉天都督張錫鑾。

574 交部速核。補官。

575 詢明。按軍法辦。

576 慎酌慰勉之詞。（覆電交電務處發。）

577 批江蘇都督程德全庚電

飭部籌撥。函部。（程督①庚電）

578 批甘肅省議會蒸電

似應由都督發。（甘議會。蒸。）

579 內。已有令。再轉飭。

580 稅務處妥籌辦。

① 程督，江蘇都督程德全。

581 查案擇要通告。

582 慰。即抄送外部。

583 飭部竭力設法。

584 萬勿半途而廢。

585 頗知顧全大局。

586 明令裁缺。調京。

587 甚念。給假十日。

588 已有電令留署。

589 飭部竭力設法。

590 按名緝獲嚴辦。

591 已飭查明取銷。

592 嘉獎。飭部核覆。

593 必須注意預籌。

594 先赴任，緩來覲。

595 或痛斥。或不理。

596 批張行志元電

詢趙督①究何情形。（張行志。元。）

597 已飭院部核議。

598 甚盼早日肅清。

599 交財政部查核。

600 趕速救護災民。

601 仍望妥籌進行。

602 可來查看實情。

① 趙督，奉天都督趙爾巽。

603 批熱河都統崑源皓電

不許紛紛退逃。（崑①。皓。）

604 昨有令，暫緩來。

605 梁不願入政界。

606 俟有此請再議。

607 飭部設法維持。

608 批雲南都督蔡鍔卅電

正與英使交涉。（蔡②。卅。）

609 批張將軍梗電

擬給獎後發表。（張將軍梗電。已電張先查原官。）

① 崑，熱河都統崑源。

② 蔡，雲南都督蔡鍔。

610 電督。按法駁斥。

611 勉以忍辱負重。

612 飭部速核發。

613 電胡督查辦。

614 抄交熊顧問①。

615 已飭部核補。（已覆。部已抄。）

616 照賞。函財部。（覆電交發。六日。）

① 熊顧問，熊希齡。

617 電直督緩辦。

618 已飭部速辦。

619 批蘄春電

內。甚是。電李。（蘄春。）

620 奬。仍候續報。

621 批安徽都督柏文蔚沁電

抄交財政部。（柏①。沁。）

622 如擬。嚴懲辦。

623 抄送熊都統②。

① 柏，安徽都督柏文蔚。

② 熊都統，熱河都統熊希齡。

624 電胡督①接濟。

625 已辦。查公報。（部已抄）

626 登報。並抄記。（已印）

627 威望素著。勉。

628 勉爲民造福。

629 電湘督查辦。

630 飭院部籌辦。（抄一份送廳。）

① 胡督，四川都督胡景伊。

631 另函。即知會。（已。）

632 節電何①嚴防。

633 商燕孫②擬覆。

634 批聯某庚電

鍾留。豫可回。（聯。庚。）

635 查案。按法核。

636 批陝西省議會電

電汴，速查覆。（西安議會）

① 何，熱河都統何宗蓮。

② 燕孫，梁士詒字燕孫。

637 批黑龍江都督宋小濂霰電

甚善。餘交部。（黑宋①。霰。）

638 批趙鳳昌諫電

已飭部速辦。（趙鳳昌。諫。）

639 已飭部核補。

640 已飭部核補。

641 批黑龍江都督宋小濂禡電

記有軍需員。（宋督②。禡）

642 交院部核辦。

① 黑宋，黑龍江都督宋小濂。

② 宋督，黑龍江都督宋小濂。

643 批黑龍江都督宋小濂宥電

交院核給奬。（黑宋①。宥。）

644 飭院部核辦。

645 批岑春煊篠電

稍愈。望來京。（岑②。篠。）

646 交院部籌辦。

647 查馬電。調京。

648 摘要先告之。

649 飭部核請補。

① 宋督，黑龍江都督宋小濂。

② 岑，岑春煊。

650 已飭部速辦。

651 孫督①酌量。

652 妥爲籌防。

653 仍勉爲其難。

654 批李鼎新艷電

仍嚴加防範。抄送海、陸部。（李鼎新。艷。）

655 不必轉川、滇。

656 無調回之説。

① 孫督，福建都督孫道仁。

657 核給獎。獎勵。

658 可派人解釋。

659 此項均抄記。

660 部核辦。內覆。（已覆。）

661 內。已飭內部。

662 查案。登私報。

663 批副總統領湖北都督黎元洪勘電

併覆。抄送部。（黎①。勘。）

① 黎，副總統領湖北都督黎元洪。

664 已電以詳訊。

665 飭局速鑄發。

666 批旅長李鳳鳴電

抄送。候查辦。（李鳳鳴電。）

667 是。欵由部撥。

668 嘉勉。不許辭。

669 飭部速議覆。

670 飭部速核議。

671 可。足見急公。

672 已飭部核辦。

673 院電胡、陳查。

674 或斥。或不理。

675 告陳。電邊防。

676 給五等嘉禾。

677 按新章核授。

678 土匪可按軍法。

679 批四川都督胡景伊感電

飭院部核辦。（川胡①。感。）

680 批烟臺商會電

電詢王潛剛。（烟台商會）

681 部查案核行。

682 催部速核行。

683 部飭照案辦。

684 按法無舉之。

685 部核呈請批。

① 川胡，四川都督胡景伊。

686 飭部。抄送上。

687 念。加意撫卹。

688 內。盼其來京。

689 已飭部速籌。

690 批黑龍江都督宋小濂漾電

張宣慰①查辦。（黑宋②。漾。）

691 擬痛切命令。

① 張宣慰，東三省西邊宣撫使張錫鑾。
② 黑宋，黑龍江都督宋小濂。

692 約二广①商之。

693 批四川民政長張培爵尤電

電胡②認真辦。（川張民政③。尤。）

694 按法律詳核。

695 電奉督查明。

696 抄交兩館長。

697 外部飭更正。

① 二广，陳宧字二广。

② 胡，四川都督胡景伊。

③ 川張民政，四川民政長張培爵。

698 揀齊全案。

699 由部核定。

700 交部核飭。

701 促汪任事。

702 甚是。飭部。

703 告以現狀。

704 優爲接待。

705 批副總統領湖北都督黎元洪陽電

開名條送。(黎①。陽。已。)

706

沿江各省。

707 批熱河都統崑源寒電

電奉省。催。(崑②。寒。)

708

留省料理。

709③

覆飭部核補。

710 批雲南都督蔡鍔真電

責成尹督④。(滇蔡⑤。真。)

① 黎,副總統領湖北都督黎元洪。
② 崑,熱河都統崑源。
③ 原釋文中,709與711,710與712内容顛倒。
④ 尹督,四川都督尹昌衡。
⑤ 滇蔡,雲南都督蔡鍔。

711 電程①查核。

712 尚有可採。

713 電詢黎公②。

714 告以原因。

715 嘉獎。登報。

716 妥慎圖之。

① 程，江蘇都督程德全。

② 黎公，副總統領湖北都督黎元洪。

717 電程①查辦。

718 批黑龍江都督宋小濂有電封。餘擬獎。（黑宋②。有。）

719 切實嘉之。

720 抄送。交評。（已。已先覆。）

721 批吉林代表恒春等電電陳督③查。（吉代表恒春等。）

722 務期殄滅。

① 程，江蘇都督程德全。
② 黑宋，黑龍江都督宋小濂。
③ 陳督，吉林都督陳昭常。

723 妥爲防範。先即抄送。

724 批湖南都督譚延闓咸電

飭部核補。（湘譚①。咸）

725 批副總統領湖北都督黎元洪箇電

以此告劉。（黎②。箇。）

726 查明已留。

727 嘉獎。登布。

728 已有令禁。

① 湘譚，湖南都督譚延闓。
② 黎，副總統領湖北都督黎元洪。

729 批四川都督尹昌衡寒電

並張①電核。（尹②。寒。）

730 按法告之。

731 抄一分送。

732 程督③查辦。

733 就緒即來。

734 嚴追勦辦。

① 張，四川民政長張培爵。
② 尹，四川都督尹昌衡。
③ 程督，江蘇都督程德全。

735 勉爲其難。

736 內記。不覆。（已。記後交下。）

737 飭部改補。

738 誇獎賢能。

739 正在布置。

740 批張謇魚電

覆。已飭派。（張季直①。魚。已。）

741 批田荆椿電

叛將。不理。（田荆椿電）

---

① 張季直，張謇字季直。

742 摘由轉程①。

743 交院核奬。

744 拏辦。防範。

745 悼惜。奬勉。

746 仍趕起訴。

747 查記。已覆。

748 应擬通令。

① 程，江蘇都督程德全。

749 內。部籌撥。

750 可採。抄送。

751 覆以近情。

752 電汴督①查。

753 照災案辦。

754 勉爲其難。

755 萬不能准。

① 汴督，河南都督。

756 並電陳查。

757 交評勳會。

758 獎佩。登報。

759 詢張將軍。

760 會議辦法。

761 部速核辦。

762 已交部荐。

763 批達賴歌電

獎譽。摘報。（達賴。歌）

764 飭速核補。

765 按張情辦。

766 轉岑、孫①辦。

767 按新章辦。

768 内覆。已電。

769 飭部設法。

770 批奉天都督趙爾巽文電

妥爲設法。（奉趙②。文。）

① 岑、孫，福建宣慰使岑春煊、都督孫道仁。

② 奉趙，奉天都督趙爾巽。

771 批副總統領湖北都督黎元洪文電

已飭部院。（黎①。文。）

772 已飭部補。

773 批黑龍江都督宋小濂文電

嚴密偵察。（宋②。文。）

774 查案告之。

775 分抄交催。

776 轉奉，緩移。

777 批趙倜電

緝。即槍斃。（趙倜）

① 黎，副總統領湖北都督黎元洪。
② 宋，黑龍江都督宋小濂。

778 飭部籌濟。（已先覆。）

779 摘轉程、應①。

780 院部核議。

781 照中校邺。

782 交令飭拏。

783 獎勉。不許。

784 抄送詳核。（此件擬說帖呈閱。俟發下一併送院。）

① 程、應，江蘇都督程德全，民政長應德閎。

785 批徐寶山養電

交部核議。（徐寶山。養。）

786 竭力維持。

787 力圖治理。

788 妥爲經理。

789 甚善。准行。

790 飭部核議。

791 由院速委。

792 切實整頓。

793 查案，院覆。

794 勉爲其難。

795 宜速撲滅。

796 切實整頓。

797 事實固如此。

798 甚是。電唐。

799 勉爲整頓。

800 部速核辦。（毓毓）

乙

1 批四川都督尹昌衡文电

宜先令署，俟尹①去，再另放实任。可密告胡②。

叔度③酌之。（尹文電）

2 叔度詢。酌再覆。

3 叔度查，有財政司，某可充。

4 此人多才可用。仲仁④、叔度訪商。用之，定再覆。

5 胡、曾有電辯報登之訛。此電何來，叔度考校，再覆。

---

① 尹，四川都督尹昌衡。

② 胡，署四川都督胡景伊。

③ 叔度，曾彝進字叔度，總統府秘書。後文叔度均爲此人。

④ 仲仁，張一麐字仲仁，總統府秘書。

6 叔度覆核。

7 叔度存。

8 叔度注意。

9 批四川省參眾兩院議員趙時欽等呈文

叔度約一二人見告之。

曾叔度。

10 阻之不可，惟有允之。速與叔度籌善後之法。

11 叔度先代見。

12 批曾彝進代呈文

堂。該亂黨正在進行效忠，外人此時真偽莫分。叔度如識此人，可囑其查明何人悔情。

13 叔度採行。

14 日本黨人集議三事之報，抄二分送。曾囑叔度報鄧秘書①敘黃案，催索閱。

15 叔度記，並面商。

16 批二月十二日傅德洋馬宗豫稱大改革不能不用威力淘汰梟黠並論李烈鈞及楊度爲黃興運動各事呈閱。傅、馬二人頗有見。密示叔度約談論考查。

批二月十二日顧保恒稟南旋情形呈閱。交院。

17 甚精當。叔度併擬稿。

---

① 鄧秘書，總統府秘書鄧鎔，字壽遐。

18 駱不如傅。可設法追電改選。並告籌備處。叔度。

19 批外交部呈文

閲。叔度查案核。

20 批四川前高等顧問官彭仕勛呈文

頗多可採。叔度約集同鄉數人，與之討論川事，並察其性情，再用之。

此件抄交院、部分閲。

21 叔度辦。

22 批法制局酌改平政院官制呈

叔度密請有賀①一閲。

23 叔度考校。

① 有賀，日本人有賀長雄，大總統顧問。

24 批禮官處呈

曾叔度酌辦。

內史。

25 批江西護軍使歐陽武呈

叔度。

奬勉。亦還以□□。

26 叔度約法家討論。

27 叔度擬電令。

28 堂。閱後交曾叅議。

29 叔度存。

30 國人爲暴民侵掠，又談自治，不啻談虎。此項名目須詳酌定。
華人千百年來，父兄戒子弟不入公門，不干公事，故正派人絶少與聞公事。須集鄉間老叟討論能使正派人出來之法，再定此制。

27① 而立法院制開議在即，萬來不及，衹好另作一事。不妨在院制内預設伏筆，以期將來合轍。
堂。曾叅議。面。

28 叅議院亦民選，永無同意之望。

29 現在中國政黨與現在國家利害關係輕重。
叅議、政治討論會，分投立議。

30 川來電，於解、賠、洋欵亦未切實承認。應查案，川應解、賠、洋欵及餉項共若干。兩項均須籌解。無論如何，洋、賠欵須先籌解。其應解京餉各欵，不妨稍緩，藉可挪移。

① 原件27—30重號。

31 此制甚周妥，但省長之稱，或不足以尊表率，啓愚民輕侮之心。似宜酌改名稱。

制內似須增一節，其邊要省分，如有必須，由省長兼行軍事者，由國務院會議決，可呈請大總統特別任命之。

32 批國務總理陸徵祥呈

省長應改爲省尹。或仍用總監。

33 廳查案應圈幾員。

34 並將都督係主管兵事，萬國無推舉之法；起義省分，亦一時權宜之計；然大率由軍隊擁戴，亦多非民舉等語加入。

35 批某人呈

南北二字必須剖白。分裂由於此。約熱心國事者多作駁論。尤要作一短論送閱，登西報。

36 借欵事，条一院咨，未經眾院，可先駁回。

滿議員，速設法挿入鶴初①諸公。

① 鶴初，施愚字鶴雛、鶴初。

37 何爲道，何爲教，分敘解。專指孔爲教，是崇之反褻，廣之反隘，必啟爭端。

38 委任令係暫差，或密查事件。此件宜加入，或併入訓令，與訓令均不明發。

按法核議。

39 詳核。先擬說帖駁斥。賀本非安分之人，應加抑制，何得妄議更張。

40 開院頌詞。

41 劉公事速辦。

42 按法駁。電直督派員查究。

43 甲、此項機關政府不應立案。飭迪化長官核。按法核。

乙、程已去。

俄保極荒謬。具説帖，交院議補救。

44 法家即核。

45 批蔡廷幹呈

堂。交林枀議閲。此項報告與部員所述不符，或部員不通洋文耶。並送部考校。

46 法科。

47 此二件繕就用印，待商妥再發。（已發繕）

48 法家核。應否通電，抑衹覆川爲宜，再酌。

49 順直案，請詳核。閲。

50 軍令應由叅謀部奉發。脱海軍一項。

51 省議會，速。縣議會，先辦。劃一。軍民交互。

52 此項文，宜中外報多作登。

53 抄送趙、段部長。可登私報。（已。即。）

54 部事。決非爲此。

55 秘書長速約各顧問詳細討論。請叔度兄即發函。（禮拜一早十點）

56 覆已轉告。此件可送院。

57 不負責任。

58 揀出各電交叅議院議。

59 秘書考校。

60 批孔昭焱譯呈有賀長雄著《不信任投票制之危險》論文一件
印鑄局照前件速印。分。

61 查明院议覆之。

62 任意誣衊。法家考核辦法。

63 按已給之勳章等位覆核。

64 速印十萬本。分。

65 登。並囑報會多發表此説。

66 仲和①諸公核。

67 滬。分電。部電馬，轉長崎查。

68 可登私報。

69 議。法律。

① 仲和，章宗祥字仲和。

70 法家復核。

71 與鶴雛①商之。

72 燕孫②酌捐。
電東督。

73 總統府官制及見外賓禮節。

74 法家考校，應如何辦法。

75 電令多印發。

① 鶴雛，施愚字鶴雛。
② 燕孫，梁士詒字燕孫。

76 批教育總長呈

教育普及，必須求其最易學習之方法。其方法安在。參議討論。

77 報派。

現在情形不同，另查單送。

78 求示教育方針。

79 內。何人識之。（例）

80 候面商。

81 招顧巨六①面告之。囑其分告。

① 顧巨六，顧鼇字巨六。

82 批曾彝進唐在章請查封《國風》《民主》兩報呈

詳核兩派報所論，有無真僞分別。此廳事，由廳通告。

83 切告各機關議員，如無牽涉實據，不可濫拘；如有之，亦不可濫保。

84 堂。此案由必須早登出。

85 不可作書。

86 已有電來。

87 批曾彝進宴請約法會議議員大理院長應否入座呈

入座。並請副總統。

88 秘書見。

89 仲仁①採。

90 批《對待國會辦法次第》

速辦。

緩商。

91 通電各省。

92 甚善，甚善。

93 甚是。已改逕由府發。

94 待國務院議決再發。

① 仲仁，張一麐字仲仁。

95 不批。原件送還。

96 頗有流弊。可不覆。

97 詳告季直①。

98 逕電胡。曾先生。

99 金叅議。

100 油印。送國務院及各政黨討論。

① 季直，張謇字季直。

無編號一

先攻韓莊，□□路橋。
馮收撫叛軍，張收撫鎮軍。
馮令陳收撫。何逆二次獨立。
勸諭不聽，攻之。
匪搶掠。

無編號二

總務科　張一麐　陳漢第　曾　雷
文牘科　馮　閔　沈　吴　余
書翰科　夏壽田　吴闓先
繙譯科　董元春　廖世功　胡　鈞
法制科　曾彝進　唐桂馨　王式通　唐在章
庶務科　□